Klaus-Jürgen Grün · Wörter machen Götter

SALIER
VERLAG

Klaus-Jürgen Grün

WÖRTER machen GÖTTER

Der symbolische Bund
der Freimaurer
und seine Feinde

mit 13 Karikaturen
von Niklas Fiedler

Salier Verlag · Leipzig

ISBN 978-3-943539-86-8

1. Auflage 2018

Umschlaggestaltung: Christine Friedrich-Leye
unter Verwendung des Gemäldes *Ceci n'est pas une pomme*
von René Magritte, Privatsammlung,
Foto: © Christie's Images / Bridgeman Images
Zeichnungen: Niklas Fiedler
Satz und Herstellung: Salier Verlag
Printed in Germany

www.salierverlag.de

Inhalt

Es war die Art zu allen Zeiten,
Irrtum statt Wahrheit zu verbreiten.

J. W. v. Goethe

Einleitung

Zur Metaphorik der Königlichen Kunst

Dieses Buch legt verschiedene Denkmuster übereinander und lässt dabei neue Denkmuster erkennen. Dabei blenden wir hauptsächlich Kategorien der Philosophie und Kategorien der Freimaurerei übereinander. So erkennen wir, wie sich Gedanken zu Symbolen, Riten und Metaphern verhalten. Indem wir vielfach die Strukturen religiösen Denkens ebenfalls in das Bild der symbolischen Arbeit von Freimaurern einblenden, erzeugen wir Spannungen. So wird der Unterschied zwischen dogmatischem und offenem Denken sichtbar. Denn wo auf der einen Seite der Wunsch entsteht, durch das Vermeiden von Metaphern und Symbolen auch die Spannungen abzuschaffen, führt auf der anderen Seite das Aushalten der Spannungen zur Auflösung des Dogmatischen und zur Öffnung des Denkens für veränderte Wahrnehmungen. Metaphorisches und Symbolisches entsteht aus solchen Überblendungen von Bilder und Gedanken. Sie drücken stets etwas aus, indem sie etwas Anderes über das Vorhandene wie ein Bild über ein anderes legen.

Der belgische Maler des Surrealismus, René Magritte, hat den größten Teil seiner Kunst der Wirklichkeit gewidmet. Sein 1964 entstandenes Gemälde *Ceci n'est pas une pomme – Dies ist kein Apfel* – setzt die Provokation des berühmten Bildes *Verrat der Bilder* fort. Magrittes Kunst ist der malerische Ausdruck dessen, was uns Freimaurerei seit 300 Jahren präsentiert. Freimaurerei versteht derjenige, der den *Verrat der Bilder* verstanden hat.

René Magritte (1898–1967): *Ceci n'est pas une pomme* (Das ist kein Apfel), 1964 (oil on unilite).
Privatsammlung, Foto: © Christie's Images / Bridgeman Images

In den einschlägigen Gemälden Magrittes werden Bilder der Wirklichkeit und Wörter übereinander geblendet. Die Spannungen, die dabei entstehen, erinnern uns daran, dass weder die Worte der Sprache noch die Bilder unserer Vorstellung Abspiegelungen von Tatsachen der Welt sind. Sie fordern das Bewusstsein reaktionärer Denkhaltungen heraus, die darauf bestehen, dass es feste Strukturen in der Welt und im Jenseits gäbe, die von unseren Vorstellungen identisch abgespiegelt werden könnten.

In diesem Buch verfahren wir nach diesem Muster der Überblendung von philosophischen Aspekten mit freimaurerische Zusammenhängen. Sie dienen dazu, Freimaurerei verstehbar zu machen, ohne sie in eine Philosophie, in eine Religion, in eine Weltanschauung oder in einen Fundamentalismus umzuwandeln.

Beispielsweise verstehen wir Freimaurerei sehr viel besser, wenn wir die Muster des Atheismus auf die Muster der Freimaurerei anwenden. Wir erkennen dabei, dass Freimaurerei eine Erscheinungsform des Atheismus ist, wie wir ihn aus den vielfältigen Formen der vom christlichen Dogma abweichenden Gottesvorstellungen der Aufklärung kennen.[1]

---

1 »Bis ins frühe 18. Jahrhundert war kaum ein Religionskritiker Atheist – fast möchte man meinen, die Philosophiegeschichte bestätige damit den Topos der theologischen Apologetik, es habe zu allen Zeiten eine Übereinstimmung aller Menschen im Hinblick auf die Existenz eines höchsten Wesens gegeben. Daß der Atheismus tatsächlich eine Ausnahmeerscheinung war, zeigt sich augenfällig darin, daß dort, wo das seit der Antike gebräuchliche Wort ›Atheist‹ fällt, fast durchweg von Freidenkern, Nonkonformisten und Heterodoxen die Rede ist. ›Atheist‹ hieß, wer die wahre Religion nicht anerkannte.« (Einleitung von Winfried Schröder, in: Anonymus, *Traktat über die drei Betrüger – Traité des trois imposteurs (L'esprit de Mr. Benoit de Spinosa)*, kritisch herausgegeben, übersetzt, kommentiert und mit einer Einleitung

Freimaurer waren niemals angepasst an die Religion derer, die die staatliche Macht durch Religion stabilisieren wollten. Weiterhin erkennen wir Unredlichkeiten einer christlichen Sekte, die sich im Gewande der Freimaurerei für die Verbreitung von Denkfehlern und Unmöglichkeitsforderungen einsetzt. Auch erkennen wir, dass es der Übung und Praxis bedarf, um sich an offenes Denken zu gewöhnen und dass Freimaurerei das Kunstwerk ist, dass uns die Erwartung einer offenen Gesellschaft aufbaut.

Phantomschmerz Gottes

»Was also den Göttern lieb ist, ist fromm; was nicht lieb, ruchlos«, lautet die Antwort *Euthyphrons* in dem gleichnamigen Dialog Platons. Aber sein Gesprächspartner Sokrates problematisiert die einfältige Antwort mit dem Dilemma: »Bedenke dies: Wird das Fromme von den Göttern geliebt, weil es fromm ist, oder ist es fromm, weil es geliebt wird?«

Während der Großteil der Menschen auf unserem Planeten im Zustand vorsokratisch-moralischer Frömmigkeit immer noch verharrt, ist längst schon Platons Vergöttlichung des Guten vom Strom der Aufklärung weggespült worden. Platon stellte das Fromme – und dies meint: das Gute – in den Rang der Götter. Das Gute müsse schließlich geliebt werden, weil es das Gute sei, und so macht er es zum Gott neben den Göttern. Sofern das Fromme nur von den Göttern geliebt werde, sage dies nämlich nichts aus über das

versehen von Winfried Schröder, Französisch-Deutsch, Felix Meiner Verlag, Hamburg 1992, S. IX f. (Kindle Ausgabe).

Wesen des Frommen, sondern nur über das, was mit dem Frommen geschieht. Euthyphron musste also kleinlaut einsehen, dass seine Antwort nicht auf die Frage antwortet, was das Fromme sei.

So beginnt mit Platon die Verfallsgeschichte des *eigentlichen* Guten. Denn noch höher konnte es nicht aufsteigen. Das Gute ist für Platonisten die Höchste aller Ideen, Wirklichkeiten und Wahrheiten. Es steht auf Augenhöhe mit Gott. Von dort nimmt es nun seinen Abstieg.

Auf mittlerer Ebene – im Zeitalter der Aufklärung – angekommen, erweist sich das Gute aber so sehr als selbstständig gegenüber Gott und den Göttern, dass das Interesse am Göttlichen bedenklich im Schwinden begriffen ist. Denn wenn man sich im Besitz des Wissens vom Guten wähnt und es liebt, dann spielt es keine Rolle mehr, ob das Gute auch von den Göttern geliebt wird.

Das Gute erweist sich dabei als so etwas wie der Phantomschmerz Gottes. Zwar ist im Prozesse der Aufklärung der Träger des moralischen Gefühls abgefallen, aber das Gefühl ist übriggeblieben, so wie der Schmerz eines Armes, den Ärzte amputiert haben. Das Gute ist jetzt der reine Wert, ohne eine Trägersubstanz denken zu müssen. Geradezu wie ein Phantomschmerz reiner Schmerz ist, losgelöst von jeder Verbindung mit einem leiblichen Organ.

Aber gibt es Namen ohne Substanz? Etwa so, wie in barocken Kirchen Engelchen nur mit Kopf und Flügel, ohne Körper, zu sehen sind? Wer sich unsterblich in Signalworte und Edelsubstantive wie »das Gute« verliebt hat, der wird lieber qualvoll sterben als die Frage zu bejahen. »Spiritualität«, »Mystik«, »Geheimnis«, »Erdstrahlen«, »Gerechtigkeit«, »Liebe«, »Barmherzigkeit«, »Mutter Gottes«, »Allah«, »Heili-

AUTSCH...
DAS GUTE
TOTE GÖTTER FÜHLEN KEINEN SCHMERZ!

ger Krieg«, »Jesukindlein« und »Atheist« stünden vor demselben Abgrund, wenn allgemein bekannt würde, dass dies und noch vieles mehr bloße Namen, bloße Worte sind, und bloße Worte bleiben werden.

»Nein, nein«, poltert hier der geistige Horizont mit der Breite eines Smartphones, »das Entdecken eines Namens ist das Entdecken des Dings.«[2] Wenn es das Wort »Gerechtigkeit« gibt, dann muss es auch »die Gerechtigkeit« geben, und wenn es das Wort »Gott« gibt, …

Nicht anders als je zuvor macht es die gegenwärtige Welt der Bots, Avatars und Fake News den Menschen schwer, sich an Dinge zu halten, die glaubwürdig sind. Viele haben schon lange kapituliert. Wer den Menschen den Marsch ins irdische Paradies zu versperren gedachte, stellte ihnen immer schon Irrlichter in den Weg, damit ihnen die Fata Morgana des Jenseits näher und verlockender scheinen möge als die Wirklichkeit, in der wir leben. Das himmlische Paradies müsse es geben, denn Menschen könnten das Wort nicht aus ihrem unvollkommenen Verstand selbst geschaffen haben.

Wörter machen Substanzen, Wörter machen Leute und Wörter machen Götter. Träger der Verwirrung sind mehr denn je die Worte und Bilder, die mit magischer Bedeutung aufgeladen die Menschen ablenken davon, ihr diesseitiges Glück zu finden. Glück finden wir, indem wir tätig unsere Lebenswelt gestalten, damit wir selbst und andere des Lebens froh werden und bleiben. Wahrnehmungen und Erwartungen werden wesentlich durch Worte beeinflusst. Wann immer wir mit anderen Menschen in Kontakt treten, lenken wir ihre Aufmerksamkeit auf bestimmte Dinge und lenken

2 Paul Watzlawick, *Vom Schlechten des Guten oder Hekates Lösungen*, dtv, München 1986, digitale Ausgabe, S. 16 f.

PSSST!
UNTER UNS...
DA STECKT WAS
DAHINTER...
HOKUSPOKUS
METAPHYSIK
JESUS
GEHEIMNIS
GURU
SIMSALABIM
MYSTISCH
GEHEIMES
WISSEN
GOTT
ESSENZ
MYSTERIENBUND
ETHISCH
ABRA
KADABRA
ERLÖSUNG
SPUK
WAHRHEIT
HEILIGER
GEIST
GÖTTLICHE
GEOMETRIE
GLLvD

dadurch von anderen Dingen ab. Dies geschieht vor allem durch Sprache. »Ich kann leider nicht zu deiner Feier kommen«, schreibt die Assistentin eines Bankvorstandes ihrer Freundin. »Erst nächste Woche, wenn ich über Bangkok von Shanghai mit Emirats in der 1. Klasse nach Frankfurt zurück bin, melde ich mich wieder.« Raten Sie einmal, welche Kategorien die Dame hervorgehoben und welche sie versteckt hat! Oder der Gymnasiallehrer, der zu spät in den Unterricht kommt und dies bei seinen Schülern entschuldigt mit den Worten: »Ich musste heute zuerst meinen Porsche in die Werkstatt bringen …«

Selbst die Frage danach, ob unsere Worte und Sätze wahr seien, lenkt von anderen Funktionen der Sprache und ihrer Worte ab. »Wenn wir Schiffe und Boote bauen«, stellt der polnische Philosoph Kolakowski in seinem Essay *Das Suchen nach der Gewissheit* fest, »sollen wir uns so verhalten, als ob das Gesetz des Archimedes gültig wäre – andernfalls wir ertrinken würden. Wir besitzen aber heute so wenig wie früher Gründe, um zu behaupten, die Welt trage so etwas wie das Gesetz des Archimedes als dauernde Qualität in sich.«[3]

Unsere Kommunikation ist weniger eine Frage der Wahrheit von Aussagen als vielmehr eine Frage der Bereitschaft anderer, unser Bedeutungsmuster zu teilen. »Man muß keinem Menschen trauen, der bei seinen Versicherungen die Hand auf das Herz legt«[4], erklärte sich Lichtenberg die Para-

---

3 Zitiert nach Paul Watzlawick, *Münchhausens Zopf oder: Psychotherapie und »Wirklichkeit«, Aufsätze und Vorträge über menschliche Probleme in systemisch-konstruktivistischer Sicht*, 2., unveränderte Auflage, Verlag Hans Huber, Bern 2011 (Kindle Ausgabe).

4 Georg Christoph Lichtenberg, *Sudelbücher*, Erstes bis fünftes Heft, 1765–1770, G 74.

doxie moralischer Urteile. Lichtenberg war nicht bereit, das Symbol der Aufrichtigkeit als die Aufrichtigkeit selbst anzuerkennen. Nur wer versteht, welche Muster in den Vordergrund geschoben und welche damit verdunkelt werden, der versteht die Menschen. All dies hat wenig mit der Wahrheit zu tun. Denn ebensogut wie wir es dabei mit Aspekten der Wahrheit zu tun haben, sind es verschiedene Weisen zu lügen. Auch der Witz bedient sich oft der Strategie der Hervorhebung und der Verdunkelung von Kategorien. »Ja, es ist ein chlorreicher Krieg!«, schrieb Karl Kraus angesichts neuer Methoden der Kriegführung im Ersten Weltkrieg. Und wenige Jahre später schien es ihm glaubhafter, statt vom Nazarener treffender von »Nazirener« zu sprechen. Wie gesagt – all dies hat nichts mit Wahrheit zu tun, aber es lenkt unsere Aufmerksamkeit auf Gemeinplätze, die Abgründe bedeuten.

Das hat auch zum Unbehagen vieler seiner Kollegen Ludwig Wittgenstein in seinem Spätwerk *Über Gewissheit* unmissverständlich den Dogmatikern unter den Philosophen zu bedenken gegeben: »Dass es mir – oder allen – so scheint, daraus folgt nicht, dass es so ist.«[5] Denn, wie er später fortfährt, »mein Weltbild habe ich nicht, weil ich mich von seiner Richtigkeit überzeugt habe; auch nicht, weil ich von seiner Richtigkeit überzeugt bin. Sondern es ist der überkommene Hintergrund, auf welchem ich zwischen wahr und falsch unterscheide.«[6]

Worte und Bilder dienen stets dazu, uns die Orientierung in der Welt zu erleichtern. Sie strukturieren den Hintergrund, vor dem wir zwischen wahr und falsch sowie zwi-

5 Ludwig Wittgenstein, *Über Gewißheit*, Suhrkamp, Frankfurt/Main 2002, § 2.

6 Ebd., § 95.

schen gut und böse unterscheiden. Indem wir andere mit Worten und Sätzen konfrontieren, verändern wir ihre Deutungsmuster. Und wer das Denken verändert, verändert auch die Welt. Worte sind niemals unschuldig.

Wer auf dem T-Shirt eines einfältigen Mannes in der Fußgängerzone den Satz liest: »Jesus liebt dich«, wird verführt zu meinen, die Aussage sei genau so zu verstehen wie die Diagnose eines Eheberaters: »Ihre Frau liebt sie.« Der fundamentale Unterschied zwischen den beiden Botschaften erscheint marginal, und Hundertschaften von Menschen werden zu Opfern der falschen Wahrnehmung der Bedeutung solcher Worte. Ihr Orientierungsmuster der Welt wird umgeleitet auf ein Orientierungsmuster ihres Gottes – der freilich auch nicht mehr ist, als der überkommene Hintergrund, auf welchem sie zwischen wahr und falsch unterscheiden. Sie fragen sich bei allen Handlungen, ob Jesus sie gut finden würde oder nicht. Dabei wird sichtbar, dass solche Menschen ein schwach ausgeprägtes Selbstbewusstsein besitzen. Sie weigern sich, ihre Entscheidungen ohne Umwege aus ihrem eigenen Deutungsmuster abzuleiten, und vergessen dabei, dass auch das Deutungsmuster ihres Gottes nur ihr eigenes ist, dem sie freilich misstrauen würden, wenn sie es nicht vom vermeintlichen Standpunkt ihres Gottes aus betrachtet behandeln dürften. Immerhin finden sie Stärkung ihrer dünnen Persönlichkeit durch den Abgleich ihrer Werte mit einer Imagination.

Aber diese Umwege schwächen zugleich unsere rationalen Fähigkeiten. Zuletzt wird daraus die Unfähigkeit, die Aussage: »Gott ist groß«, unterscheiden zu können von der Aussage: »Die Familie ist groß«. Diese Unfähigkeit lässt sich allerdings wieder ausbeuten, um Menschen in einen heiligen Krieg gegen alle »Ungläubigen« zu schicken. Die triviale Einsicht, dass die beiden Aussagen nichts miteinander zu tun haben, erweist sich inzwischen als eine große pädagogische Schwierigkeit. Denn die bloße semantische Ähnlichkeit der Sätze und ihre formale Korrektheit im Verhältnis zwischen Prädikat und Subjekt erzeugt auf der Stufe einer bestimmten intellektuellen Entwicklung den Eindruck, als seien auch die Bedeutungen vergleichbar. Tatsächlich aber stammt nur die Bedeutung des zweiten Satzes aus der Wirklichkeit. Er ist die sprachliche Nachahmung einer empirischen Erfahrung, in der wir den zahlenmäßigen Umfang einer Familie dadurch zum Ausdruck bringen, dass wir ihn sprachlich an die Ähnlichkeit annähern zu einer empirisch anderswo schon empfundenen Anzahl von Elementen einer Menge.

Dinge sind nicht deswegen einander ähnlich, weil sie einen ähnlichen sprachlichen oder logischen Ausdruck haben, sondern wir nehmen zuerst die Ähnlichkeit zweier realer Erfahrungen wahr und geben diesen erfahrenen Wahrnehmungen anschließend einen ähnlichen sprachlichen Ausdruck. Sprache ahmt Erfahrung nach.

Aber mit der Verwendung der Sprache ist die Vorgeschichte ihrer Entstehung meistens in Vergessenheit geraten. Die Worte haben sich gegenüber ihrer Herkunft verselbstständigt. Sie geistern herum wie körper- und substanzlose Phantomschmerzen, denen wir mehr Aufmerksamkeit zuwenden als den Lebensbedingungen wirklicher Existenzen.

Selten werden die durch unredliches Denken eingeübten Denkfehler so offensichtlich präsentiert, wie in der Gegenwart. Manchmal erkennen wir auch die Unredlichkeit von Machthabern daran, dass sie richtige Gedanken zum Ausdruck bringen. Doch selbst das Richtige steht hierbei nicht selten im Dienst der Unredlichkeit. Der türkische Machthaber Recep Tayyip Erdoğan hat im Sommer 2017 erfolgreich die Lehre Darwins aus dem Schulunterricht verbannt. »Die Evolutionstheorie sei für Schüler dieses Alters zu kontrovers und kompliziert und sowieso umstritten, hieß es zur Begründung aus dem Bildungsministerium.«[7] Das ist richtig. Richtig ist auch, dass in Erdoğans Gottesstaat nicht gleichzeitig Evolution und Gottesglaube für richtig anerkannt werden können. Denn die These der Evolution – Intellekt ist immer das Resultat einer langen Entwicklung, niemals der Ausgangspunkt – kann niemals gleichzeitig mit der These, am Anfang aller Zeiten sei ein intelligenter Schöpfer tätig gewesen, für wahr gehalten werden. Nur eines von beiden kann für wahr gehalten werden.

Die Bedeutung von »kontrovers«, »kompliziert« und »umstritten« zielt nicht auf Klärung von Unklarheiten, sondern auf Ausschaltung der Gefahr für den Glauben. Woher weiß Erdoğan, dass seine treusten Untertanen nicht daran denken, dass religiöse Schöpfungsgeschichten mindestens ebenso kontrovers diskutiert werden und kompliziert sowie umstritten sind? Möchte er tatsächlich nur seinem Volk eine Entlastung sein? Sprache erlaubt es vorzüglich, den Eindruck zu erzeugen, nur die genannten Kategorien und Eigenschaften könnten den Anspruch auf Wahrheit erheben.

Um das falsche Verständnis von Bedeutung der Worte unserer Sprache aufzulösen, müssen wir die Worte zurückführen, auf die Erfahrungen, die ihnen zugrunde liegen. Das Wort »Asylantenflut« hat in Deutschland dort – vor allem in der Umgebung Dresdens – das größte Unheil unter die Men-

---

7 http://www.sueddeutsche.de/politik/tuerkei-erdoanstreicht-evolutionslehre-aus-tuerkischen-lehrplaenen-1.3558899.

schen gebracht, wo die wenigsten Asylanten zu beobachten waren. Die Angst, dass etwas *Großes* auf die Deutschen zukäme, haben die Menschen nicht aus der Beobachtung einer *Flut* gewonnen, vor der man sich durch Dämme, Mauern oder sogar Zäune schützen könnte, sondern aus der bloßen Ähnlichkeit des Wortes *Asylantenflut* mit etwas Tsunami-Ähnlichem. Die Verführung durch das falsche Verständnis der Bedeutung von Worten und der unverantwortliche Umgang durch Agitatoren mit diesen richten einen beachtlichen Schaden in der Welt an.

Von der »eigentlichen« Bedeutung zum Symbol

Es herrscht stets eine Tendenz zum Eigentlichen. Der ungewöhnlichste amerikanische Präsident aller Zeiten verbreitet die Auffassung, dass die Medien die *eigentlichen* Verbreiter von Fake News seien; der türkische Präsident glänzt damit, dass er der *eigentliche* Demokrat sei, während Europäer, in erster Linie alle Deutsche, *eigentlich* Nazis seien; Funktionäre des Freimaurerordens wähnen sich als die eigentlichen Freimaurer, während sie nichts anders sind als die Verkünder einer christlichen Sekte.[8]

---

8 Darüber finden sich naturgemäß keine Publikationen. Ich verwende hier die mündliche Mitteilung von Mitgliedern des Freimaurerordens. Einer von ihnen sagte mir einmal unvorsichtigerweise vor ein paar Jahren: »Die eigentliche Freimaurerei beginnt erst in der Andreas-Freimaurerei.« Die Andreas-Logen sind der 4. bis 6. Grad im Freimaurerorden. Freimaurerei besteht jedoch nur aus den 3 Graden der Johannisfreimaurerei. Darüber hinaus wird das Ganze zum Obskurantismus, sofern man nicht ausdrücklich den symbolischen Charakter betont. Aber genau dies bleibt aus im Freimaurerorden.

Betrachten wir aber das Tun der Freimaurer, dann gewinnen wir einen anderen Eindruck. Freimaurerei beruht auf einem eigentümlichen System der Hervorhebung von Bedeutung. In ihr treten durch die Verwendung von Symbolen die natürlichen, die physischen oder allgemeiner: die empirischen Grundlagen unserer Erfahrung in den Vordergrund. Dass Freimaurerei vor 300 Jahren entstanden ist, verdankt sich der Ahnung, dass das durch klerikale Worte verteidigte Wissen in der frühen Neuzeit eine andere Qualität besaß als das sich rasant vermehrende Wissen, das aus Erfahrung und der korrekten Anwendung weniger Denkgesetze entstand. Zu diesen Denkgesetzen gehörte es auch, dass das als *Wissen* zu Bezeichnende stets einem Wandel unterliegt und sich ständig ändert. Das mit klerikalen Worten verteidigte Wissen jedoch schloss einerseits jede Veränderung aus, während es andererseits immer weniger mit Beobachtungen in Einklang zu bringen war. Es erwies sich als unbrauchbar – allerdings nicht für diejenigen, die ihre soziale Macht aus der unauflöslichen Gültigkeit des falsch gewordenen Wissens schöpften.

In politischer Hinsicht ist die auch von Freimaurern beeinflusste und von Thomas Jefferson formulierte amerikanische Unabhängigkeitserklärung aus dem Jahre 1776 zugleich eine Ausblendung und eine Hervorhebung. Dort lautete es: »We hold these truths to be self-evident, that all men are created equal …« Denn im Bewusstsein der Väter der amerikanischen Verfassung spukte noch die wörtliche Bedeutung des Wörtchens »men« herum. Es war der Wahrnehmung abgelauscht, dass nur weiße Männer die politische Mitsprache

---

Mit dem Gutdünken einer *eigentlichen* Freimaurerei, die erst in höheren Graden beginne, lässt sich jeder Hokuspokus als Freimaurerei verkaufen.

beanspruchen dürfen. Wo von »men« die Rede war, handelte es sich keinesfalls um Schwarze, Sklaven oder sogar Frauen. Die Entwicklung der Menschenrechte vollzog sich auch aus der anderen Deutung des bloßen Wortes »men«. Nicht allein im Verlauf der Besiedlung Amerikas durch weiße Europäer sind Ureinwohner fremder Länder stets ihrer Lebensgrundlagen beraubt worden. Die »Rechte«, die Christen den Menschen zuschrieben, waren damals auf »Wilde« nicht anzuwenden. Erst die Umdeutung des Wortes »men« beschränkte das Abschlachten von Menschen, die definitionsgemäß keine Menschen waren. Das Wort »men« hörte auf, das Etikett zu sein, das nur auf die Körper von weißen Männern geklebt war. Wegbereiter der Aufklärung haben diesem Wort »men« noch metaphorische Bedeutung zuerkannt.

Mit dem griechischen Wort »metaphora« haben wir den Ausdruck dafür, dass ein Wort oder eine sprachliche Äußerung von dem vermeintlich einzigen Ding weggenommen wird und »anderswohin« getragen wird. Vor allem Frauen verwendeten das Wort »men« nicht exklusiv für »Männer«, sondern für »Menschen« im allgemeinsten Sinn. Die Umdeutung des Wortes »men« geschah dadurch, dass vor allem Frauen es demonstrativ anwendeten auf Bevölkerungsgruppen, die ursprünglich ausgeblendet werden.

Die Umdeutung verdankte sich nicht zuletzt einem fruchtbar bereiteten Boden. Es herrschte im Anschluss an die amerikanische Unabhängigkeitserklärung keine glaubwürdige Basis mehr für einen Widerspruch gegen die Auslegung des Wortes »men« im Sinne von »mankind«. Männer, die beharrlich daran festgehalten hätten, dass das Wort »men« einzig und allein »Männer« meine, hätten sich sehr bald lächerlich gemacht.

Dieser Vorgang, die Bedeutung eines sprachlichen Ausdrucks in eine Metapher zu verwandeln, erweist sich als ein mächtiger Motor der Aufklärung. Und nicht allein auf kulturelle und politische Entwicklungen wirkt sich die Verschiebung der Bedeutung von Worten und Sprache aus. Wissenschaftler fingen an, respektlos hinsichtlich der Verwendung von Wortfetischen und Worthülsen miteinander umzugehen. John Locke hat davon ein berühmt gewordenes Beispiel gegeben. »Ich wohnte einst einer Versammlung gelehrter und geistreicher Aerzte bei«, schreibt Locke in seiner *Untersuchung des menschlichen Verstandes*, »wo zufällig die Frage entstand, ob ein gewisser Liquor die Nerven durchdringe. Der Streit hatte eine Weile gedauert, und von beiden Seiten hatte man Gründe vorgebracht (die vermuthen lassen, dass der Streit zum grössten Theile sich nur um den Sinn der Worte, und nicht um den wahren Begriff der Dinge drehte), als ich bat, man möge, ehe man weiter streite, prüfen und feststellen, was man unter Liquor verstehe. Man war anfangs überrascht, und Leute von weniger Geist würden meine Bitte für Scherz oder Unverschämtheit gehalten haben, da Jeder sicher geglaubt, den Sinn des Wortes Liquor vollkommen zu verstehen, der allerdings nicht zu den schwierigsten Arten von Substanzen gehört. Indess ging man auf meinen Vorschlag ein, und es ergab sich nun, dass der Sinn des Wortes Liquor nicht so fest und sicher war, als Alle gedacht hatten, und das Jeder eine andere Vorstellung davon hatte. Man erkannte nun, dass man sich grossentheils um den Sinn des Worts gestritten hatte, und dass ihre Ansichten über die flüssige und feine Masse selbst, die durch die Nerven fliesse, wenig von einander abwichen; nur darüber, ob sie Liquor zu nennen sei, konnte man sich nicht vereinigen, erkannte aber, dass dieser Punkt des Streitens nicht werth sei.«[9]

Offenes Denken bedarf der Eigentlichkeit nicht. Wenn die Mitglieder einer Volksbank es für nötig halten, den Slogan auszugeben: »Die Mitarbeiter sind das eigentliche Kapital der Bank«[10], dann erklären sie auch nur das andere Eigentliche zum Uneigentlichen. Denn an der Tatsache, dass eine Bank aufgehört hat, eine Bank zu sein, wenn sie außer Mitarbeitern kein anderes Kapital besitzt, kann auch der Slogan nicht hinwegtäuschen. Aber er gibt den Mitarbeitern das Gefühl, sie seien wichtiger als das Kapital – und nichts Anderes wollen sie hören.

Die Umdeutung eindeutiger Beziehungen zwischen Wörtern und Sachverhalten zu Metaphern ist das Kennzeichen der Entwicklung einer Gesellschaft und dem Wandeln der Werte in ihr. Ende Juni 2017 hat der Bundestag in einer historischen Abstimmung für die »Ehe für alle« gestimmt. Dass der bayerische Ministerpräsident Horst Seehofer im Handumdrehen eine Klage vor dem Bundesverfassungsgericht gegen die Ehe für alle angekündigt hatte, erklärt sich leicht aus unserer Betrachtung der Rolle der Metaphern beim Zustandekommen politischer Entscheidungen. Konservatives wie reaktionäres Denken bedient sich der Vorstellung, dass Worte wie »die Ehe« einen eindeutigen Platz haben, wo sie hingehören. Das altdeutsche Wort ist Ausdruck von Ewig-

9 John Locke, *Versuch über den menschlichen Verstand*, in vier Büchern, Band 2, Berlin 1872, Buch 3, Kapitel 9, § 16, *Von der Unvollkommenheit der Worte*, digitale Ausgabe bei www.zeno.org.

10 Artikel von Udo Starke in der Wolfenbütteler Zeitung vom 16.05.2017. (m.wolfenbuetteler-zeitung.de/wolfenbuettel/schladen-oderwald/article210593387/Die-Mitarbeiter-sind-das-eigentliche-Kapital-der-Bank.html)

keit, die eh und je gelten soll. Es bezeichnet die traditionelle Verbindung von Mann und Frau. Aber nun beanspruchen Paare gleichen Geschlechts ebenfalls mit dem Begriff Ehe erfasst zu werden. Sie haben dabei – metaphorisch gesprochen – das Wort Ehe von der ehernen Beziehung zwischen verschiedenen Geschlechtern weggenommen und es auf die Beziehung von zwei Menschen, egal welchen Geschlechts, geheftet. Für konservatives und reaktionäres Denken ist das ein unerlaubter Missbrauch. Fast könnte man sagen, Konservative kämpfen jetzt dafür, dass das Wort Ehe wieder den zweigeschlechtlichen Paaren zurückgegeben werde. Ihr Denken sagt ihnen, dass die *eigentliche* Ehe immer nur diejenige zwischen Mann und Frau sei. So sei das immer schon gewesen und so soll es immer auch bleiben. Das Wort wird als eine Heiligkeit aufgefasst, die wie ein Licht über der Sache steht. Progressives Denken behandelt die Worte nominalistisch. Es sind eben nur Worte und man kann sie auch auf andere Ähnlichkeiten anwenden.

Lassen wir uns leiten von der Feststellung, dass in dogmatischen Systemen eine Sprache der Eigentlichkeit gepflegt wird, dann erkennen wir, dass Freimaurerei der Ort der Uneigentlichkeit ist. Eigentliches stellt sich im religiösen Denken – als ob es überhaupt existierte – über das Uneigentliche; das Echte über das Unechte; das Gute über das Nützliche; das Absolute über das Bedingte. Signalworte und Edelsubstantive wie »Spiritualität«, »Geistliches«, »Transzendenz«, »Erlösung«, »Barmherzigkeit«, »Werte« und viele mehr tragen die Denkweise des *Eigentlichen*. Sie entsteht durch Manipulation der empirischen Sprache und zeugt von einer »Himmelfahrt des Wortes über den Bereich des Tatsächlichen«[11]. So wird aus der empirischen Endlichkeit die Unendlichkeit; aus der empirischen Sterblichkeit die Unsterblichkeit; aus der realen Fehlbarkeit des Wissens die unwiderlegliche Weisheit und aus der an empirischer Arbeit orientierten Freimaurerei eine religiöse Sekte.

Überall dort, wo die *Eigentlichkeit* religiöser Vorstellungen sich über die Uneigentlichkeit der symbolischen und metaphorischen Bedeutung erhöht, drohen religiöse Systeme sich in gefährlichen Sprengstoff zu verwandeln. Denn das Leben im *Eigentlichen* erlaubt seine Herabsetzung ins Uneigentliche nicht. Der fanatische Kämpfer für die Absolutheit eines islamischen Gottesstaates verbietet die Entlarvung seines Mohammed-Bildes als ein bloßes Symbol, als eine Karikatur, als eine Metapher. Das uneigentliche Leben ist ihm das Leben der Gottlosen, die einen anderen Gott anbeten als der fanatische Kämpfer, der sich im Besitz der *eigentlichen* Wahrheit wähnt.

Freimaurerei stellt sich 300 Jahre nach ihrer Gründung dar als Gesamtkunstwerk, welches durch die rituelle Praxis der Frauen und Männer liturgische Elemente in reine Symbolik verwandelt. Dadurch verschwinden die Formen der vermeintlichen Eigentlichkeit magischer und religiöser Erlebnisse. Übrig bleibt die in ihrer Gefährlichkeit entschärfte spielerische Phantasie szenischer Darstellungen, die aus den Ängsten und Hoffnungen menschlicher Psyche entstanden waren. Der Glaube an die auserwählte Einzigartigkeit des Individuums wird im freimaurerischen Ritual umgebaut in das Symbol des rauen Steines, dem jeder Anlass fehlt, besser von

---

11 Theodor W. Adorno, *Jargon der Eigentlichkeit. Zur deutschen Ideologie*, Suhrkamp, Frankfurt am Main 1997, (digitale Ausgabe), S. 10.

sich zu denken, als unbedingt nötig ist; der ungleiche Tausch im Opfer ritueller Mahlzeiten wird zum Symbol einer Gemeinschaft unter Menschen, als ob sie Brüder und Schwestern wären, die an der gemeinsamen Tafel mit Wein und Brot ihr Bündnis festigen; und der Kult der Unsterblichkeit reduziert sich auf die szenische Darstellung des je eigenen Todes zur Erinnerung an die Endlichkeit des menschlichen Daseins.

So wenig wir sagen können, was »die Kunst« oder was »die Wahrheit« sei, so wenig können wir sagen, was »die Freimaurerei« ist. Es gibt kein Etikett mit dem Wort »Freimaurerei« das einen und nur einen Ort hätte, wo man es draufkleben und von wo es niemand mehr wegnehmen könnte, um es anderswo draufzukleben. Folgt daraus, dass alles und jedes Freimaurerei sein kann? Nein. Das folgt nicht daraus.

Der offene Prozess der Freimaurerei

Vergegenwärtigen wir uns einige Definitionen von Freimaurerei und betrachten wir ihre jeweilige Bedeutung.

- »Die Freimaurerei ist eine international verbreitete Vereinigung, die unter Achtung der Würde des Menschen für Toleranz, freie Entwicklung der Persönlichkeit, Brüderlichkeit und allgemeine Menschenliebe eintritt.«
- »Die Freimaurerei ist eine ethisch-philosophisch orientierte, dem Hier und Heute zugewandte Organisation.«
- »Freimaurerei ist also ein Lebensstil für offene Herzen und offene Sinne für die Zeit, die Menschen, die Umwelt und die Dinge in uns und um uns herum.«

- »Die reguläre Freimaurerei ist ein ethisch orientierter Bund, der unterschiedlichste Menschen aufnimmt.«
- »Freimaurerei ist, was Freimaurer tun.«
- Freimaurerei ist »eine Lebenskunst, die menschliches Miteinander und ethische Lebensorientierung durch Symbole und rituelle Handlungen in der Gemeinschaft der Loge darstellbar, erlebbar und erlernbar macht«.
- »Freimaurerei ist ein symbolischer Bund.«
- »Freimaurerei ist ein Freundschaftsbund.«
- »Die Freimaurerei ist nebulös.«
- »Freimaurerei ist eine Form von Esoterik.«
- »Freimaurerei ist nichts für Christusgläubige.«
- »Die Freimaurerei ist eine Sekte.«

Jede der hier abgedruckten Auffassungen von Freimaurerei hebt Aspekte hervor und verdunkelt andere. Es ist aus unserer Sicht eine falsche Frage, welche der Aussagen denn die wahre Freimaurerei bezeichne. Wer diese Frage stellt, ist in der modernen Freimaurerei noch nicht angekommen. Er befindet sich freilich auf dem Standpunkt einer wieder modern gewordenen religiösen Denkhaltung. »Was ist der ›wahre Islam‹?«, fragen nicht nur die Redakteure von *Katholisches.de*. Es ist die Frage derjenigen, denen die Offenheit des Denkens schwerfällt. Sie wollen endgültige Antworten, die sich nicht mehr verändern. Und wenn die Antwort bei anderen anders ausfällt, dann soll sie falsch sein. Selbstverständlich wähnen sie sich auch im Besitz des wahren Christentums. Wer anders vom Christentum denkt, wie etwa Friedrich Nietzsche, der liegt aus ihrer Sicht natürlich falsch. »Christlich ist ein gewisser Sinn der Grausamkeit, gegen sich und andere; der

Hass gegen die Andersdenkenden; der Wille, zu verfolgen«, diagnostizierte Nietzsche in seinem *Antichrist.*[12]

Die Fragestellung nach der wahren Religion entspringt der jeweils eigenen psychischen Instabilität. Endgültige Antworten vermitteln den Eindruck von Sicherheit und Halt. Doch scheint es gesichert, dass es weder den »wahren« Islam noch das »wahre« Christentum und noch weniger die »wahre« Freimaurerei gibt.

Es gibt nur die verschiedenen Aspekte, die jemand hervorhebt, wobei er andere verdunkelt. Dabei spielen die Methoden der Verdunkelung eine Hauptrolle. Beispielsweise kann man rein physisch bewirken, dass jemand seine Position nicht darlegen darf. Daraus erwachsen die zahlreichen Varianten der Zensur.[13] Die Absicht dieses Buches ist es, die

---

12 Friedrich Nietzsche, *Der Antichrist – Versuch einer Kritik des Christentums*, in: *Kritische Studienausgabe*, hrsg. von Giorgio Colli und Mazzino Montinari, Walter de Gruyter, München, Berlin, New York 1988, Bd. 6, § 21, S. 188.

13 Nach Methoden moderner Diktaturen finden solche Vorgänge recht offen im Freimaurerorden ihre Anwendung. Eines von vielen solcher Beispiele geht aus der E-Mail hervor, die mir vor ein paar Jahren ein Freimaurerbruder des Freimaurerordens in Hamburg sendete, wenige Tage vor einem Vortrag vor den jüngeren Freimaurern, die keine Ahnung hatten von dem, was in ihrer Organisation passiert: »Lieber Br. Klaus-Jürgen, selten war etwas so ärgerlich wie dieses: mein Logenmeister und ich müssen unseren mit Ihnen geplanten Gästeabend absagen. Das lag nun bestimmt nicht am Logenmeister oder an irgendeinem Bruder unserer Loge, es ist allein den Dissonanzen mit dem Orden geschuldet – mit dem Ergebnis, dass der Provinzialmeister (Hausrecht) uns ›gezwungen‹ hat, den Gästeabend ganz abzusagen. Inwieweit daran auch Berlin beteiligt ist, vermag ich nicht zu beurteilen. Ich kann gar nicht ausdrücken, wie leid mir das tut. Insbesondere bei den in letzter Zeit eingetretenen jungen Brüdern sind Ihre Aufsätze, Ihre Bücher hoch angesehen und bereichern unsere Erörterungen, Vorträge und Diskussionen. Dies natürlich vor

symbolischen, metaphorischen und die der Kunst angenäherten Aspekte der Freimaurerei ins helle Licht zu rücken. Dabei sollen die Aspekte einer religiösen, ausschließlich christlichen, esoterischen und sektenhaften Freimaurerei verdunkelt werden. Das heißt nicht, dass der Autor sagen könnte, diese Aspekte wären falsch – obwohl er sie für falsch hält. Es heißt aber, dass ihre Verteidiger sich bessere Argumente, Metaphern, Bilder und Auslegungen einfallen lassen müssen, um nicht unglaubwürdig zu sein.

Besonders delikat ist nämlich die Auskunft: »Freimaurerei ist dogmenlos.« Denn was darunter zu verstehen ist, teilt der Verkünder dieses Satzes wenige Zeilen zuvor mit: »Der Ordensgedanke erfüllt dabei den Geist der Logen und setzt auch ausdrücklich ein Bekenntnis zur ›reinen Lehre Jesu Christi wie sie in der Heiligen Schrift enthalten ist‹« voraus.[14]

---

dem Hintergrund, dass jüngere Menschen in heutiger Zeit sich mehr und mehr von der Religion abwenden. Wer heute zu uns kommt, will möglichst Freimaurerei pur. Also: Entschuldigung. Ich hoffe sehr, dass ich Sie zu einer im nächsten Jahr geplanten Veranstaltung (dann außerhalb unseres Logenhauses) wieder ansprechen darf.« Aus verständlichen Gründen nenne ich den Namen des Autors dieses Briefes nicht.

14 Hier ist die exakte Quellenangabe angebracht (freimaurer-heide.de/?page_id=117). Denn es erfordert eine besondere Art des Vertrauens in widersprüchliche und verwirrende Versprechen, wenn wenige Sätze später schon wieder eine Ausdrücklichkeit hervorgehoben wird: Der Freimaurerorden »ist auf die Grundlagen des Christentums begründet, setzt aber ausdrücklich keine Mitgliedschaft in einer Kirche o. ä. voraus, prüft weder den Glauben seiner Mitglieder und lässt die Auslegung des obigen Bekenntnisses vollkommen frei«. Wer soll sich also angesprochen fühlen, wenn es doch gerade eben noch ebenso ausdrücklich hieß: »… setzt auch ausdrücklich ein Bekenntnis zur ›reinen Lehre Jesu Christi‹ wie sie in der Heiligen Schrift enthalten ist« voraus? – Diese Art Umgang mit ahnungslosen Menschen, die ausgewählt werden vor dem Hintergrund, offensichtlich verwirrende

Wer so spricht, kann nicht glaubwürdig sein. Die Auskunft ist nach dem gleichen Muster gebildet wie die Versicherung: »Ich kommuniziere nicht.«

Das vorliegende Buch handelt von solcherlei Auskünften und den Gründen, warum sie unmöglich sind. Natürlich ist es möglich, einen Satz zu sagen, wie: »Mich gibt es nicht.« Aber er teilt uns mehr mit über die Glaubwürdigkeit des Sprechers als über die Gültigkeit seiner Aussage. In dieser Weise ist es nämlich unmöglich zu sagen, Freimaurerei sei dogmenlos, während man zuvor das Dogma aufgestellt hat, dass Freimaurerei das Bekenntnis zur »reinen Lehre Jesu Christi wie sie in der Heiligen Schrift enthalten ist« sei. Der Sprecher kann zwar solche Worte verlauten lassen. Aber er stellt sich dabei auf die intellektuelle Stufe eines Sprachcomputers, der ebenfalls Laute von sich geben kann.

Es herrschen in der Freimaurerei – und das gilt für jede Obödienz dieses Bundes – Charakteristika vor, wodurch Freimaurerei sich zu erkennen gibt. Eines der herausragenden Merkmale der Freimaurerei ist die Dominanz der Symbole. Überall in freimaurerischen Bezügen begegnen wir allen, vielen oder zumindest einigen der spezifischen Symbole. Zum großen Teil stammen sie aus einer Form der handwerklichen Arbeit. Im Detail komme ich später auf einige von ihnen zu sprechen.

Im Allgemeinen gilt, dass die Verwendung der Symbole der Freimaurerei die Anerkennung ihrer zentralen Funktion

---

Aussagen und Widersprüche nicht als solche erkennen zu können, ist der Anlass, dieses Buch zu schreiben. Denn der Verfasser möchte jene Seite der Freimaurerei hervorheben, in der die Einübung verwirrender Geisteshaltungen nicht zum Ausdruck von Toleranz und Erziehung zur Menschenwürde gehört.

mit sich führt. Ein Stein hat in erster Linie die Bedeutung, ein Bestandteil eines Baus zu sein. Etwas durch ein Symbol zum Ausdruck bringen bedeutet, dass Etwas durch ein Anderes ausgedrückt wird. Das haben Symbole mit Metaphern gemeinsam. Metaphern sagen etwas, indem sie es nicht sagen oder anderes sagen. Die Aufmerksamkeit muss aber zunächst auf das Wort »Anderes« gerichtet werden.

Wie verhält sich dies mit der berüchtigten, verkürzten Metapher der Staatstheorie des Thomas Hobbes: »Der Mensch ist ein Wolf«? Es wird hierbei der Mensch als eine unbekannte Größe erklärt durch etwas anderes, den Wolf. Beide aber stammen aus der Welt der Wahrnehmung. Dabei ist uns der Mensch fremd, der Wolf vertraut, so zumindest die Botschaft der Metapher. Indem der Mensch in Analogie gesetzt wird zum Wolf, übertragen wir (metaphora) dominante Eigenschaften des Wolfes auf den Menschen.

Grammatikalisch ist der Satz: »Der Mensch ist ein Gott«, der die Auffassung des Renaissance-Philosophen Pico della Mirandola wiedergibt, identisch mit der Metapher: »Der Mensch ist ein Wolf«. Die Fehlerhaftigkeit unseres Denkens bildet nun auch sofort eine andere Analogie aus. Es lässt sich verführen zu meinen, dass der zweite Satz ebenso gut wahr sein könnte, wie der erste. Der fundamentale Unterschied besteht aber darin, dass »Mensch« und »Wolf« Worte für Entitäten unserer Erfahrungswelt sind. Indem eine falsche Analogie zu »Gott« hergestellt wird, lernen Menschen, sich einzubilden, dass »Gott« ebenso wie »Mensch« und »Wolf« ein Gegenstand der Erfahrung wäre.

Das ist aber falsch. Wir begegnen »Gott« nicht auf die gleiche Weise wie »Mensch« und »Wolf«. Die falsche Zuordnung beruht auf einem Missbrauch der Sprache. Metaphern

[illegible] meint [illegible] – eine [illegible]
lässt sich nicht mit [illegible]

und Symbole werden hierbei in einer Weise verwendet, die Kategorien aktivieren, deren Unterschiede verdunkelt, statt im klaren Licht auseinander gehalten zu werden. Denn die Kategorie der Dinge der Erfahrung bildet zu den Dingen der Fantasie die größtmögliche Entfernung. Falsches Denken jedoch rückt sie aufgrund grammatikalischer Ähnlichkeiten in unmittelbare Nähe zueinander. Diese Falschheit in der Verwendung unserer Sprache bedeutet eine Unverantwortlichkeit, wodurch sich die Verteidiger des Falschen – wir nennen sie Ideologen und Dogmatiker – grober intellektueller Unredlichkeit schuldig machen.

Die Gewöhnung an den falschen Gebrauch unserer Sprache zieht eine Festigung des falschen Denkens nach sich. Wenn wir einen Dogmatiker nämlich darauf hinweisen, dass wir mit etwas, das dem Wort »Gott« entsprechen soll, nicht auf die gleiche Weise Erfahrung machen – oder vielleicht gar keine Erfahrung machen – wie mit dem Wesen, das wir »Wolf« nennen, so bedient er sich eines ganzen Arsenals von Manövern, um die recht klare Angelegenheit in eine jede Unterscheidung verbietende Dunkelheit zu ziehen. Zumeist sagt er: »Doch! Ich mache mit Gott täglich meine Erfahrung.«

Das mag sein. Allerdings ist dies sein Privaterlebnis und hat keinerlei normative Verbindlichkeit. Er hätte ebenso gut auch alles für sich behalten können. Aber indem er die Erwiderung als einen Vorwurf verwendet, stellt er sein Privaterlebnis in die Reihe der Erfahrungen, die jeder andere auch machen kann. »Wolf« ist in diesem Beispiel allerdings eine objektive Erfahrung. Wer das Wort »Wolf« gewöhnlich so verwendete, als sei damit bloß ein subjektives Privaterlebnis gemeint, der ist längst ausgestorben, als unsere Vorfahren noch in Wäldern lebten. Wer das Wort »Gott« jedoch heute als ein Privaterlebnis behandelt, von dem denken Dogmatiker vielfach, dass sie ebenfalls aussterben sollen. Und wenn dies nicht durch Evolution geschieht – an die fromme Dogmatiker sowieso nicht glauben –, dann helfen die mutigsten von ihnen mit einem noch größeren Arsenal an Manövern nach, wie wir das in der Gegenwart im Krieg der Auserwählten gegen die Ungläubigen dieser Welt fast täglich aus den Nachrichten entnehmen können.

Es gibt also gute Gründe für uns, an den Ursprung der falschen Verwendung von Symbolen und Metaphern zurückzukehren und auf die Quellen der Denkfehler aufmerksam zu werden. Zudem gilt es, den Missbrauch der Sprache zeitweise auszuschalten, um behutsam die sekundäre Bedeutung der Sprache hinter der Kraft der Symbole ins Bewusstsein zu bringen.

Diese fundamentale Funktion des Symbols fällt unter die Funktion von Metaphern. Wer Metaphern verwendet, drückt einen Sachverhalt auf uneigentliche Weise aus. Symbol und Metapher stellen eine entscheidende Forderung an die Erkenntnisleistung der Menschen und die Bedeutung des sakralen Wortes »Wahrheit«. Sie verlangen von einem Menschen, der Metaphern und Symbole verwendet, dass er die wesentliche Unterscheidung anerkennt, nach welcher ein sprachlicher oder symbolischer Ausdruck nicht zwanghaft als identisches Abbild des Sachverhaltes verstanden werden muss.

Der subtile Atheismus der Freimaurerei

Zweierlei Symbole

»Die Freimaurerei besteht in einer fortlaufenden Kette von Symbolen«[15], schreibt Helmut Reinalter in seiner maßgeblichen Darstellung der Freimaurerei. Und die mitgliederstärkste deutsche Großloge nennt Freimaurerei einen »symbolische[n] Werkbund«[16]. Die als Mitglieder dieser Großloge eingetragenen Logen in Deutschland greifen diese Formulierung reihum auf und erkennen darin auch ihr Selbstverständnis. Spezifisch für Freimaurerei ist die Sparsamkeit bei metaphysischen Voraussetzungen. Eine metaphysische Voraussetzung wäre es beispielsweise zu sagen: »Freimaurerei bewirkt eine Verschmelzung des Individuums mit Jesus Christus.« Ob dies in der physischen Welt jemals geschieht, ist unwichtig. Aber metaphysische Interpretationen bestehen darauf, dass die Aussage wörtlich, nicht nur metaphorisch oder symbolisch zu verstehen sei. Weiterhin beinhaltet das Wort »metaphysisch« die Auffassung, dass es übernatürliche Ereignisse und Dinge gäbe.

Symbolischer Bund im Allgemeinen oder *symbolischer Werkbund*, um die zumeist aus dem klassischen Handwerk stammenden Symbole näher zu kennzeichnen, setzt keiner-

---

15 Helmut Reinalter, *Die Freimaurer,* C.H. Beck, München 2000, S. 33.

16 Vgl. Die Selbstdarstellung der Großloge der *Alten Freien und Angenommenen Maurer von Deutschland.* www.afuamvd.de/informationen/ (Zugriff Dezember 2016).

lei Anmaßung eines Wissens von jenseitigen Dingen voraus. Dass es sich bei der Auffassung von Symbolen allerdings um gefährliche Vorstellungen handelt, macht eine andere Beobachtung sichtbar. Wir erkennen dies an der dunkleren Organisation, die den Namen »Freimaurer« ebenfalls beansprucht, sich aber als ein religiöser Orden versteht. Sein Erkennungsmerkmal ist die Abgrenzung vom symbolischen Bund.

Der religiöse Orden definiert Freimaurerei nach eigenem Gutdünken, das sich an metaphysische Pseudowahrheiten anschmiegen will, wie es die Johannisloge des Freimaurerordens »Zum Ölzweig« auf ihrer Webseite bevorzugt: »Der Bund der Freimaurer ist ein symbolischer Mysterien-Männerbund mit ethischem Inhalt.« Wir wissen zwar, was Symbole sind, aber was ein »symbolischer Mysterien-Männerbund mit ethischem Inhalt« sein soll, das wissen offenbar selbst diejenigen nicht, die so etwas verkündigen. Es sind Zauberworte wie »Mysterien« und »ethisch«, ganz zu schweigen von dem Ausgrenzungswort »Männer«, die den Eindruck des Unvergleichlichen, Besonderen, Auserwählten vermitteln sollen, aber beim genaueren Hinsehen nichts als leere Worthülsen, Wortfetische und Mystifizierungen sind. Die wortreichen Zusätze dienen nicht der klareren Bestimmung, sondern sie verdunkeln die Bedeutung von Symbolen, um sie einer anderen Verwendung zuzuführen. Welche Erwartungen sollen hier verwirrt werden? Die Zusätze führen Kategorien ein, die den Anschein eines geheimen Wissens wecken sollen und das Symbol in eine Verbindung mit Heimlichkeit und Dunkelheit setzen.

Welche Bedeutung hat die geheimnisvolle Verdunkelung dessen, was wir unter Symbolen verstehen? Warum können sich religiöse Sektierer nicht mit der schlichten Definition,

»symbolischer Bund«, bescheiden zufriedengeben? Was bewirkt die Einführung des Fetischwortes »Mysterien«?

Die Antwort ist zunächst recht einfach: Freimaurerei schließt es aufgrund ihres Symbolcharakters aus, eine Religion zu sein. Die Angst vor dem Schaden, den symbolische Handlungen eigener Religiosität zufügen könnten, erzeugt bei vielen Menschen einen psychischen Zwang, die Kraft symbolischen Denkens abzuschwächen. Denn ihre Religion soll ja nicht nur symbolisch, sondern wahr sein. Was dies bedeutet, werden wir in diesem Buch erklären. Aber hier erinnern wir schon daran, welchen tiefen Graben die Verwandlung des katholischen Abendmahls in das symbolische Abendmahl bei protestantischen Christen aufgeworfen hat.[17]

Ökumene schließen die Funktionäre der katholischen Kirche kategorisch unter anderem deswegen aus, weil in der evangelischen Kirche keine reale Gegenwart des Fleisches im Brot gelehrt wird. Dass das Brot zu Fleisch werde, hat im evangelischen Abendmahl heute – entgegen Luthers Vorstellung – ausschließlich symbolische Bedeutung.

---

17 Ausdrücklich unterstreicht Papst Johannes Paul II. in seiner *Enzyklika Eucharistia* diesen wichtigen Punkt der Unvereinbarkeit zwischen evangelischer und katholischer Kirche, der sich jeder vernünftigen Betrachtung entzieht: »Paul VI. hat auf die Grenze hingewiesen, die bestehen bleibt: ›Jede theologische Erklärung, die sich um das Verständnis dieses Geheimnisses bemüht, muß, um mit unserem Glauben übereinstimmen zu können, daran festhalten, daß Brot und Wein der Substanz nach, unabhängig von unserem Denken, nach der Konsekration zu bestehen aufgehört haben, so daß nunmehr der anbetungswürdige Leib und das anbetungswürdige Blut unseres Herrn vor uns gegenwärtig sind unter den sakramentalen Gestalten von Brot und Wein.‹« (Papst Johannes Paul II, *Enzyklika Ecclesia de Eucharistia*, Books on Demand, 2013, S. 24.)

Freimaurerei provoziert aufgrund seiner umfassenden Verwandlung liturgischer Elemente in rein symbolische Kategorien jedes streng religiöse Bewusstsein. Sie beruht auf der Einsicht, dass vielleicht alle religiösen Handlungen, Zeichen und Gegenstände rein symbolisch und metaphorisch zu verstehen sind, und in keinem von ihnen eine reale Gegenwart oder eine reale Verbindung zum Göttlichen aufgebaut wird. Es könnte nämlich sein, dass jeder Dialog mit Gott nur ein Selbstgespräch des Menschen bedeutet. Es könnte sein, dass im Gebet nur das Tun *als ob* ein Gott dabei wäre, vollzogen wird. Dann nämlich legt Freimaurerei die Erinnerungsspur zu dieser Möglichkeit frei. Interessant ist vor diesem Hintergrund die Absicherung des Freimaurerordens der *Großen Landesloge von Deutschland.* Seine Funktionäre haben, um metaphorischen Auslegungen vorzubeugen, in ihrem Gesetzbuch verordnet: »Wer in den Orden aufgenommen zu werden wünscht, muß sich zur alleinigen Lehre Jesu Christi bekennen, wie sie in der Heiligen Schrift enthalten ist.«[18] Schreiber solcher Sätze möchten sich selbst davor in Schutz nehmen

18 *Gesetzbuch. Große Landesloge der Freimaurer von Deutschland*, fünfte und berichtigte Ausgabe 1984, Verlag Herrmann Dettmer, Uetersen, Nr. 681. – Was theologischen Dilettanten des Freimaurerordens heilige Schrift ist, haben Experten der Bibel wie Gerd Lüdemann längst als »unheilig« entlarvt. In seiner Studie *Das Unheilige in der Heiligen Schrift* trägt der Bibelexeget beispielsweise die tragische Seite des Antijudaismus vor. »Ein Teil des eigentlichen Problems scheint zu sein, wie ein Volk plötzlich von sich behaupten kann, es sei erwählt. … Indem die christliche Kirche das unheilvolle Erbe dieses Aspektes von Religion samt seinem Gottesbegriff aus dem Judentum übernahm, waren praktische Gewaltanwendungen in der Kirche vorprogrammiert, wobei die Kriegstheologie das Alten Testaments als Vorbild diente.« (Gerd Lüdemann, *Das Unheilige in der Heiligen Schrift. Die dunkle Seite der Bibel*, Lüneburg 2001, S. 117 f.)

einzusehen, dass keiner weiß, was die »alleinige Lehre Jesu Christi« ist. Dieser Mann hat nämlich nichts aufgeschrieben. Daher schließen sie sich einer Ideologie an, die meint, ihre Interpretation sei die »alleinige Lehre Jesu Christi«. Sie reden sich ein, es gäbe keine anderen Interpretationen. Und um ihren Irrtum nicht auflösen zu müssen, halten sie jede andere Interpretation aus ihrer Wahrnehmung fern.

In der Freimaurerei herrscht kein Wissen von einer alleinigen Lehre – schon gar nicht der alleinigen Lehre eines imaginierten Gottes. Freimaurerische Arbeit ist die Einübung in die Fähigkeit zu erkennen, dass auch im eigenen religiösen Verhalten nichts anderes wirksam ist als die Kraft der Symbole.

Entgegen dieser Auffassung ist alles religiöse und liturgische Tun darauf gerichtet, die Möglichkeit metaphorischer und rein symbolischer Auslegung in der Verdrängung unsichtbar zu machen. Aber das Symbol einer Pfeife ist nicht die Pfeife selbst, wie uns das provokative Gemälde *Verrat der Bilder* von René Magritte in Erinnerung ruft. Schon deswegen ist die zerstörerische Sprengkraft religiösen Erlebens umso größer, je näher der Zweifel an die Schwelle zum Bewusstsein herantritt.

So ist die geharnischte Abwehr gegenüber der Freimaurerei zu verstehen, die überall dort auftritt, wo politische oder religiöse Überzeugungen, die niemals der Kritik und Auflösung ausgesetzt werden dürfen, durch Freimaurerei daran erinnert werden, dass auch diese vergänglich, von Menschen gemacht und bloße diesseitige Bedeutung haben können. Das fromme Bewusstsein erlebt die Kritik an seinen für unkritisierbar gehaltenen religiösen Wahrheiten als eine Beleidigung ihres Gottes. Tatsächlich aber handelt es sich stets um

TEMPEL
HEUTE:
TEMPELARBEIT

ein verletztes religiöses Bewusstsein des Menschen. Denn je mächtiger der Gott vorgestellt wird, umso leichter dürfte es ihm selbst fallen, mit Beleidigungen umzugehen oder sogar immun gegen sie zu sein.

Die Verletzlichkeit des religiösen Menschen erkennen wir an der Unverhältnismäßigkeit seiner Reaktionen. Wozu nämlich töten beispielsweise Islamisten Redakteure von *Charlie Hebdo* unter dem Vorwand, diese hätten Mohammed und Allah beleidigt, wenn doch Allah zumindest so groß und mächtig sein soll, dass er sein Beleidigtsein auch selbst hätte rächen können? Solche Fälle sind starke Indizien dafür, dass sich das gesamte religiöse Bewusstsein nur auf den Menschen bezieht – es hat im Menschen seinen Ursprung, hat dort eine psychische Rolle zu spielen und wirkt auch nur auf die Psyche des Menschen zurück. Es gibt keinen Grund zur Annahme, dass bei irgendeinem der symbolischen und metaphorischen religiösen Rituale eine tatsächliche Verbindung zu einem möglicherweise real existierenden Gott aufgebaut würde. Aber genau den damit verbundenen Zweifel hat das religiöse Bewusstsein mit aller verfügbaren Macht aus dem Gedächtnis zu tilgen.

Die Zwanghaftigkeit, dem Symbol auszuweichen, verrät der fromme Verfasser jener oben zitierten Sätze sogar unmissverständlich: »Das Ritual und die Symbole entstammen dem Brauchtum der Steinmetzbruderschaften; sie gehen indessen auf die noch viel älteren Elemente antiker Mysterienbünde, der Kabbala, der Gnostiker und vor allem des Christentums zurück. Für die Große Landesloge der Freimaurer von Deutschland (GLLvD), den christlichen Freimaurerorden, hat letzteres eine besondere Bewandtnis: Die Ordensfreimaurer sind Teil der Weltbruderkette von rund sechs Millionen

Männern, bei deren Arbeiten die beim Johannes-Evangelium aufgeschlagene Bibel gemeinsames Gesetz ist; die deutschen Ordensfreimaurer, die nach dem ›Schwedischen System‹ arbeiten, sehen hier jedoch nicht nur eine Symbolik. Der Orden setzt den Glauben an Gott voraus. Die Lehrart der Großen Landesloge der Freimaurer von Deutschland ist auf Christentum gegründet.«[19] Die Konturen des symbolischen Bundes der Freimaurer können umso deutlicher gezeichnet werden, je klarer wir sie von diesen antifreimaurerischen Bewegungen abheben. Daher befassen wir uns in diesem Buch auch mit jenen Formen des Umgangs mit Symbolen, die ihnen eine reale Wirklichkeit zusprechen wollen. Hierbei kommt den Anstrengungen des Freimaurerordens der *Großen Landesloge der Freimaurer von Deutschland* (GLLvD) eine besondere Aufmerksamkeit zu. Ihre Erwiderungen gegen die symbolische Freimaurerei weisen die Funktionäre der GLLvD als Gegner der Freimaurer aus. Wir wollen schließlich aber auch verstehen, warum in aller Welt sie dann trotzdem als Freimaurer anerkannt werden wollen.

Die oben zitierte Auskunft der GLLvD: »nicht nur eine Symbolik«, stellt eine Art *Kainsmal* dar, mit dem sich religiöses Denken stets identifiziert. Es wird nicht weiter befragt. Das »Mehr« erweist sich jedoch inzwischen als ein »Weniger« und das religiöse Denken droht sich damit in die Bedeutungslosigkeit zu versenken. Aber es bewirkt bei den Trägern des Merkmals die Erwartung, dass da noch etwas sei, was als

19 Günther Käckenhoff, *Warum wird ein Mann Freimaurer? Ein Versuch zu Fragen und Antworten der Großen Landesloge der Freimaurer von Deutschland – Freimaurerorden*, http://zum-oelzweig.de/wer%20kann%20freimaurer%20werden%201.htm (Zugriff Dezember 2016).

viel wertvoller zu gelten habe als das, was ein Symbol ist, und was es symbolisiert. Hinzu kommt die wie selbstverständlich hinzunehmende Annahme, dass ein »auf die noch viel älteren Elemente antiker Mysterienbünde, der Kabbala, der Gnostiker und vor allem des Christentums zurück« gehendes Brauchtum normative Bedeutung haben sollte. Wir werden später sehen, wie die Grundlegung der Freimaurerei durch Lessing diese Art Erschleichung von Verbindlichkeit durch den Verweis, dass alles doch schon uralter geheimer Brauch gewesen sei, vollkommener Unsinn ist. Schließlich sind Mord und Totschlag, wie wir nicht nur aus den Berichten des *Alten Testaments* erfahren, ebenfalls ein uralter Brauch, aber deswegen nicht im Mindesten von normativer Verbindlichkeit. Es lassen sich keinerlei Wahrheiten daraus ableiten, außer vielleicht, dass Menschen von Natur aus ziemlich gewalttätig sind, vor allem denjenigen gegenüber, die zu anderen Göttern beten.

Drehen wir aber die normativen Orgelklänge mysteriöser Heilserwartung etwas leiser, dann werden auch die Geschichten des *Alten Testaments* zu Symbolen und Metaphern für die Gewalttätigkeit der Menschen und dem Wunsch, diese im Zaum zu halten und zu vermindern. Zu all dem ist vielleicht ein symbolischer Gott nötig – aber nur deswegen, weil Menschen für ihren Gott bereit sind, Berge zu versetzen. Für den Menschen würden sie dies wohl niemals tun.

Wer sich nicht verzaubert fühlt von Fetischworten, der findet sich früher oder später in der Frage wieder, was denn ein Symbol sonst noch sein könnte außer einem Symbol? Was bedeutet die Auskunft »nicht nur eine Symbolik«? Was bedeuten Symbole mehr, als dass sie Symbole sind?

»Das Unwahre überführt sich seiner selbst im Geschwollenen«, bemerkt Adorno in seiner Studie *Jargon der Eigentlichkeit.*[20] Das »mehr« – so viel lässt sich hier bereits sagen – bezieht sich auf den Inhalt, den das religiöse Bewusstsein als ein ausgezeichnetes Wissen zu haben beansprucht. Es soll das Eigentliche sein, demgegenüber sich Symbole mit dem Uneigentlichen bescheiden. Wir werden uns zunächst damit beschäftigen, dass es eine typische Eigenart religiöser Rationalität ist, die Bedeutung des Symbolcharakters von Symbolen herabzusetzen, indem sie sie als einen matten Abglanz einer Heil versprechenden, glänzenden Wahrheit ausweisen. Wir werden später sehen, dass das Wissen dieser Art Wahrheit ein angemaßtes Wissen von etwas ist, von dem es kein Wissen gibt.

Der oben zitierte Autor der christlichen Sekte[21] entlarvt beispielhaft seine verklärende Rationalität. Statt uns aufzuklären, wie sein geheimnisvolles Wissen zustande kommt, offenbart er, dass er die Mitglieder jenes Freimaurerordens einerseits als Bestandteil der Weltbruderkette der Freimaurer ausweisen möchte und zugleich Angst bekommt vor der Zugehörigkeit zu einem reinen Symbolbund. So schießt ihm die größenwahnsinnige Vision in den Kopf, »mehr« zu sein als die anderen, und er verleugnet die Gleichwertigkeit mit den übrigen Gliedern dieser Kette. In dem entscheidenden Merkmal, das Freimaurerei kennzeichnet, verweigert er die Zustimmung zur bescheidenen Auffassung von Symbolen und bekennt sich als Gläubiger einer Religion. Es ist, als woll-

20 Theodor W. Adorno, *Jargon der Eigentlichkeit. Zur deutschen Ideologie*, Suhrkamp, Frankfurt am Main 1997, S. 11.

21 In der Verwendung der Bezeichnung »christliche Sekte« schließe ich mich dem Vorschlag Bernhard Beyers an.

te er sagen: »Wir sind ein symbolischer Bund, aber wir sind es nicht.« Dies ist die Logik der unerfüllbaren Handlungsaufforderungen, deren Schizophrenie wir später genauer betrachten werden. Der Autor spricht dabei nicht nur für sich, sondern unterstellt jedem Ordensmitglied dieselben dunklen Voraussetzungen. Viele Männer, die den Weg in die Freimaurerei gesucht haben, aber am Ende beim Freimaurerorden gelandet sind, wissen nicht, womit sie es eigentlich zu tun haben.

Der seltsame Charakter des »mehr«, den diese Pseudo-Freimaurer beanspruchen, steigert sich noch dadurch, dass sie ja alle einer christlichen Kirche angehören. Darin verbirgt sich einerseits eine unwirkliche Auffassung von Toleranz, weil ihr Ordens-Gesetz es nämlich vorschreibt, dass die Mitglieder ihres Ordens ausschließlich Christen sein müssen.[22] Die Mitglieder dieses Ordens sind freilich tolerant gegenüber Christen, anderen verweigern sie den Eintritt in die »höchste« Stufe ihres Geheimnisses. Und dieser Ausdruck von »Toleranz« beruht auf dem Fundament der Intoleranz.

---

22 In verschleiernder Rede fordern die am 24. März 1973 beschlossenen Ordensregeln des Freimaurerordens das Prinzip der Intoleranz ein mit den Worten: »3. Die Lehrart der Großen Landesloge ist auf das Christentum gegründet. Unter Christentum ist aber nicht die Zusammenfassung bestimmter Glaubensartikel zu verstehen, sondern die alleinige Lehre Jesu Christi, wie sie in der Heiligen Schrift enthalten ist.

Die Bibel bleibt daher die unerschütterliche Grundlage unserer Ordenslehre: Sie ist die Hauptquelle unseres Bekenntnisses, unser höchstes, auf dem Altar liegendes maurerisches Licht.

4. Im Bewußtsein ihrer Gotteskindschaft nennen sich die Ordensmitglieder untereinander Brüder und fühlen sich mit allen Freimaurern der Welt verbunden.« (freimaurer-wiki.de/index.php/Große_Landesloge_der_Freimaurer_von_Deutschland (Zugriff März 2017)). Wir werden auch hierauf zurückkommen.

Es verbirgt sich aber auch eine Ungenügsamkeit darin: Denn warum geben sie sich nicht zufrieden mit ihrer christlichen Religion? Es zwingt sie ja schließlich niemand, Freimaurer zu werden. Doch sie wollen weder die Freimaurerei sich selbst überlassen noch ihr Christentum und stellen ein seltsam graues Durcheinander zwischen beiden her. Die Bibel, das Buch der Wahrheit der Christen, anerkennen sie nicht als Symbol, sondern als etwas Anderes, »Höheres«, dessen genauere Bestimmung sie jedoch in okkultem Dunkel belassen.

Wir werden im Verlauf der folgenden Ausführungen sehen, dass im Verzicht auf vermeintlich höhere, tiefere, dunklere, esoterische, magische oder von Gott selbst offenbarte Zugänge zum wahren Wissen der Unterschied der Freimaurerei zur Religion besteht.

Freimaurer betrachten schon allein deswegen die *Bibel* sowie andere vermeintlich heilige Bücher und Wahrheiten als reine Symbole und Metaphern – nichts darüber, nichts mehr und nichts dahinter, keine Magie, kein Obskurantismus, kein Götzenkult. Dieser Verzicht wird von Religionen jedoch verständlicherweise als schleichende Krankheit empfunden, an deren Ende ihr Tod stehe. Für Religionen gilt nämlich, dass ihre heiligen Bücher keine Symbole der Wahrheit sein sollen, sondern die Wahrheit selbst. Ob diesen Büchern und Wahrheiten tatsächlich eine andere als die symbolische Bedeutung zukommt, mag zwar richtig – wenngleich sehr unwahrscheinlich – sein, hat aber mit Freimaurerei nichts mehr zu tun.

Im religiösen Erlebnis jedenfalls löst sich der Symbolcharakter auf oder darf gar nicht erst ins Bewusstsein gelangen. Er wird für die sich auserwählt haltenden Mitglieder zum

Ausdruck *eigentlicher* und unwiderleglicher Wahrheit. Das Heilige empfinden Fromme als mit einer magischen Kraft aufgeladen, die den Symbolcharakter übersteige. Dadurch wird das Symbol zu einem Fetisch. Religiöse Symbole sollen eine Analogie sein zu einem wirklich existierenden Sein. Dadurch wird das Symbol zu einem uneigentlichen Abklatsch dessen, was man für das *Eigentliche* hält. Symbol der Unsterblichkeit ist aber nicht die Unsterblichkeit selbst, so wenig wie die Maske das Gesicht ist. Doch daraus folgt nicht, dass es eine *eigentliche* Unsterblichkeit gebe, die nicht mehr uneigentliches Symbol sei. Symbole der Unsterblichkeit sind kein Beweis für die Existenz der Unsterblichkeit als solcher. Sie sind und bleiben Zeugnis des Wunsches nach Unsterblichkeit und Ausdruck des Gedankens, dass alles anders wäre, wenn der Mensch unsterblich wäre.

Auch Totems und Fetische von Naturvölkern sind Symbole. An ihnen erkennen wir, dass sie im Bewusstsein des Besitzers nicht als Symbole vorgestellt werden. Vielmehr kann dabei ein wertloser Knochen, ein zufälliger Klumpen eines Erzes, ein auffälliger Stein oder ein geformtes Holz, dessen Gebrauchswert kaum zu unterschätzen ist, zu einem unbezahlbaren Heiligtum werden.[23]

---

23 Wenngleich es uns in der »aufgeklärten« Welt als ein Merkmal animistischer Kausalität vorkommen mag, religiöse Riten stellen einen direkten Zusammenhang zwischen dem Symbol und der realen Welt oder einem *darüber* herrschenden Gott her. Aber nur bei abergläubischen Riten sind Christen bereit, diese magische Aufladung mit kausaler Kraft zu erkennen und zu kritisieren. James G. Frazer führt diese Aufgeladenheit von Fetischen beispielhaft aus: »Among the Ta-ta-thi tribe of New South Wales, the rain-maker breaks off a piece of quartz-crystal and spits it towards the sky; the rest of the crystal he wraps in emu feathers, soaks both crystal and feathers in water, and carefully hides them. In the Keramin tribe of New South Wales

Symbol und was es symbolisiert

Freimaurerei ist ein symbolischer Bund. Aber was bedeutet es, ein symbolischer Bund zu sein? Warum ist diese Bestimmung für religiöse und fromme Menschen so schwer annehmbar? Welche Bestimmungen wählen fromme Menschen stattdessen?

Menschen arbeiten mit Symbolen, wenn sie sich in der Welt orientieren. Kaum ein Mensch verwendet sie heute nicht, die Emojis und Smileys. Symbole finden wir auf den Bildschirmen unserer PCs und Smartphones, sie sind Sinnbilder, die wir schneller verstehen als wörtliche Aussagen. Stets aber sind es bildliche Ausdrücke von sinnlichen und natürlichen Beziehungen.

Vielfach glauben Menschen sogar, Symbole könnten Orientierung in einer Hinter-, Unter- oder Überwelt geben. So ist der Teufel ein Symbol der »Unterwelt« oder des »Bösen«, das wir stets unter uns ansiedeln. Dabei ist es aber nicht entscheidend, ob es dasjenige gibt, was das Symbol symbolisiert. Hinterwelt, Unterwelt und Überwelt sind oh-

---

the wizard retires to the bed of a creek, drops water on a round flat stone, then covers up and conceals it. Among some tribes of North-western Australia the rain-maker repairs to a piece of ground which is set apart for the purpose of rain-making. There he builds a heap of stones or sand, places on the top of it his magic stone, and walks or dances round the pile chanting his incantations for hours, till sheer exhaustion obliges him to desist, when his place is taken by his assistant. Water is sprinkled on the stone and huge fires are kindled. No layman may approach the sacred spot while the mystic ceremony is being performed.« (James George Frazer, *The Golden Bough: a study of magic and religion*, Macmillan, New York 1922; Bartleby.com, 2000, S. 75 f. Dort auch Beispiele, die Christen zum Regenmachen gegeben haben.)

nehin sinnlose Konstruktionen, wenn sie zur Beschreibung des Wirklichen dienen sollen. Es gibt nur eine Welt für uns. Von einer anderen Welt oder Wirklichkeit zu reden, und sogar vorzugeben, sie sei über, unter der Wirklichkeit, sie sei »mehr« als die bekannte Wirklichkeit, kennzeichnet das anmaßende Denken, das vorgibt, etwas zu wissen, wovon es für uns Menschen kein Wissen gibt. Und ob es für andere Wesen andere Welten gibt, das wissen wir nicht. Es mag möglich sein, aber sich darüber Gedanken zu machen, ist vergeblich. Wichtig für uns ist allein die für uns Menschen gültige Welt, denn nur über diese können wir Wissen erwerben.

Wie ein Beruhigungsmittel wirkt es dennoch auf manche Menschen, wenn sie gedanklich hinter oder über die Welt flüchten können. Wahlweise sagen sie auch, dass sie »tiefer« in die Welt eindringen, wobei sie mit »tiefer« jeweils meinen: »Besser-als-die-anderen-sein«. Auch hier gilt wieder für den Metaphernfeind, was noch zu erörtern ist, dass das »tiefer« nicht metaphorisch verstanden werden darf, sondern *eigentlich* und *wahrhaftig*. Es hat die gleiche Bedeutung wie »höher«. Die Erlebnisse »höher«, »tiefer«, »hinter« und »über« können nur dann ein starkes Erlebnis sein, wenn der Hinterweltler und Tieferweltler nicht ständig daran denken muss, dass er sich seine Hinterwelt und Ähnliches bloß in Gedanken konstruiert hat. Er hat es dabei dennoch mit nichts anderem zu tun als mit Worten.

Religiöses Denken zieht den Charakter des Symbols stets in einen anderen Bereich, in dem das Symbol mit magischer Bedeutung aufgeladen wird. Jetzt hat das Symbol seine natürliche Basis verloren. Dabei entsteht der Eindruck, man könnte Eigentliches von Uneigentlichem unterscheiden. Beispielsweise ist ein Kruzifix das Symbol des Gekreuzigten und Auferstandenen. Jedes dieser drei Worte ist nicht eigentlich Gott, sondern eben nur Wort, Symbol und Metapher. Aber das Gehirn frommer Menschen macht plötzlich den eigentlichen Gott daraus. Jetzt ist dieser Gekreuzigte und Auferstandene eine Tatsache. Er ist *eigentlich*. Dadurch wird ein Kruzifix zu einer Art Fernwirkung von einem vermeintlich historischen Ereignis. Es ist aufgeladen mit der Kraft des Ereignisses selbst. Als Symbol soll es dann Repräsentant des eigentlichen Geschehens sein, von dem überhaupt nicht klar ist, ob und wie es tatsächlich geschehen ist. Merkwürdigerweise ist niemand bekannt, der Jesus »nicht als Christus verehrt und ihn gleichwohl nach seiner Kreuzigung noch gesehen hätte. Es gibt keine neutralen Zeugen«, gibt uns Christoph Türcke zu bedenken. Dass Jesus ausschließlich von Christen gesehen wurde, wirft die Frage nach ihrer Zurechnungsfähigkeit auf. Denn dass »Leute, die jemanden nach seinem Tod als ihren Retter ›sehen‹, während er allen andern in ihrer Umgebung hartnäckig verborgen bleibt, milde gesagt eine Vision haben. Schärfer gesagt: Sie halluzinieren.«[24]

Es darf dem Religiösen nicht bewusst werden, dass all die Adjektive des Heiligen nur symbolische und metaphorische Bedeutung haben, und zwar in dem Sinne, dass das Symbol nicht die reale Fernwirkung einer Tatsache ist. Aber im Religiösen sollen Halluzinationen als Realität erlebt werden. Dieser übernatürliche Gebrauch von Symbolen täuscht Natürlichkeit vor.

Wenn wir aber sagen, dass wir uns »auf gleicher Augenhöhe« unterhalten, dann hat der Ausdruck: »auf gleicher Augenhöhe«, ausschließlich symbolische und metaphorische

24 Christoph Türcke, *Jesu Traum. Psychoanalyse des Neuen Testaments*, zu Klampen, Springe 2009, S. 30.

Bedeutung. Der Ausdruck meint nicht ein *eigentliches* Auf-gleicher-Augenhöhe. Es ist nicht nötig, den Ausdruck als den Reflex der Tatsache, dass sich die Augen zweier Menschen auf exakt derselben Höhe über Meeresspiegel befinden, zu verwenden – ja, es zerstörte sogar die Bedeutung der Anerkennung des Anderen. Ohne Einschränkung kann ein Mensch mit 1,5 m Körperlänge auf gleicher Augenhöhe mit einer Zwei-Meter-Frau verhandeln und zwei gleich große Männer können sich bei einer Verhandlung durchaus nicht auf gleicher Augenhöhe befinden. Von Symbol zu sprechen, zieht es nicht nach sich, dass ein Vorbild des Symbols in der faktischen Welt existiere, schon gar nicht muss es in einer übernatürlichen Welt existieren. Es gibt kein Eigentliches hinter dem Symbol, das das Symbol zu einem Uneigentlichen machte.

Der Unterschied zwischen den beiden Auffassungen ist uns aus der Schizophrenie recht gut bekannt. Schizophrene Menschen erkennen wir frühzeitig daran, dass sie diese symbolische und metaphorische Bedeutung nicht nachvollziehen können. Wo sie den Wortlaut: »auf gleicher Augenhöhe«, vernehmen, denken sie sich im wörtlichen Sinn die waagerechte Linie zwischen den Augen der Gesprächspartner. Dass die metaphorische und symbolische Bedeutung jedoch eine Gleichheit zum Ausdruck bringen kann, ohne dass im physischen Sinn der wörtlichen Bedeutung von »auf gleicher Augenhöhe« die Rede ist, kann der Schizophrene schwer oder gar nicht erfassen.[25] »Das Bild ist nicht das Abgebildete, der

25 Zur Schwierigkeit mit Metaphern bei Schizophrenen vgl. Tilo Kircher, Siegfried Gauggel, *Neuropsychologie der Schizophrenie. Symptome, Kognition, Gehirn,* Springer Medizin Verlag, Heidelberg 2008, S. 350 u. a. – Interessanter noch sind die Studien, von denen Paul Watzlawick in *Wie wirklich ist die Wirklichkeit* berichtet.

Name ist nicht das Benannte, eine Erklärung der Wirklichkeit nur eine Erklärung und nicht die Wirklichkeit selbst«, fasst Watzlawick das schizophrene Verhältnis zur Wirklichkeit zusammen. »Nur ein sogenannter Schizophrener isst die Speisekarte statt die auf ihr aufgeführten Speisen.«[26]

Die religiöse Verwendung des Wortes *Symbol* lehnt sich vielfach an diese schizophrene Umgangsweise an: Das Brot des Abendmahls muss sich wirklich in Fleisch verwandeln, nicht nur symbolisch; die Bibel muss das tatsächliche (eigentliche) Wort des Gottes sein, nicht nur das Symbol; Erlösung der Märtyrer im Jenseits muss es wirklich geben, nicht nur als Symbol. Explodierte islamistische Fundamentalisten folgten sogar dem Versprechen von 72 Jungfrauen im Jenseits.[27] Sie haben ihren realen Lustgewinn eingetauscht gegen die Illusion seiner Steigerung in einer bloß auf dem Papier existierenden jenseitigen Welt.

Bei allen diesen Vorstellungen wird das Symbol zugunsten einer Tatsache verkleinert. Die Symbole einer Belohnung im Jenseits sollen bloß die uneigentliche Belohnung darstellen, während der echte Lohn, der kein Symbol oder mehr als ein bloßes Symbol ist, in der anderen Welt auf den Auserwählten wartet. Kein im Namen des Glaubens geschehenes Verbrechen könnte noch einmal geschehen, wenn fromme Menschen sich mit der Uneigentlichkeit des Symbols anfreunden könnten. Nur unter dem Ladentisch erzählt man sich die Geschichte von dem etwas gealterten Terroristen,

26 Paul Watzlawick, *Münchhausens Zopf*, a.a.O.

27 Vgl. zur Tradition der Wiederkehr der verdrängten Lust in Form von Jungfrauen für langweilige alte Männer im Islam bei dem arabischen Philosophen des 12. Jahrhunderts al-Ghazali *The Revival of the Religious Sciences* (www.ghazali.org/site/ihya.htm (Zugriff März 2017)).

der reichlich entstellt im Paradies von einer jungfräulichen Schönheit begrüßt wird. Ein daneben stehender neidischer christlicher Priester fragt ihn neugierig: »Ist sie deine Belohnung?« – »Nein, ich bin ihre Strafe.« Wie anders würde unsere Welt aussehen, wenn der Islamist sich heute schon daran gewöhnt hätte, dass seine Belohnung *eigentlich* auch eine Strafe sein könnte?

An dieser Stelle ist es hilfreich auf eine wichtige Entdeckung der durch Schizophrenie hervorgerufenen Sprachstörung hinzuweisen. Sigmund Freud berichtet in seinen Reflexionen über das Unbewusste von schizophrenen Äußerungen einer Frau im Anfangsstadium ihrer Krankheit. Sie klagte gegenüber dem Arzt über ihre Augen: »Die Augen sind nicht richtig, sie sind verdreht.« Dabei sehen die Augen ganz normal aus. Ihr Geliebter aber sei schuld daran. Sie könne ihn gar nicht verstehen, er sehe jedesmal anders aus. »Er ist ein Heuchler, ein Augenverdreher, er hat ihr die Augen verdreht, jetzt hat sie verdrehte Augen, es sind nicht mehr ihre Augen, sie sieht die Welt jetzt mit anderen Augen«, fügt Freud aus dem Krankenbericht eines Kollegen hinzu.[28]

Musterhaft erklärt Freud anhand dieses Beispiels die eigenartige Beziehung der Frau zu einem Körperorgan – nämlich zum Auge. Es wird zum Stellvertreter des gesamten Inhalts ihrer Gedanken. Daher nennt Freud ihre Art zu sprechen auch »Organsprache«. Freilich kann mit »Organsprache« auch eine Organkrankheit als Ausdruck der Seele gemeint sein. Aber hier geht es darum, dass wir ein Gefühl oder eine Emotion in der Sprache der Organe ausdrücken.

---

28 Sigmund Freud, *Das Unbewußte*, in: Studienausgabe, S. Fischer, Frankfurt am Main 1982, Band III, *Psychologie des Unbewußten*, S. 156 f.

»Das geht mir an die Nieren«; »Es liegt mir etwas auf der Leber«; »Der hat keine Eier in der Hose« und vieles mehr.

Das Bezeichnende der Organsprache der Patientin ist die völlige Ignoranz gegenüber der Metapher. Wenn ein Mann einer Frau oder umgekehrt die Augen verdreht, dann weiß jeder gewöhnliche Mensch, dass er hierzu nicht mit Spezialwerkzeugen an ihrem Schädel manipuliert und buchstäblich Augen verdreht. Aber manchmal haben wir das Gewöhnliche vergessen. Und wenn wir uns gar nicht mehr an das Gewöhnliche erinnern können, dann sind wir eben schizophren und erfinden entweder vollkommen unpassende Metaphern oder verstehen jede Metapher wörtlich. In der Organsprache *halten* sich die Sprecher an Organen fest.

Der Übergang in die Organsprache findet innerhalb einer größeren Erscheinung statt: der Überbewertung einer Wortbedeutung gegenüber der Sachbedeutung. Natürlich könnte man die Redeweise: »Er hat mir die Augen verdreht«, in ihrer wörtlichen Bedeutung annehmen. Schließlich handelt es sich hierbei um einen korrekt formulierten deutschen Hauptsatz mit dem Verb »verdrehen« und dem Objekt »Augen«. Hinzu kommt das Subjekt »Er«. Wer sich auf die Logik und Grammatik des Satzbaus beruft, wird Recht haben, wenn er meint, dass der Satzbau fehlerfrei sei. Ja, es könnte auch bezüglich des Sinns der Aussage jemand einwenden: Theoretisch kann man auch im wörtlichen Sinn jemandem die Augen verdrehen. Doch gehört dies nicht zu den Vorgängen, die unseren Erwartungen entsprechen.

Der Wortbedeutung steht eine Sachbedeutung gegenüber – um hier die Terminologie Freuds zu gebrauchen. Aus der Wortbedeutung, dass die Augen verdreht seien, wird das Gefühl auf die Sache übertragen, dass uns ein anderer dazu bringen kann, seinen Standpunkt einzunehmen. Wir glauben dann, etwas zu sehen, was er sieht. Tatsächlich ist es aber nur ein gedachter Standpunkt, ein Standpunkt des Als-Ob. Denn wir können niemals wirklich den Standpunkt eines anderen einnehmen. Wenn wir dort stehen, wo er einmal stand, ist er ja mindestens schon einen Schritt weitergegangen.

Der Volksmund sagt zu solchen Argumenten »Haarspalterei«. Er hat ein deutliches Gefühl dafür, dass unsere Redeweise – die ungenaue metaphorische – treffender ist als das »Schizophrenesisch« eines Versuchs der exakten Beschreibung eines Vorgangs. Wenn wir den Standpunkt eines anderen einnehmen, dann niemals in dem Sinne, dass wir dort stehen, wo er steht. Vielmehr denken wir uns wie es aussähe, wenn wir seinen Standpunkt hätten.

In der Freimaurerei begegnen wir einer umfangreichen Symbolik der Worte. Worte gelten als verloren, unaussprechlich, buchstabierbar. Niemals wird in dieser Symbolik eine Relation zwischen Eigentlichkeit und Uneigentlichkeit des Wortes aufgebaut. Der Umgang mit der reichhaltigen Wort-Symbolik gewöhnt den Freimaurer daran, dass Worte nur Worte sind, immer bleiben werden und stets metaphorisch sowie symbolisch aufzufassen sind. Worte fallen dabei nicht aus der Rolle des Als-Ob.

Die Vorstellung des Als-Ob kann eine sehr nützliche Fähigkeit sein. Stellen Sie sich vor, Sie fahren mit dem Auto auf einer Nebenstraße, an deren Rand dicht hintereinander andere Autos am Straßenrand parken. Zwischen zwei dieser Autos ist gerade ein Kind vom Bürgersteig auf die Straße gelaufen. Sie können es aber nicht sehen, weil es von den parkenden Autos verdeckt wird. Aber eine Fußgängerin, die

Ihnen auf dem Bürgersteig entgegenkommt, hat gesehen, wie das Kind auf die Straßen gerannt ist. In der Erwartung und Befürchtung, dass Sie mit ihrem Wagen das Kind gleich erfassen werden, hält sie sich vor Schreck die Hand vor den geöffneten Mund und bleibt schockartig stehen. Sie nehmen blitzschnell die Reaktion der Fußgängerin wahr und dass deren Augen auf den Abstand zwischen den beiden parkenden Autos rechts vor Ihnen gerichtet sind und treten sofort auf die Bremse. Alles ist noch einmal gut gegangen, weil Sie schnell genug die Situation »mit den Augen der Fußgängerin gesehen« haben.

Zahlreiche Situationen haben Sie selbst schon erlebt, in denen eine Gefahr auch für Sie rechtzeitig erkannt wurde, weil Sie »den Standpunkt eines anderen« eingenommen haben. Die Wortbedeutung des Satzes: »Den Standpunkt eines anderen einnehmen«, ist unsinnig, ja sogar unmöglich; nur die metaphorische Bedeutung in der Rolle des Also-Ob macht Sinn.

Wenn unser Orientierungssinn und unser Denken (das korrekte Verstehen von Metaphern) richtig funktionieren, dann verlieren wir den Unterschied zwischen Wort- und Sachbedeutung nicht aus den Augen. Nicht nur beim kranken Menschen ist die Fähigkeit der Konzentration auf diesen Unterschied oftmals gestört. Während an Schizophrenie ernsthaft erkrankte Menschen nicht mehr fähig sind, sich hinreichend lange auf diesen Unterschied zu konzentrieren, verstehen es andere unter unseren Mitmenschen sehr gut, die leicht herzustellende Verwirrung zwischen beiden Bedeutung zum eigenen Vorteil auszubeuten.

Sigmund Freud entdeckte zunächst, dass die Unfähigkeit zur anspruchsvollen Sprachleistung, Metaphern zu verstehen, mit der krankhaften Schizophrenie zu tun hat. »Fragen wir uns«, fährt er in der zitierten Schrift fort, »was der schizophrenen Ersatzbildung und dem Symptom den befremdlichen Charakter verleiht, so erfassen wir endlich, daß es das Überwiegen der Wortbeziehung über die Sachbeziehung ist.«

Dem schizophrenen Zwang, Symbole und Metaphern abzuschwächen und ihre Wortbedeutung aufzuwerten, begegnen wir in jeder Form des religiösen Denkens. Freud nennt nicht allein deswegen Religion eine »Zwangsneurose«. Sie ist eine Art der Angstkrankheit. Denn im religiösen Gefühl vertreiben sich Menschen zahlreiche Daseinsängste, die zu Panikattacken und Amoklauf führen können, wenn sie sich auf irgendeine Weise gestört fühlen in der Bewältigung ihrer Daseinsangst durch religiösen Brauch. Dass dieser Wahnsinn zur realen Gefahr werden kann, erfahren wir in der Gegenwart nirgendwo leibhafter als an dem explosiven Gotteswahn von Islamisten.

Während auf der einen Seite im Symbol die bloße Vorstellung eines Als-Ob wirkt, der nichts Wirkliches entsprechen muss, inkarniert sich auf der anderen Seite das Symbol in eine metaphysische Substanz und hört dabei auf, Symbol zu sein.

In der Sphäre des Als-Ob jedoch bleibt der Bezug zur Realität stets ein Spiel. Religion allerdings verleitet zu der Annahme, dass Symbole ihren Bezug zur Realität so weit überschreiten können, dass sie in reale Irrealität umschlagen. Formulierungen wie »höher« sollen den Weg zur wirklichen *Transzendenz* oder zur *Übernatürlichkeit* öffnen. Freimaurerische Verwendung von Symbolen beruht aber stets auf der Verwendung ihres Als-Ob-Charakters und hält sich nur im diesseitigen Raum natürlicher Verhältnisse auf. Dass der Als-

Ob-Charakter genügt, auch das religiöse Bedürfnis von Menschen zu befriedigen, erkennen wir daran, dass in Freimaurerlogen sehr viele Männer und Frauen aus verschiedensten Religionen oder mit unterschiedlicher fundamentalistischer Neigung sich ungestört brüderlich und schwesterlich begegnen. Es ist stets nur eine kleine, vernachlässigbare Minderheit, die dem Zwang unterliegt, Freimaurerei ausdrücklich als Gottesdienst verstehen zu müssen, und andere dazu nötigt, dies für selbstverständlich zu halten.

Loge als Spielraum

In seiner geistreichen Studie *Homo Ludens* erzählt Johan Huizinga den beispielhaften Fall des Vaters, der sein vierjähriges Söhnchen antrifft, »wie es auf dem vordersten einer Reihe von Stühlen sitzt und ›Eisenbahn‹ spielt. … Er hätschelt das Kind, dies aber sagt: ›Vater, du darfst die Lokomotive nicht küssen, sonst denken die Wagen, es wäre nicht echt.‹«[29] Der liebevolle Kuss des Vaters störte die Symbole einer Eisenbahn mit dem Sohn als der Lokomotive. Das Kind versteht den rechten Gebrauch der Symbole und erfreut sich an ihnen im Spiel. Es spielt, als ob die Stühle Eisenbahnwagen seien. Die Szene mit der symbolischen Eisenbahn gilt freilich nur für den Zeitraum des Spiels. Das weiß auch beinahe jedes Kind. Spielerisch bewegt es sich zwischen imaginierten Welten hin und her – stets bereit, das Spiel als Spiel anzuerkennen und die Realität davon zu unterscheiden. Denn wenn die Stühle

29 Johan Huizinga, *Homo ludens. Vom Ursprung der Kultur im Spiel*, rororo, Reinbek bei Hamburg 2011, S. 17.

am nächsten Morgen wieder um den Esstisch platziert sind, dann stört Hätscheln diese Szene nicht mehr.

Was würden wir allerdings sagen, wenn das Kind in Panik ausbräche, weil die Putzfrau nach dem Frühstück die Stühle übereinander gestapelt in den Flur stellte? Was wäre passiert, wenn das Kind wirklich, außerhalb des Spiels, seinen Stuhl als das Fahrwerk einer Lokomotive betrachten würde? Vielleicht würden wir es bei dem vierjährigen Kind noch mit einem ernsten Wort zurechtrücken können, was da an falschem Verständnis von Symbolen passiert ist. Denn es hat aus den Stühlen eine irreale Realität gemacht, es hat den Stuhl zu etwas Übernatürlichem werden lassen. Jeden Jugendlichen oder sogar Erwachsenen würden wir zum Psychiater schicken. Dieser würde Spuren von Schizophrenie diagnostizieren.

Aber: »Das kleine Kind weiß genau, daß es ›bloß so tut‹, daß alles ›bloß zum Spaß‹ ist«, fasst Huizinga den Unterschied zu den Wahnzuständen mancher Erwachsener zusammen.[30] Spiel und Spaß, symbolisches Handeln und Rituale sind auf die eine existierende Wirklichkeit oder Realität bezogen, auch wenn diese verzerrt, chiffriert, metaphorisch darin aufgehoben ist. Die Hinzufügung, dass noch eine andere Wirklichkeit, eine andere Realität zur Erscheinung kommen könnte, ist eine überflüssige Annahme, auf die ausschließlich esoterische, fromme, metaphysische und sonstwie jenseitig orientierte Menschen nicht verzichten wollen. (In Klammern muss ich leider unentwegt darauf hinweisen, dass die ausdrückliche Überflüssigkeit solcher Annahmen keine Aussage über ihre Möglichkeit enthält und auch nicht dazu

30 Ebd., S. 16.

GEWISS, GEHT MAN VOM BLOSS EMPIRISCHEN STANDPUNKT AUS, DANN GIBT ES KEINE MESSBARE EVIDENZ FÜR DIE EXISTENZ GOTTES. DOCH GEHT MAN VOM STANDPUNKTE DER FRÖMMIGKEIT AUS..
FITZLIPUTZLI!

dient, jemandem, der auf solche überflüssigen Annahmen Wert legt, das Recht abzusprechen, dies tun zu können. Hier wird lediglich behauptet, dass es unredlich ist, Überflüssiges als denknotwendig oder sogar der Wahrheit gemäß auszuweisen. Ich werde künftig für diesen ausführlichen Hinweis in Klammern nur das Wort »Fitzliputzli« setzen. Denn es wartet eine ganze Armee von Ideologen darauf, behaupten zu können, ich hielte Dinge für unmöglich, deren Unmöglichkeit ich nicht beweisen kann. Der Fitzliputzli-Hinweis hilft Ideologen nur gegen das Vergessen, dass ich ihnen nicht die Möglichkeit übernatürlicher Erkenntnisse abspreche. Ich bestreite nur, dass sie aus diesem Privaterlebnis irgendetwas für andere Menschen Verbindliches ableiten können.)

Aus der Beobachtung des Spiels der Kinder lernen wir nicht nur zu verstehen, dass das Spiel seiner tierischen Herkunft nach – wie wir das auch von spielenden Raubtierkindern kennen – die Einübung in die Strategien und Techniken des wirklichen Kampfes, manchmal auch des Lebenskampfes darstellt. Für jeden Teilnehmer am Spiel ist es wichtig, dass er den Spielraum von der Realität abzutrennen versteht. Er muss die Kategorien auseinanderhalten können und darf nicht plötzlich aus dem Spiel in die Wirklichkeit springen. Wenn Menschen mit Raubtieren spielen, ist diese Synchronisation manchmal gestört. So kommt es, dass Tiger während einer Zirkusvorstellung den Dompteur mit Beute verwechseln und auffressen wollen.

Wer unterwegs beim Joggen oder Spazierengehen in eine Unterhaltung mit Hundebesitzern verstrickt wird, ist vielleicht auch schon einmal von dem Hund solcher Besitzer angesprungen oder sonstwie von ihm auf sich aufmerksam gemacht worden. Hundebesitzer sagen dann meistens zur

Verharmlosung: »Er will doch nur spielen.« Zur Vorbereitung des Spiels gehört es auch, dass klar sein muss, dass der andere auch nur spielen will. Aber die Gestaltung eines Spielraums mit der Absicht, den Eindruck zu erwecken, dass dort nur gespielt werde, doch denjenigen, die sich darauf eingelassen haben, irgendwann mitzuteilen, dass es sich nicht nur um Spiel und Symbol handelt, das kommt unredlichen Umgangsformen gleich, die wir aus Betrug und Vergewaltigung kennen. Auch spielt sich das Spiel im möglichen Erfahrungsraum ab. Im Spiel kommt nicht die Einübung in die Ordnung einer jenseitigen Welt zum Ausdruck.

Das So-tun-als-ob ist die entscheidende Charakteristik des Spiels. Aber sie ist es auch für die symbolische Handlung – vor allem im freimaurerischen Ritual. Doch anders als bei Kindern im Spiel, verlieren Erwachsene manchmal die Fähigkeit zur Wahrnehmung ihrer Spiele als ein So-tun-als-ob.

Daher ist Huizinga bemüht, nach zwei verschiedenen Richtungen Abgrenzungen zum Spiel vorzunehmen. Vollkommen korrekt unterscheidet er – wie wir gesehen haben – auf der einen Seite das Spiel vom »eigentlichen« Leben. Denn die Realität ist keine Wahnvorstellung und kein Symbol. Sie ist mit nichts vergleichbar. Sie ist die Kategorie, in welcher Existenz Statt hat. Diese eine Existenz als Einzigartigkeit verstehen zu lernen, fällt wiederum nicht allen Menschen leicht, manchen ist es unmöglich. Sie glauben, mehrere Existenzen zu kennen und sie nach Belieben aus Gedanken hervorzaubern zu können. Und so bauen sie auf der anderen Seite einen Weg in die Übernatürlichkeit auf.

Schärfste Spitze der Unfähigkeit, Existenz zu verstehen, ist der berühmte ontologische Gottesbeweis des Anselm von Canterbury aus dem 11. Jahrhundert, der das Muster der falschen Logik enthält. Diesem sind Menschen ausgeliefert, denen die Unterscheidung zwischen dem Als-Ob und der Existenz schwerfällt oder unmöglich ist. Anselm dachte sich Folgendes aus: Ich denke mir ein Wesen mit vollkommener Vollkommenheit; also ein Etwas, dem gar nichts fehlt. Demnach bedeutet dies der Inbegriff des Wortes »Alles« (also das, was »Alles« *eigentlich* meint).

Nun denke ich mir genau dieses vollkommene Wesen und zusätzlich noch, dass es auch existiert. Gegenüber dem zuerst gedachten »Alles« ist das jetzt gedachte existierende »Alles« unverkennbar vollkommener. Denn es beinhaltet ja *mehr* als diejenige Vollkommenheit, die nicht existiert. Also, schloss Anselm: Das höchste vollkommene Wesen, dem nichts, aber auch gar nichts mangele, das müsse tatsächlich existieren. Denn sonst mangelte ihm ja die Existenz. Und dieses vollkommenste aller Wesen, dem logischerweise auch Existenz zukomme, das sei Gott. Also existiere Gott.

Wer wollte jetzt noch widersprechen? Welcher fromme Mensch hat ein Interesse daran, den Denkfehler aufzudecken, wenn er sich endlich logisch bestätigt fühlen kann, dass sein Gott existiert? Die Bereitwilligkeit, Denkfehler zu ignorieren, wenn es nützlich ist, möchten wir auch hier nicht unterschätzen.

Existenz betrachtete dieser Gelehrte aber wie eine ganz normale Eigenschaft von Dingen, die man addieren und subtrahieren könne. Das macht es auch verständlich, warum fromme Sektierer des Freimaurerordens sagen, die aufgeschlagene Bibel sei »nicht nur eine Symbolik«. Sie soll *mehr* sein als Symbolik, weil sie denken, man könne mit einfachen Grundrechenarten die Existenz zur Symbolik dazu addieren und schon hätte man aus einem bloßen Wort die existierende Sache selbst.

Und wieder gilt »Fitzliputzli«. Denn wünschenswert ist dieser *große* Gedanke schon. Dann könnte ich mir nämlich einen großen Goldbarren denken und bräuchte nur noch die Existenz dazu zu addieren, und schon wäre ich reich, ohne dafür arbeiten zu müssen. Es war ein harter und zuweilen blutiger Weg, dieser alchimistischen Esoterik den Garaus zu machen. Aber in der Ordensfreimaurerei lebt er unentwegt fort.

Der ontologische Gottesbeweis – ontologisch, weil das griechische Wörtchen »on« das »Sein« bedeutet – verführt Menschen, seit es sie gibt. Dabei ist es logisch gesehen, gar nicht schwer, den Denkfehler aufzuspüren – was allerdings nicht bedeutet, dass jeder den Denkfehler selbst auch erkennt. Denn Menschen sind bereit, Denkfehler zuzulassen oder bereitwillig zu übersehen, wenn sie damit etwas in Schutz nehmen können, was sie mit goldenem Wert aufgeladen haben. Die Anerkennung von Denkfehlern folgt aus einer schlichten ökonomischen Güterabwägung.

Zum Glück können besonders kluge und intelligente Gelehrte manchmal über ihre eigenen frommen Grenzen hinausdenken. Der berühmteste Gelehrte, der den Fehler im ontologischen Gottesbeweis sofort wahrnahm, war kein geringerer als der Geistesriese der scholastischen Philosophie, Thomas von Aquin. Er warf dem Erzbischof von Canterbury vor, sich den Beweis erschlichen zu haben. Alles, was sein ontologischer Gottesbeweis leiste, sei der Nachweis, dass dem gedachten vollkommenen Wesen eine gedachte Existenz zukomme. Unter der Hand aber mogelte der Erzbischof die Umwandlung der gedachten Existenz in eine wirkliche Existenz hinein. Das ist an entscheidender Stelle unredlich gedacht. Und wir müssen bescheiden auch hier wieder zugeben: Vom Denken führt kein Weg zum Sein! Sei dies auch noch so wünschenswert.

Existenz hat nichts zu tun mit Denken. Ich kann mir alles Mögliche denken, aber ob es auch existiert, ist eine ganz andere Frage. Sie wird von der Logik niemals beantwortet. Gegen diese Erkenntnis setzt sich allerdings unkritisches und ungeschultes Denken stets hinweg. Wir werden diesem Denkfehler im Folgenden immer wieder begegnen und ihn als *Petitio Principii* – die Erschleichung des Beweisgrundes – kennzeichnen. Sie ist einer der erfolgreichsten aller Denkmethoden, und man braucht sich nicht zu wundern, dass sie von redlichen Gelehrten bislang nicht aus den Köpfen geleert werden konnte.

Symbol ist nicht Realität

Der Abgrenzung des Spiels von der Realität, die der Historiker Huizinga vornahm, können wir daher uneingeschränkt zustimmen. Wir erkennen diese Tatsache schon daran, dass es ein Erlebnis des Essens und Trinkens gibt, das damit einhergeht, dass wir nicht verhungern und verdursten. Es kommt nur ganz selten vor – wenn überhaupt jemals –, dass jemand sich von bloß gedachtem Essen und bloß gedachtem Trinken ernähren kann.[31]

Huizinga belässt es allerdings nicht bei der Abgrenzung des Spiels von der Realität. Das ist für den Symbolcharakter der Freimaurerei sehr aufschlussreich, denn Huizinga macht uns sichtbar, wie die Grenzen der Realität ignoriert werden. Huizinga möchte das Spiel nämlich noch von einer anderen Seite abgrenzen. Ihm schwebt auf dieser anderen Seite etwas Großes vor. Es ist uns schon bekannt aus der falschen Verwendung des Symbols. Die Darstellung des Symbolischen, das sein Vorbild in der Realität haben kann, ist Huizinga gar nicht so wichtig, wie das, was nicht Realität ist, aber in einem noch festeren Grade ein Existierendes sein soll. In der Verge-

31 Es soll so etwas vor knapp hundert Jahren bei der Theresa von Konnersreuth passiert sein. Die fromme katholische Hysterikerin habe über Jahre hinweg weder feste noch flüssige Nahrung zu sich genommen. Ebenfalls fromme Gelehrte der Medizin und der Theologie bestätigten, dass es kein Betrug gewesen sei. – Glaubwürdig wird der Fall jedoch dadurch auch nicht, selbst wenn hier wieder Fitzliputzli zugestanden werden muss.
Nach rationalen Maßstäben beurteilt hat Mark Benecke (*Mumien in Palermo – Als Kriminalbiologe an den dunkelsten Orten der Welt*, Lübbe, Köln 2016, Kindle-Ausgabe) den Fall. Dabei nimmt er die Orgelklänge aus den Lobgesängen, und es bleibt ein normaler Betrug übrig. Die Tatsache, dass Therese Neumann kritische Besucher nicht zuließ, dass sie bei Untersuchungen ihren bis zu den Füßen reichendes Faltenrock niemals ablegte, dass sie entschied, an welchen Tagen Urinproben entnommen werden durften und vieles mehr, wäre nicht nötig gewesen, wenn alle Beteiligten wirklich an Aufklärung interessiert gewesen wären. »Therese«, fasst Benecke zusammen, »konnte stets zur richtigen Zeit die richtigen Blutungen oder Blutspuren erzeugen, Menschen empfangen oder auch nicht (sie ließ nicht nur Skeptiker, sondern sogar seit Wochen angemeldete Priester vor der Tür stehen, bis sie gehen mussten), ›das Zimmer lüften‹ und dergleichen mehr, um die Umstände zu kontrollieren.«

genwärtigung dieses Undenkbaren verliere das Spiel seinen Als-Ob-Charakter und werde zu einem »heiligen Ernst«.

Es ist klar, dass sich Huizinga nun auf die Gutgläubigkeit seiner Leser verlassen muss. Denn außer der Tatsache, dass Huizinga uns versichert, dass es dieses, was der Heilige Ernst symbolisiere, als real Existierendes wirklich gebe, gibt es keinen Grund, diesen Gedanken für mehr als einen netten und großmütig gedachten Zustand zu würdigen. Bereitwillig übersehen die meisten seiner Leser jedoch, dass der Autor ihnen eine gedachte Existenz in blühenden Metaphern schildert, um flugs die Sprache so zu wenden, als spräche sie von einer wirklichen Existenz. Schon befinden wir uns in einem neuen Beispiel für die *Petitio Principii.* Hier verwechselt der Mensch wieder einmal das Kochrezept mit der fertigen Speise.

In der Abgrenzung des Spiels von dieser »Eigentlichkeit« scheint sich Huizinga also vergaloppiert zu haben. Allerdings verzeihen ihm dies die meisten Menschen. Sie sind ja bereit, den Denkfehler hinzunehmen, weil sie damit Gefahr für ihre Weltanschauung abwehren können.

Wir wollen den Punkt, an dem die Pferde mit ihrem Reiter durchgegangen sind, einmal genauer anschauen, und dabei prüfen, ob tatsächlich der Denkfehler der *Petitio Principii* vorliegt. »Geht man vom Kinderspiel zu geweihten Schaustellungen im Kult archaischer Kulturen über, dann findet man, daß im Vergleich zum Kinderspiel ein geistiges Element mehr ›im Spiel‹ ist, das sich nur sehr schwer genau beschreiben läßt«, schreibt der Historiker und erweckt dabei den Anschein, als beruhe seine These auf genauer Beobachtung. Doch schon die historische Ferne birgt große Unsicherheit. Es könnte sich bei dem »geistigen Element« der erwähnten

»geweihten Schaustellungen« um bekannte Auswirkungen dessen handeln, was wir seit Jahrtausenden »Aberglaube« nennen. Diese Möglichkeit zieht der Autor jedoch nicht in Erwägung. Stattdessen gibt Huizinga eine Erklärung, die er als ein feststehendes und nicht kritisierbares Wissen artikuliert, denn er fährt fort: »Die heilige Schaustellung ist mehr als eine Scheinverwirklichung, mehr auch als eine symbolische, sie ist eine mystische Verwirklichung. Etwas Unsichtbares und Unausgedrücktes nimmt in ihr schöne, wesenhafte, heilige Form an. Die Teilnehmer am Kult sind überzeugt, daß die Handlung ein gewisses Heil verwirklicht und eine Ordnung der Dinge zustande bringt, die höher ist als die, in der sie gewöhnlich leben.«

Fitzliputzli! Wir ziehen es nicht in Zweifel, dass die Teilnehmer davon überzeugt sind, dass ihre »Handlung ein gewisses Heil« verwirklichen und »eine Ordnung der Dinge zustande bringt, die höher ist als die, in der sie gewöhnlich leben«. Wir ziehen auch nicht in Zweifel, dass die Teilnehmer die Wahnvorstellung entwickeln können, etwas »Unsichtbares« sei in der kultischen Handlung gegenwärtig geworden. Aber wir ziehen es in Zweifel, dass aus diesen Überzeugungen und Vorstellungen der Teilnehmer auf die Existenz einer »höheren« Ordnung zu schließen sei. Dass diese Überzeugungen so zu behandeln seien, als hätten sie stärkere Gültigkeit als jede andere religiöse Wahnvorstellung, liegt weit ab von redlicher Argumentation.

Wie kommt der Autor darauf, dass es bei der heiligen Schau um ein »mehr« gehe als bei der bloß symbolischen Darstellung? Warum soll eine »mystische Verwirklichung« *mehr* sein als eine »Scheinverwirklichung«? Woher nimmt der Autor das Wissen, dass es überhaupt so etwas wie eine

»mystische Verwirklichung« im Unterschied zum Symbol und zum Spiel gibt? Spricht der Autor von Gespenstern, wenn er uns versichern will, dass in der heiligen Schau »ein geistiges Element mehr« ins Spiel komme?

Alles was uns Huizinga mitteilt, spricht dafür, dass er voraussetzt, was dann zum Grund für seinen Beweis hinreichen soll. Er behauptet die Wirklichkeit einer *höheren* Weltordnung und erklärt anschließend, dass kultische Riten mystischer Verwirklichung höherer Ordnung als Beweis dafür gelten, dass mystische Verwirklichung keine Scheinwirklichkeit sei. Und schon hat sich die gedachte Existenz einer »höheren Ordnung« in die existierende Existenz der höheren Ordnung verwandelt, die nur durch mystische Schau im Kreis von Auserwählten durch den »heiligen Ernst« im Spiel, das den Symbolcharakter weitgehend abgelegt hat, zur Erkenntnis der Wahrheit werde. Dieses Spiel könne nur noch »formal« mit dem symbolischen Spiel verglichen werden, denn es habe ja einen *über* das Formale hinausgehenden existierenden Inhalt.

Wollen wir ihm seine Lust am Heiligen einmal nicht beschneiden, obwohl sie auf einer unredlichen Argumentationskette beruht, die stets als gültig voraussetzt, was allererst hätte bewiesen oder zumindest plausibel gemacht werden müssen! Folgen wir dem Autor also, und halten wir seine Unterscheidung fest: Das Symbolische ist nicht das Heilige. Das Heilige ist »mehr« und »höher« als das Symbolische und jedes Spiel des Als-Ob.

Halten wir auch fest, dass es richtig sein könnte, dass die »Teilnehmer am Kult … überzeugt [sind], daß die Handlung ein gewisses Heil verwirklicht und eine Ordnung der Dinge zustande bringt, die höher ist als die, in der sie gewöhnlich leben.«[32] Dies sind schon eine ganze Menge gutwilliger Zugeständnisse an Ungenauigkeiten und Hinnahme von Unterstellungen, die Gleichgesinnte bereitwillig leisten. Aber sie helfen uns zu begründen, dass die symbolische Handlung der Freimaurer vollkommen verschieden ist von diesen unbegründeten Voraussetzungen mystischer Kulthandlungen.

Um den Unterschied noch deutlicher hervortreten zu lassen, ignorieren wir dabei sogar noch den Zweifel, der selbst Huizinga befallen haben muss, als er sich wohl überlegte, wie das kultische Spiel tatsächlich vom kindlichen Spiel unterschieden werden könnte. Einen rettenden Ausweg fand er schließlich in der Formulierung: »Trotzdem trägt die Verwirklichung durch Darstellung auch weiterhin in jeder Hinsicht die formalen Kennzeichen eines Spiels. Sie wird gespielt, innerhalb eines tatsächlich abgesteckten Spielraums aufgeführt, als Fest, d. h. in Fröhlichkeit und Freiheit. Eine eigene, zeitweilig geltende Welt ist ihr zuliebe abgezäunt.« Wobei es sicher korrekt ist zu behaupten, dass mit »dem Ende des Spiels … aber seine Wirkung nicht abgelaufen« ist.

Sofern wir diese Zugeständnisse machen, erkennen wir den Unterschied zwischen Freimaurerei und religiösen Kulten in aller Deutlichkeit. Im religiösen Kult haben symbolische Handlungen, Worte und Requisiten eine »höhere«, Heil und übernatürliche Ordnung verkündende Bedeutung. Symbole sind im religiösen Kult nicht bloß Symbole; sie sind »mehr«. In ihnen erscheint nicht eine »Scheinwirklichkeit«, sondern »Unsichtbares und Unausgedrücktes«.

Unglücklicherweise besitzt jeder abergläubische Kult diese Eigenschaft ebenso, und von ihm würden wir nicht be-

32 Huizinga, a.a.O., S. 16.

haupten, dass dieser »mehr« als ein Spiel sei oder »höhere« Wirklichkeiten berühre. Auch sind die Gespenster des Aberglaubens stets ein geistiges Element mit übernatürlichen Eigenschaften. Die im Aberglauben Befangenen nehmen wie in jedem Kult, ihre Symbole, Metaphern und Riten als wörtliche und explizite Darstellungen des Übernatürlichen wahr.

Der Kult ist also durch seine vom Aberglauben nicht unterscheidbare Wahrnehmung eine Darstellung, eine dramatische Vorstellung, eine Verbildlichung, eine stellvertretende Verwirklichung von etwas anderem. Dasjenige aber, was die Grenzen der Realität und Wirklichkeit überschreitet – insbesondere Aberglaube und Gespenster –, gehört nicht mehr zur Freimaurerei. Mag Religion diese Wahrnehmungen mit dem Aberglauben und dem Glauben an Gespenster gemeinsam haben – fromme Menschen wähnen sich stets imstande, ihre Religion von Formen des Aberglaubens abzugrenzen –, mit diesen Dingen befasst sich Freimaurerei jedoch nicht. Der Unterschied zwischen Aberglauben und Religion, sofern er beschrieben werden kann, ist nicht Gegenstand der Freimaurerei. Auch der religiöse Kult ist ein Raum jenseits der Freimaurerei. Die verwendeten Worte: »Unsichtbares und Unausgedrücktes« sollen zwar den Anschein erwecken, als könnte davon ein Wissen erworben werden. Doch bleiben sie ein leeres Versprechen, und solcherlei ist Metaphysik, die nicht von der Symbolik der Gestaltung der Welt durch Arbeit getragen wird. Allerdings kann man unwidersprochen zustimmen, wenn Huizinga erklärt: »Auf den heiligen Festen, die mit den Jahreszeiten wiederkehren, feiert die Gemeinschaft die großen Ereignisse im Leben der Natur in geweihten Vorführungen. Diese stellen die Wechsel der Jahreszeiten dar, in phantasievoll umgestaltender dramatischer

Vorführung von Aufgehen und Untergehen der Gestirne, von Wachsen und Reifen der Feldfrüchte, von Geburt, Leben und Tod bei Mensch und Tier.«[33]

Wir zweifeln nur daran, dass er wissen könne, dass dies nur der »Form nach … genau dasselbe [ist], ob das Abstecken zu geweihtem Zweck oder zu reinem Spiel geschieht«. Warum sollte es nicht auch inhaltlich keinen Unterschied geben? Abermals jedoch verletzte diese bescheidene Annahme religiöse Selbstverständlichkeiten. Deswegen muss auch hier von Huizinga ein imaginiertes »mehr« hinzugefügt werden.

Gleichwohl ist die Hinzufügung auch in diesem Fall bloß eine Privatangelegenheit des Autors, die zu tun ihm zwar jederzeit freisteht (Fitzliputzli!), zu der es aber keine objektive Notwendigkeit gibt. Mag er selbst einen inneren Zwang fühlen, sich seinen Glauben zu festigen, so ist dieser Zwang nicht die Notwendigkeit, die jeder andere spüren müsse. Niemanden kann er zwingen, denselben Zwang zu fühlen. Und je subtiler dieser Zwang dennoch ausgeübt werden soll, umso unredlicher ist die ganze Metaphysik des Heiligen Ernstes. Wer allerdings zu den zahlreichen Freiwilligen gehört, die sich mit den bloßen Fakten der Welt und des Daseins nicht begnügen wollen, der wird den Denkfehler und die Unredlichkeit großzügig übersehen.

Zwanghafter Gebrauch von Denkfehlern stammt aus der Beobachtung der oben beschriebenen Gefahr, dass das sprachliche Hantieren mit Symbolen eine Erinnerungsspur freilegt. Es könnte nämlich sein, wie das bei den unproblematischen Symbolen leicht einzusehen ist, dass es das, was Symbole symbolisieren, gar nicht gibt.

---

33 Ebd., S. 23 f.

Wenn eine Allegorie der *Justitia* ein Symbol für Gerechtigkeit ist, dann ist es durchaus möglich zuzugeben, dass es die Gerechtigkeit gar nicht gibt, wohl aber den Wunsch oder die Erwartung. Dann behandeln wir Gerechtigkeit, *als ob* es sie gäbe. Dieses Als-Ob hat große Bedeutung für unsere Rechtsprechung und unsere moralischen Urteile. Wir tun so, als ob das Recht oder das Gebot durch einen Gott eingesetzt wurde. Denn schließlich klingen alle Gebote, die mit »du sollst …« anfangen, so, als ob sie aus dem Mund einer Autorität gesprochen wären. Da komponiert unser Unbewusstes schnell auch den unsichtbaren Sprecher hinzu. Hat sich das Gefühl, den Sprecher gäbe es wirklich, erst einmal gefestigt, dann erscheint jeder Zweifel an seiner Existenz als das Ungewöhnliche und Abzuwehrende.

Der zwanghafte Gebrauch von Denkfehlern möchte die Gefahr, dass es das Symbolisierte als Existierendes vielleicht nicht gibt, verkleinern. Diese Angst vor der Ungewissheit wird umso größer, je ähnlicher das Symbolisierte einem Gott wird. Denn der Fromme muss jetzt fürchten, seine Vorstellung vom Heiligen, ja, von Gott, könnte auch bloßen Symbolcharakter besitzen. Für Gottesfürchtige ist es undenkbar, dass das symbolisierte Objekt »Gott« überhaupt nur als Symbol existiert.

Freimaurerische Symbolik unterscheidet sich von Religion und deren »Heiligem Ernst« auch durch den Abbau der Zwanghaftigkeit, hinter jedem Symbol ein existierendes Übernatürliches sehen zu müssen. Dieser Abbau wiederum kann nicht das Interesse des religiösen Denkens sein. Huizinga festigt daher auch all denjenigen ihren Glauben, die es nicht in Zweifel ziehen, dass ein Priester in direkten Kontakt mit der existierenden Gottheit tritt und dass die symbolischen Riten dies dadurch beweisen könnten, dass sie »mehr« seien als bloße Symbole. Hier beweist sich der Glaube selbst, obwohl erst einmal geklärt werden müsste, ob Symbole etwas »Höheres« seien als bloße Symbole. Mithilfe der unredlichen Argumente, die stets als bewiesen voraussetzen, was zuallererst kritisch geprüft werden müsste, schreibt Huizinga dem religiösen Spiel eine Erkenntnisfähigkeit zu und charakterisiert religiöse Riten als etwas Bedeutungsvolles, obwohl sie auch nur eine schlichte Wahnvorstellung sein könnten.

In der Freimaurerei existiert keine Auffassung, die dem Symbol eine andere Wirklichkeit zuschreibt als die bloß symbolische. Symbole sind und bleiben Symbole, so wie das Brot Brot bleibt und der Wein Wein.[34] Mit ihrer Ablehnung der Neigung des Symbols zur Seite eines als existierend angenommenen Unsichtbaren und all den dazugehörigen Ungehörigkeiten, bleibt Freimaurerei von Religion unterschieden. Es könnte höchstens sein, dass sich alle religiösen Riten auch als rein symbolisch erweisen. Dann fiele die Zumutung Huizingas weg, nicht aber die freimaurerischen Auffassungen über den Symbolcharakter des Symbolischen.

An anderer Stelle[35] habe ich in diesem Zusammenhang an

---

34 Besonders eindrucksvoll zelebriert die Osteragape des Schottischen Ritus für die Freimaurer-Brüder im 18. Grad diese Umwandlung. Dort wird – ohne Worte – die Umdeutung des christlichen Abendmahls mit seiner zauberhaften Verwandlung des Brotes in Fleisch und des Weines in Blut für alle teilnehmenden Brüder als ein Fest gefeiert, in dem jedem Teilnehmer das mit dem Bruder gebrochene Brot und der mit dem Bruder genossene Wein als der Inbegriff einer diesseitigen Steigerung des Sozialverbands vorgenommen. Eine Realexistenz von Blut und Fleisch ist dabei vollkommen ausgeschlossen.

35 Vgl. Klaus-Jürgen Grün, *Das verlorene Wort, Humanitäre Freimaurerei und die sanfte Revolte des autonomen Menschen*, Salier Verlag, Leipzig 2014, S. 87.

Paul Watzlawick erinnert, der die Bereitwilligkeit, Denkfehler zu pflegen, auf den Punkt bringen konnte. Sein Buch *Wie wirklich ist die Wirklichkeit* beschreibt den falschen Umgang mit unserem Wissen trefflich: »Sobald einmal das Unbehagen eines Desinformationszustands durch eine wenn auch nur beiläufige Erklärung gemildert ist, führt zusätzliche, aber widersprüchliche Information *nicht zu Korrekturen, sondern zu weiteren Ausarbeitungen und Verfeinerungen der Erklärung.*« Watzlawick fügt hinzu: »Wenn wir nach langem Suchen und peinlicher Ungewissheit uns endlich einen bestimmten Sachverhalt erklären zu können glauben, kann unser darin investierter emotionaler Einsatz so groß sein, daß wir es vorziehen, unleugbare Tatsachen, die unserer Erklärung widersprechen, für unwahr oder unwirklich zu erklären, statt unsre Erklärung diesen Tatsachen anzupassen.«[36]

Es ist also nicht zu erwarten, dass die Widerlegung der Argumente Huizingas auch dazu führt, dass man aufhört, die Argumente für Wahrheit zu halten.

Unfähigkeit zum Spiel

Die Unfähigkeit zum Spiel mit Symbolen ist eine verbreitete Eigenschaft. Manchmal bildet sie krankhafte Züge aus. In jedem Fall aber gilt: Wer keinen Sinn für Symbolisches hat, meint, dass Symbole so etwas wie Abbilder der Realität seien. Er verwechselt die Maske mit dem Gesicht. Dabei legen Menschen großen Wert darauf, dass ihre unsichtbare und »höhere« Realität nicht hinter dem Symbol zum Verschwin-

36 Paul Watzlawick, *Wie wirklich ist die Wirklichkeit? Wahn, Täuschung, Verstehen*, Piper, München 1976, S. 63 und 66.

KEINE ANGST.
DER IST DOCH NUR
EINE METAPHER.

den gebracht wird. Das kann dramatische Auswirkungen entwickeln, wie wir nicht erst durch den explosiven Terrorismus erfahren mussten.

»1976 starb in Franken eine Studentin«, lautet die Pressemeldung über eine ungewöhnliche Dissertation. »Priester hatten 67 Mal versucht, der Epileptikerin den Teufel auszutreiben – schließlich wog sie nur noch 31 Kilo. Der tragische Exorzismus hat Folgen bis heute, nicht nur für den Bischof.« Was war geschehen? »Eine epilepsiekranke Studentin, tief religiös und felsenfest überzeugt, von Dämonen besessen zu sein. Eltern, die von Medizinern keine Hilfe mehr erwarten. Und ein Bischof, der einen Exorzismus genehmigt, also eine Austreibung des Bösen mit Gebeten und Handauflegung. Am Ende ist die 23-jährige Anneliese Michel aus dem fränkischen Klingenberg tot.«[37]

Unentwegt treten diese Fälle in Erscheinung, in denen Menschen das Böse mehr als ein Symbol bedeutet. Sie glauben, es existiere und habe eine Gestalt. Diese Gestalt nennen sie in unserem Kulturkreis vorzugsweise »Teufel«. Es spielt keine Rolle, dass das griechische Wort *diabolos* nur die »Unordnung«, das »Durcheinanderbringen der Fakten« bedeutet. Allein der Bedeutungswandel, den das Wort im Katholizismus erfuhr, verweist auf seine Metaphorik: Das Wort *diabolos* ist von der Kategorie der bloßen Unordnung auf ein existierendes Böses verschoben (metaphora) worden. Danach erschien es so, als habe es niemals etwas Anderes bezeichnet. Menschen müssen zuweilen durch eine Einübung

---

37 Focus online 24.04.2014, *40 Jahre nach Teufelsaustreibung. Forscherin wagt sich an tödlichen Franken-Exorzismus*, m.focus.de/panorama/welt/toedliche-teufelsaustreibung-historikerin-untersucht-fraenkischen-exorzismus-fall_id_3795839.html. (Zugriff März 2017)

in Symbolisches an die Rolle von Metaphern erinnert werden. Denn in unserem Sinn wäre *diabolos* eine Metapher für einen wirklichen Zustand, in dem Verleumdung und Verdrehungen alltägliche Gewohnheiten unter Menschen sind. Vordergründig wollen insbesondere Christen aber im Teufel die Verkörperung des Bösen sehen.

Sofern der Teufel das Böse symbolisiert, müsste es selbst nach der Logik der katholischen Lehre dieses Böse eigens gar nicht geben. Das Böse ist in deren Auffassung die Abwesenheit des Guten. Der Teufel symbolisiert eine Angst und ein Machtinstrument, mit dem man all jenen drohen kann, die sich schwer domestizieren lassen. Ebenfalls dürfen freilich diejenigen nicht wissen, denen man Angst einreden will, dass der Teufel und seine Hölle nur Metaphern sind. Sie sollen ja wirkliche Angst bekommen vor einer wirklichen Hölle und einem wirklichen Teufel. Und selbst die wirkliche Angst ist nichts anderes als die Reaktion auf eine nicht existierende Gefahr. Die Angst vor der Zahl 13 ist wirklich, aber die Gefahr, die von dieser Zahl ausgeht, ist bloß eingebildet.

Nur wenig anders verhält es sich mit der weißen Taube, die den Frieden symbolisiert. Selbst wenn es niemals Frieden gibt, symbolisiert die weiße Taube den Frieden. Sie symbolisiert in diesem Fall einen Wunsch, ein Ziel, das wir nicht aus den Augen verlieren sollten. Letzteres trägt unverkennbar einen irdischen Wunsch, eine diesseitige Hoffnung, die aus der Erfahrung resultiert, dass mancher Krieg zu vermeiden gewesen wäre. Die weiße Taube wird dadurch zu einem Symbol, das uns daran erinnert, dass etwas anderes möglich ist als unsere erfahrene Welt grausamer Umgangsformen. Zu einem religiösen Heilsversprechen wird diese Hoffnung, wenn Priester die unheilvolle Realität ausbeuten, um Menschen zu verkünden, es gäbe ein Reich des Friedens, das nicht von dieser Welt sei, zu dem sie aber als Auserwählte Zugang erhalten könnten, wenn sie den Priester als ihren Seelenführer anerkennten. Dabei verwendete der Priester das Symbol wieder als einen Stellvertreter der Existenz einer jenseitigen, übernatürlichen und unsichtbaren Wirklichkeit.

Diesseitige Symbole

Diesseitige Symbole verwenden wir vielfach in heiklen Situationen. Beispielsweise wenn wir nicht wollen, dass ein Kind einem Fremden gegenüber arglos verrät, wo es zuhause ist. Dann versuchen wir »hinter dem Rücken« des Fremden, dem Kind zu verstehen zu geben, dass es bei einer intimen oder privaten Frage schweigen soll. Dabei legen wir den Zeigefinger auf die geschlossenen Lippen und schauen dem Kind in die Augen, und zwar so, dass es der Fremde nicht sieht. Dies ist eine symbolische Handlung. Sie bringt etwas zum Ausdruck, was sie nicht ist. Denn wenn das Kind jetzt dieselbe Handlung nachahmt, dann verrät es vor den Augen des Fremden genau das, was es verschweigen sollte. Aber das, was die symbolische Handlung symbolisiert, gehört zur Realität. Es ist nicht etwas Unsichtbares oder Unwirkliches, »Höheres«. Sie symbolisiert nämlich das uns aus der Erfahrung vertraute Schweigen.

Dabei wird einmal mehr der Als-Ob-Charakter symbolischer Handlungen deutlich. Die Lippen sollen so behandelt werden, als ob ein Schloss sie geschlossen hielte. Denn es drückt der Zeigefinger auf den geschlossenen Lippen nicht aus, dass jemand den Zeigefinger auf die Lippen legen soll, sondern etwas Anderes. In diesem Fall symbolisiert es das Schweigen mit der Geste der »verschlossenen« Lippen. Das nicht erkrankte Gehirn hat normalerweise keine Schwierigkeiten, dieses Spiel zu verstehen.

Aber die Unfähigkeit, in Vorstellungen, die das Seelenheil von Menschen betreffen, den Als-Ob-Charakter von Symbolen auszuhalten, ist offenbar auch mit einem gesunden Gehirn nur schwer zu überwinden. Dieser Mangel ist eine der fürchterlichsten Quellen menschlicher Grausamkeiten. Er wird uns in diesem Buch allerdings noch mehrfach beschäftigen.

Symbolisch im diesseitigen Sinn ist zunächst sogar das militärische Manöver, das der nordkoreanische Diktator Kim Jong-un im Herbst 2016 an der Südgrenze seines Landes durchgeführt hat. Es symbolisierte den Einmarsch seiner Truppen nach Südkorea. So konnte er den Einmarsch als Provokation nutzen, ohne mit seinen Truppen einmarschiert zu sein. Die symbolische Handlung, »als ob er einmarschieren« wollte, gab zu verstehen, was er tun könnte, ohne es tun.

Im Grunde gilt, dass alle unsere Handlungen immer auch Symbolcharakter haben. Wir geben etwas zu verstehen, indem wir tun. Meine Großmutter trug fast immer ein Kopftuch. Sie symbolisierte sich selbst damit. Wer heute ein Kopftuch beim Namen nennt, meint es fast immer symbolisch, und zwar stellvertretend für islamische Religion.

»Die Tagesschau des Fernsehens informiert z. B. nicht nur, sie symbolisiert … als öffentliches Medium auch die Bedeutung dessen, worüber sie informiert, und sie symbolisiert durch vertraute Sprecher und festgelegte Zeiten und Szenerien

Kontinuität, Dauer im Wechsel.«[38] Alles kann zum Symbol werden. Dann wird es in Analogie zu etwas oder als Teil von einem Ganzen aufgefasst. Manchmal kann ein Euro zum symbolischen Preis für ein ganzes herrschaftliches Schloss werden. Dann soll der eine Euro ein Preis sein, obwohl er doch kein wirklicher Preis ist. Heute wird ein »herrenlos« in der Bahnhofsvorhalle stehender Koffer zum Symbol. Er kann sofort Panik auslösen, selbst wenn es sich nur um einen gewöhnlichen Koffer handelt.

Wenn wir uns den stets diesseitig orientierten Symbolen und symbolischen Handlungen der Freimaurer zuwenden, dann befinden wir uns in einer Welt, in der jedes Element ausschließlich symbolische Bedeutung hat. Diese symbolische Bedeutung zeichnet sich vor der religiösen Verwendung des Symbols von vornherein dadurch aus, dass keine Erwartung geweckt wird, es gäbe ein in oder über der Welt existierendes Analogon.

Schon die ersten Worte, die ein Mensch bei seiner Aufnahme in den Bund der Freimaurer vom Meister vom Stuhl vernimmt, führen vor, was es heißt, dem symbolischen Bund beizutreten. Vom Vorraum des Tempels aus vernimmt er den Auftrag des Meisters vom Stuhl an einen der Aufseher: »Sieh nach, wer da ist!«

Der konzeptuelle Rahmen des Rituals lässt es jeden fühlen, dass diese Ansage nicht wörtlich gemeint war. Natürlich folgt einer der Aufseher der Aufforderung. Aber seine Antwort und sein Handeln verstärken den Symbolcharakter des gesamten Geschehens. Sowohl die Aufforderung als auch die Antwort haben eine andere Bedeutung als im gewohnten

38 Gerhard Kurz, *Metapher, Allegorie, Symbol*, 5. durchgesehene Auflage, Vandenhoeck & Ruprecht, Göttingen 2009, S. 72.

sprachlich organisierten Geschehen außerhalb des Rituals. Der Meister vom Stuhl weiß doch, wer da ist. Schließlich hat er ihn als Vorsitzender der Freimaurerloge zu dieser Tempelarbeit eingeladen, seine Aufnahme in den Bruderbund zu erleben. Warum fragt er also, wer da sei? Überdies, warum fordert er den Aufseher auf, diese Frage zu stellen? Er könnte es doch kurzerhand selbst erledigen, damit die Tempelarbeit nicht unnötig in die Länge gezogen wird und die Brüder allesamt schneller zum Abendessen kommen können. Der Sinn der Ausführungen liegt in der geduldigen Einführung in den symbolischen Gehalt der Freimaurerei. Der Suchende erlebt es zum ersten Mal als einen überzeugenden Rahmen, in dem wesentliche Abläufe des täglichen Lebens in ihre metaphorische Bedeutung überführt werden, um ihnen die möglicherweise gegebene dogmatische Gefährlichkeit zu nehmen.

Im Verlauf dieses Buches werden wir hin und wieder die imaginierte Denkweise eines Verweigerers der Symbolik in den Freimaurertempeln einnehmen. Angewandt auf das gerade geschilderte Beispiel: »Sieh nach, wer da ist«, könnte ein Bruder die Szene missverstehen. Er könnte die Aufforderung im expliziten Sinn verstehen und sich laut von seinem Platz zu Wort melden mit der »zuvorkommenden« Antwort: »Ich weiß es, es ist der Herr …« Aber das gesamte Ritualgeschehen in der freimaurerischen Tempelarbeit erzeugt die Wahrnehmung, dass dieses Verständnis der Rede des Meisters vom Stuhl den Ritualablauf stören würde. Der Verweigerer fügt sich daher in die Gepflogenheit ein und verhält sich wie die anderen, die dem Ritualablauf Stabilität verleihen.

Die Praxis der Tempelarbeit verstärkt die Fähigkeit des Verständnisses symbolischer und metaphorischer Aktionen. Auffällig wird derjenige, der sich dieser Praxis verweigert.

Nun könnte hier wie in zahlreichen anderen Momenten der Ritualarbeit, von denen wir später noch einige nennen werden, der Verweigerer es konsequent für sich behalten, dass er weiß, wer geklopft hat, und er deswegen die Aufforderung des Meisters vom Stuhl für überflüssig und unpassend hält. Sofern er niemandem davon Kenntnis gibt und auch den Ritualablauf nicht stört, gibt er durch sein unauffälliges Verhalten durch die Praxis zu verstehen, dass seine persönliche Meinung unbedeutend ist. Freilich wird er die rituelle Arbeit als eine starke Belastung erleben. Denn er muss sich ja ständig sagen, dass er nach außen den Anschein erweckt, er verstehe alles im symbolischen Sinn wie alle anderen auch. Nach innen aber sagt er sich, dass er alles ganz anders versteht. Wer es sich zumutet, solche Schizophrenie zu pflegen, muss eine außergewöhnliche psychische Kraft aufbringen, zu der Freimaurerei keinen Anlass bietet.[39]

39 Im Folgenden verwenden wir das Wort »Schizophrenie« im Sinne der von Bateson eingeführten Bedeutung als Effekt des Double Bind: »In der Religion des Ostens, dem Zen-Buddhismus, ist Erleuchtung das angestrebte Ziel. Der Meister des Zen versucht auf verschiedene Weise, in seinem Schüler Erleuchtung zustande zu bringen. Zu dem, was er tut, gehört, dass er dem Schüler einen Stock über den Kopf hält und grimmig sagt: ›Wenn du sagst, dieser Stock sei wirklich, werde ich dich damit schlagen. Wenn du sagst, dieser Stock sei nicht wirklich, werde ich dich damit schlagen. Wenn du nichts sagst, werde ich dich damit schlagen.‹ Wir meinen, dass der Schizophrene sich ständig in der gleichen Situation befindet wie dieser Schüler, nur dass er eher so etwas wie Desorientierung erlangt statt Erleuchtung. Der Zen-Schüler kann den Stock über ihm ergreifen und ihn seinem Meister wegnehmen, der diese Antwort vielleicht akzeptiert, aber der Schizophrene hat keine derartige Wahl, da es bei ihm keine Unbesorgtheit hinsichtlich der Beziehung gibt und die Absichten sowie die Bewusstseinslage seiner Mutter anders sind als bei dem Zen-Meister.

Nicht nur die Liebe zu Symbolsprachen und Hieroglyphen, wie sie seit dem Altertum von einer ewig unvergänglichen Wahrheit künden wollen, begegnet uns bei Freimaurern immer wieder, auch das Interesse an den einfachen Symbolen des Handwerks, die ihnen auf Schritt und Tritt im Alltagsleben auffallen, fesselt ihre Aufmerksamkeit. Die Hinwendung zum Symbol speist sich zwar oftmals auch aus den Lockungen von Indizien und den Verlockungen des Rätselhaften. Dadurch werden Symbole allerdings leicht zu ominösen Zeichen, die erraten und gedeutet werden müssen. Wie in der profanen Welt erklären sich leider auch in der Freimaurerei stets Experten für zuständig, die sich ein Herrschaftswissen anmaßen. Dann wollen sie uns erklären, welcher Gott der

---

Wir gehen davon aus, dass die Fähigkeit jedes Individuums, zwischen logischen Typen zu unterscheiden, zusammenbricht, sobald es in eine Situation des double bind gerät. Die allgemeinen Merkmale dieser Situation sind folgende:

Das Individuum ist in eine intensive Beziehung verstrickt; das heißt, in eine Beziehung, in der es ihm als lebenswichtig erscheint, ganz genau zu unterscheiden, welche Art von Botschaft ihm übermittelt wird, damit es entsprechend reagieren kann.

Das Individuum ist in einer Situation gefangen, in der die andere Person in der Beziehung zwei Arten von Botschaft ausdrückt, von denen die eine die andere aufhebt.

Und das Individuum ist nicht in der Lage, sich mit den geäußerten Botschaften kritisch auseinander zu setzen, um seine Entscheidung, auf welche Botschaft es reagieren soll, zu korrigieren, d. h. es kann keine metakommunikative Feststellung treffen.

Wir haben darauf hingewiesen, dass dies die Art von Situation ist, die zwischen dem Präschizophrenen und seiner Mutter besteht, doch tritt sie auch in normalen Beziehungen auf.« (Gregory Bateson, Don D. Jackson, Jay Haley und John H. Weakland, *Auf dem Wege zu einer Schizophrenie-Theorie, (Towards a Theory of Schizophrenia)*, in: Behavioral Science, vol. 1, 251-264, 1956. (https://alex-sk.jimdo.com/gregory-bateson-auf-dem-wege-zu-einer-schizophrenie-theorie/#1)

Allmächtige Baumeister aller Welten *eigentlich* sei; welche alchimistischen Praktiken mit dem Hochgrad-Ritual der Rosenkreuzer *eigentlich* gemeint seien. Aber das symbolische Verständnis erlaubt es nicht, von *Eigentlichkeit* zu sprechen. Symbolische Handlungen und symbolisch-metaphorische Sprache sind stets uneigentlich.

Im Uneigentlichen ist der Charakter des Offenen ausgedrückt. Die Redeweise des offenen Denkens gibt keinen Anlass, *eigentliche* Wahrheiten zu verkünden und vor der Auflösung in einem offenen Diskurs in Sicherheit zu bringen. Den Unterschied zum geschlossenen Denken sehen wir beispielsweise dort hervortreten, wo die Funktionäre des Freimaurerordens in ihren letzten Graden – dem 10. und 11. Grad – eine eigene Satzung und eigene Bankkonten von der Einsicht derjenigen Brüder fernhalten, die nicht nach ein paar Jahrzehnten berufen werden, dort Zugang zu erhalten.[40] Es herrscht eine autonome Gruppe von Männern, die das »eigentliche« Ziel der Freimaurerei nur denjenigen mitteilen werden, die nach vielen Jahren der Anpassung keinen Zweifel daran lassen, jede Kritik am »Eigentlichen« abgelegt zu haben. Dadurch wird das System des Freimaurerordens zur Institution, die die Methoden der Ausschaltung der Kritik und Veränderung seit Jahrhunderten erfolgreich praktiziert. Freilich funktioniert es nur so lange, wie sich genügend junge Männer finden, die bei ihrem Eintritt nicht daran interessiert sind, wohin sie das führen soll. Denn es wird Suchenden vor dem Eintritt in das System des Freimaurerordens fälschlicherweise erklärt, dass sie in die Freimaurerei eintreten. Dass sich der Freimaurerorden jedoch in den entscheiden-

40 Wir kommen ausführlich im letzten Kapitel dieses Buches darauf zurück.

den Punkten von der Freimaurerei selbst abgrenzt, haben wir bereits dargelegt.

In der Freimaurerei stellt sich der auffallend empirische Charakter des Symbols der Selbstherrlichkeit esoterisch aufgefassten Wissens entgegen. Dadurch wird die Macht der Anmaßung beschränkt. Als Empirisches hat das Symbol Bedeutung, nicht als Mystisches. Das Symbol symbolisiert Analogien zu diesseitigen Erfahrungen.

Das war freilich nicht immer so. »Wörterbücher um 1800«, darauf verweist Gerhard Kurz, um die Gefährlichkeit des religiös verwendeten Wortes »Symbol« zu unterstreichen, »verzeichnen als Bedeutungen von Symbol: Sinnbild, Wahlspruch, Glaubensbekenntnis«.[41]

Kurz schreibt von der weitreichenden Verschiebung der Bedeutung des Symbols im Verlauf der Entstehung des Protestantismus. »In der Ausbildung der protestantischen Abendmahlslehre spielte der Symbolbegriff eine wesentliche Rolle. Das Sakrament, dessen ursprüngliche Bedeutung als Eid, Verpflichtung ja der des Symbols verwandt ist, wird als ein Symbol aufgefaßt. In der ›symbolischen Handlung‹ des Abendmahls‹, schreibt der junge Hegel, ›soll das Essen und Trinken – und das Gefühl des Einsseins in Jesu Geist zusammenfließen‹.[42] Der Streit zwischen Luther und Zwingli ging bekanntlich darum, ob das ›symbolum‹ (Zwingli) ›das ist mein Leib‹ (hoc est corpus meum, l. Kor. 11,24) *nur* ›tropice‹, d. h. metaphorisch (Zwingli), oder als eine Realpräsenz Christi (Luther) zu verstehen sei. … Hier wie dort ist das

41 Gerhard Kurz, *Metapher*, a.a.O., S. 74.

42 Anmerkung des Autors Gerhard Kurz: »Hegels theologische Jugendschriften, hg. v. H. Nohl, Tübingen 1907, S. 300. Der Kontext ist abendmahlskritisch.«

symbolum ein dingliches Element, ein signum visibile. Bei Luther wie bei Zwingli sollen die symbola einen Zusammenhang stiften, die Gemeinde der Gläubigen.«[43]

Sofern wir bereit sind, *symbola* so zu verstehen, dass sie Zusammenhang stiften sollen, befinden wir uns innerhalb des Anspruchs der Freimaurerei. Sofern wir jedoch fest davon überzeugt sind, dass nur der Zusammenhang aller Christen gefestigt werden müsse, pflegen wir die Kriterien der Ausgrenzung, die ein Bestandteil kirchlicher Rituale sind, aber mit Freimaurerei nichts zu tun haben. In unserer Gegenwart der Rückbildung globaler Interessen oder Werte ist es zumindest seit 2016 wieder modern geworden, in Deutschland bei der Forderung nach Zusammenhang nur an den Zusammenhang zwischen Deutschen und Christen zu denken. Aber hierzu ist Freimaurerei nicht nötig. Das leisteten Nationalismus und andere größenwahnsinnige Ideologien ohnehin immer schon auch ohne Mithilfe der Freimaurerei – ja, zumeist gegen sie.

Kurz macht uns auch aufmerksam auf einen Unterschied zwischen Symbol und sprachlichen Zeichen. Das Symbol fordert zum Denken auf. Sprachliche Zeichen verstehen wir auch ohne Nachdenken. »Ruhe!«, »Feuer!«, »Aufstehen!« usw. funktionieren sogar am besten, wenn wir nicht nachdenken. Vor allem militärische und sportliche Ausrufe verdeutlichen dies. »Flanken«, »passen«, »Schachmatt«, »Rührt euch!« dürfen nicht interpretiert werden. Aber Symbole muss ich deuten, und nur in dieser Deutung erlangen sie Wirklichkeit. Sie werden Gegenstände und Ereignisse, deren Bedeutung auf Deutung beruht. Stellen Sie sich nur vor, Boris Becker

43 Kurz, Metapher, a.a.O., S. 74.

hätte irgendwann in seinen Jahren des Erfolges den Befehl »Aufschlag« angefangen zu deuten.

Man könnte sagen, dass das Symbol ein hermeneutisches Phänomen ist.[44] Die Möglichkeiten der Deutungen sind keine Beliebigkeiten. Sie müssen eine kohärente Struktur mit dem Ganzen ergeben.

Tempel

Freimaurer »arbeiten« in einem Tempel. Wenn wir kein Verständnis für Symbole haben, dann weigern wir uns auch, das Wort »Tempel« zu interpretieren. In diesem Fall ist das Wort »Tempel«, nichts anderes als ein Etikett, das wir auf ein bestimmtes Gemäuer kleben. Dadurch wird dieses Gemäuer unterscheidbar von anderen Gemäuern, etwa einem Stall oder einem Kiosk oder einer Bildungs-Anstalt.

Das Etikett »Tempel« ist reserviert für solche seit der Jungsteinzeit in religiöser Absicht errichteten Gebäude mit buchstäblich heiligem Charakter. Das Wort soll den vom Profanen abgegrenzten Bereich kennzeichnen. Wir haben oben davon gesprochen, wie der Charakter des Heiligen die Existenz des Heiligen suggerieren möchte, die nicht nur eine gedachte Existenz sein soll. Hier begegnet er uns wieder. Spektakulärer wird dies allerdings noch, wenn ein Tempel plötzlich selbst aufgehört hat, profan zu sein, wenn er also den Charakter des Heiligen, dem er dient, selbst angenommen hat. Oft werden Tempel als Aufenthaltsort von Göttern aufgefasst und an besonders ausgezeichneten Orten, wie

44 So etwa in ebd., S. 85.

etwa auf dem Olymp, errichtet. Tempel bilden meistens die Verbindung zum Kosmos. Nicht allein der Jerusalemer Tempel war von Osten nach Westen ausgerichtet, dem Gang der Sonne entsprechend. Überhaupt gilt diese Vorliebe in allen Sonnenkulten. Es ist dies die *eigentliche* Ost-West-Ausrichtung.

Wer in Etiketten denkt, wird sich sagen, dass das Wort »Tempel« nur an die gerade beschriebenen Gebäude geheftet werden dürfe.[45] Dabei muss der Tempel exakt von Ost nach West ausgerichtet sein. Es müsse also ein »eigentlicher« Tempel sein. Freimaurertempel sind in diesem Sinne allerdings »uneigentliche« Tempel. Es beruhigt aber den Etikettendenker, wenn er ein heiliges Gebäude erlebt, und es dann »Tempel« nennen darf. Ihm scheint das Wort die Sache selbst stellvertreten zu können. Er verhält sich wie einer, der das Kochrezept in die Suppe wirft, um es zu Wirkung zu bringen. Denn er fasst das Symbol als einen Klon einer »höheren«, »übernatürlichen« Macht auf. Er verwendet das Wort so, als steigere die Verwendung des Wortes die Gegenwart der Sache selbst, deren Imagination es nur sein kann. Kein Wunder ist es also, wenn da irgendwann der Gedanke auftaucht, dass das »Wort Fleisch geworden« sei. Sie erleben im Verspeisen des Brotes die gesteigerte Form des Menschenopfers, dem realen Verspeisen des Fleisches.

---

45 Solche Auffassung vertrat mir gegenüber mehrfach der Freimaurerforscher des Freimaurerordens Dr. Jan Snoek. Er sprach sich dafür aus, dass Freimaurer aufhören sollten, ihren Versammlungsort »Tempel« zu nennen, weil der Tempel doch der Ort des geweihten Gottes sei. In seiner religiösen Befangenheit ist er bis heute nicht in der Lage einzusehen, dass Freimaurer genau aus diesem Grund ihren Versammlungsort »Tempel« nennen. Jan Snoek ebenso wie die vielen Tempelgänger müssen sich irgendwann daran gewöhnen, dass auch ihr Gebäude nur aus Steinen und Mörtel besteht.

Stets weckt es Unruhe im Gemüt des Etikettendenkers, wenn jemand dieses Etikett wegnehmen will von dem, was *eigentlich* und einzig Tempel *ist*, und es ganz anderswohin, beispielsweise an die Eingangstüre zu einem Hinterzimmer eines Wirtshauses, trägt, wo er es jetzt anheftet. Dem Etikettendenker kommt dies schmutzig vor. Es schmerzt ihn zu sehen, wie ein Wort »missbraucht« wird. Denn das Hinterzimmer des Wirtshauses ist schließlich kein *eigentlicher* Tempel. So etwas erlebt er als Entheiligung, und sein Gewissen sagt ihm, er müsse die Dinge wieder in die alte Ordnung zurückbringen. Etikettendenker lassen nur die vermeintlich *eigentliche* Bedeutung eines Wortes zu. Ein Tempel ist für sie ein Tempel und nicht etwa das Hinterzimmer eines Wirtshauses.

In der Freimaurerei geschieht genau diese Entheiligung. Jeder Raum kann jetzt ein Tempel sein. »Tempel« ist in der Freimaurerei nicht das Etikett, das ein bestimmter, ausgezeichneter Ort besitzt und wo allein es hingehört. Das Symbol »Tempel« ist nicht das Abbild zu einer wirklichen Heimstätte eines Gottes. Allein die Aktualität einer Tätigkeit innerhalb des freimaurerischen Rituals macht ein Gebäude – symbolisch – zum Tempel. Das Wort ist jetzt nur noch ein Wort, ohne besondere Weihe.

Ebenso ist der Raum, der als Tempel bezeichnet wird, nur ein Raum und nicht etwas *eigentlich* Heiliges. Jedes Gemäuer kann als Tempel dienen. Das vormals Eigentliche eines Tempels wird seiner Uneigentlichkeit überführt. Zum Tempel wird es dadurch, dass Freimaurer darin ihre symbolische Arbeit verrichten und nicht dadurch, dass eine Sache von unveränderlicher und ursprünglicher (eigentlicher) Heiligkeit als einzige Anspruch darauf erheben könnte, »Tempel« zu sein. Im Tempel der Freimaurer herrscht – symbolisch –

eine kosmische Ordnung. Osten, Süden, Westen und Norden sind streng definiert und entsprechen den vier Seiten des Tempels. Während aber heilige Tempel *eigentlich* von Ost nach West ausgerichtet sein müssen, sind die Tempel der Freimaurer uneigentlich ausgerichtet. Es ist vollkommen egal, nach welchen Himmelsrichtungen die vier Seiten ragen, denn die kosmische Ordnung hat ausschließlich symbolische Bedeutung. Freimaurer spielen, *als ob* ihr Tempel von Ost nach West ausgerichtet sei. Das genügt vollkommen. Das Analogon zu den symbolisierten Himmelsrichtungen – nämlich die wirklichen Himmelsrichtungen – hat in der Freimaurerei keine Bedeutung. Dies hat es nur im religiösen Tempel, wo Symbole eben nicht nur Symbole sein sollen.

Im Beten von Muslimen herrscht die reale Orientierung der Himmelsrichtung sogar ohne Tempelmauern vor. Sie verbeugen sich nach Mekka. Ein in Deutschland betender Muslime richtet sich dann etwa nach Süd-Osten aus. Erst wenn er gelernt hat, dass die Richtung, in die er sich beim Beten verneigt, keine kausale Wirkung auf irgendein Ereignis in der Welt haben wird, hat er die symbolische Bedeutung erfasst. Zugleich hat er einen Nagel in den Sarg seiner Religion geschlagen. An der Tatsache, dass es dem Weltganzen vollkommen gleichgültig ist, wohin er sich beim Beten verneigt, kann er nichts ändern. Aber dagegen, dass ihm jemand diese Tatsache mitteile, kann er blutige Kriege entfachen. Der Glaube, dass es für die Welt wichtig sei, wohin er sich verneige beim Beten, ist seine reine Privatangelegenheit. Aber nicht nur einem Muslimen, sondern auch einem Christen wird ein bemerkenswertes Maß an Aufklärung zugemutet, wenn er das Wort »Tempel« anwenden soll auf eine Ritualstätte, die nicht *eigentlich* von Ost nach West ausgerichtet ist.

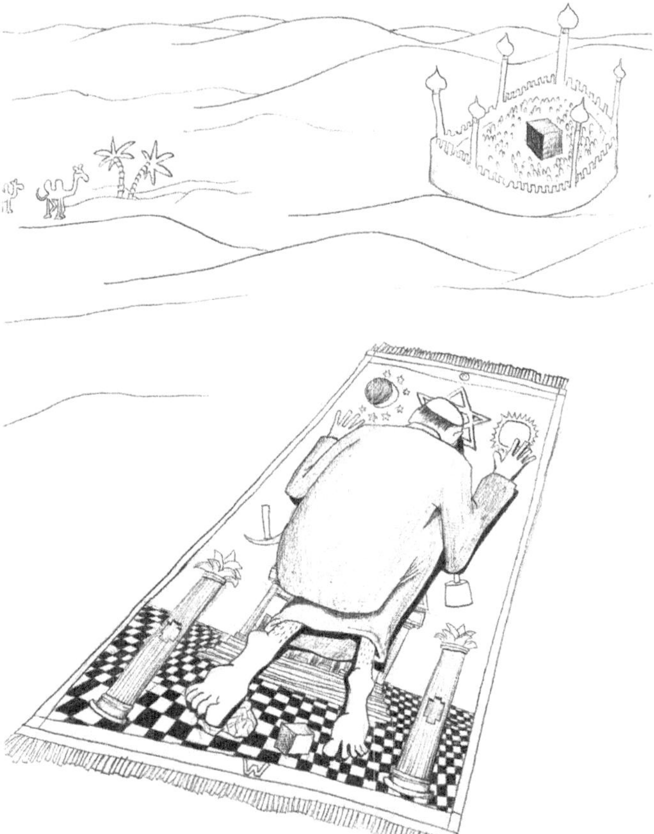

Durch die genannten zahlreichen freimaurerischen Entweihungen wird der Tempel selbst von einer heiligen Sache zu einem reinen Symbol. Er wird säkularisiert. Freimaurer verwandeln durch ihre Tätigkeit das *eigentlich* Heilige in etwas Uneigentliches, nämlich in ein Symbol. In diesem Fall ist es der Tempel. Indem Freimaurer zu dem Hinterzimmer oder auch zu dem mit Liebe selbst errichteten Logenhaus »Tempel« sagen, verleihen sie diesem Wort durch ihre Praxis eine neue Bedeutung. Dabei ist es ganz gleich, ob sie diesen Bedeutungswandel wünschen oder nicht: sie vollziehen ihn durchs Tun. Der Wunsch, der Wille, der eigene Glaube, das eigene geistige Korsett spielen keine Rolle in diesem Prozess der Verwandlung. Praxis hat größere Wirklichkeitsstärke als Wünschen. Auch benötigen sie keinerlei magische Fähigkeiten hierzu. Die einfache Bezeichnung des Tuns als »Arbeit« reicht vollkommen aus. Mit diesem Prozess der Verwandlung muss nun selbst ein frommer Priester einsehen, dass vielleicht auch sein Gemäuer, das er »Tempel« nennt, nichts anderes ist als ein bloßes Gemäuer. Es wird ihn allerdings schmerzen, und er wird seine gesamte Verehrung im Tempel als sinnlos erachten. Aus dieser Kränkung erwächst nicht selten Feindseligkeit.

Lassen Sie uns auch hier wieder den Verweigerer anführen, der sich aus dem Freimaurerorden in die Loge der humanitären Freimaurerei verirrt haben könnte. Natürlich muss er eingeweiht sein in den 10. Grad, oder zumindest in den 8. Grad, denn sonst meint er ja, dass das Geschehen des Freimaurerordens dasselbe sei wie in der humanitären Freimaurerei. Erst viel zu spät erfährt ein Mitglied, dass es sich bei dem Freimaurerorden nicht um Freimaurerei handelt, nämlich dann, wenn ihm eine neue Vereinssatzung vorgelegt

FREIBIER
TEMPEL IM HINTERHOF
WURST UND BIER

wird, von der ihm bei seiner Aufnahme in die Johannisloge keine Kenntnis erteilt wurde. Dieser Verweigerer wird sich sagen: »Das Hinterzimmer des Wirtshauses ist kein Tempel; nur unser altehrwürdiges Logenhaus in Hamburg ist ein eigentlicher Tempel.« Alle Beteiligten interessiert das nicht. Sie sehen nur, dass er das von ihnen organisierte freimaurerische symbolische Ritual durchführt und dadurch anerkennt, was alle anderen Anwesenden unter Freimaurerei verstehen. Seine Privatmeinung ist ihm zwar unbestritten, wird aber im rituellen Vollzug zur Nullität herabgesetzt.

Wenn Freimaurer eine Loge neu gründen, dann findet in einem rituellen Akt die »Lichteinbringung« statt. Diese Metapher symbolisiert nichts anders als den bereits genannten, grundsätzlich diesseitigen Aspekt der Logenarbeiten. Lichteinbringung ist kein Vorgang der Weihe. Kirchen und andere Tempel mit religiösem Charakter werden hingegen geweiht. Das Ritual der Lichteinbringung ist deutlich unterschieden von der Liturgie der Weihe. Welche Bedeutung legen Priester in den Vorgang der Weihe hinein? Welcher Unterschied herrscht zwischen einer freimaurerischen Lichteinbringung und der liturgischen Weihe einer Kirche?

Verwandlung der Liturgie in Metaphorik

Zur Zeit der Sommersonnenwende, am 29. Juni 2014, versammelten sich rund 4 000 Gläubige in der Stadt Clearwater an der Westküste Floridas. Sie alle kamen, um das berühmte Coachman-Gebäude einzuweihen. Jetzt dient das historische Gebäude den Scientologen »als religiöses Ausbildungs- und Seelsorgezentrum für die über 2 000 Staffs, die im kirchlichen Dienst der Flag Land Base stehen, dem internationalen spirituellen Zentrum der Scientology Kirche«[46]. Scientologen legen Wert darauf, eine Religion zu sein. Daher benötigen sie Rituale, die sich von symbolischen Akten des Als-Ob unterscheiden. Ursprünglich war das 1916 von dem bekannten Architekten Coachman errichtete Gebäude in Clearwater eine öffentliche Bibliothek. Durch den scientologischen Weiheakt soll es ein spirituelles Heiligtum für Kirchenmitglieder geworden sein.

In zahlreichen anderen Städten haben Priester der Scientologen ebenfalls schlichte Gebäude, denen sich jedoch irgendwie noch eine historische Bedeutung zuschreiben lässt, durch Weihe in eine Kirche verwandelt. Unter anderem in Hamburg am 21. Januar 2012 das »denkmalgeschützte Gebäude in der Domstraße 9, im spirituellen Herzen der Altstadt« – und zwar »im Anschluss an einen Demonstra tionszug für Menschenrechte und Religionsfreiheit«[47], wie die Funktionäre der Kirche verkünden lassen. In welcher Weise dem Wort »Menschenrechte« durch die Machenschaften der Scientologen eine neue Bedeutung übergestülpt wird, können wir leichter ermessen, wenn wir daran denken, wie der türkische Sultan Erdoğan sich selbst am ersten Jahrestag des Putsches seiner Militärs als Retter der Nation und der Demokratie feierte. Das Wort »Demokratie« kann eben auch auf vieles angewandt werden.

Die Weihe macht aus einem schlichten Gemäuer den Träger der Heiligkeit und Spiritualität – das zumindest lehren

46 www.scientology.de/scientology-today/church-openings/flag-coachman-grand-opening.html. (Zugriff Januar 2017).

47 www.scientology.de/scientology-today/church-openings/church-of-scientology-hamburg-germany.html. (Zugriff Januar 2017)

uns diejenigen, die ständig solcherlei Sakramente verteilen. Und der Begründer der Sekte der Scientologen, Ron Hubbart, versichert uns sogar: »Durch die Vorläufer aller Zeiten vollkommen unterstützt, hat ein Scientologe ein größeres Recht, sich einen Priester, einen Geistlichen, einen Missionar, einen Doktor der Theologie, einen Gesundbeter oder Prediger zu nennen, als irgendein anderer Mensch, der die Insignien der Religion der westlichen Welt trägt.«[48]

Hören steinerne Häuser auf, profane Materie zu sein, wenn selbsternannte Priester und Spiritualisten vor Hunderten von Gläubigen salbungsvolle Reden halten? Verursachen heilversprechende Beschwörungen die Wandlung von vier steinernen Wänden in den Zustand eines heiligen Tempels? Was wird aus den Worten »Religion«, »Kirche« und »Tempel«, wenn durch jene alltäglichen Handlungen jeder jederzeit Kirchen, Tempel und Religionen fabrizieren kann? Woran sollen wir erkennen, ob ein Mensch ein Recht hat, sich Gesundbeter oder Priester zu nennen? Wer beherrscht es im ausdrücklichen Sinn des Wortes, ein Gemäuer in ein Heiligtum zu verwandeln, und was passiert in diesem Wandlungsprozess? Natürlich wehren sich Mitglieder der beiden christlichen Kirchen, wenn sie mit Scientologen verglichen werden. Aber das ändert nichts daran, dass sie sich derselben Begründung für Weihe bedienen.

Eines scheint für religiöses Denken festzustehen: »Das Kirchengebäude ist nicht durch sich ein besonderer Ort, sondern erlangt seine Würde ›durch das darin versammelte Gottesvolk und seine im Gottesdienst erfahrene Begeg-

---

48 Tom Voltz, *Scientology und (k)ein Ende*, Walter-Verlag, Mannheim 1992, S. 82 f.

nung mit Gott«. Um etwas zu weihen bedarf es Exklusivität. Nicht jeder soll es dürfen und machen.

Und damit wir diese Exklusivität nicht verwechseln mit den hinteren Bänken der kleinen Kirche in Sesenheim im Elsass, die etwas Besonderes dadurch wurde, dass sich dort der noch pubertierende, unbekannte Johann Wolfgang Goethe seinerzeit mit der unschuldigen Friederike leidenschaftlichen Gefühlen hingegeben hatte, fügt das katholische Kirchen-Lexikon weitere Erklärungen hinzu: »Bei der Kirchweihe wird eine Kirche ihrer Bestimmung als Versammlungsort der Gemeinde übergeben. Die Kirchweihe leitet in der Regel der Ortsbischof …

Der heutige Kirchweihritus findet im Rahmen einer Messfeier statt und besteht aus der Segnung des Wassers am Taufbrunnen mit Entzünden der Osterkerze und Tauferinnerung der Gemeinde,

Segnung des Ambos (Lesepult) als Ort der Verkündigung des Wortes Gottes zu Beginn des Wortgottesdienstes, Weihe des Altares vor der Eucharistiefeier,

Segnung des Tabernakels (Aufbewahrungsort des eucharistischen Brotes) nach der Kommunion.«[49]

Es scheint Katholiken nicht gleichgültig zu sein, ob eine Kirche zu einem besonderen Gemäuer dadurch wird, dass ungestüme Studenten wie Goethe sie aufsuchen, mit Liebes-Absichten. Manche sind der Meinung, dass die Kirche nach einem solchen Besucher sogar neu geweiht werden müsse. »Der Geschlechtsakt wird zur Todsünde, wenn er an einem geweihten Ort ausgeführt wird«, soll der Bischof von

---

49 www.kathweb.de/lexikon-kirche-religion/k/kirchweihe-kirchenweihe.html. (Zugriff Januar 2017)

Le Mans gewusst haben.[50] Und selbst das lukullische Mahl in der Erpho-Kirche in Münster anlässlich einer Kunstausstellung im März 2016 hat das Gemeindemitglied Andreas Grochtmann untröstlich verstört: »Als praktizierender Katholik bin ich über diese Veranstaltung entsetzt und erschüttert. Der heilige Ort wurde entweiht.«[51]

Realgegenwart des Unsichtbaren

Schauen wir uns in diesem Zusammenhang die offizielle Auffassung des katholischen Priesters zur Weihe genauer an. »Die Weihe ist eine religiöse Handlung, durch die Menschen oder Sachen dem Bereich des Weltlichen dauerhaft entzogen und dem Göttlichen gewidmet werden«, teilt eine Glaubenslehre der katholischen Kirche mit.[52] Dabei verändern sich die Dinge – freilich, ohne dass man ihnen das ansehen kann. Die Experten sind sich jedoch sicher: »Dem Geweihten wird durch verschiedene Riten, wie Handauflegung, Gebet etc., eine besondere Gnade zuteil. Beispiele für katholische Weihen sind die Diakonen- und Priesterweihe oder die Altar- und Glockenweihe. Weihen dürfen in der katholischen Kirche von Bischöfen und Priestern vorgenommen werden.

---

50 Zitiert nach Martin Scharfe, *Über die Religion. Glaube und Zweifel in der Volkskultur,* Köln/Weimar/Wien 2004, S. 288.

51 www.m.wn.de/Muenster/2289547-Wurde-Erpho-Kirche-entweiht-Schlemmerei-bringt-Aerger. (Zugriff März 2017)

52 Fragen und Antworten rund um das Sakrament der Weihe, Bonn, 01.01.2015. (http://www.katholisch.de/glaube/unser-glaube/weihe. (Zugriff März 2017))

In Anerkennung ihres göttlichen Charakters, sind geweihte Sachen ehrfürchtig zu gebrauchen.«[53]

Vorzugsweise soll die Weihe an Sonn- oder Feiertagen vorgenommen werden. Im Beisein der Gläubigen geschieht sie »durch die schweigende Handauflegung des Bischofs und das anschließende Beten der vorgesehenen Texte«. Stellen Sie sich aber einmal vor, der Gemeinde und dem Bischof sollte in diesen Momenten bewusst werden, dass das Handauflegen ein reines Symbol ohne magische Wirkung und die salbungsvoll gesprochenen Worte reine Metaphern ohne explizit-wörtliche Bedeutung sind! Ihnen käme es vor, als wäre die gesamte Liturgie für die Katz'.

Weihe gehört neben Taufe, Firmung, Eucharistie, Beichte, Krankensalbung und Ehe zu den 7 Sakramenten. Sakramente sind Heilszeichen, sichtbare Wirkungen des unsichtbaren Gottes. Keinesfalls darf man hier von Symbolen oder einer Handlung-Als-Ob sprechen. Wer das Wort »Symbol« hierbei verwendet, will vom Symbol ablenken und den »unsichtbaren Gott« beschwören. Daher wird auch von den Weihekandidaten »verlangt, dass sie ›einen ungeschmälerten Glauben haben, von der rechten Absicht geleitet sind, das erforderliche Wissen besitzen, sich eines guten Rufes erfreuen, durch untadelige Sitten und bewährte Tugenden sowie andere physische und psychische Qualitäten … ausgezeichnet sind‹«.

Das »untilgbare Prägemal« der Weihe verleiht einem Priester ein »unauslöschliches Mal«, »verbindet den Geweihten ein Leben lang mit Gott«[54].

53 Ebd.
54 Ebd.

Frauen darf die Weihe nicht zukommen, denn, wie Papst Johannes Paul II. 1994 in seinem Apostolischen Schreiben *Ordinatio sacerdotalis* ausdrücklich erneuerte, habe die Kirche keinerlei Vollmacht, Frauen die Priesterweihe zu spenden. Fitzliputzli! Hier haben wir wieder die *Petitio Principii.* Hätten sich die Funktionäre der Kirche nicht in einem obskuren Begriff von *Weihe* verfangen, könnten sie sich diese Vollmacht genauso gut erteilen, wie sie sich die Vollmacht erteilt haben, Männer zu Priestern zu weihen. Aber die falsche Logik des frommen Denkens begünstigt die Verschleierung von Feindseligkeiten durch die Geste menschenfreundlicher Ordnungsliebe. Diskriminierung ist demnach »eigentlich« nur frommer Gehorsam.[55] Die Würdenträger würden ja Frauen auch gerne anerkennen, aber das Gesetz verbietet es ihnen. Zum Glück dürfen wir heute immer wieder vergessen, dass alle Gesetze von Menschen gemacht sind und bei Bedarf auch geändert werden könnten, wenn sich Interessen geändert haben. Feindseligkeit gegen Frauen verschwindet

55 Dass auch die Großloge von England es verbietet, in reguläre Logen Frauen aufzunehmen, ist einer der unhaltbaren Reflexe katholischen Priestertums, von dem sich moderne Freimaurerei so schnell wie möglich verabschieden sollte. Wir werden später ausführlicher auf die unsinnigen Forderungen der Großloge von London zurückkommen, an die sich leider die meisten Logen gebunden fühlen. Frauen können ebenso Freimaurer sein wie Männer, was allein die Existenz der zahlreichen Frauenlogen beweist. Ob eine Loge eine reine Männerloge oder eine reine Frauenloge bleiben will, kann ihre eigene Entscheidung bleiben. In solchen Fällen verzichtet sie darauf, im juristischen Sinn gemeinnützig zu sein. Dieser Verzicht wäre höher zu bewerten als Gleichstellung der Freimaurerei mit religiösen Sekten oder Kirchen oder anderen Weltanschauungsgemeinschaften. Vgl. hierzu auch: http://www.katholisch.de/aktuelles/aktuelle-artikel/loge-wegen-diskriminierung-nicht-gemeinnutzig

in dieser Vergesslichkeit hinter dem Anschein der Liebe, das vermeintlich göttliche Gesetz zu befolgen.

Warum haben Priester nicht das Recht, Frauen zu Priestern zu weihen? Weil sie selber Gesetzesstrukturen geschaffen haben, die ihnen das verbieten. Warum schaffen sie dann nicht Gesetze, die ihnen das Recht geben, Frauen zu Priester zu weihen? Weil sie sich einbilden, die von ihnen geschaffenen Gesetze seien der wörtliche Ausdruck des Willens ihres Gottes. Die Eingewöhnung in die rein symbolische Bedeutung der Rechtsartikel religiösen Verhaltens könnte ihnen vielleicht helfen, ihren Größenwahn stückweise abzubauen.

Der Obskurantismus stammt in diesem Zusammenhang aus einer bloßen geschmacklosen Männerphantasie: »Dies ist die zentrale Aufgabe des Priesters«, verkündigt der Papst: »Gott zu den Menschen zu bringen. Das kann er freilich nur, wenn er selbst von Gott her kommt, mit Gott und von Gott her lebt.«[56] Es kommt Priestern offenbar so vor, dass sie keine Schuld träfe, wenn Frauen nicht »mit Gott und von Gott« leben. Falsche Vorstellungen von Symbol und Metaphern, die stets ein objektives Analogon höherer Ordnung konfabulieren, führen zu falschen gesellschaftlichen Konsequenzen.

Der Ort, an dem der Priester rituelle Handlungen erfüllt, ist die Kirche. Die Kirche ist ein geweihter Ort, ein Tempel. Zu diesem wird sie, indem ein höherer Priester Sakramente spendet. In all diesen Vorstellungen wird die Existenz einer »untilgbaren« Verbindung zwischen Gott und Mensch oder zwischen Gott und Tempel vorausgesetzt. Freilich ist von der Existenz Gottes zu erwarten, dass diese nicht bloß eine gedachte Existenz ist. Wir sehen bei all dem, dass *Symbol*

56 Papst Benedikt XVI., Weihnachtsempfang für die Römische Kurie, 22.12.2006.

anders verstanden wird als im Theater. Wenn Brechts *Galileo Galilei* auf der Bühne eines Theaters den Papst in prachtvollem Purpur-Gewand zeigt, dann symbolisiert dieser kostbare Farbgenuss die Macht des Papstes. Aber es bleibt bei der gedachten Macht, denn auch der Papst ist ja nur ein gedachter Papst, und im Mantel steckt doch auch nur der gewöhnliche Schauspieler, der seine Handlungen im Sinne des Als-Ob ausführt. Seine Verbindung zu Gott ist ebenfalls eine bloß gedachte, genauso, wie auch der Gott eine bloß imaginierte Größe darstellt.

Doch von dieser gedachten Macht und gedachten Würde unterscheidet sich die Auffassung im wirklichen liturgischen Spiel, von dem Huizinga meinte, es sein ein Spiel von heiligem Ernst, weil die Symbole dort »mehr« bedeuteten als das, was bloßen Symbolen redlicherweise zugeschrieben werden kann.

Könnte es auch *versehentlich* passieren, dass ein Gebäude zu einer geweihten Kirche oder einem Tempel wird? Etwa dadurch, dass ein Schauspieler im Gewande des Priesters auf der Bühne eines Theaters während einer Aufführung dieselben Worte sagt wie der Priester in der liturgischen Weihe, die den existierenden Gott zu dem zu weihenden Priester bringen soll? Es ist unvorstellbar, dass ein Schauspieler in einem Theaterstück im Kostüm eines katholischen Priesters die lateinischen Worte spricht: *hoc est corpus meum*, während er eine weiße Oblate in den Fingern hält, und versehentlich wird der Leib Christi daraus. Nein, wir können nicht erwarten, dass so etwas einmal passierte. Katholiken meinen allerdings, dass die fehlende Priesterweihe und der fehlende Rahmen einer »echten« katholischen Messe den Grund für diese Unmöglichkeit darstellen. Für jeden Nichtkatholiken helfen auch der Rahmen der Messe und die Weihe des Priesters nicht weiter.

Religiöses Bewusstsein spricht Handlungen und Gebäuden eine kausale Wirkung für magische Vorgänge zu. Dies ist der bereits oben beschriebene Unterschied zwischen eigentlich und uneigentlich. Im liturgischen Denken herrscht *eigentliche* Verbindung zu Gott; in der freimaurerischen höchstens die *uneigentliche*. Dies ist das Entscheidende. Aber das Uneigentliche ist kein Mangelzustand. Vielmehr ist der Glaube an den Zustand des Eigentlichen eine größenwahnsinnige Einbildung. Der Gläubige maßt sich nämlich ein Wissen an, das er nicht besitzt.

Das gleiche gilt etwa auch für erfahrene Priester, die ihre Aufgabe verstehen. Sie müssen davon überzeugt sein, dass man eine »Berufung … nicht selber machen [kann], ein jeder Mensch erhält sie als Geschenk von Gott. … Immer ist es Gott, der den Menschen anspricht. …

Diese Erkenntnis, die mir etwas über meine Berufung sagt, wächst dort, wo ich die Freundschaft mit Christus pflege: im Gebet, im Lesen der Heiligen Schrift, im Austausch über den Glauben mit anderen.«[57]

Der Priester wähnt sich dabei ausdrücklich im Besitz einer ihm eigentümlichen Art, die Worte der Sprache zu verwenden. Im Beten, Lesen und Austauschen über seine Berufung – die er ja als einen persönlichen Anruf von seinem Gotte versteht – ist er nach seiner Auffassung offenbar nicht alleine mit sich, den Büchern, in denen er liest, oder mit den Menschen, mit denen er spricht. Stets erhalten

57 www.berufe-kirche-fulda.de/berufederkirche/Priester/Priester-index.php#anchor_80fc1031_Accordion-5-Berufung. (Zugriff März 2017)

die verwendeten Worte ihren Sinn aus der realen, nicht nur eingebildeten Gegenwart seines Gottes. Um auch hier keine Missverständnisse aufkommen zu lassen, erinnere ich an Fitzliputzli. Der Priester kann glauben, was er will. Vielleicht trifft es auch zu. Nur ist es für das freimaurerische Erlebnis ohne jede Bedeutung.

In der Form jedoch unterscheidet sich die Struktur der Argumentation nicht von derjenigen eines Priesters, der von einem Mitglied seiner Gemeinde eine kostbare Flasche Whiskeys geschenkt bekommt. Weil er aber mit dem Fahrrad nach Hause fahren muss und fürchtet, die Flasche mit dem kostbaren Inhalt könnte zerbrechen, wenn er mit dem Fahrrad stürzen sollte, trinkt er den Inhalt vor Antritt der Fahrt aus. »Und das war eine gute Idee«, sagt er zuhause angekommen seiner Haushälterin, »denn ich bin auf dem Heimweg siebenmal gestürzt.« In der gleichen Weise erschafft die Handlung eines Priesters einen Zustand, den er als das Resultat eines planenden Geistes interpretieren darf. Dabei hat er nur vergessen, dass er selbst der planende Geist war.

»Das ist mein Leib«

Goethes Abschied

Zum Wintersemester des Jahres 1765 bereitete der 16-jährige Goethe den Abschied aus seinem Frankfurter Elternhaus vor. Der Wunsch seines Vaters war es, dass er in Leipzig Jura studiere. »Es ist ein frommer Wunsch aller Väter«, kommentierte er später diese unerwünschte Einmischung in seinen Lebenslauf, »das, was ihnen selbst abgegangen, an den Söhnen realisiert zu sehen, so ungefähr, als wenn man zum zweitenmal lebte und die Erfahrungen des ersten Lebenslaufes nun erst recht nutzen wollte.«[58] Was er aber in das Gästebuch seiner Mutter schrieb, die ihn zum Abschied um ein paar Zeilen bat, verdreht den bürgerlichen Geschmack auf radikale Weise:

Das ist mein Leib, nehmt hin und esset.
Das ist mein Blut, nehmt hin und trinkt.
Auf daß ihr meiner nicht vergesset,
Auf daß nicht euer Glaube sinkt.
Bei diesem Wein, bei diesem Brot
Erinnert euch an meinen Tod.

---

58 Johann Wolfgang Goethe, *Eintrag »in das güldene Schatzkästlein der Mutter«*. Die Überlegungen habe ich auch eingebracht in: *Die metaphorische Bedeutung von Religion in der Freimaurerei*, in: Zeitschrift für Internationale Freimaurerforschung, Heft 37/2017, S. 52-73.

Zum Zeichen der Hochachtung und Ehrfurcht
setzte dieses seiner geliebtesten Mutter J. W. Goethe.
30. Sept. 1769[59].

Gelehrte vertreten zumeist die Auffassung, diese Verse müssten wegen ihrer kanonischen Vorlage, der sie folgen, »hochgradig heikel genannt werden«.[60] Schließlich betreffen sie das Allerheiligste der christlichen Religion und das Fundament der katholischen Kirche. Jesus selbst soll bei seinem letzten Abendmahl die Worte gesprochen haben.

Wer so redet und denkt, folgt mit dem Wort »kanonisch« der aristotelischen Substitutionstheorie der Metapher. Er ist der Meinung, dass Worte einen eindeutigen Ort haben, wo sie hingehören. Wir haben ihn weiter oben den »Etikettendenker« genannt. Wer die Etiketten von dort – ihrem *eigentlichen* Ort – wegnimmt und anderswo hinträgt (*metaphora*), begehe Missbrauch der Sprache.

Goethe denkt nicht kanonisch. Seine Verse lösen das Etikettendenken in Metaphorik auf. Er erkennt die kulturstiftende Aufgabe des Dichters darin, Worte von ihrem vermeintlich eindeutigen Ort wegzunehmen und sie anderswo zu verwenden. Diese Fähigkeit, der kanonischen Ordnung der Welt durch sprachliche Eindeutigkeit die Herrschaft streitig zu machen, hat Dichter seit Platon zu Staatsfeinden werden lassen.

---

59 Vgl. hierzu Jochen Hörisch, *Brot und Wein. Die Poesie des Abendmahls*, Frankfurt am Main 1992, S. 144 f.

60 Utz Maas, *Schriftlichkeit und das ganz Andere: Mündlichkeit als verkehrte Welt der Intellektuellen–Schriftlichkeit als Zuflucht der Nichtintellektuellen*, in: Aleida Assman, Dietrich Harth, (Hrsg.), *Kultur als Lebenswelt und Monument*, 211-231, Fischer, Frankfurt am Main 1991, S. 231.

Warum ist es heikel, wenn Goethes Gedicht diejenigen Worte verwendet, die gesagt zu haben einem Gott zugeschrieben werden? In der anderen Hinsicht soll es doch der Herrlichkeit des Gottes dienlich sein, ihn nachzuahmen. Die Gefährlichkeit dieser Worte liegt darin, dass sie aus dem Munde Goethes gesprochen nur eine metaphorische Bedeutung haben können. Demgegenüber sollen sie mit Bezug auf den Gott der Christen wörtlich gemeint sein. Der Unterschied zwischen wörtlicher und metaphorischer Bedeutung, auf dem die Verächter der Dichtung verharren, ist so groß wie der Unterschied zwischen Gott und Mensch. Je kleiner wir den Unterschied denken, umso besser verstehen wir die Menschen. Wenn der Unterschied vollkommen verschwunden ist, dann erkennen wir, dass das, was wir Gott zuschreiben, nur unsere eigenen Wünsche und Ängste sind. »Was der Mensch als Gott verehrt, / Ist sein eigenstes Innere herausgekehrt«[61], äußerte der alternde Goethe gegenüber Riemer.

Aber es gibt Menschen, die den Unterschied zwischen Gott und Mensch dadurch verkleinern, indem sie den Menschen in sich verleugnen und sich selbst zum Gott erklären. Dass es sich dabei offenkundig fast immer um eine Geisteskrankheit handelt, brauchen wir hier nicht eigens zu thematisieren. Denn der Mensch ist Mensch und wird immer Mensch blieben – so lange, bis er ausgestorben ist. Was dann sein wird, das wissen wir nicht.

Was dem Geisteskranken nicht gelingt, fällt den »normalen« Menschen vielfach auch nicht leichter: Ihre Vorstellungen von Gott und der Welt nicht für bare Münze zu

61 Johann Wolfgang Goethe, *Goethes Gespräche*, Gesamtausgabe hrsg. von Biedermann, 2. Band Leipzig 1909, S. 255.

nehmen, sondern den Wert ihrer Gedanken und Worte stets neu abschätzen zu lernen. Der Prozess des Fortschritts philosophischer Erkenntnis vollzieht sich schließlich von der wörtlichen Auslegung von Buchstaben hin zu ihrer metaphorischen Auslegung. Philosophie heißt stets auch, Metaphern verstehen.

Während Aristoteles und mit ihm alle, deren Auffassung der Metapher den Prinzipien der Substitutionstheorie gehorcht, der Meinung sind, dass Wörter nur zu einem eindeutigen Sachverhalt gehören, sind die Verteidiger einer Interaktionstheorie der Metapher der Auffassung, dass es eine Frage des Umgangs mit anderen Menschen ist, wenn wir die Bedeutung von Metaphern verstehen wollen.

Anstatt eine feste Beziehung zwischen Wort und Bedeutung krampfhaft zu verteidigen, sollten wir dieser Theorie zufolge lernen, wie die uns jeweils gegenüberstehenden Menschen Worte verstehen. Durch die Bedeutung der Praxis in der Freimaurerei wird die Interaktionstheorie wirkungsvoll aufgewertet. Denn nicht ein festgefügtes Wissen spannt das Bild vom Menschen in der Freimaurerei auf, sondern der praktische Umgang. Wenn ich den Wert des Menschen verstehen will, dann hilft das Studium von Büchern – und seien sie noch so heilig – kaum weiter. Hilfreich aber ist der Umgang mit Menschen. Ich muss mit ihnen Tätigkeiten verrichten, um sie zu verstehen. Ich verstehe dann auch, dass sie auf andere Weise das gleiche Bedürfnis nach Anerkennung haben wie ich selbst. Vor allem erkenne ich dann vielleicht, dass ihre andere politische, religiöse und philosophische Auffassung von der Welt nicht weniger Anspruch auf Gültigkeit erhebt, wie meine eigene. Wenn sie sich wechselseitig ihre Auffassung mitteilen, dann zeigen sich Stärken und Schwä-

nutella

chen. Menschen machen sich Vorstellungen von der Welt. Und Freimaurer üben sich im Freimaurertempel ein in die Toleranz gegenüber dem Fremden und den fremden Vorstellungen. Nur, weil ein Mensch eine andere Vorstellung von der Welt hat als ich, ist er nicht von minderem Wert. Der Wert des Menschen zeigt sich nicht zuletzt dort, wo er bereit ist, seine Vorstellungen von der Welt einer kritischen Bewährungsprobe auszusetzen.

Der Umgang mit Metaphern stellt eine Art Lackmustest dar für die Fähigkeit, andere Vorstellungen wahrzunehmen. Manche halten es für ein Zeichen hoher mathematischer Begabung, wenn ein Schüler auf die Frage, wie viel 5 plus 4 ist, antwortet, das wisse er nicht. Schließlich könne nicht 9 dabei herauskommen, denn er wisse genau, dass 9 das Ergebnis von 6 plus 3 sei. Es ist eben eine falsche Auffassung, dass es nur eine Auslegung der Welt gibt. »Nur wo Nutella drauf steht, ist Nutella drin«, lautete der Slogan einer Schokoladenfabrik. Freilich wollten sie uns abbringen von der Vorstellung, dass das andere »Nutella« noch besser schmeckt.

Stellen Sie sich einmal vor, welche entgegengesetzten Reaktionen es auslösen würde, wenn sich Jugendliche die Geschmacklosigkeit erlaubten, auf das Kreuz des leidenden und blutenden Christus der Karfreitagsfestspiele genau an der Stelle, wo hätte »INRI« stehen sollen, »Nutella« draufzuschreiben. Je fester der Mensch im Christlichen verhaftet ist, umso weniger findet er das lustig. Es macht daher einen enormen Unterschied, ob wir nur auf das Glas einer beliebigen Schokoladencreme »Nutella« schreiben, obwohl nicht *Nutella* drin ist, oder ob wir diese Verschiebung des Wortes auf einen Gegenstand der Liturgie anwenden. Im frommen Leben haben die Worte viel stärker als im profanen Bereich die Bedeutung, dass das Wort der eindeutige Platzhalter für das Heilige sei. Spätestens im religiösen Denken verlieren Worte ihre Unschuld.

Im religiösen Denken spielt die Verwechslung des gedachten Zusammenhangs mit dem Wirklichen die Hauptrolle. Als Vermittlung dienen Wörter. Die wirklichen Zusammenhänge und die gedachten sind im religiösen Bereich untrennbar durch Wörter miteinander verbunden. Dem Aussprechen oder Aufschreiben von Wörtern wird magische Kraft beigemessen.

Magische Bedeutung wird durch Worte mit expliziter Bedeutung gesteigert. »In der Magie wird also eine Kontrolle über Dinge und Personen phantasiert«, teilt die Autorin über die Bedeutung von Metaphern mit, »die aus der Kontrolle über die eigenen Gedanken abgeleitet wird. Die Macht der Gedanken erwächst einer allgemeinen Überschätzung der seelischen Vorgänge, die Dinge treten gegen ihre Vorstellungen zurück, so daß die mit den Dingen vorgenommenen vorgestellten Handlungen sowie die vorgestellten Beziehungen zwischen den Dingen zu wirklichen werden. Räumliche und zeitliche Entfernungen der Realität entfallen im Denken, das das Entlegenste zu verbinden vermag, wodurch sich die Allmacht des Denkens wiederum bestätigt. Für Freud drückt sich in der Allmacht der Gedanken das Prinzip der Magie aus.«[62]

Das Verwechseln der eigenen Gedanken mit den Ordnungsprinzipien der Welt folgt demnach der Sucht nach Macht über Dinge und Menschen. Religionen haben sich

---

62 Marie-Cecile Bertau, *Sprachspiel Metapher. Denkweisen und kommunikative Funktion einer rhetorischen Figur,* Springer Fachmedien, Wiesbaden 1996, S. 28.

daher stets zum Komplizen dieser Sucht programmieren lassen.

Es war ein langer Weg, ausgelegt mit blutigem Pflaster, bis sich im Abendland der Gebrauch der Metapher für das Allerheiligste des christlichen Glaubens gegenüber der wörtlichen Auslegung des *Dies ist mein Leib* hat durchsetzen können. Es waren keine intellektuellen Schwierigkeiten zu überwinden. Vielmehr sind die intellektuellen Schwierigkeiten dadurch entstanden, dass niemals sichtbar werden durfte, dass es sich um einen sehr einfachen Mechanismus handelte, nach dem sich der Prozess der Aufklärung vollzieht. Dieser Mechanismus ist die Wandlung von der wörtlichen Bedeutung einer Aussage hin zur Metapher – vor allem in der Sprache des Glaubens.

Die Tragik und das Gewicht dieses Mechanismus machen wir uns an einem berühmten historischen Ereignis bewusst, in dessen Verlauf unüberschaubare Akten produziert wurden. Ihr wichtigstes Ziel war es, abzulenken von diesem einfachen Mechanismus.

Rasender Stillstand und heilige Ruhe

100.000 km pro Stunde sind nicht gerade langsam. Das sind fast 30 km pro Sekunde. So schnell müsste eine Rakete fliegen, wenn sie in einer Sekunde senkrecht nach oben fliegen wollte, und zwar auf die Flughöhe eines normalen Reiseflugzeuges, dann wieder zurück und wieder hinauf. Alles in einer Sekunde. Das ist die mittlere Geschwindigkeit, mit der unser Planet seine Bahnen um die Sonne fliegt. Einmal im Jahr den ganzen Weg. Keinem von uns wird auf der rasenden

Erde schwindlig. Wir erleben dieses Geschoss als den Ort der Ruhe. Von Anfang an ist das Leben auf der Erde daran gewöhnt, die fünfzigfache Geschwindigkeit einer Gewehrkugel als Ruhe zu empfinden. Und in den Jahrtausenden der christlichen Philosophie ist es die heilige Ruhe gewesen.

Dieses Erlebnis hat sich niedergeschlagen in der Sprache. »Wenn sich die Elemente vielmehr, wie … Ptolemaios, Xenarch und Plotin sagen, im natürlichen Zustand und an den eigentümlichen Orten befinden, dann ruhen sie entweder oder bewegen sich im Kreis. Es ruht offensichtlich die Erde, das Wasser und der stagnierende Teil der Luft, im Kreis bewegt sich jedoch das Feuer und der gut fühlbare Bereich der Luft, da sie zusammen mit dem Himmel ihre Kreise ziehen aufgrund ihrer Verwandtschaft mit ihm.«[63] Mit unerschütterter Selbstverständlichkeit wiederholt der spätantike Kommentator des Aristoteles und anderer antiker Philosophen, Simplikios (480/490 – nach 550), die in der Theorie verhärtete Wahrnehmung. Es wurden blutige Jahrhunderte des Christentums daraus, das sich bis heute widerwillig gegen die Auslegung altertümlicher Wahrheiten als bloße Metaphern stellt.

Aber auch die anderen Planeten, die mit unserer Erde in elliptischen Kreisbahnen um die Sonne schießen, haben eine ähnlich hohe Geschwindigkeit. Dabei ist es fast egal, ob sie größer oder kleiner als die Erde sind. Merkur und Venus, die noch näher als die Erde um die Sonne kreisen, haben auf ihren Bahnen einerseits einen kürzeren Weg zurück-

---

63 Zitiert nach Benjamin Gleede, *Platon und Aristoteles in der Kosmologie des Proklos: ein Kommentar zu den 18 Argumenten für die Ewigkeit der Welt bei Johannes Philoponos*, Mohr Siebeck, Tübingen 2009, S. 309.

zulegen, andererseits sind sie dichter an der Sonne. Beides verkürzt die Umlaufzeit enorm, sodass auf dem Merkur das Jahr kaum 100 Tage zählt. Bei seinem Umlauf um die Sonne wiederholt uns Merkur etwa dreimal im Jahr. Er zieht an der inneren Bahn wie ein schnellerer Läufer an der gemächlich rasenden Erde vorbei. Bei den Planeten, die von der Sonne weiter weg sind als die Erde, also bei Mars, Jupiter, Saturn und den anderen Planeten, verhält es sich selbstverständlich umgekehrt. Von dort aus gesehen zieht die Erde mehrfach in deren Jahr an ihnen vorbei. Während die inneren Planeten langsamer als die Erde rasen, kommen sie uns schneller vor, und während die äußeren Planeten schneller rasen – gemessen in Kilometern pro Stunde –, kommen sie uns auf der Erde langsamer vor. Allein die Verwechslung des Wortes »Ruhe« mit dem tatsächlichen Zustand einer ruhenden Erde, verursachte das barbarische Ausschalten der Kritik am geozentrischen Weltbild.

Wir Menschen erleben nichts von den Eigenbewegungen unserer Erde, also auch nichts von der täglichen Rotation um die zwischen geografischem Nord- und Südpol gedachten Achse. Stattdessen sehen wir, wie alle Himmelskörper einmal täglich um die Erde als deren scheinbaren Mittelpunkt kreisen.

Diese unentwegt seit Jahrtausenden erlebte Beobachtung hat sich in unserer Sprache niedergeschlagen. »Wir begreifen Worte, indem unser Gehirn körperliche Vorgänge abruft, die mit den Worten assoziiert sind«[64], wie es moderne Linguisten treffend formulieren. Diese Sprache spricht die Inhalte des

64 Elisabeth Wehling, *Politisches Framing. Wie eine Nation sich ihr Denken einredet – und daraus Politik macht*, edition medien praxis, Köln 2016, S. 19.

Bewusstseins aus. Im Bewusstsein begegnen wir ausschließlich den Metaphern einer ruhenden Erde und eines bewegten Himmels. Diesem Bewusstsein liegt die Wahrnehmung des Seins zugrunde. Aber es ist nicht ein absolutes Sein, sondern bloß das gefühlte. Ein absolutes Sein spielt für uns Menschen keine Rolle. Aber Metaphysiker und religiöse Philosophen erklären dieses absolute Sein für das Wichtigste und denunzieren die Lehre vom Wissen, das stets nur vorläufig ist, als teuflischen Relativismus. Sprache verhärtet die Metaphern und sie aktiviert mit jedem erneuten Ausspruch das verhärtete Muster. So entsteht der Eindruck, dass den geprägten Worten bare Münzen entsprächen.

Unsere Sprache mimt das Erlebnis nach, und daher geht die Sonne auf und unter, gehen Mond, Planeten und Sterne ebenfalls abends auf und morgens unter. Die Erde erscheint als der ruhende Ort in der Mitte des Universums, und wir sagen, dieser Ort sei unten. Der Himmel dagegen ist oben. Unser gesamtes Leben ist durch diese Wirklichkeit strukturiert. Ihre Ursache liegt in der Schwerkraft, deren Ordnungsstruktur wir von der Zeugung bis zum Tod unterworfen sind. In keiner Sprache hat sich die Metapher ausgebildet, dass sich allabends der Horizont hebt. Aber den »Sonnenuntergang«, den kennen wir alle. All dies sind Metaphern, wie wir heute wissen. Dem Wort »Sonnenuntergang« muss nicht das entsprechen, was die Wortbedeutung aussagt. Wer diese Metapher nicht versteht, verschenkt das romantische Glück des Erlebnisses, das wir mit dem *Sonnenuntergang* benennen. Kein Mensch wollte die Erwartung eines Abends am Meer im Arme eines lieben Menschen zerstören, wenn er die Sache beim Namen nennen wollte und sagte: »Schau mal, wie herrlich der Horizont sich heute hebt.« Die Wirklichkeit, in der wir leben, wird durch Symbole und Metaphern strukturiert. Wer um den Preis zerstörter Metaphern die Wörtlichkeit der Phänomene einsetzt, verliert am Ende beides.

Sprache hat die Welt verändert. Mit der Sprache festigte sich das Erlebnis der Ruhe auf der Erde. Mit ihr war es nicht nur ruhig, weil es sich ruhig anfühlte, sondern auch deshalb, weil es uns ständig gesagt wurde. Man arbeitete von »Sonnenaufgang« bis »Sonnenuntergang«. Und weil man sich das täglich gesagt hatte, war dies auch als Tatbestand aus der Welt nicht mehr wegzudenken oder wegzureden. Es gab nun durch Hinzufügen der Sprache zwei Wirklichkeiten. Die erste Wirklichkeit war die, die man unmittelbar erlebte; die zweite war diejenige, die man durch Sprache in Erinnerung rief. Beide Wirklichkeiten waren identisch. Einen Widerspruch zwischen der Sprache und dem Erleben konnten die Menschen sich nicht denken.

Durch die Sprache ist die Welt rasch komplizierter geworden. Denken wir noch einmal daran, dass Planeten auf verschiedenen Bahnen um die Sonne einander überholen oder hintereinander zurückbleiben. Wenn wir über Wochen und Monate hinweg abends die Venus – den Abendstern – im Westen am Himmel beobachten, sehen wir, dass sie zuerst von Abend zu Abend etwas höher über dem Horizont zu sehen ist. Sie eilt der Erde bei ihrem Lauf um die Sonne voraus. Dann aber hört sie auf zu »steigen«. Scheinbar eilt sie der Erde nicht mehr voraus und beginnt sogar hinter ihr zurück zu bleiben. Jeden Abend wird ihr Licht schwächer und sie ist bald nicht mehr über dem Horizont zu sehen. Dann dauert es nicht mehr lange, bis der Abendstern als Morgenstern morgens, vor Sonnenaufgang Richtung Osten zu sehen ist. Aber auch hier »steigt« die sichtbare Venus niemals über eine bestimmte Höhe über den Horizont hinaus und kehrt dann wieder um. Das gleiche Schauspiel beginnt von Neuem – etwa alle 19 Monate.

Die Metapher vom »Auf- und Untergehen« der Himmelskörper hatte die Wirklichkeit strukturiert. Und man hielt diese Wirklichkeit für die einzig mögliche. Es trat kein Widerspruch auf. Lediglich fehlende Erklärungen bemerkten die abendländischen Gelehrten. Also spornte der Platonismus seine Schüler an, diese »Rückläufigkeit« der Planeten zu erklären. Und ihr kluger Verstand fand Erklärungen dafür. Denn es gelang ihnen, diese Bewegung, die keine Bewegung um die Erde ist, dennoch in der Theorie als eine solche zu beschreiben.

Der Verstand findet für alles eine Erklärung, und wer keinen eigenen Verstand hat, der glaubt an die Erklärungen, die ein anderer Verstand erfunden hat. Der Verstand findet selbst noch Erklärungen dafür, warum er nicht irren kann, während er irrt.

Was Philosophen erklären, ist das, was manchmal ihren Erlebnissen entspricht, meistens aber das, was ihnen ihr Philosophieprofessor eingeredet hat. Philosophen wagen sich normalerweise nicht, Phänomene zu kritisieren. Ihre komplizierten Bücher sind Verteidigungen kanonisch gewordener Meinungen.

So kamen auch die Schüler Platons nicht darauf, die Wahrnehmung der Ruhe zu kritisieren. Sie verstärkten sie vielmehr – oder besser gesagt: sie verdoppelten die Phänomene –, indem sie erklärten, warum es notwendig genauso sein musste.

Auch ermunterten die Gelehrten ihre Mitmenschen nicht, den Wahrnehmungen kritisch gegenüberzutreten.

Kritiker hätten sich jetzt nicht nur der Beobachtung des Sonnenuntergangs widersetzen müssen, sondern überdies noch der Theorie, dass genau diese Beobachtung notwendig habe stattfinden müssen.

In seiner einzigartigen Studie *Die offene Gesellschaft und ihre Feinde* hat Karl R. Popper dieses falsche Denken der Ruhe und Unveränderlichkeit des Platonismus zusammengefasst in dem Satz: »Bei Parmenides und Platon stoßen wir sogar auf die Lehre, daß die wechselnde Welt, in der wir leben, eine bloße Täuschung ist, und daß eine in höherem Grade wirkliche Welt existiert, in der sich nichts verändert.«[65]

Brot bist du und Brot bleibst du

Die Auflösung fundamentaler Wahrheiten des katholischen Christentum begann weniger mit der lutheranischen als vielmehr mit der kopernikanischen Wende. Welche Rolle der Perspektivwechsel des Kopernikanismus spielte, deutete Immanuel Kants Vorrede zur zweiten Auflage der *Kritik der reinen Vernunft* an.[66] Der Perspektivwechsel bedeutet eine

65 Karl R. Popper, *Die offene Gesellschaft und ihre Feinde.* Band I: *Der Zauber Platons,* Mohr Siebeck, Tübingen 2003, S. 19.

66 Dort versteht Kant sein eigenes Unterfangen als einen Versuch, »ob wir nicht in den Aufgaben der Metaphysik damit besser fortkommen, daß wir annehmen, die Gegenstände müssen sich nach unserem Erkenntnis richten, welches so schon besser mit der verlangten Möglichkeit einer Erkenntnis derselben a priori zusammenstimmt, die über Gegenstände, ehe sie und gegeben werden, etwas festsetzen soll. Es ist hiermit ebenso, als mit den ersten Gedanken des Kopernikus bewandt, der, nachdem es mit der Erklärung der Himmelsbewegungen nicht gut fort wollte, wenn er annahm, das ganze Sternenheer drehe sich um den Zuschauer, versuchte, ob es nicht besser gelingen

Verwandlung des semantischen Gehalts des Wortes »Sonnenuntergang«. Der semantische Gehalt meint, dass die Sonne untergeht. Aber das Wort hält nicht, was sein semantischer Gehalt verspricht. Das war der Schock, den die christliche Religion nur mit großen Schmerzen überwunden hat. Denn ihre Funktionäre mussten jetzt fürchten, dass auch andere heilige Wahrheiten nicht halten, was sie versprechen.

Zwar verbinden wir *Kopernikanismus* mit der Hypothese des Nikolaus Kopernikus (1473–1543), aber mit der Zeit ist der Name zu einer Metapher für eine Geisteshaltung geworden. Kopernikanismus ist die Vorstellung, dass dem Wort

---

möchte, wenn er den Zuschauer sich drehen, und dagegen die Sterne in Ruhe ließ. In der Metaphysik kann man nun, was die Anschauung der Gegenstände betrifft, es auf ähnliche Weise versuchen. Wenn die Anschauung sich nach der Beschaffenheit der Gegenstände richten müßte, so sehe ich nicht ein, wie man a priori von ihr etwas wissen könne; richtet sich aber der Gegenstand (als Objekt der Sinne) nach der Beschaffenheit unseres Anschauungsvermögens, so kann ich mir diese Möglichkeit ganz wohl vorstellen. Weil ich aber bei diesen Anschauungen, wenn sie Erkenntnisse werden sollen, nicht stehen bleiben kann, sondern sie als Vorstellungen auf irgend etwas als Gegenstand beziehen und diesen durch jene bestimmen muß, so kann ich entweder annehmen, die Begriffe, wodurch ich diese Bestimmung zustande bringe, richten sich auch nach dem Gegenstande, und dann bin ich wiederum in derselben Verlegenheit, wegen der Art, wie ich a priori hiervon etwas wissen könne; oder ich nehme an, die Gegenstände oder, welches einerlei ist, die Erfahrung, in welcher sie allein (als gegebene Gegenstände) erkannt werden, richte sich nach diesen Begriffen, so sehe ich sofort eine leichtere Auskunft, weil Erfahrung selbst eine Erkenntnisart ist, die Verstand erfordert, dessen Regel ich in mir, noch ehe mir Gegenstände gegeben werden, mithin a priori voraussetzen muß, welche in Begriffen a priori ausgedrückt wird, nach denen sich also alle Gegenstände der Erfahrung notwendig richten und mit ihnen übereinstimmen müssen.« (Immanuel Kant, *Kritik der reinen Vernunft*, in: *Werke in sechs Bänden*, hrsg. von Wilhelm Weischedel, Bd. II, S. 25 f.)

»Sonnenuntergang« nicht der Sachverhalt seines semantischen Gehalts entspricht. Der semantische Gehalt und die Bedeutung des Wortes sind auseinander getreten. Das Wort »Sonnenuntergang« hat seinen eindeutigen Ort verloren, nämlich als Etikett, das auf den Vorgang der untergehenden Sonne geklebt war – die es freilich nur im Bewusstsein der Menschen gab. Wenn wir heute vom Sonnenuntergang sprechen, dann meinen wir, dass der Horizont sich hebt. Dieser Wandel ist zugleich ein Wandel von der vermeintlichen Wahrheit zum Symbol. »Sonnenuntergang« symbolisiert Bewegung. Es handelt sich dabei um eine Metapher in der die Bewegung der Erde auf die Sonne projiziert oder »übertragen« wird. Die Eigenbewegung der Erde um ihre Nord-Süd-Achse wird so dargestellt, als ob sie eine Bewegung der Sonne wäre. Und wenn es in 500 Jahren eine noch plausiblere Erklärung für das Heben des Horizontes geben wird, dann werden sich wieder einmal Verächter der Metapher gegen die Auflösung ihrer inzwischen kanonisch gewordenen Wortbedeutung zur Wehr setzen.

Am 22. Juni 1633, »einem klaren Tag des römischen Frühsommers, vollzieht sich in den Räumlichkeiten von Santa Maria sopra Minerva der juristische Schlußakt« eines damit verbundenen »großen Schattentheaters«[67]. Dort nämlich treten die Männer zusammen, die durch die Abwehr des Kopernikanismus ablenken wollen von einer um Vieles gefährlicheren Metapher, deren wörtliche Bedeutung sie um jeden Preis erhalten wollen. »Wir sagen, verkünden, urteilen und erklären, daß du dich, obengenannter Galileo, durch die im Prozeß hergeleiteten und von dir wie oben angegeben, ge-

67 Pietro Redondi, *Galilei – der Ketzer*, München 1989, übersetzt von Ulrich Hausmann, S. 262.

standenen Dinge diesem Hl. Offizium der Ketzerei dringend verdächtig gemacht hast, nämlich daß du die falsche und den Heiligen und göttlichen Schriften widersprechende Lehre für gültig gehalten und geglaubt hast, wonach die Sonne der Mittelpunkt der Welt sei und sich nicht von Ost nach West bewege und die Erde sich bewege und nicht der Mittelpunkt der Welt sei, und daß man eine Meinung für vertretbar halten und verfechten könne, nachdem sie als der Heiligen Schrift widersprechend erklärt und definiert wurde.«[68]

Vorausgegangen war 1623 die Veröffentlichung des Buches *Il Saggiatore*, in dem Galilei eine vollkommen neue Sprache der Naturwissenschaften einführte. Er beschreibt darin die physikalischen Beobachtungen nicht mehr in den absoluten Metaphern der aristotelischen Lehre, sondern zuweilen in Dialogformen, worin die mathematische Methode verherrlicht wird. Und im Zentrum steht die kunstvoll gebildete Metapher: »Das Buch der Natur ist in der Sprache der Mathematik geschrieben.«[69]

Neues findet sich darin, aber eine altbekannte Ausführung nicht: Die Verteidigung des Kopernikanismus. Denn schon 1616 war Galilei verurteilt worden, den Kopernikanismus nicht länger zu lehren und zu verteidigen; und er

68 Ebd.

69 Galileo Galilei, *Il Saggiatore* (*Die Goldwaage*) (1623), in: *Opere*, ed. nazionale. Firenze, 1890–1909, Bd. VI, S.232. (»Die Philosophie ist in dem großen Buch der Natur niedergeschrieben, das uns immer offen vor Augen liegt (i. e. die Welt), das wir aber erst lesen können, wenn wir die Sprache erlernt und uns die Zeichen vertraut gemacht haben, in denen es geschrieben ist. Es ist in der Sprache der Mathematik geschrieben, deren Buchstaben Dreiecke, Kreise und andere geometrische Figuren sind; ohne deren Kenntnis ist es dem Menschen unmöglich, auch nur ein einziges Wort zu verstehen.«)

hielt sich weitestgehend an das Verbot. Wozu also die ganze Aufregung? Piedro Redondi hat in den 80er Jahren des 20. Jahrhunderts in den Archiven des Vatikan eine Erklärung gefunden. Sie steht in einem Dokument, das mit einem großen »G.« überschrieben ist und in allen Details der Handschrift des Jesuiten Grassi, einem klugen Philosophen und Aristoteliker sowie Feind des Galilei, ähnelt. Der orthodoxe Gelehrte hatte das Problem erkannt. »Wenn man nun annimmt, diese Philosophie sei wahr, dann dünkt mich, können die Akzidentien, die im Hlg. Sakrament von der Substanz getrennt sind, wohl schwerlich existieren.«[70] Zu den Akzidentien gehörte für die Scholastiker auch der Geschmack. Scholastiker dachten nämlich, weil der Geschmack existiert, können wir schmecken.

Das ist derselbe Denkfehler, der meint, weil die Sonne untergeht, gibt es das Wort *Sonnenuntergang*. Nur weil die Sonne sich bewege, könnten wir eine Sonnenbewegung sehen. Schlimmer noch galt dies von abstrakten Dingen wie der Wahrheit. Weil die Wahrheit existiert, können wir Wahres erkennen. Ein weiteres Beispiel ist das Gute: Weil es das Gute gibt, können wir gut sein; weil es die Schwere gibt können Gegenstände schwer sein; weil es die Menschheit gibt, kann es Menschen geben. Es werden Eigenschaften und Allgemeinbegriffe zu Wesenheiten, die als Ursache für die Einzeldinge verstanden werden: Warum macht Opium müde? Weil es eine einschläfernde Kraft besitzt. Warum können Gegenstände rot sein? Weil sie teilhaben an der Rotheit. Wer einmal erkannt hat, dass dieserlei Erklärungen nichts erklären, findet die scholastische Metaphysik nur noch lä-

70 Anonyme Anzeige gegen Galileis *Il Saggiatore*. Zitiert nach Pietro Redondi, *Galilei – der Ketzer*, a.a.O., S. 336 ff.

cherlich. Galilei hatte erkannt, dass die scholastischen Erklärungen nichts erklären und dass ihre Verteidiger unglaubhaft sind. Er war bereit, alle Konsequenzen für die Plausibilität des wissenschaftlichen Systems in Kauf zu nehmen – auch, dass die katholische Abendmahlslehre bodenlos wird, weil sie nur noch symbolische Bedeutung haben kann.

Aber Grassi hätte diese Konsequenzen niemals ertragen. So auch die Inquisition nicht. Sie musste sich mit den von Grassi ins Bewusstsein gerufenen Gefahren für die Gültigkeit der gesamten katholischen Lehrinhalte beschäftigen. »Denn dort kommen die Begriffe und Gegenstände des taktilen Empfindens, des Gesichtssinns, des Geschmackssinns usw. vor«, moniert Grassi und fährt fort: »Nach jener Theorie wird man sagen, daß hier die kleinsten Teilchen der ursprünglichen Substanz, die unsere Sinne aktivierte, verbleiben, die … substantiell sein soll, dann folgt daraus, daß im Sakrament substantielle Teile von Brot und Wein sind, und das ist ein Irrglaube, den das Heilige Konzil von Trient in der Sessio XIII, Kanon 2 verurteilt hat.«[71] Damit ist das Unmögliche ausgesprochen: Nach der Wandlung von Brot in Fleisch sowie von Wein in Blut müsse sichergestellt sein, dass nicht Reste von Brot und Wein in den heiligen Substanzen eingemischt sind.

Die materialistische Atomtheorie des Galilei aber setzt voraus, dass Brot stets Brot bleibt und Wein stets Wein. Wer das Problem bislang geahnt haben mag, sprach es offenbar nicht aus. Der Jesuit erkannte allerdings vollkommen klar: »Wenn aber diese kleinsten Teilchen entweder mit Anaxagoras oder mit Demokrit erklärt werden, kann, wenn sie

71 Ebd.

nach der Konsekration bleiben, im Brot der geweihten Hostie nicht weniger Brotsubstanz sein als zuvor.« Mit anderen Worten: Der ganze Zauber der Konsekration belässt das Brot vollkommen unberührt.

Grassi klagt Galilei an, die Möglichkeit der Realpräsenz des Leibes und des Blutes Christi nach der Eucharistiefeier der katholischen Messe auszuschließen. Genau das aber ist das Alleinstellungsmerkmal der katholischen Kirche. Mit der liturgischen Formel: »Dies ist mein Leib«, verbindet die katholischen Kirche bis in die Gegenwart hinein die Vorstellung, dass auf wundersame Weise aus Brot das Fleisch Christi werde. Wenngleich heute kaum noch ein Katholik, zumindest in Deutschland, glaubt, dass eine solche zauberhafte Wandlung von Brot in Fleisch möglich sei, so hat das Konzil von Trient 1618 gegen den Vormarsch einer protestantischen Auffassung festgelegt: »Wer behauptet, daß im heiligen Sakrament der Eucharistie die Substanz des Brotes und des Weines mit dem Körper und dem Blut unseres Herrn Jesus Christus bleibt, und diese wunderbare und einzigartige Verwandlung der ganzen Substanz des Brotes in den Körper und des Weines in das Blut leugnet, die allein das Aussehen des Brotes und des Weines beläßt …, eine Verwandlung, die die Kirche sehr passend als Transsubstantiation bezeichnet, der sei verflucht.«[72]

Katholisches Dogma erlaubt es von Anfang an nicht, die Rede: »Dies ist mein Leib«, als eine symbolische und metaphorische Rede aufzufassen. Sie möchte ausschließlich die wörtliche Bedeutung anerkannt wissen, die den semantischen Gehalt des Satzes als einzig mögliche Auslegung ver-

72 Redondi, *Galilei – der Ketzer*, a.a.O., S. 168.

kündigt. Während heute kaum mehr ein Katholik glaubt, dass das Dogma des Tridentinischen Konzils Geltung habe, gilt von Amts wegen doch die Androhung des Bannfluches seit 1618 unverändert, wenn jemand »behauptet, daß im heiligen Sakrament der Eucharistie die Substanz des Brotes und des Weines … bleibt …«[73]

Ein Ritualgebrauch allerdings, der wie der freimaurerische die strikte Geltung wörtlicher Ausdrücke im Prozess des Rituals auflöst, löst damit zugleich religiöse Funktionen auf. Das bereitet natürlicherweise allen religiösen Menschen Bauchschmerzen. Im freimaurerischen Ritual geschieht diese Auflösung mit größter Behutsamkeit – selbstverständlich behutsamer als in dem hier vorliegenden Buch. Auch frommen Katholiken wird nicht bewusst, dass sie selbst an der Auflösung arbeiten und dabei nicht nur der strikten Bedeutung des Tridentinischen Dogmas durch die Tat zuwider handeln. Für fromme Freimaurer trifft es am meisten zu, dass sie nicht wissen, was sie tun. Das Ritual der freimaurerischen Osteragape im 18. Grad des Schottischen Ritus setzt diese Auflösung am deutlichsten in Szene. Alle magischen Prinzipien der Priesterschaft sind außer Kraft gesetzt und die gesamte Abendmahlsfeier mit Wein, Brot und Lamm hat ausschließliche diesseitige Bedeutung, in der das Kreuz des Leidens in das Kreuz der Liebe verwandelt wird. Die am Ritual teilnehmenden Brüder schweigen durchweg, mit Ausnahme bei der Teilung des Brotes und dem Trinken des Weines. Jeder nimmt so viel des Weines, des Brotes und des Lammes, wie ihm beliebt und wie er es passend für die schweigende Ritualfeier hält. Von Verwandlung des Weines und des Brotes ist

73 Ebd.

keine Rede. Für alle sichtbar und allen bekannt, hat der die Arbeit leitende Meister auch keine Ausbildung zur Magie. Jeder andere könnte an seiner Stelle stehen und die Feierlichkeit leiten, die für alle Teilnehmer ein unvergleichlich starkes Erlebnis bleibt – obwohl keinerlei Hokuspokus vorgeführt wird.

Revolutionäres Ritual

Freimaurerei ist in der christlichen Welt entstanden. Diese Tatsache weckt entgegengesetzte Emotionen. Auf der einen Seite gefällt es manchen Freimaurern nicht, dass in ihrem Ritual Bezüge zur christlichen Liturgie auftreten. Auf der anderen Seite erklären fromme Eiferer die Freimaurerei zu einer christlichen Sekte, in der es besser noch als in den Kirchen gelänge, Menschen die christliche Religion aufzuschwatzen. Beide Seiten, und stehen sie einander auch noch so fern, haben eine entscheidende Gemeinsamkeit: Ihnen mangelt es an der Fähigkeit, den Symbolcharakter freimaurerischer Rituale umfassend genug zu verstehen.

Wo dieser Mangel bei Freimaurern auftritt, ändert der Mangel nichts daran, dass die Teilnahme am Ritual anderes bestätigt als die Meinung eines Einzelnen meint. Weder die konfabulierte Alleingültigkeit des Christlichen noch die Angst vor der Vereinnahmung durch dieses sind begründet. Während allerdings die zuletzt Genannten ihre Nähe zur Freimaurerei auch intellektuell nachvollziehen können, gelingt es den zuerst Gemeinten nicht, auch nur für die Länge einer symbolischen Feier aus ihrer christlichen Heilserwartung herauszutreten.

Im Zentrum des freimaurerischen Rituals steht der Mensch. Im Zentrum der christlichen Liturgie dagegen steht Gott – manchmal in der Vorstellung seiner Menschwerdung, manchmal in der Vorstellung seiner Mutter Maria, die freilich Jungfrau sein und bleiben muss, und manchmal in der nebligen Gestalt eines heiligen Geistes. Wenn im christlichen Ritual vom Menschen die Rede ist, dann erscheint er in zwei Übertreibungen. Einmal als dummes und unterwürfiges Schaf und ein andermal als der Herrscher über die sündige Natur. Letzteres steigert sich in der Illusion der Gottesähnlichkeit des Menschen, um die ihn die gesamte restliche Natur beneiden soll. Nun sind diese beiden Richtungen nur dem Anschein nach unvereinbar. Tatsächlich sind die Metaphern der Unterwürfigkeit in wesentlichen Erscheinungen nur die perfide Art, Vorrang vor allen anderen zu verkünden. Denn wer sich offenkundig dem Willen eines Gottes unterwirft, offenbart sonderbare Auswüchse von Größenwahn. In seiner Vorstellung, an der zu zweifeln ihm keiner Anlass geben darf, gibt es einen Schöpfer des Universums, der Erde, des Lebens und vor allem des Menschen. Und dieser Schöpfer habe nichts Besseres zu tun als sich um die armen Schafe auf der Erde zu kümmern – sie zu beschützen, ihre Wünsche zu erhören und zu erfüllen, für ihre Erlösung zu sorgen. Diese armen Schafe sprechen in den Metaphern der Unschuld und der Machtlosigkeit, vor allem dann, wenn sie ihr schlechtes Gewissen reinigen müssen. In der Reinigung ihres schlechten Gewissens, von der sie meinen, dass ihr Gott sie vornähme, bestätigen sie ihren Narzissmus, von Gott geliebt zu werden. Selbst der größte Dummkopf oder Verbrecher darf sich noch besser dünken als die Ungläubigen, wenn er sich einreden kann, dass Gott ihn liebe und ihm deswegen verzeihe.

Eifersüchtig werden viele von ihnen allerdings, wenn sie wahrnehmen müssen, dass andere sich ebenfalls für auserwählt halten vor Gott, und dass dieser die anderen beschütze, obwohl man selbst sie für minderwertig hält. Die Eifersucht kann schnell in Feindseligkeit umschlagen, wenn andere auch noch laut zu einem anderen Gott beten.

Die Illusion, von Gott geliebt zu werden, droht zu zerplatzen, wenn Gedanken, wie die gerade geäußerten, nicht ausgeschaltet werden. Sie verletzen Tabus, die ihre Schützlinge schleunigst wieder in der Dunkelheit verstecken wollen.

Um sie leichter im Gedächtnis wieder auffinden zu können, mögen sich alle Betroffenen an Beispiele erinnern. Zunächst das Folgende: Als im Jahr 2010 der Bischof Walter Mixa im Zusammenhang mit den Missbrauchsfällen in zahlreichen Einrichtungen der katholischen Kirche ins Gerede kam, stützte er das Entschuldigungsschreiben an seine Herde auf die Begründung, »ich bin in vieler Hinsicht schuldig geworden und bitte alle, die ich enttäuscht habe, nochmals nicht nur um Verständnis, sondern auch um Verzeihung«.[74] Das Manöver ist wirkungsvoll. Als sei er nicht selbst daran beteiligt gewesen, sondern nur ein passives Opfer seiner Schuld, führt er seine Verteidigung. Er sei »schuldig geworden«. Das ist freilich etwas Anderes als zuzugeben, dass man sich schuldig gemacht habe. Kleintuerei ist die moralische Form der Machtausübung und des religiösen Größenwahns, in dem man sich als Marionette des Allmächtigen wahrnimmt. Ein Großtuer maskiert sich klugerweise als Kleintuer.

Wir kennen dieses Kleintun auch von den Anekdoten des Diogenes und des Sokrates. Beispielhaft zeigt sich die

74 Mittwoch, 23. Juni 2010, *Versöhnungsbrief von Bischof Mixa*, in: http://www.kreuz.net/article.11396.html (Zugriff Oktober 2010)

narzisstische Feindseligkeit im Gewande der Bescheidenheit an den wenigen Überlieferungen des Kynikers Diogenes, der seine Behausung in einer alten Tonne – besser gesagt: in einem Fass – gefunden hatte. Als er einmal Besuch von Alexander dem Großen bekam, fragte dieser den Philosophen: »Wo kommst du denn her?« Diogenes antwortete mit dem griechischen Wort: »Kosmopolites« – »Ich bin Bürger dieser Welt.« Wie klein muss sich Alexander der Große vorgekommen sein, der mit seinen kaum 30 Jahren der Herrscher über Griechenland, Indien, Persien war. Und wie grandios muss sich der alte Mann Diogenes gefühlt haben, der nichts geleistet und nichts gelernt hatte, der nichts besaß und nirgendwo hin gehörte. Aber er war Bürger der Welt und Alexander dagegen nur der Herrscher Griechenlands in seinen erweiterten Grenzen. Wie großartig konnte sich der vollkommen unbedeutende Diogenes vorkommen, indem er sich ganz klein machte, und dabei noch größer als Alexander der Große erschien? Und als Alexander mit einem langen Schatten vor ihm stehend erklärte, er könne ihm den größten Wunsch erfüllen, wünschte sich Diogenes nichts anderes als: »Ein kleines bisschen könntest du mir aus der Sonne gehen.« Das Manöver, sich klein zu machen, um Macht auszustrahlen, hat sich schließlich in der christlichen Welt bewährt. Aber andere monotheistische Religionen holen auf.

Nicht vergessen sollten wir nämlich die ultimative Strategie der Feindseligkeit im Mantel der Menschenliebe. Während die muslimische religiöse Feindschaft heute noch vielfach verschleiert und aggressiv vorgeht, bemäntelt sich die christliche Religion nach dem berühmten Wolf im Schafspelz.

Die Strategie gab der vormalige Papst unvorsichtigerweise mehr als einmal zu erkennen. In einer kunstvollen Verschleierung eigener Feindseligkeiten gegenüber dem Judentum verstärkte Papst Benedikt XVI. zu Ostern 2007 die lateinische Karfreitagsfürbitte nach älteren, vom *Zweiten Vatikanischen Konzil* überholten Vorbildern, worin es heißt: »Lasst uns beten für die Juden. Dass unser Gott und Herr ihre Herzen erleuchte, damit sie Jesus Christus erkennen, den Heiland aller Menschen.«[75]

Der Papst hat uns hier ein Musterbeispiel für den Mechanismus der moralischen Feindseligkeit vorgeführt. Auf der einen Seite schließt nämlich der Katholik in einer Geste altruistischer Menschenfreundlichkeit auch Juden in das bittende Gebet ein, verwendet sich beim Allmächtigen mit der Fürsprache, etwas für den (einstigen) Feind zu tun; auf der anderen Seite aber spricht gerade diese Geste die trennende Feindseligkeit gegenüber dem anderen Glauben aus. Denn der Papst so wenig wie der in diesem Sinn betende Katholik glaubt daran, dass Juden ihr Lebensglück finden könnten, wenn sie sich nicht zum Christentum bekehren lassen.

Dennoch sagt das Messritual nicht, dass Juden unglückliche Wesen seien. In seinem Inneren ist der so betende Katholik gleichwohl davon überzeugt, dass ein Jude das Heil stets verfehlen werde. Andernfalls wäre das Beten gar nicht nötig. Indem sich der so betende Katholik nicht erlaubt, seine wahren Gefühle, sein wirkliches Dafürhalten auszusprechen, wird er zusätzlich noch zum Heuchler. Ein Aspekt der Falschheit des Glaubens besteht demnach darin, dass er es dem Individuum nicht erlaubt, seine wahren Gefühle aussprechen. Sie

75 Spiegel Online, 20.3.2008, http://www.spiegel.de/politik/deutschland/0,1518,542556,00.html (Zugriff Januar 2011).

bleiben nur unterschwellig präsent in der Rede: »Lasst uns für sie beten.« Die wahren Gefühle sind nämlich, wie wir gesehen haben, Gefühle der Feindseligkeit. Ohne sie wäre das ganze Beten überflüssig. In einem späteren Kapitel werden wir diese Schizophrenie – gleichzeitig sich menschenliebend zu fühlen, während man strengste Feindseligkeit transportiert – an allgemeineren Bespielen demonstrieren.

Menschen werden leider nicht nur unglücklich, sondern auch noch hochgradig aggressiv, wenn ihnen mit ihrer Religion das Wunder der Umwandlung von Schuld in Menschenfreundlichkeit entzaubert wird. Allein aus diesem Grund ist der Kampf vieler Atheisten gegen die »Zwangsneurose Religion« schon jetzt ein verlorener Krieg.

Die offene Feindseligkeit ist weniger häufig, aber nicht weniger gefährlich. Der Christ habe die Pflicht, sich die Natur untertan zu machen. In den Gleichnissen mit natürlichen Dingen tritt der Christ stets als der Übergeordnete auf. Er schaut auf die Natur herab, er befehligt Vögel und andere Tiere, er rettet sie auf die Arche Noah – ohne ihn wären sie untergegangen – usw. Alle Bezüge sind Ausdruck der Metaphern: Kontrolle ist oben; Der Mensch ist oben; Der Verstand ist oben.[76]

Diese Metaphern erfahren in der Freimaurerei eine revolutionäre Umdeutung.

76 Vgl. hierzu George Lakoff, Mark Johnson, *Leben in Metaphern. Konstruktion und Gebrauch von Sprachbildern*, aus dem Amerikanischen übersetzt von Astrid Hildenbrand, Carl-Auer Verlag, Heidelberg 2014, S. 26.

Der Raue Stein

Im Zentrum der Freimaurerei steht immer der Mensch, aber symbolisiert durch den rauen Stein. Im Gegensatz zum behauenen Stein, liegt der raue Stein am Boden an einem unbestimmten Ort. Er ist ein Nichts und gehört nirgendwo hin. Er ist bedeutungslos. Über die Umstände, wie der Stein dorthin kam, macht das freimaurerische Ritual keine Angaben. Weiterhin ist dieser Stein ein Symbol für die elementare Form der Arbeit, dem Bauen. Er ist Rohstoff, Material. Damit der Stein sich in einen großen Bau einfüge, muss er bearbeitet werden. Es müssen manche Eigenheiten seiner Gestalt geglättet werden. Diese Glättung führt das Individuum an sich selbst durch, es arbeitet vorrangig an sich selbst, nicht am anderen.

Dieser Bau ist aber nicht im expliziten Sinn als Bau oder Gebäude vorzustellen. Er symbolisiert bloß ein soziales System. Über diesen Sozialverband macht der symbolische Umgang mit dem rauen Stein eine wichtige Aussage: Weder durch Beten noch durch moralisierende Vorschriften wird der soziale Bau errichtet, sondern durch Arbeit. Es ist die gemeinsame Arbeit, in der jedes Individuum den seinem Charakter entsprechenden Beitrag leistet. Der rituelle Rahmen verkleinert die trennenden Merkmale der Individuen und hebt die Ähnlichkeiten hervor, wodurch sie verstärkt werden.

Die symbolische Arbeit der Freimaurer erzeugt das Symbol der Menschwerdung des Menschen. Sie beinhaltet eine Auflösung der Objektivität von Worten und Gesten. Sie macht aus objektiven Vorstellungen kunstvolle Metaphorik. In all diesen Aktionen stellt sich das Bewusstsein ein, dass Arbeit nicht einzig die Bedeutung von Ausbeutung oder Erfüllung eines Arbeitsvertrages hat. Fernab der geschäftlichen Form von Arbeit und ihrer Art der Entlohnung, stehen Arbeit und Lohn in der Freimaurerei für das, was Künstler bei der Arbeit erleben.

Der raue Stein gehört zu den grundlegenden Symbolen der Freimaurerei. Er hat seinen festen Platz in jeder Tempelarbeit, in der ein Aufnahmeritus, eine Beförderung oder eine Erhebung stattfindet. Denn er symbolisiert den Menschen, der in der Mitte des Lebens dennoch am Anfang steht. Er ist ein Individuum – so wie der raue Stein keinem anderen gleicht. Zum Bauen eines größeren Ganzen ist er nicht geeignet. Er ist ein bloßes Stück Materie. Interessant ist nun, dass in vollkommener Abkehr von der metaphysischen, auf Aristoteles beruhenden Vorstellung, dass nur ein Geist die Materie formen könne, der Lehrling selbst Hand anlegen soll. Sein Werkzeug dabei ist der Spitzhammer. Von Werten oder Gottes Geboten ist dabei keine Rede. Die Szenen um den rauen Stein strukturieren die Lebenswelt des Menschen unter Verzicht auf die Kategorien übernatürlicher Einflüsse oder a priori geltender Wahrheiten.

Mit der Arbeit an dem rauen Stein, der freilich stets seinen Charakter des Symbols beibehält, wird der Prozess der moralischen Verbesserung der Welt und der Wertschöpfungsprozess einer Gesellschaft eingeleitet. An keiner Stelle des freimaurerischen Bildungsweges darf sich der Freimaurer als ein fertig bearbeiteter Stein empfinden – zumindest gibt der Ritualbestand keinen Grund dazu. Der raue Stein ist das Symbol, das den Maurer ständig an seine Unvollkommenheit erinnert und vor Größenwahn bewahren soll.

Am Beispiel des rauen Steines wie an zahlreichen anderen Gesten, Symbolen und rituellen Handlungen der Freimaurer können wir erkennen, dass der einzelne Freimaurerbruder über seine symbolischen Handlungen denken kann, was ihm beliebt. Dies allerdings bleibt ohne Bedeutung für das Geschehen. Überzeugungskraft hat ihren Ursprung nicht in privatem Gutdünken.

Das wissen wir auch aus Lebenserfahrungen. Wie wir bereits gesehen haben, strukturiert die Oben-Unten-Orientierung eine ganze Reihe unserer sprachlichen Ausdrücke. »Ich bin heute in Hochstimmung«; »Ich fühle mich heute down«; »Das ist unter meiner Würde« – solche Gedanken und Redeweisen übertragen unsere räumliche Orientierung in Aussagen über Werte. Dabei ist es sinnlos, wenn sich beim Gebrauch solche Sätze jemand insgeheim sagt, dass er die darin aktivierte Oben-Unten-Orientierung ablehne. Es ist unmöglich, beim öffentlichen Gebrauch solcher Sätze diese Orientierung nicht zum Ausdruck zu bringen.

Unser vielfach erwähnter Verweigerer könnte hier auftreten und sich insgeheim sagen. »Ich sage zwar, dass etwas unter meiner Würde ist. Aber ich meine damit nicht eine Oben-Unten-Orientierung. Ich meine damit eine Links-Rechts-Orientierung.« Das kann er sich sagen, und es bleibt seine ganz private Ansicht ohne Auswirkung auf das Weltgeschehen. Wer sagt: »Das ist unter meiner Würde«, aktiviert eine räumliche Orientierung selbst dann noch, wenn er sich ganz privat sagt, dass er diese Sätze orientierungslos verwende. Es gibt keine Privatsprache. Sprache ist ein Allgemeingut, das seinen Ursprung in physischem Kontakt mit der diesseitigen Welt hat.

Bis hinein in die moralische Sprache gilt diese räumliche Orientierung, in der wir den Tugendhaften oben ansiedeln und den Tugendlosen unten. Wer am Boden liegt, ist einflusslos und schwach. Wir wünschen ihm, dass er wieder *auf die Beine* kommt und den *Kopf hoch* hält. Wer sich etwas moralisch hat zuschulden kommen lassen, ist *unten durch.*

Stellen wir uns wieder einen Verweigerer vor und seinen Großmeister Jesus. Vom Großmeister soll er die Weisung empfangen haben, nie wieder die Oben-Unten-Orientierung zu verwenden. Statt dessen soll er sich mit allen anderen an das neue Sprachgebot halten und das Böse *links* nennen sowie das Gute *rechts.* Er wird sich daran gewöhnen und bald vergessen haben, dass es eine Nachahmung natürlicher Wahrnehmungen war, wenn der das Gut oben und das Böse unten angesiedelt hatte. Diese Menschen werden auch eine Wissenschaft vom Rechten und vom Linken aufbauen, die ihnen ihren Sprachgebrauch festigt. Die Linke verkörpert »das Prinzip der strafenden Gerechtigkeit und des göttlichen Zornes und die Rechte das Prinzip der Gnade und Liebe Gottes«, wie es schon einmal in der frühchristlichen Emanationslehre hieß.[77] Damit hätten wir eine perfekte Darstellung des Vorgangs der Entfremdung des Menschen von sich selbst und von der Natur: An die Stelle der Herkunft unserer Vorstellungswelt aus der diesseitigen Erfahrung tritt die Orientierung in einer imaginierten jenseitigen Welt, die sich dem Menschen im gewohnten Sprachgebrauch als wirklich aufzwängt. Nur die Erinnerungsspur im unbewussten Erleben könnte dem entfremdeten Menschen nahebringen, dass die imaginierte Welt minderwertige Bedeutung hat, weil sie den Vorrang der Erfahrung verletzt.

---

77 Peter Schäfer, *Das Böse in der mittelalterlichen jüdischen Mystik*, in: Carsten Colpe / Wilhelm Schmidt-Biggemann (Hrsg.), *Das Böse. Eine historische Phänomenologie des Unerklärlichen*, Frankfurt am Main 1993, S. 102.

Da jeder Freimaurer seine maurerische Arbeit mit der Handlung am rauen Stein beginnt, sind alle Brüder (und Schwestern) der Weltbruderkette auf eine Stufe der Gleichheit gestellt. Es ist eine physische Orientierung der Gleichheit. Keiner kann sich mehr dünken als der andere. *Mehr* bedeutet *höher*; *über* anderen stehend. Ausnahmslos erinnert der raue Stein daran, dass keiner besser von sich denken muss als unbedingt nötig. Aber natürlich denken die meisten viel besser von sich als nötig.[78] In der Tempelarbeit wird dieser Dünkel für ein paar Stunden abgestellt.

Stellen wir den extremen Fall eines besonders frommen Menschen vor. Solch einer hat sich stets im Verdacht, auserwählt vor Gott zu sein. Die vernichtenden Auswirkungen solchen Wahnsinns erleben wir in unserer Zeit in dem explosiven Islamismus. Er stammt aus dem Zweifel. Denn er vernichtet eine Erinnerungsspur zur Vermutung, gar nicht auserwählt zu sein, sondern sichtbar – für alle in der vom Wohlstand überernährten westlichen Welt – zu den Verlierern der Weltgeschichte zu gehören. Zweifel führt nicht zur Widerlegung des Glaubens, auserwählt zu sein. Er zieht vielmehr die Zwanghaftigkeit nach sich, all diejenigen zumindest mundtot zu machen, die durch die Tat den Beweis

78 Dass wir Menschen häufig blind gegenüber der eigenen Beschränktheit sind und unsere Inkompetenz durch Anmaßung von Kompetenz besonders gut kompensieren, wird seit einigen Jahren unter Psychologen als der »Dunning-Kruger-Effekt« bezeichnet. Vgl. http://blog.drosteeffekt.de/dunning-kruger-effekt-so-lasst-sich-inkompetenz-bandigen/
(Eine lohnende Studie wäre es sicherlich, diesen Effekt speziell einmal unter Freimaurern zu untersuchen, unter denen oft eine starke Verzerrung ihrer Einschätzung eigener freimaurerischer Kompetenzen herrscht.)

erbringen, dass es eine Lebensform gibt, in der Mohammed gar keine Rolle spielt, und dass es diesen Menschen zumeist sehr viel besser geht als den vermeintlich »Auserwählten«.

Freilich ist der explosive Größenwahn kein Privileg des Islam. Die Methoden der Katholiken vor wenigen hundert Jahren stehen dem modernen Terror gegen den Unglauben in nichts nach. In den Freimaurerlogen allerdings finden sich selten muslimische Brüder, die sich für auserwählt vor Gott halten, sondern vorwiegend Christen mit demselben Dünkel.

Der restaurative Kritiker der Aufklärung und Verteidiger des Papsttums Joseph de Maistre (1753–1821) klagte in seiner programmatischen Schrift *Die Freimaurerei* über die fehlende Prüfung der Konfession bei den Neophyten. Ein »auffälliger Mißstand besteht im Zusammenhang mit der Religion des Kandidaten«, schrieb er. »Wenn er niederkniet, um den Eid zu leisten, sagt man ihm: ›Das Buch, das Sie berühren, ist das Johannesevangelium: glauben Sie daran?‹ Welche Unklugheit! Da haben wir einen jungen Mann, der nicht die geringste Vorstellung vom wahren Zweck der Freimaurerei hat, der vielleicht nicht einmal an Gott glaubt (denn was kann man nicht alles vermuten in unserem Jahrhundert?), und plötzlich fragen Sie ihn inmitten von 40 Personen, ob er an das Evangelium glaube!« Die Frage zu stellen war für den Geschichtsphilosophen de Maistre ein »unverzeihlicher Leichtsinn … und die Antwort darauf sehr oft ein Frevel«. Er schlug vor, den Kandidaten zu fragen, »ob es ihm widerstrebe, folgendes Glaubensbekenntnis zu unterschreiben: ›Ich erkläre bei meiner Ehre, daß ich fest an die Existenz Gottes glaube, an die Geistigkeit, die Unsterblichkeit der Seele, Lohn und Strafe im künftigen Leben, unbenommen der anderen Wahrheiten meiner Religion, zu denen ich nicht befragt werde.‹ Mehr bedarf es wohl nicht«, glaubte de Maistre, »wenn der Kandidat nur geraden Sinnes und aufrichtigen Herzens ist. Sollte er unglücklicherweise an einer unserer Lehren zweifeln, heilen wir ihn, anstatt ihn zu verstoßen.«[79]

Hier wird der Dünkel genährt, dass der Mensch von Gott beachtet werde, während das von Gott nicht Beachtete, wie Tiere und Heiden, Verachtete sind. Die in de Maistres Tempel hergestellte Gleichheit ist die uns bereits vertraute Gleichheit aller Christen.

Wie wenig de Maistre von der Freimaurerei verstanden hat, erkennen wir auch an der Schizophrenie, die er bei sich und anderen bereit war auszubilden und zu pflegen. Denn die bloßen Worte beim Schwören des Eides spielen kaum eine Rolle für das freimaurerische Geschehen. Erst wenn er vor dem rauen Stein niederkniet und mit einer Handlung für alle erkennbar mit der maurerischen Arbeit beginnt, ist sein Bekenntnis durch die Tat bestätigt.

Durch die Tat erst bestätigt der Freimaurer, dass er Freimaurer ist, und die Bestätigung ist eine recht unchristliche Handlung. Luther beispielsweise erinnerte noch daran, dass nur die rechte Gesinnung den Glauben bestätige. Aber der Neophyt in der Freimaurerei wird aufgefordert, sich mit dem rauen Stein zu identifizieren. Das ist nun nicht gerade das Bekenntnis dazu, aus der Rippe eines Gottes geschnitten worden zu sein. Es ist vielmehr das Bekenntnis zur irdischen Abstammung. Wie ein seelenloser Stein, der keinerlei Grund hat, sich auf die Zufälligkeit seines Daseins etwas einzubil-

79 Joseph de Maistre, *Die Freimaurerei*, Wien 1988, S. 32.

den, liegt er da – der Mensch, der durch den Stein symbolisiert ist.

Nicht durch Beten und die Hilfe Gottes wird er zu etwas halbwegs Geformtem, sondern durch die Arbeit an sich selbst mit den Werkzeugen Spitzhammer und freimaurerischen Maßinstrumenten. Durch die Tat bekennt auch de Maistre, dass er seinem Dünkel widerspricht, sobald er maurerisch arbeitet. Sein Dünkel zeigt an, dass ihm nicht bewusst wird, was er tut. Wer das Tun gegenüber dem Denken geringschätzt, wird sich eben nicht bewusst, was er tut. Wer in Worten sagt, er glaube an die christliche Heilsbotschaft, während er gleichzeitig den Menschen als einen rauen Stein betrachtet, der am Boden liegt und seine Form durch menschliche Arbeit erhält, löst durch die Tat die Gültigkeit seiner Worte auf – nicht umgekehrt. Vorrang hat stets die physische Erfahrung.

Denken wir uns daher weiter hinein in den Dünkel eines de Maistre. Er legt den symbolischen Eid ab, mit der Hand auf der Bibel, die in der geöffneten Loge keine andere als eine symbolische Bedeutung hat. Sein Dünkel sagt ihm zwar, das sei der Tatsachenbericht des Anfanges der Welt und der Menschheit sowie des eingeborenen Sohnes, der gekommen sei um alle (Christen) von ihren Sünden zu befreien. Doch das bleibt sein reines Privaterlebnis. Schließlich kann er denken, was er will. (Fitzliputzli!) Es spielt für seine Handlung und für das, was er sichtbar vor den Augen aller anwesenden Brüder macht, keine Rolle. Wollte er aber diskutieren mit allen anderen und darauf bestehen, dass die Bibel ein Tatsachenbericht sei, träfe er auf heftigen Widerstand. Stets würde seine rationale Erklärung im Widerspruch stehend zur Tathandlung im Ritual begriffen werden. Das Ergebnis wäre ein endloser Streit, der nicht durch Diskussion zu lösen wäre. Versuchen Sie einmal einen Menschen, der ein Leben im Elend führt und aus dem Glauben an das Paradies die ganze Kraft zieht, um sein Leben auszuhalten, durch Worte zu erklären, dass er sich das Paradies nur einbildet, um sein Leben auszuhalten. Er wird Sie hassen und so weitermachen wie bisher. Aus diesem Grund wollen Freimaurer nicht, dass in Logen über Religion und Politik gestritten wird. Spätestens durch die rituelle Handlung am rauen Stein wird allerdings sichtbar, dass der Freimaurer keinen Grund hat, in der Loge an irgendeine Herkunft von Gott oder von anderen außerirdischen Wesen zu denken.

Stellen wir uns auch hier wieder den Verweigerer vor. Er kniet vor dem rauen Stein und führt die angewiesene Handlung aus. Dabei denkt er sich aber nur für sich allein: »Ich denke gar nicht daran, mich als das ungeformte Stückchen Materie zu verstehen. Ich bin ein Kind Gottes und nichts Anderes. Mögen die Männer in Schwarz um mich herum das auch anders sehen!«

Durch sein Tun jedoch bekundet er die Gültigkeit dessen, was alle um ihn herum bei ihrer eigenen Aufnahme gefühlt haben: Das Herstellen der Analogie zwischen dem Neophyten und dem rauen Stein durch eine sichtbare symbolische Handlung. Sie signalisiert allen, sich ebenfalls als einen Stein wahrzunehmen, der nur durch die Arbeit mit geeignetem irdischen Werkzeug sich annähert an sittliche Tugenden, damit er in ein soziales Gefüge passt, in dem die trennenden Aspekte wie Religionen unter den Menschen verkleinert oder zum Verschwinden gebracht werden. Immer noch kann er denken, was er will. Es ist jedoch im Kontext des Geschehens das Gleiche, als hätte er es nicht gedacht. Durch die Tat nämlich bekundet er auch hier wieder für alle sichtbar, dass dasjenige gilt, was die anderen darunter verstehen, die sich längst daran gewöhnt haben, dass in der Tempelarbeit keine Götter und keine Unterschiede im Wert vor Gott präsent sind.

Das ist freilich eine missliche Lage für einen frommen Christen – mehr noch für einen Islamisten. Daher ist es verständlich, dass in der Angst – bei de Maistre finden wir sie deutlich ausgesprochen –, die christliche Religion könnte sich in der Praxis der Freimaurerei in reine rituelle Symbolik auflösen, die nichts über die eigene Erlösung durch Gott aussagt, die Flucht zurück ins religiöse Dogma als den einzigen Ausweg erscheinen lässt. Einige der Anhänger de Maistres meinten daher, man müsse einfach von jedem fordern zu glauben, dass es nicht um freimaurerische Symbolik in der Freimaurerei gehe, sondern um eine besonders würdige Art Christ zu sein. Dies würde auch erklären, warum die Funktionäre des Freimaurerordens so viel Wert auf Toleranz legen; sie kämpfen dafür, von Christen anerkannt zu werden und erachten Christen, die die Freimaurerei bekämpfen für intolerant. Von einer anderen Art der Toleranz ist im Ritual des Freimaurerordens keine Rede.[80]

Ich möchte auch zu bedenken geben, welche Wirklichkeit durch die Widersprüche, die aus dem Jargon des Freimau-

80 Die erste Frage, die jeder Neophyt bei seiner Aufnahme im Aufnahmeritual mit Ja beantworten muss, lautet: »Bekennen Sie sich zur Lehre Jesu Christi, wie sie in der Heiligen Schrift enthalten ist, im Sinne der Ordensregel der Großen Landesloge der Freimaurer von Deutschland?« – Dies bedeutet eine Unmöglichkeit, denn weder kennen wir eine Lehre Jesu Christi, noch wissen wir, ob das, was in der so genannten Heiligen Schrift steht, einem Mann namens Jesus überhaupt bekannt war.

rerordens kommen, strukturiert wird. Deren Gesetzbuch sieht, worauf nicht oft genug aufmerksam gemacht werden kann, vor: »Die Lehrart der Großen Landesloge ist auf das Christentum gegründet. Unter Christentum ist aber nicht die Zusammenfassung bestimmter Glaubensartikel zu verstehen, sondern – wie mehrfach betont – die alleinige Lehre Jesu Christi, wie sie in der Heiligen Schrift enthalten ist. Die Bibel bleibt daher die unerschütterliche Grundlage unserer Ordenslehre: Sie ist die Hauptquelle unseres Bekenntnisses, unser höchstes auf dem Altar liegendes maurerische Licht.«

Im Widerspruch dazu erklären locker außerhalb der gesetzlichen Ordnung lancierte Äußerungen Folgendes: »Der Freimaurerorden zwingt keinem Bruder eine bestimmte Lehre im Sinne eines Dogmas auf. In Christus erkennen sie ihren ›Obermeister‹. Die Bibel stellt kein bloßes Symbol für eine Religion dar, sondern ›das größte aller freimaurerischen Lichter‹. Die Große Landesloge ist keine Religionsgemeinschaft; die Zugehörigkeit zu einer christlichen Konfession wird nicht erwartet.«[81]

Rechnen wir hinzu, dass auf der offiziellen Internetseite des Freimaurerordens mit keinem Wort auf das gebrochene Verhältnis gegenüber allen Nicht-Christen hingewiesen wird[82], dann wird hinter dieser aus widersprüchlichen Auskünften konstruierten Verschleierung sichtbar, dass nur ein eingefleischter Christ sein Zuhause in dieser Art Freimaurerei finden wird. Das Tun als Jesus-Bund mit Jesus als dem Obermeister löst die bloßen Lippenbekenntnisse zur religiösen Toleranz in einem Nichts auf. Am Tun erkennen wir auch

81 www.loge-dresden.de/index.php?option=com_content&view=article&id=46:startseite

82 www.freimaurerorden.de

hier das Sein der Menschen, nicht an ihren Bekenntnissen. In diesem Tun wird die Behauptung ungültig, beim Freimaurerorden handele es sich um Freimaurerei. Denn dort ist alles Tun ausschließlich darauf gerichtet, die Verschmelzung mit Jesus Christus zu bewirken. Allerdings wird diese Doppelzüngigkeit den an Freimaurerei Interessierten zu Beginn verdunkelt.

Der von uns in diesem Buch immer wieder herangezogene Verweigerer macht deutlich, warum diese Art doppelter Wahrheit eine Form von Schizophrenie darstellt. Leichte Schizophrenie kann zwar zu innovativer Kreativität führen. Aber das ist in diesem Beispiel nicht der Fall. Vielmehr begegnen wir hier derjenigen Art Schizophrenie, die durch eine stets wiederkehrende Strategie zur Störung eigener Wahrnehmungen und zur Störung kommunikativer Strukturen in der Gesellschaft führt. Beides ist nicht wünschenswert und wir möchten warnen davor, sich von derartigen Charakteren beeinflussen zu lassen. Watzlawick nennt die Sprache dieser Strategien »Schizophrenesisch« und meint damit »eine Sprache, die es dem Gesprächspartner überläßt, seine eigene Wahl unter vielen möglichen Bedeutungen zu treffen, die nicht nur untereinander verschieden, sondern sogar unvereinbar sein können«.[83] Unverbindlichkeit, Beliebigkeit, Wi-

---

83 Paul Watzlawick, Janeth H. Beavin, Don D. Jackson, *Menschliche Kommunikation, Störungen, Paradoxien,* Mental Research Institute Palo Alto, Kalifornien, 3. unveränderte Aufl., 1972 1969, Verlag Hans Huber, Bern 1972, S. 105.

Gregory Bateson führt die Störung auf mangelnde Stärke der Identität von Individuen zurück und gibt Eigenschaften an, die die Kommunikation verwirren und deswegen nicht wünschenswert sind: »Nach unserer Hypothese ist der Begriff ›Ich-Funktion‹ (wie er verwendet wird, wenn ein Schizophrener als mit einer ›schwachen

dersprüchlichkeit im Umgang miteinander sind das Resultat solcher Sprachformen.

Der Verweigerer, den wir hier wieder als Beispiel herangezogen haben, repräsentiert einerseits nach außen, ein

---

Ich-Funktion‹ versehen beschrieben wird) haargenau der Prozess der Unterscheidung von Kommunikationsmodi, sei es im Selbst oder zwischen dem Selbst und anderen. Der Schizophrene zeigt Schwäche in drei Bereichen dieser Funktion: (a) Er hat Schwierigkeiten, den Botschaften, die er von anderen empfängt, den richtigen Kommunikationsmodus zuzuordnen. (b) Er hat Schwierigkeiten, jenen Botschaften, die er selber verbal oder nonverbal äußert, den richtigen Kommunikationsmodus zuzuordnen. (c) Er hat Schwierigkeiten, seine eigenen Gedanken, Empfindungen und Wahrnehmungen den richtigen Kommunikationsmodus zuzuordnen.

An dieser Stelle empfiehlt es sich, das im letzten Absatz Gesagte mit dem zu vergleichen, was E. von Domarus … entwickelt hat. Er weist darauf hin, dass die Botschaften (und das Denken) des Schizophrenen in der syllogistischen Struktur abweichen.«

Neben der Fähigkeit die logische Struktur von einfachen Aussagen korrekt einzuordnen weisen Schizophrene auffallende Anomalien im Verständnis von Metaphern auf. »Wie wir es sehen, ist von Domarus‹ Formulierung jedoch nur eine präzisere – und deshalb wertvolle – Art zu sagen, dass die Ausdrucksweise von Schizophrenen metaphernreich ist. Mit dieser Generalisierung stimmen wir überein. Die Metapher ist aber ein unentbehrliches Werkzeug des Denkens und des Ausdrucks – ein Charakteristikum aller menschlichen Kommunikation, selbst der des Wissenschaftlers. … Die Eigenart des Schizophrenen besteht nicht darin, dass er Metaphern benutzt, sondern darin, dass er nicht-markierte Metaphern verwendet. Es ist besonders schwierig für ihn, mit Signalen jener Klasse umzugehen, deren Glieder anderen Signalen logische Typen zuordnen.« (Gregory Bateson, Don D. Jackson, Jay Haley und John H. Weakland, *Auf dem Wege zu einer Schizophrenie-Theorie*, (*Towards a Theory of Schizophrenia*), in: *Behavioral Science*, vol. I, 251-264, 1956. (Zitiert nach der Übersetzung auf: www.drkupper.de/news/example2.php?subaction=showfull&id=1356200921&archive=&start_from=&ucat=5& (Zugriff Juni 2017))

Freimaurer zu sein, auf der anderen Seite redet er sich im Innersten ein, ein Auserwählter Gottes zu sein. Denn seine Verweigerung bezieht sich auf die metaphorische Bedeutung des rauen Steines. Beide Auffassungen zur gleichen Zeit pflegen zu können, erforderte die »Doppelbindung« an zwei miteinander unvereinbare Überzeugungen. Sein Glaube sagt ihm nämlich, dass er nicht dem Stein, sondern dem Gott ähnlich sei. Und während er noch bereit ist, den Stein als Symbol zu betrachten, hört diese Bereitschaft spätestens bei Gott auf: Niemals darf Gott bloßes Symbol oder bloße Metapher sein, sondern stets nur wirkliches Fleisch gewordenes Wort.[84]

---

84 In seiner Predigt zum Weihnachtsfest 2013 im Mutterhaus der Barmherzigen Schwestern in München macht es beispielsweise der ehemalige Erzbischofs Friedrich Kardinal Wetter deutlich, dass es sich in der Auslegung des Evangeliums nicht um Wortspiele, sondern um Tatsachen handele: »Dorthin, vor den Beginn der Welt, führt uns auch unser Evangelium. Es beginnt: ›Im Anfang war das Wort, und das Wort war bei Gott, und Gott war das Wort‹ (Joh 1,1). Noch ehe die Welt erschaffen wurde, war Gott und bei ihm das Wort. Damit sagt uns das Evangelium, der Vater war nicht allein; bei ihm war das Wort, das ist der Sohn, der mit dem Vater der eine Gott ist, und das seit Ewigkeit. Durch das Wort, durch den Sohn, hat der Vater die Welt erschaffen.

Und dann kommt im Evangelium die unglaubliche Aussage: ›Das Wort ist Fleisch geworden‹ (Joh 1,14). D. h. der ewige Gottessohn ist ein leibhafter Mensch geworden, wie wir hat er Hunger und Durst, lacht und weint, liebt und leidet, arbeitet und unterliegt der Mühsal des Erdendaseins und geht wie wir alle dem Tod entgegen.« (www.erzbistum-muenchen.de/media/media26107420.PDF (Zugriff März 2017))

Fromme Menschen können sich nicht entscheiden: entweder ist die Rede metaphorisch oder wörtlich zu verstehen. In der Freimaurerei gibt es nur eine der Alternativen: Solcherlei Aussagen können stets nur metaphorisch verstanden werden. Wörter werden niemals

Wer wollte leugnen, dass es ein Wunder wäre, wenn dies der Wahrheit entspräche?

Während im religiösen Empfinden, Denken und Sprechen diese schizophrene Auffassung von Wörtern auftritt, können wir weit ab vom religiösen Reden einen vollkommen entspannten Umgang mit Metaphern und Symbolen erleben.

Papierkörbe

Wann immer wir Menschen denken, sprechen und Zeichen geben, bewegen wir uns im Reich der Metaphern. Dabei *sprudeln* Ideen, *schießen* Worte heraus, deuten Zeichen auf etwas Anderes und stellen sich Symbole ein, die so behandelt werden, *als ob* es die Sachen, die sie symbolisieren, wirklich gäbe. Und das normal arbeitende Gehirn gerät nicht in Panik, wenn mit Worten *geschossen* wird, und wenn man durch Argumente *geschlagen* wird.

Wer einen PC einschaltet, wird nach kurzer Zeit auf dem Bildschirm das Bild eines Behälters sehen – zumeist am linken Bildschirmrand. Das Bild ähnelt entweder einer Mülltonne oder einem Papierkorb. Und es dauert nicht lange, bis ein Neuling am PC gelernt hat, dass man die Symbole auf dem Bildschirm so ähnlich behandeln kann, *als ob* sie reale Gegenstände auf einem realen Schreibtisch wären. Wir *greifen* etwas mit der *Maus* und *schieben* es *in* das Symbol, das aussieht wie ein *Papierkorb*. Diesen können wir auch *öffnen*.

Fleisch. Wer anderes behauptet, verwendet die Wörter unserer Sprache in einem von ihm geheim gehaltenen Sinn, der nur zur Verwirrung, nicht aber zur Aufklärung zu gebrauchen ist.

Dann sehen wir die *Dinge*, die darin *liegen*. Manchmal erkennen wir, dass etwas noch zu gebrauchen ist und *holen* es wieder *heraus*.

Wichtig bei all dem ist es, dass wir gelernt haben, nicht aus der Rolle zu fallen. Wir bleiben dann stets im Bild und behandeln die *Objekte* auf dem Computerbildschirm, *als ob* sie Gegenstände auf unserem Schreibtisch wären.

Niemals fällt es uns ein (bei wachem Verstand), die Objekte auf dem Bildschirm mit den Objekten auf unserem wirklichen Schreibtisch zu vermischen. Ein Mensch, der ein durchschnittliches Realitätsbewusstsein besitzt, kommt nicht auf die Idee, eine Satzung für Computersprache zu erlassen, in der etwa folgende Vorschriften auftreten: »Wir betrachten die Worte in ihrer ursprünglichen und alleinigen Bedeutung, wie sie in den heiligen Lexika der originären Sprache gemeint waren. Eine Maus ist eine Maus, ein Virus ist ein Virus und ein Papierkorb ist ein Papierkorb.« Dies wären Auswüchse eines Denkens, das sich der metaphorischen und symbolischen Verwendung der Sprache entgegenstellt und Worten nur eine eindeutige, niemals veränderbare Bedeutung zuspricht.[85]

Sollte aber jemand versuchen, die Bananenschale seiner Frühstücksbanane im Papierkorb seines Computers zu verstauen, wird er von der Realität mit einer nachhaltigen Frustration bestraft, so dass nur ein Zwangsneurotiker den erfolglosen Vorgang wieder und wieder ausführen wird. Das nicht krankhaft neurotische Bewusstsein kann sich entschei-

---

85 Eine solche starre Denkhaltung liegt beispielsweise der mehrfach zitierten Forderung zugrunde: »Die Lehrart der Großen Landesloge ist auf das Christentum gegründet. Unter Christentum ist aber nicht die Zusammenfassung bestimmter Glaubensartikel zu verstehen, sondern die alleinige Lehre Jesu Christi, wie sie in der Heiligen Schrift enthalten ist.«

den: entweder ist der PC-Papierkorb nur symbolisch zu verstehen, dann wirft man keine Bananenschale darauf. Oder es ist ein wirklicher Papierkorb, dann kann ich meine Computerdateien darin nicht entsorgen.

Es gibt nur eine Realität, und diese ist gnadenlos. In ihr sind selbst kleinste Fehler nicht verziehen. Diese Realität zwingt uns anzuerkennen, dass das Symbol des Bildschirms, das aussieht wie ein Papierkorb, nur metaphorisch und symbolisch zu verstehen ist. Da helfen auch keine Machtsprüche, die etwa behaupten wollten, dass ein Papierkorb immer die ursprüngliche Form haben müsse. Wer kein metaphorisches Verständnis von Papierkorb bilden kann, wird trotzdem wahrnehmen, dass sein Symbol nicht in der Lage sein wird, nur ein einziges Blatt wirklichen Papiers aufzunehmen.

Die Vorstellung von einem Papierkorb haben wir aus der physischen Wirklichkeit entnommen. Das Wort und die bildhafte Erscheinung von Papierkorb wurde auf etwas Anderes *übertragen.* Und wie wir mehrfach in diesem Buch erinnert haben, ist dieser Vorgang der Übertragung mit dem Wort »Metapher« gekennzeichnet. Deshalb ist das Symbol des Papierkorbes nur im übertragenen – metaphorischen – Sinn als ein Papierkorb zu verstehen. Wer allerdings die Metaphorik nicht versteht, vermischt Kategorien miteinander – in unserem Beispiel die Kategorie des richtigen Schreibtisches mit der Kategorie des virtuellen Schreibtisches. Das Vermischen der Kategorien »bestraft« die Realität mit Misserfolg und Frustration. Normale Menschen lernen aus erfahrener Frustration, ihre Strategie zu verändern. Andernfalls werden sie immer wieder von der Wirklichkeit bestraft. Allerdings gibt es pathologische Charaktere, die nach vielfach erlebter Frustration ihre Strategie nicht ändern.

Aber auch der Papierkorb neben unserem Schreibtisch, der dort schon stand, als es noch keine Computer für den Hausgebrauch gab, stellt seinerseits wieder nur eine Metapher dar. Er hat ungefähr die Form eines Korbes, den wir aus der Waschküche oder aus dem Supermarkt kennen, ja selbst der Brotkorb in der Küche hat Ähnlichkeit mit ihm. Weil wir jeweils etwas Bestimmtes dort hineinlegen können, übertragen wir die Bedeutung dieser Körbe auf denjenigen Korb, in den wir die Abfälle, die am Schreibtisch entstehen – zumeist Papier – hineinlegen.

Der Papierkorb ist also selbst nur die Übertragung eines Wortes auf Tätigkeiten, die Ähnlichkeit mit Gewohntem haben und aus anderen Arbeiten vertraut sind. Korb steht für: Etwas in etwas *anderes* hineinlegen. Auch sind es wieder Kategorien, die wir auseinanderhalten müssen, wenn uns die Orientierung in der Realität gelingen soll. In den Papierkorb gehört das Papier; in den Brotkorb das Brot und in den Wäschekorb die schmutzige Wäsche. Wer das Brot in den Wäschekorb wirft, wird früher oder später seinen Frust erleben. Nur wer die Metapher und die Symbole versteht, kann sich in der Welt der Papierkörbe erfolgreich orientieren. Kreative Menschen – manchmal bewegen sie sich im Grenzgebiet zur Schizophrenie – verstehen es aber, aus der Rolle zu fallen und Metaphern der einen Kategorie in einer anderen zu verwenden, und sie haben nicht selten damit Erfolg. Dogmatiker jedoch erlauben es nicht, Bedeutungen von Worten anderswohin zu verschieben. Sie sind deswegen meistens auch humorlos.

Die Dinge können aber auch hin und wieder anders sein als uns die vertrauten Kategorien vorschreiben. Um davon zu profitieren, darf man keine Angst haben davor, dass es keine objektiven Verbindungen zwischen Worten und Sachen gibt. Ein netter Mann hat endlich eine Verabredung mit der Dame seines Herzens. Nach dem Abendessen im Restaurant begleitet er sie bis zur Haustüre ihrer Wohnung, wo sie ihn fragt, ob er noch zu einem Kaffee mit 'rauf kommen wolle. Er lehnt ab und erklärt ihr schulmeisterlich, dass Kaffee und Koffein abends gar nicht gut für seine Verdauung seien und dass ihn dies die ganze Nacht wachhalten würde. Erst zu Hause angekommen überfällt ihn die Ahnung, dass er vielleicht die Metaphorik in der Frage der Dame seines Herzens nicht verstanden hatte, und das schmerzte ihn jetzt sehr. Die Flexibilität seines Geisteszustandes erkennen wir aber daran, dass er beim nächsten Treffen und bei der nächsten Einladung zum Kaffee nicht antwortet: »Nein, danke, ich will keinen Sex.«

Die Fehler in der Kommunikation zwischen Menschen sind fast immer Fehler im Verständnis der Metaphern. Sie treten auf, wenn nur einer von ihnen Symbole explizit und Metaphern wörtlich versteht, der andere aber nicht. Manchmal wird diese Verdrehung auch mit Absicht herbeigeführt.

Wer die Metaphern nicht versteht, versteht die Menschen nicht. So lernen wir durch Sozialisation, was die Ausdrücke der Sprache, die Symbole und Zeichen der Gesten und Bilder bedeuten. Und sie sind immer einem Wandel unterworfen. »Bei Penny gibt es günstig Schokolade zu kaufen«, je nachdem, wer diesen Satz zu wem sagt, hat er eine andere Bedeutung. Wenn ihn der kleine Nils zu seiner Mutter sagt, ist die Bedeutung klar. Er hat gelernt, dass er die Chancen steigert, Schokolade zu bekommen, wenn er den metaphorischen Ausdruck wählt, statt direkt zu sagen: »Ich will Schokolade haben.«

Die geschilderten Beispiele sind wie zahlreiche andere harmlos und heiter. Aber auch weil Sprache vor allem ein Medium ist, »mit dem wir unsere Gedanken und Gefühle ausdrücken; darum darf sie nicht mit diesen Gedanken und Gefühlen verwechselt werden«.[86] Noch gefährlicher wird es, wenn in der Sprache gewohnte Erfahrungen ausgesprochen werden, und wir später einmal erfahren müssen, dass die Sprache aus der Erfahrung etwas gemacht hat, was nur scheinbar mit der Realität übereinstimmte.

Die Art und Weise, mit Metaphern und Symbolen umzugehen, ist ein Kennzeichen der Aufrichtigkeit oder der Unredlichkeit. »Ich habe dir doch gesagt, du sollst nicht rennen«, wirft die Mutter dem kleinen Nils vor. »Ich bin doch gar nicht gerannt, sondern nur ganz schnell gelaufen«, gibt dieser zurück. Manchmal können wir nicht eindeutig sagen zu welcher Kategorie ein Wort gehört. Dann lässt sich besonders gut Verwirrung herstellen.

Im späten Winter 2016/17 eskaliert einmal mehr das Diskoordinationsspiel zwischen dem türkischen Ministerpräsidenten und den Staaten der Europäischen Union. Während die europäischen Staaten fragen, wie sich die Krise entschärfen lässt, überlegen die türkischen Staatsmänner und -frauen, wie sie sie verschärfen können. Dass die Wahlkampfreden türkischer Regierungsmitglieder in Deutschland, Holland und anderswo unerwünscht sind, erinnert den türkischen Ministerpräsidenten an die Nazis. Ihre demokratisch gewählte Regierung werde von Europa ungerecht behandelt. Die Europäer seien daher allesamt Nazis. Begründung: Die Re-

---

86 Steven Pinker, *Der Stoff aus dem das Denken ist. Was die Sprache über unsere Natur verrät.* Aus dem Amerikanischen von Martina Wiese, S. Fischer Verlag GmbH, Frankfurt am Main 2014, S. 27.

den von Versammlungs- und Meinungsfreiheit, ebenso die von Menschenrechten und Demokratie wären wie stets von Nazis hervorgebrachte Reden reine Lügen.

Weiß der türkische Ministerpräsident nicht, dass die europäischen Werte auf einer Auffassung von Demokratie und Menschenwürde beruhen, nach welcher der Bürger sich gegen die Macht und Willkür des Staates zur Wehr setzen kann? Natürlich weiß er das. Aber er würde seinem eigenen Projekt einer Diktatur ohne Mitspracherecht des Volkes und der Opposition nur schaden, wenn er sich nicht auf ein relativ wertloses Konzept von Demokratie stützte: Demokratie darf antidemokratische Meinungsäußerung nicht verbieten, schon gar nicht, wenn sie von demokratisch gewählten Regierungen geäußert wird. Natürlich wird jeder Antidemokrat zum Verteidiger der Demokratie, wenn er sich darauf berufen will, dass die Forderung nach Abschaffung der Demokratie schließlich durch die demokratische Äußerung der Meinungsfreiheit nicht behindert werden dürfe. Aber seine Verteidigung der Demokratie ist nicht glaubwürdig. Denn er ist ja nur vorgeschobenerweise an Demokratie interessiert. Tatsächlich interessiert er sich für Diktatur. Nur seine Anhänger sind zu dumm, um zu verstehen, dass es unklug ist, Interessen wörtlich auszusprechen. So ist es sein Glück, wenn eine Bevölkerung an schizophrene doppelte Wahrheiten genügend gewöhnt wurde durch permanente Unmöglichkeitsaufforderungen.

Die Massen sind begeistert von dieser demokratischen Logik, und auch europäische Regierungsbeamte berufen sich auffallend selten darauf, dass es in der modernen Demokratie um den Schutz der Bürger vor der Staatswillkür geht, die wir aus dem Nationalsozialismus und seiner uneingeschränkten Macht über das Volk kennen. Die politische Stimmung wird beherrscht von der vordergründigen Auslegung des Demokratischen und den peinlich im Hintergrund gehaltenen wichtigeren Funktionen. In der Freimaurerei herrscht verbreitete die Schizophrenie vor, dass man nicht intolerant sein dürfe gegenüber den Intoleranten.

Das Muster der Verschleierung hintergründiger Absichten durch den vordergründigen Anschein edler Gesinnung und ihrer korrekten Verwendung des Denkens tritt in verschiedenen Manövern zutage. Wir wollen uns zunächst diesen Manövern einer Schein-Rationalität widmen, um später zu erkennen, wie sie auch zur Verdunkelung des symbolischen Gehalts der Freimaurerei verwendet werden.

Der Pseudo-Charakter des Denkens

Normaler Wahnsinn

Leider stammt auch das folgende Beispiel verschleiernder Pseudo-Rationalität aus dem Mund eines türkischen Freimaurerbruders. Im Anschluss an einen Vortrag über offenes Denken trat er vor mich hin und sagte: »Klaus – ich bin nicht deiner Meinung.« Alles andere hätte mich auch gewundert, bei dem ansonsten sehr gebildeten Mann. »Ich bin nicht deiner Meinung«, wiederholte er, weil ich ihn nur freundlich anschaute, ohne etwas zu sagen. Nur um das »Gespräch« nicht unhöflich abzubrechen, fragte ich: »Was ist denn deine Meinung?« Darauf antwortete er: »Ich habe eine andere Meinung als du. Und du musst sie tolerieren, so wie ich deine Meinung toleriere.«

Nur in außerordentlich seltenen Fällen kommen feindselige Antworten derart ungeschützt zur Erscheinung. Ich antwortete ihm, dass ich keine Meinung tolerierte, die jemand nicht offen auf den Tisch gelegt habe.

Die Strategie des Mannes war offensichtlich: Er hatte sich eine Vorstellung von der Welt und seiner herrlichen Rolle, die er darin spielt, gemacht. Aber meine Worte machten ihm den Zugriff auf diese Herrlichkeit streitig. Ja, es war ihm klar, dass er keine guten Argumente zur Verteidigung seiner Ideologie hatte. Also wählte er die beste Strategie für die Schonung falsches Wissen, die es gibt: Geheimhalten. Allerdings ist das nicht sonderlich befriedigend. Nun kommt ihm aber ein glänzendes Symbol-Wort der Freimaurerei zur Seite gesprungen: *Toleranz.* Flugs hat er begriffen, dass er sich mit

Hilfe dieser Strategie einen Königsweg zum Herrschaftswissen bahnen kann. Er braucht sich nur den größten Unsinn auszudenken, in dem er aber eine grandiose Rolle spielt, und braucht dies niemandem zu verraten. Sobald aber einer etwa sagt, seine Gedanken könnten allenfalls alternative Fakten darstellen, lässt er sich vom Anderen bestätigen, dass seine nicht verratenen Gedanken mindestens genau so gut seien wie die kritischen, weil beide, die geäußerten und die geheimgehaltenen, sich doch wechselseitig tolerieren müssten.

Dieser Trick ist einer der Blockbuster des Pseudo-Denkens und er wird nicht selten auch von den pseudo-toleranten Freimaurern hervorgezaubert. Das Klima überbewerteter Toleranz macht Freimaurerlogen auch zum Biotop für Bauernfänger.

Korrekt hingegen ist es, dass nur eine offen geäußerte Meinung, die der kritischen Prüfung ausgesetzt ist, toleriert werden kann. Jeder hat das Recht, seine Meinung zur kritischen Prüfung zu äußern. Wer allerdings glaubt, die Flatrate auf Toleranz einfordern zu können, die immer schon gilt, bevor er verrät, was er im Schilde führt, fordert keine Toleranz, sondern Privilegien. Die Schizophrenie, die die geistige Verwahrlosung bei manchen Menschen erzeugt hat, sagt ihnen, dass Toleranz dafür stehe, in erster Linie dasjenige zu tolerieren, was einer als sein Geheimnis betrachtet. Gleichzeitig trägt er dazu bei, die Toleranz abzuschaffen, auf die er sich selbst beruft. Münchhausen lässt grüßen.[87]

87 »Ein anderes Mal«, so beginnt eines der bekannten Abenteuer des Barons von Münchhausen, »wollte ich über einen Morast setzen, der mir anfänglich nicht so breit vorkam, als ich ihn fand, da ich mitten im Sprunge war. Schwebend in der Luft wendete ich daher wieder um, wo ich hergekommen war, um einen größeren Anlauf zu neh-

Zu solchen Auffassungen neigen Menschen, die eine Ahnung überfallen hat, dass ihr Gutdünken Unsinn sein könnte. Sie fürchten, dass sie ihre Wahrheit selbst konstruiert haben. Erst dann, wenn sich einer daran gewöhnt hat, dass seine Vorstellung der Welt nicht viel mehr zu sein braucht als eine Illusion, nähert er sich dem Modell der Offenheit. Sie ist seit Immanuel Kants Transzendentalphilosophie der nicht mehr hinterschreitbare Stand der Erkenntnis. Sobald Mechanismen über das Zustandekommen von Erkenntnissen beschrieben worden sind, müssen sie geprüft und widerlegt werden. Wer allerdings meint, man könne sie ignorieren und weitermachen wie bisher, fürchtet die Macht neuer Erkenntnisse.

Zusammengefasst lautet die These der Offenheit im Sinne Kants: »Wir können nur erkennen, was wir selbst konstruiert haben.« Der Leser und die Leserin werden schnell erkennen, dass diese starke These von einem frommen Bewusstsein niemals akzeptiert werden kann. Beispielsweise gibt es auch keine originäre Lehre Jesu Christi, wie sie in den Evangelien dargestellt wird. Der Fromme, vor allem, wenn er Christ oder Muslim ist, wähnt sich im Besitz einer Erkenntnis Gottes und der Wahrheit, die er nicht selbst konstruiert hat. Aber – das ist aus den bisherigen Überlegungen deutlich geworden – die Auffassung von Freimaurerei als einem symbolischen Bund widerstreitet der Auffassung, dass jemand im

men. Gleichwohl sprang ich auch zum zweytenmale noch zu kurz, und fiel nicht weit vom anderen Ufer bis an den Hals in den Morast. Hier hätte ich unfehlbar umkommen müssen, wenn nicht die Stärke meines eigenen Armes mich an meinem eigenen Haarzopfe, samt dem Pferde, welches ich fest zwischen meine Knie schloß, wieder herausgezogen hätte.« (Zitiert nach Paul Watzlawick, *Münchhausens Zopf*, a.a.O.)

Besitz einer unerschütterlichen Wahrheit sein könnte, vor allem, wenn sie auf Gott angewendet werden soll. In Rituale gefasst erleben wir Kants Vermutung in der Freimaurerei vor dem Hintergrund der Symbole der Arbeit. Weltveränderung und Welterkenntnis ist Arbeit. Durch Arbeit verändern wir die Welt und uns selbst, nicht durch Beten oder Hoffen.

In abgeschwächter Form trat das Argument der Pseudo-Toleranz nach einem anderen Vortrag über diesen Sachverhalt auf. Ein recht freundlicher Freimaurer kam zu mir und fragte mich: »Muss ich das jetzt glauben, was du sagst? Ich bin katholisch.« Nach seinem Glauben hatte ich ihn nicht gefragt, dies ist nach meiner Auffassung von Freimaurerei seine Privatangelegenheit und gehört nicht in die Loge. Für ihn war das aber offenbar ein Problem. Also antwortete ich: »Nein, du musst das nicht glauben. Aber eines kannst du nicht leugnen: Was ich gesagt habe, steht im Widerspruch zu den von dir für wahr gehaltenen Selbstverständlichkeiten. Psychologen sagen, so etwas löst eine kognitive Dissonanz aus. Sie fühlt sich nicht gut an und dein Körper reagiert so, dass er die Unannehmlichkeiten beseitigen möchte. Dir stehen zwei Wege offen, das Unbehagen zum Verschwinden zu bringen. Einerseits könntest du dafür sorgen, dass ich und jeder andere nie wieder in deiner Nähe so etwas sagen darf. Andererseits kannst du aber auch versuchen, das aus dem Widerspruch entstandene Unbehagen auszuhalten. Dann wirst du früher oder später erleben, dass der schwächere Gedanke im Widerspruch von selbst verschwindet.« Mit dieser Auskunft war er es zufrieden.

Tatsächlich erleben wir die Strategie, Widersprüche dadurch zu beseitigen, dass wir diejenigen am Sprechen hindern, die eine andere Meinung haben. Umso heftiger ist die Zensur, je begründeter die andere Meinung ist.[88]

Dennoch ist der Umgang mit Offenheit wahrscheinlich der einzige Zugang zur Wahrheit. Wir bilden eine bestimmte Erwartung aus von dem, was wahr sein soll. Irgendwann erleben oder erfahren wir Tatsachen, die mit dieser Erwartung nicht übereinstimmen, die ihr vielleicht sogar diametral entgegengesetzt sind. Nun kommt es darauf an, wie viel Geduld wir haben.

Es gibt Menschen, die haben in dieser Hinsicht keine Geduld. Wenn sie Mohammed-Karikaturen in den Medien sehen, die ihrer Vorstellung von der Wahrheit über den Propheten widersprechen, dann stürzen sie sofort in die Redaktion der verantwortlichen Zeitung und erschießen Redakteure und Zeichner.

Aber man muss kein frommer Mohammed-Kenner sein, um solcherlei Umgang mit dem Widerspruch zu pflegen. Mit dem Amtsantritt des 45. amerikanischen Präsidenten Donald Trump ergab es sich, dass mittags so wenig Publikum

---

88 Die Kognitionspsychologen Timothy Brock und Joe Balloun haben Ende der 1960er Jahre ein viel zitiertes Experiment mit einer Gruppe von Teilnehmern durchgeführt, denen sie eine Tonband-Botschaft mit Angriffen auf das Christentum vorspielten. In die Botschaft waren Störgeräusche gemischt, die jeder Teilnehmer durch Betätigen eines Reglers hätte unterdrücken können. Die bekennenden Christen unter ihnen legten aber keinen Wert darauf, die Botschaft besser zu verstehen und machten auffallend wenig Gebrauch von der Möglichkeit zur Reduktion der Störung. (Timothy C. Brock and Joseph L. Balloun, Behavioral Receptivity to Dissonant Information, in: Journal of Personality and Social Psychology 6 (1967), S. 413-428.) Kognitive Dissonanzen begünstigen nicht Aufklärung, sondern das Zum-Schweigen-Bringen der Auslöser, um weitermachen zu können wie bisher.

wie selten zuvor um das Kapitol versammelt war. Die Medien sprachen von weniger als 300.000 Menschen. Trump aber drohte den Medien an, sie zur Rechenschaft ziehen zu wollen für unentwegte Lügen bei der Berichterstattungen ihn betreffend. Denn Trump habe eineinhalb Millionen Menschen gezählt. Man muss also nicht sofort mit Pumpguns in Redaktionsgebäude rennen, wenn der eigene Narzissmus verletzt wird. Trump ist ein friedliebender Mann – im Vergleich mit einem Opfer des Islamischen Staates. Daher weiß er, dass die einfache Zensur das Unbehagen kognitiver Dissonanzen ebenfalls beseitigen kann.

Aber die – vielleicht etwas zu anspruchsvolle – nachgeschobene Erklärung seiner Propagandaministerin forderte geradezu das Aushalten einer offenen Frage ein: »Die von Trumps Sprecher zur Verfügung gestellten Daten zu Teilnehmerzahlen an der Vereidigung seien ›alternative Fakten‹. ›Es gibt tatsächlich keinen Weg, um Menschenmassen zahlenmäßig festzulegen. Wir alle wissen das. Sie können so viel über mich lachen, wie Sie wollen.‹«[89]

»Alternative Fakten« – das sieht nun aus, als wäre das amerikanische Propagandaministerium zum Inbegriff des offenen Denkens avanciert. Ist es möglich, dass Trump und die Trump-Administration sich der These angeschlossen haben, dass alles Wissen Vermutungswissen ist?

Das gehört nicht zu den Dingen, die wir erwarten dürfen. Denn Fundamentalisten glauben nur an alternative Fakten, wenn alle echten Fakten gegen sie sprechen. Nur ihnen selbst sprechen sie das Recht der alternativen Fakten zu. Den Kri-

---

89 http://www.t-online.de/nachrichten/ausland/usa/id_80150946/donald-trump-arbeitet-18-punkte-plan-am-ersten-arbeitstag-ab.html. (Zugriff März 2017).

tikern und der »Lügenpresse« jedoch nicht. Auch sind die Pressemeldungen, die sie selbst herausgeben – sogar die Massenware Twitter – niemals Lügen. Dass Andersgläubige alternative Fakten beanspruchen könnten, werden sie niemals akzeptieren, diese heißen im Neusprech Trumps »Fake News«. Es sieht daher nur so aus, als könnten sich Fundamentalisten an offenes Denken gewöhnen, wie wir an weiteren Beispielen erläutern wollen. Aber am Ende werden sie selbst von der Realität überrollt. Denn indem sie die Parole der alternativen Fakten ausgeben, werden sie später einmal selbst danach gemessen werden. Sie tragen also durch die Tat dazu bei, dass etwas gilt, was sie selbst nicht glauben.

In der rituellen Arbeit der Freimaurer muss sich jeder Teilnehmer mit kognitiven Dissonanzen abfinden. Da treten Menschen im Tempel zusammen, die unterschiedliche politische, religiöse und soziale Auffassungen haben. Die Szenen der Tempelarbeit sind so aufgebaut, dass jeder gehalten ist, diese Dissonanzen auszuhalten und im Aushalten abzuschwächen.

Ich-Illusionen

»Ich blicke in den Spiegel und sehe mich nicht«, das ist die missliche Lage, in der sich Gregory Peck in Alfred Hitchcocks Spielfilm *Ich kämpfe um dich* befand. Aber das änderte nichts daran, dass sich seine Filmpartnerin Ingrid Bergmann in ihn verliebte.

Die folgenreichsten Ereignisse in unserem Leben folgen einer nicht an der Oberfläche liegenden Rationalität. Hitchcocks Film macht uns nebenbei vertraut mit einem Profi dieser Rationalität – einem Geisteskranken. Der böse Mann hat seinen Vater umgebracht, aber er wirkt ganz harmlos. Vor allem fragt er sich, warum er deswegen in die Psychiatrie eingewiesen wurde. Seine psychoanalytisch geschulte junge und ehrgeizige Ärztin – gespielt von Ingrid Bergmann, die sich wie die kalte Rationalität in Person gibt – versichert ihn, dass er überzogene Schuldgefühle und einen Schuldkomplex wegen des Mordes an seinem Vater habe. Aber der zahme Mörder fleht die Analytikerin an, ihm zu glauben: er habe keinen Schuldkomplex, sondern er sei wahrhaftig schuldig am Tod seines Vaters. Seine Schuld sei nicht eingebildet, sondern real. Schließlich habe er die Tat bewusst und aus freiem Willen vollbracht. Er möchte nun als Mörder anerkannt und nicht zum Geisteskranken erklärt werden. (Die Befreiung von seinem Vaterkomplex war ja gerade der Vatermord. Nun will die Psychoanalytikerin den Erfolg der Befreiung abschwächen.)

Unsere Gesellschaft erträgt es nicht, dass sich jemand auf den freien Willen beruft und dabei triebhaft gesteuerte Gräueltaten begeht. Noch weniger erträgt es unsere Gesellschaft, wenn wir auf den freien Willen verzichten wollen und unsere bewussten Entscheidungen verstehen lernen als nachträgliche Rechtfertigungen von unbewusst determinierten Nervenzuständen.

Hitchcock hat es verstanden, das Problem der Psychoanalyse in einer kunstvoll gestalteten Szene bis zum Komischen zu steigern. Wann ist ein Mensch schuldig, eine schwere Straftat begangen zu haben? Wenn er die Tat begangen hat oder wenn er verbotene Motive für diese Tat hatte? Und zudem: Wer kann den Anspruch berechtigterweise erheben, die wahren Motive eines Straftäters erkannt zu haben? Etwa der Täter, der sagt, er war doch dabei und müsse es am besten wissen? Oder die Analytikerin, die das Bewusstsein eines Menschen entmündigt und mit der Analyse des Unbewussten die Quellen der bewussten Falschaussagen aufgespürt zu haben glaubt?

Der Vatermord spielt eine symbolische Rolle in der Psychoanalyse. Auch hierbei ist die Metapher *Vater* nicht wörtlich zu nehmen. Die Metapher steht für Autoritäten, die ihre Autorität verlieren können. Die symbolische Überwindung der Autorität des Vaters durch eine ausgeprägte Adoleszenzkrise ist sicher ein guter Weg zu einem stabilen Selbstbewusstsein. Das ist heute für viele Jugendliche und Erwachsene der westlichen Welt ein kaum mehr gangbarer Weg, weil ihre Eltern für alles, was die Kinder tun, grenzenloses Verständnis haben. Ein Beispiel für diese Art Verständnis stammt aus einer Untersuchung Paul Watzlawicks. Er beschreibt eine Mutter, »deren psychotischer Sohn eines Tages in der Wohnung herumzuschießen begann. Auf die Frage, was sie in dieser gefährlichen Situation getan habe, antwortete sie: ›Ich sagte ihm zum hundertsten Male, dass er nicht in der Wohnung spielen soll.‹«[90]

Wer Symbolik mit Realität notorisch verwechselt, ist ein Fall für den Psychiater. Um dies zu erläutern steigen wir im Folgenden vertieft ein in die Mechanismen des falschen Denkens und der falschen Logik, die ein Erfolgsrezept im Wettbewerb um Anerkennung und Geltung sind.

Zunächst einmal halten wir fest, dass in Hitchcocks Film-Szene die noch genauer zu betrachtende Struktur des Das-kannst-du-nicht-beweisen vorherrscht. Die Analytikerin sagt

90 Paul Watzlawick, Münchhausens Zopf, a.a.O.

zum Mörder: Sie haben neurotische Schuldgefühle. Der Betroffene hält dagegen, dass dies doch nicht beweisbar sei und daher das Gegenteil gelten müsse.

Der ganz normale Wahnsinn unserer täglichen Kommunikation beruht nicht selten auf der Rationalität des falschen Denkens. Wir nennen es Pseudo-Denken.

Was ist Pseudo-Denken?

Den Begriff des Pseudo-Denkens hat Erich Fromm in die Auseinandersetzung zwischen Verantwortung und Ethik schon vor bald einem Jahrhundert in die Forschung eingeführt. In seiner Studie *Die Furcht vor der Freiheit* stellt Fromm seine Einsichten vor: »Wir behandeln … den Unterschied zwischen dem genuinen Denken und dem Pseudo-Denken. Nehmen wir einmal an, wir befänden uns auf einer Insel, wo Fischer und Sommergäste aus der Stadt wohnen. Wir möchten gern wissen, was wir für Wetter bekommen, und fragen einen Fischer und zwei Leute aus der Stadt danach, von denen wir wissen, daß sie den Wetterbericht im Radio gehört haben. Der vom Wetter abhängige Fischer mit seiner langen Erfahrung wird nachdenken, wenn er nicht schon, bevor wir ihn fragten, sich seine Meinung darüber gebildet hatte. Da er weiß, was Windrichtung, Temperatur, Feuchtigkeit und so weiter als Grundlage für die Wettervoraussage bedeuten, wird er die verschiedenen Faktoren gegeneinander abwägen und zu einem mehr oder weniger endgültigen Schluß gelangen. Vermutlich wird er sich auch an den Wetterbericht im Radio erinnern und darauf zu sprechen kommen, ob dieser seine Meinung bestätigt oder ihr widerspricht; widerspricht er ihr, so dürfte er die Gründe für seine eigene Meinung besonders sorgfältig abwägen. Aber – und darauf kommt es an – es handelt sich um seine Meinung, um das Resultat seines Denkens, das er uns mitteilt.

Der erste der beiden Sommergäste ist ein Mann, der, als wir ihn um seine Meinung fragten, sich bewußt ist, daß er vom Wetter nicht viel versteht, und der auch nicht das Gefühl hat, daß man etwas davon verstehen müsse. Er sagt nur: ›Ich kann das nicht beurteilen. Ich weiß nur, daß der Wetterbericht im Radio so und so war.‹ Der andere Mann, den wir fragen, ist ein anderer Typ. Er meint, er wisse genau über das Wetter Bescheid, obwohl er in Wirklichkeit nur wenig davon versteht. Er gehört zu denen, die meinen, sie müßten jede Frage beantworten können. Er denkt einen Augenblick nach und sagt uns dann ›seine‹ Ansicht, die in Wirklichkeit mit der Wettervoraussage im Radio übereinstimmt. Wir fragen ihn, wie er zu dieser Ansicht komme, und er sagt, er habe es aus der Windrichtung, Temperatur und so weiter geschlossen. Oberflächlich betrachtet verhält sich dieser Mann nicht anders als der Fischer. Analysieren wir seine Antwort jedoch genauer, dann stellt sich heraus, daß er die Radiomeldung gehört und übernommen hat. Da er jedoch das Gefühl hat, er müsse eine eigene Meinung haben, vergißt er, daß er die Meinung einer Autoritätsperson nur einfach wiederholt, und ist überzeugt, daß er durch eigenes Nachdenken darauf gekommen ist.«

Seine Überlegungen zum Pseudo-Denken führen Fromm zu sehr viel allgemeineren Beschreibungen. »Das Pseudo-Denken kann auch völlig logisch und rational sein. Sein Pseudo-Charakter äußert sich nicht unbedingt darin, daß es unlogisch ist. Man kann das an Rationalisierungen studieren, die sich bemühen, eine Handlung oder ein Gefühl mit rationalen und realistischen Beweggründen zu erklären, obwohl sie in Wirklichkeit von irrationalen und subjektiven Faktoren determiniert waren. Die Rationalisierung kann zwar auch im Widerspruch zu den Tatsachen oder zu den Regeln logischen Denkens stehen, häufig aber wird sie selbst logisch und rational sein.«[91]

In einem lockeren Gespräch im Kreis Frankfurter Philosophie-Professoren frage ich den Experten für Antike Philosophie, wie anerkannt Popper in der Platon-Forschung sei. »Gar nicht«, lautet die wie aus der Pistole geschossene Antwort. Aber Popper habe doch wie kein Anderer recht gut zeigen können, dass Platon vollkommen utilitaristisch alle Aufgaben und Werte der Menschen allein dem Nutzen für einen autoritären Staat bestimmt habe, gab ich fragend zurück. (»Utilitarismus« ist ein Reizwort für Philosophieprofessoren.) Nach einer kleinen Bedenkzeit antwortete der Experte: »Vergessen Sie Utilitarismus. Platon führt den Staat auf Zeus zurück ...« Dann begann der Experte damit, die Mythen Platons zu wiederholen. Die Frage war damit zwar nicht beantwortet, aber er hatte gezeigt, dass man so eine Frage nicht stellen sollte. Statt die gestellte Frage zu beantworten, gab er eine Antwort auf den Zusammenhang zwischen Mythen und Staatslehre bei Platon.

Pseudo-Denken ist die Rationalität, mit der wir den Anschein erwecken, ein Urteil sei aufgrund gründlicher Überlegungen und aufgrund gefestigter Erfahrung zustandegekommen. Tatsächlich dient es dazu, unser Vergessen, dass unsere

91 Erich Fromm, *Die Furcht vor der Freiheit*, aus dem Englischen von Lieselotte und Ernst Mickel, Deutscher Taschenbuch Verlag, München 1990, S. 163.

eigene Position schlecht begründet ist, zu beschleunigen. Wir vergessen dementsprechend auch, dass wir manchmal die Meinung einer verinnerlichten Autorität zum Ausdruck bringen, die wir vor ihrer Auflösung schützen wollen. In diesem Fall bilden die verinnerlichte Autorität und die eigene Angst davor, diese als solche bewusst zur Diskussion zu stellen, ein kostspieliges Wechselverhältnis. Um die Einsicht in die gewissensbildenden Autoritäten, zu denen man sich bewusst in voller Kraft nicht mehr bekennen möchte, abzuwehren, entstehen zahlreiche Nebenschauplätze.

Vorrang des Objekts

Eine wichtige Rolle im Pseudo-Denken spielt die Objektivität. Pseudo-Denker beanspruchen stets, objektiv zu sein. Tatsächlich aber fürchten sie den Vorrang des Objekts und stellen eine wackelige Denkfigur an seinen Platz. Wenn wir in der Alltagssprache von Objekt reden, meinen wir, dass Menschen dazu neigen, sich eine Welt so vorzustellen, wie sie wäre, wenn sie von einem nicht-subjektiven Standpunkt aus betrachtet würde. Diese Vorstellung ist zwar verständlich, aber gleichwohl Unsinn. Denn alles, wozu wir Menschen imstande sind, ist der Standpunkt des Menschen, und der ist immer der subjektive Standpunkt eines Subjekts. Der Mensch ist das Maß aller Dinge. Das mag einem gefallen oder nicht. Auch das Nichtgefallen gehört zum Maß des Menschen. Objektivität bleibt immer die von einem Subjekt gedachte Objektivität.

Etwas anderes bedeutet es, den Vorrang des Objekts zu achten. Dies ist in der These von Karl Marx ausgesprochen:

Das Sein bestimmt das Bewusstsein.[92] Was daraus korrekterweise geschlossen werden könnte, ist die Auffassung, dass die Inhalte unseres Bewusstseins nicht selbsterklärend sind. Die Ansichten und Vorstellungen von Erlebnissen bilden einen anderen Zusammenhang, wenn wir sie nach den Selbstauskünften des Bewusstseins zusammenstellen.

»›Das habe ich getan‹ sagt mein Gedächtnis. ›Das kann ich nicht getan haben‹ – sagt mein Stolz und bleibt unerbittlich. Endlich – gibt das Gedächtnis nach.«[93] Anders als es orthodoxe Verteidiger einer freien Willensentscheidung gerne sähen, hat unser bewusstes Erleben kaum direkten Einfluss auf unsere Entscheidungen. Nietzsche erkannte als einer der ersten Deutschen, dass wir selbst die Erinnerungen nach der Art konfabulieren, nach der das Bewusstsein nicht gekränkt wird.

Im Gedächtnis finden sich dennoch Spuren der Herkunft unserer Bewusstseinsinhalte. Aber sie müssen an einem Zensor vorbei, damit sie im hellen Licht des Bewusstseins erscheinen können. Dieser Zensor ist außerordentlich streng. An ihm kommt in ungeübten Individuen nur vorbei, was weder dem Narzissmus des Ichs noch dem Alleinherrschaftsanspruch des Selbstbewusstseins Schaden zufügen kann.

Die Forderung nach dem Vorrang des Objekts soll die kritische Prüfung der Bewusstseinsinhalte gegen ihren Widerstand stärken. Wer diese Prüfung nicht gewohnt ist, wer

---

92 »Es ist nicht das Bewußtsein der Menschen, das ihr Sein, sondern umgekehrt ihr gesellschaftliches Sein, das ihr Bewußtsein bestimmt.« (Karl Marx, *Zur Kritik der Politischen Ökonomie*, Vorwort, 1859, MEW 13, S. 11.)

93 Friedrich Nietzsche, *Jenseits von Gut und Böse,* 1886. Viertes Hauptstück. Sprüche und Zwischenspiele.

also die materialistische These Marxens nicht beherzigt, wird sehr oft deswegen die richtige Einschätzung von Sachverhalten verfehlen und Anlass zu fürchterlichem Streit geben können.

Andere Beispiele zeigen, dass der Widerspruch zwischen Sein und Bewusstsein, nicht einfach hingenommen wird. In seinem autobiographischen Essay schildert Charles Darwin seine Eindrücke vom Charakter des Kapitäns Fitz-Roy auf der *Beagle*. Der junge Wissenschaftler machte dabei eine interessante Beobachtung: »He was very kind to me, but was a man very difficult to live with on the intimate terms which necessarily followed from our messing by ourselves in the same cabin. We had several quarrels; for instance, early in the voyage at Bahia, in Brazil, he defended and praised slavery, which I abominated, and told me that he had just visited a great slave-owner, who had called up many of his slaves and asked them whether they were happy, and whether they wished to be free, and all answered ›No.‹ I then asked him, perhaps with a sneer, whether he thought that the answer of slaves in the presence of their master was worth anything? This made him excessively angry, and he said that as I doubted his word we could not live any longer together.«[94]

Sklavenhalter haben anderswo nicht selten die gleiche Antwort vernommen. Fitz-Roys Antwort offenbart jedoch in mehrfacher Hinsicht eine Anomalie. Zum einen verschließt er bereitwillig die Augen davor, dass die Gegenwart des Skla-

94 *The Autobiography of Charles Darwin.* From The Life and Letters of Charles Darwin, edited by his Son Francis Darwin, Free Public Domain Book from the Classic Literature Library, S. 26. (charles-darwin.classic-literature.co.uk/the-life-and-letters-of-charles-darwin-volume-i/ebook-page-26.asp)

venhalters die eigentliche Ursache der Antwort gewesen sein dürfte. Dem korrespondiert nämlich zum anderen die Lehre von der freien Willensentscheidung, an der bis heute kein Verteidiger falschen Wissens zweifelt. Sie festigt die Auffassung, dass der Mensch doch durch nichts so viel Anerkennung genieße wie durch die Zuschreibung eines freien Willens.

Mit dieser Zuschreibung der nicht an Motive gebundenen Freiheit hätte die Antwort der Sklaven schließlich auch »Ja« lauten können. Die Zuschreibung des freien Willens ist eine wunderbare Legitimation für solche Bequemlichkeiten. Sie lenkt davon ab, die Anwesenheit des Sklavenhalters als die determinierende Ursache der Antwort verstehen zu müssen. Sollte aber diese Antwort doch durch den Sklavenhalter verursacht worden sein, dann hätten die Sklaven keinen freien Willen und müssten auch nicht als Menschen behandelt werden. Aus der Sicht Fitz-Roys war die Anerkennung des freien Willens eine Anerkennung des Menschseins der Sklaven. Und sie entschieden sich gegen ihre Anerkennung als freie Menschen. Aus der Sicht des künftigen Gelehrten erschien diese Anerkennung als eine bloß zum Anschein vorgebrachte Anerkennung.

Fitz-Roys abwehrende Reaktion auf Darwins Frage bedeutet noch eine weitere Anomalie. Die Heftigkeit der Abwehr können wir als starkes Indiz dafür werten, dass Fitz-Roy selbst nicht glaubte, was er sagte. Natürlich wusste der erfahrende Kapitän, dass gerade diejenigen, die in der Hierarchie am untersten Ende leben, genau wissen, was die Obrigkeit hören möchte und dies ohne zu zögern als ihre eigene Meinung ausgeben.

Freimaurerische Rituale und Symbole ebnen den Zugang zur These, dass das Sein das Bewusstsein bestimme und nicht umgekehrt. Freimaurerei macht keine Aussagen über »Objektivität«, aber sie baut behutsam ein Gespür für den Vorrang des Objekts auf.

Viele Brüder schmerzt das, denn sie glauben ja ebenfalls wie die meisten Menschen an das allmächtige – im frommen Denken gottähnliche – Selbstbewusstsein, das zugleich von außen auf die Welt herabsehen und einen objektiven Standpunkt einnehmen könnte. Auch denken sie zumeist sehr, sehr gut von sich. Weder an Marx noch an den Materialismus wollen sie erinnert werden. Gleichwohl erscheinen bewusste Zustände des individuellen Erlebens als das Resultat gesellschaftlicher Arbeit. Es ist die arbeitende Tätigkeit, das wir mit »Sein« meinen, das das Bewusstsein bestimme. In der These vom Sein, das das Bewusstsein bestimmt, kommt der Vorrang eines bewussten Denkens, Glaubens und Hassens nicht vor.

Doch was ist das Sein außerdem in dieser Hierarchie gegenüber dem Bewusstsein? Sein ist der Zustand unserer leiblichen Empfindungen – der Eindruck unserer Sinne, das Gefühl der Schwere, die lückenlose Geschichte von unserer Geburt bis zum Moment, in dem wir dieses Buch in der Hand halten. Auch diese Zustände sind von der Subjektivität unserer eigenen Person nicht frei. Aber sie können mit anderen Menschen synchronisiert werden und beziehen sich auf Ereignisse, die nicht nur in unseren Bewusstseinsinhalten verortet sind.

Stellen Sie sich einmal vor, Sie seien Opfer eines Identitätsdiebstahls geworden. So etwas passiert, und wir verfolgen bei der Aufdeckung die Strategie des Vorrangs des Objekts.

Steven Pinker hat die Situation für Sie einmal zusammengefasst: »Versetzen Sie sich in die Lage eines Menschen, der seine Geldbörse verloren oder versehentlich am Computer persönliche Informationen preisgegeben hat und nun einen Doppelgänger besitzt. Dieser Doppelgänger benutzt den fremden Namen (sagen wir Mats Klefisch), um sich Geld zu leihen oder Einkäufe zu tätigen. Nun stellen Sie sich vor. Sie müssten einen Beamten davon überzeugen, dass Sie und nicht der Hochstapler der wahre Mats Klefisch sind. Wie machen Sie das?

... Sie könnten sagen: ›*Mats Klefisch* bezeichnet den Inhaber einer Reifendiscounter-Kette, der in Berlin-Charlottenburg geboren wurde, in Cottbus lebt, ein Girokonto bei der Ascor-Bank hat, verheirateter Vater von zwei Söhnen ist und den Sommer im Allgäu verbringt.‹ Doch dann erhielten Sie die Antwort: ›Soweit wir wissen, bezeichnet *Mats Klefisch* einen Fitnesstrainer, der in Trier geboren wurde, ein Postfach in Kaufbeuren besitzt, einer Briefkastenfirma in Reno eine kürzlich erfolgte Scheidung in Rechnung gestellt hat und den Sommer auf Sylt verbringt. Was das Bankkonto betrifft, stimmen wir mit Ihnen überein; es ist allerdings weit überzogen.‹

... Selbst wenn Sie mit allen möglichen Informationen aufwarten könnten – Sozialversicherungsnummer, Führerscheinnummer, Geburtsname Ihrer Mutter –, könnte Ihr Imitator entweder ein Duplikat vorweisen (falls er dies ebenfalls gestohlen hat) oder die Richtigkeit der Angaben bestreiten (falls er die gestohlene Identität durch seine eigenen persönlichen Daten, einschließlich eines Passfotos, ergänzt hat).

... müssten Sie sich letzten Endes auf eine Kausalkette berufen, die Ihren Namen in seiner heutigen Verwendung mit dem Moment verknüpft, an dem Ihre Eltern Ihre Ankunft auf dieser Welt bejubelten. Ihre Kreditkarte stammt von einem Bankkonto, das auf Vorlage eines Personalausweises eröffnet wurde, der auf Vorlage Ihrer Geburtsurkunde ausgestellt wurde, die auf die Bescheinigung des Krankenhauspersonals hin ausgehändigt wurde, das um die Zeit Ihrer Geburt mit Ihren Eltern in Kontakt stand und aus der … Sie der Klefisch sind, den sie Mats nennen wollen. Bei Ihrem betrügerischen Doppelgänger verliert sich die Spur der Identitätsbelege schon bald in der jüngeren Vergangenheit, weit vor dem Moment der Namensgebung. Die Maßnahmen zur Vereitelung eines Identitätsdiebstahls sind abhängig von der Logik der Namen und der Verbindung von Wörtern zur Realität – diese bieten die Möglichkeit, eine lückenlose Identifizierungskette von Mensch zu Mensch über einen langen Zeitraum zurückzuverfolgen, bis hin zu einem ganz bestimmten Akt der Namensgebung in der Vergangenheit.«[95]

Der Vorrang des Objekts wird in diesem Beispiel erkennbar, weil wir nicht der Auskunft des Betrügers Glauben schenken, sondern der lückenlosen Geschichte von dem

95 Steven Pinker, *Der Stoff aus dem das Denken ist.* a.a.O., S. 27 f. – Das Glück, dass unsere Gegenwart sein kann, besteht auch darin, dass sie massenweise Bestätigungen meiner Vorurteile präsentiert. Der Erfinder der Fake News – Donald Trump – weiß, wovon er spricht. Weil er niemals auf dem Titelblatt der *New York Times* abgebildet war, fälschte er schlicht und einfach ein solches Titelblatt und ließ es in seinen Golf-Clubs aufhängen. Geschehen war dies auf dem Cover vom 1. März 2009. Trump weiß, dass Fakten in der Welt keine Rolle spielen. Es genügt stets, wenn die Masse daran glaubt. Vgl. https://www.google.de/search?q=fake+news+titel+times&prmd=nvi&source=lnms&tbm=isch&sa=X&ved=0ahUKEwjk18WNlu3UAhVH1RQKHQ4AC5cQ_AUICygD&biw=534&bih=731#imgrc=YM3mL1QS0TsCyM:

Moment, in dem unsere Mutter an unserem Geburtstag nur einem Menschen unseren Namen gegeben hat, dessen Geschichte keine Brüche aufweist. Wer sich irgendwo dazwischen in meine Identität einschleicht und sich für mich ausgibt, kann sich nur auf Behauptungen und Gedankenkonstruktionen stützen. Sie bleiben bestenfalls, wenn nicht eine bewusste Lüge, so doch seine subjektive Wahrnehmung. Sie bleiben ein reiner Bewusstseinszustand. Der Vorrang des Seins vor dem Bewusstsein schafft hier Klarheit. Es kann nämlich nicht ein anderer genauso gut wie ich behaupten, er sei ich.

Die lückenlose Entwicklungslinie, die in mein Leben gezeichnet werden könnte, ist nicht nur eine gedachte Linie. In ihr treten Ereignisse auf, die mein Bewusstsein vergessen hat oder an die es sich vielleicht ungern erinnert. (Es müsste dabei ja erkennen, dass es falsche Daten gespeichert hat.) Der Vorrang des Objekts korrigiert das falsche Bewusstsein. Sofern das Bewusstsein nämlich Zusammenhänge in jene Lebenslinie konfabuliert, die der Lückenlosigkeit widersprechen, ist ihnen kein Glauben zu schenken.

Daher gibt es auch nur eine korrekte Antwort auf die Frage nach dem Alibi, die der Ermittler einem Verdächtigen stellt. Wenn er sagt, er war zu Hause alleine im Bett, während er am Tatort war, so bleiben zumindest in seinem eigenen autobiografischen Gedächtnis zwei Orte, an denen er zugleich war: Einmal am Tatort und einmal alleine im Bett. Aber nur für seine Gegenwart am Tatort ergibt sich eine lückenlose Linie von der Geburt bis zum Verhör durch den Ermittler. Diese lückenlose Linie hat Vorrang vor der bloß gedachten Linie mit Lücken. Letztere ist bloß subjektiv, die Privatmeinung des Verdächtigen. Erstere hingegen ist die vorrangige Objektität.

Die Ordnung, die unser Bewusstsein von der Ordnung der Dinge in der Welt herstellt, hält sehr oft den Vergleich mit der Lückenlosigkeit von Ereignisabfolgen nicht stand. Es gehört zu den Meisterleistungen des menschlichen Verstandes, dass er konfabuliert und zusammenhängende Systeme konstruiert, wo vielleicht keines der Elemente mit einem anderen wirklich verbunden ist. Hier zwingt der Vorrang des Objekts das Individuum zur Korrektur seiner Konstruktionen, vor allem dann, wenn Widersprüche auftreten. Nur der Dogmatiker wird die Kenntnis der Widersprüche durch Zensur ausschalten wollen, um die Unzerstörbarkeit seiner subjektiven Auffassungen in Schutz zu nehmen – notfalls durch die Erfindung alternativer Fakten.

Unfähigkeit, Widersprüche zu ertragen

Es gibt so etwas wie die Angst vor der Ungewissheit. Wer von ihr erfasst wird, kann den Zustand der Unsicherheit schwer ertragen. Diese Unsicherheit bildet sich auch, wenn plötzlich ein fest geglaubtes Wissen als falsch entlarvt wird. Menschen reagieren dann so, dass sie den Überbringer der Botschaft der Unsicherheit auszuschalten versuchen.

Freimaurerei ist neben anderem auch das Symbol der offenen Gesellschaft: Es gibt weder ein abgeschlossenes Gebäude des Wissens noch auch eine Vorhersage über die Entwicklung der Zukunft. Und in allen Ritualen der Erhebung zum Meister tritt der Freimaurer an die Schwelle zu seinem eigenen Tod, über dessen Sinn und Folgen alle Fragen offen bleiben.

Ich werbe schon allein deswegen stets für Karl Poppers These: *Alles Wissen ist Vermutungswissen.* Dabei zeige ich regelmäßig, wie sich in der Freimaurerei diese Einsicht in eine Praxis verwandelt hat, die es den Brüdern und Schwestern leichter macht, Offenheit zu ertragen. Man kann diese Einsicht mit Hilfe verschiedener Methoden auch rational begründen. Beispielsweise gilt aus der Sicht der Biologie und der Hirnforschung, dass es für ein Lebewesen nicht wichtig ist, Wahrheit zu erkennen oder die Welt, wie sie an sich ist. Lebewesen sind dann besonders ökonomisch ausgestattet, wenn sie aus wenigen Wahrnehmungen ein zusammenhängendes Bild von der Welt konfabulieren können, das es ihnen erlaubt, Erwartungen von dem zu bilden, was gleich oder später passieren wird, und sie deswegen richtig reagieren können. Jemand, der mich zweimal angelogen hat, ist nicht moralisch verwerflich, weil er gegen ein absolutes Wissen vom kategorischen Guten – ausgesprochen im »Du sollst nicht lügen« – gehandelt haben könnte. Er hat bei mir nur die Erwartung geweckt, dass bei der nächsten Aussage seine Worte weniger ernst zu nehmen sind. Es ist nicht richtig, wenn wir von Ethik und Moral erwarten, dass sie einem abstrakten und kategorischen Guten zu dienen hätten. Richtiger ist es, von ihnen zu erwarten, dass sie nützlich für das soziale Zusammenleben sind.

Wenn Erwartungen unerfüllt bleiben, dann ändern wir beim nächsten Mal die Strategie. Freilich gibt es Menschen, die trotz aller Enttäuschungen immer wieder dieselben Fehler machen. Unter ihnen gibt es hin und wieder auch solche, die mit derselben enttäuschenden Strategie irgendwann einmal erfolgreich sein werden. So etwa, wenn sie 20 Mal vom selben Menschen angelogen wurden, beim 21. Mal wieder volles Vertrauen vorausschicken und diesmal nicht enttäuscht werden. Es ist eben auch richtig, dass jemand, der 20 Mal gelogen hat, nicht immer nur lügt.

Liebe zur falschen Logik

Wir kehren noch einmal zurück zum Mechanismus der Argumentationsstruktur des Pseudo-Denkens. Durch diese Strategien wird nicht nur in der Freimaurerei erfolgreich ein fremdes Interesse als eigentliches Ziel beworben. Ein fremdes Interesse ist es beispielsweise, wenn wir auf den politischen Bühnen stets laute Stimmen von Agitatoren vernehmen, die uns auf die Missstände unserer Gesellschaft hinweisen. Es gelingt ihnen vielfach, den Eindruck zu erwecken, als seien sie daran interessiert, die Missstände zu beseitigen. Tatsächlich aber beobachten wir, dass sie aus diesen Missständen ihre Daseinsberechtigung ziehen. Denn sollten die Missstände verschwunden sein, sinken sie selbst in die Nullität hinab.

Gut beobachten lässt sich, wie schon erwähnt, diese Verschleierung fremder Interessen an der Metapher »Lügenpresse«. Es ist richtig, dass wir uns zumeist ärgern über die falsche Berichterstattung in den Medien. Aber gerade der Agitator bedient sich dieses Manövers ausgiebig. Die meisten Lügen werden von denjenigen verbreitet, die stets die »Fake News« verachten. Wenn der Agitator erst einmal alle »Lügenpresse« ausgeschaltet hat, verbreiten sich nur noch Lobhymnen über seine eigene Politik. Der türkische und der amerikanische Präsident versorgen uns seit 2016 mit immer neuen Erfolgsmeldungen dieses Manövers. Denken wir dabei nicht nur an »alternative Fakten«, sondern auch an »last night in Sweden …«[96]

Confirmation Bias vereinigt einige dieser Argumentationsmuster unter einem Namen. Superinvestor Warren Buffett hat sie einmal auf den Punkt gebracht: »Was die Menschen am besten können, ist, neue Informationen so zu filtern, dass bestehende Auffassungen intakt bleiben.«[97]

So etwas wird auch von dem berühmt gewordenen Admiral Lord Nelson berichtet. Er litt unter Phantomschmerzen. Ihm war 1797 bei einem erfolglosen Angriff auf Santa Cruz de Tenerife sein rechter Arm angeschossen worden und musste amputiert werden. Der tapfere Krieger verspürte seither heftige Schmerzen im rechten Arm, der doch gar nicht mehr da war. Die ökonomisch am wenigsten aufwändige Erklärung für solche Wahrnehmungen lautet, dass der Arm noch da sein müsse – zwar nicht körperlich, denn das konnte nur ein Wahnsinniger annehmen, so doch wenigstens geis-

---

96 Um seiner Einwanderungspropaganda mehr Gewicht zu verleihen, hatte Donald Trump Mitte Februar 2017 auf den europäischen Terror hingewiesen und mit »last night in Sweden« besonders dramatisiert. Bis heute weiß keiner, was in Schweden passiert sein sollte. Zum Glück gab es nämlich die »Lügenpresse« selbst in den USA noch, die die Wahrheit über Trumps Lüge aufgeklärt hatte. Vgl. https://www.tagesschau.de/ausland/last-night-in-sweden-103.html. (Zugriff März 2017) Interessanterweise begründete der Präsident seine Angstmache mit der Nachricht einer amerikanischen Pressemeldung, die er offenbar nicht als Fake News einschätzte, weil sie seine Vorurteile bestätigte.

97 Rolf Dobelli, *Die Kunst des klaren Denkens. 52 Denkfehler, die Sie besser anderen überlassen*, mit Illustrationen von Birgit Lang, Hanser, München 2011, S. 29.

tig. Diese Erklärung fügt sich zudem wunderbar in die Trost spendende Struktur eines einfachen Glaubens. Den Phantomschmerz hielt Lord Nelson fortan für den »unmittelbaren Beweis für die Existenz der Seele«[98]. Was im Kleinen gelte, müsse nämlich auch für das Große gelten. Denke man sich also nicht nur den rechten Arm, sondern den ganzen Menschen körperlich weg, dann bleibt der Schmerz noch übrig. Der Träger dieses Schmerzes, wenn es der Körper nicht mehr sein könne, müsse dann zweifellos die Seele sein. Das ist der Beweis dafür, dass Geistiges unbeschadet existieren könne, nachdem die sterbliche Hülle verwest ist. Seele ist auch so etwas wie der Phantomschmerz.

Können wir beweisen, dass Lord Nelson falsch lag mit seinem Beweis? Welchem Denkfehler unterlag er, wenn wir diesen Beweis führen können? Warum war dann aber der Wunsch nach Anerkennung des Beweises so unwiderstehlich, dass der Admiral sich damit zufriedengab?[99]

Bedenken wir jedoch, dass es niemals möglich ist, die Nichtexistenz einer Sache zu beweisen – genauso wenig wie die Existenz. Das macht die Rede vom Das-kannst-du-nicht-

---

98 Vgl. George Riddoch, *Phantom limbs and body shapes*, in: Brain 64, Dezember 1941, S. 197-222.

99 Tatsächlich ist es dem amerikanische Hirnforscher und Arzt Vilayanur Ramachandran gelungen, in zahlreichen Fällen den Phantomschmerz abzuschaffen. Er ließ sich dabei nicht von der Existenz der Seele leiten, sondern der Vermutung, dass Phantomschmerz nichts mit der Seele zu tun hat, wohl aber mit einfachen Verschaltungen im Gehirn. Dass seine Arbeiten keine Auswirkungen auf die Ideologie haben, die manche vertreten, wenn sie behaupten, dass Hirnforscher aus der Perspektive der Dritten Person (»Das Gehirn macht …«) niemals Antworten auf Fragen der Ersten Person (»Wer bin ich?«) geben, versteht sich von selbst. Sie pflegen den Fehlschluss: Es darf nicht so sein, also ist es auch nicht so.

beweisen von vornherein sinnlos. Gleichwohl schließen Menschen mit größter Vorliebe von diesem sinnlosen Satz auf die Existenz dessen, von dem die Nichtexistenz niemals bewiesen werden kann. Bemerkenswert ist, dass Nelsons »Beweis« heute kaum weniger Sympathien weckt als zu seiner Zeit. Menschen begrüßen einen Beweis für die Existenz der Seele ebenso wie einen Schein-Beweis, vor allem, wenn sie unsterblich ist. Andersdenkende sind oftmals schon durch die philosophische Schule des Materialismus gegangen und legen weniger Wert auf die Existenz der Seele. Materialisten sind solche, die sich damit zufriedengeben, dass die Welt aus einer einheitlichen Substanz aufgebaut ist. Da ist es nicht nötig, neben der angenommenen Existenz der Einheitlichkeit auch noch eine zweite Annahme zu machen, die aus der einheitlichen Ganzheit herausfällt.

Interessanterweise wird der Terminus »Ganzheitlichkeit« mit Vorliebe von solchen Menschen verwendet, die sich nicht damit zufrieden geben wollen, dass so etwas wie Geist, Seele, Selbstbewusstsein und Ich reine Funktionen der materiellen Substanz des Lebens sind. Diese werfen all jenen, die von der Seele in der Sprache des Leibes sprechen – wie das Ramachandran mit größtem ärztlichen Erfolg bei der Beseitigung von Phantomschmerzen gemacht hat –, den unerlaubten Missbrauch der Sprache vor, indem sie sich des »Kategorienfehlers« schuldig gemacht haben. Der kalkulierte Kategorienfehler war hier der Zugang zur Wahrheit gewesen.[100]

100 Dieses Denken wird verbreitet von den Anhängern der These Gilbert Ryles, die er in seinem Standardwerk *The concept of mind* darlegte. Dass schon Colin Murray Turbayne, (*The Myth of Metaphor*, Yale University, Massachusetts 1962, S. 61 ff.) die damit verbundenen Denkfehler entlarvte, verhinderte nicht, dass diese Fehler weiterhin gepflegt werden. Wir kommen weiter unten darauf zurück.

Ganzheitlich ist nämlich auch die Vorstellung der Materialisten. Aber sie verwenden das Wort »ganzheitlich« nicht, weil es selbstverständlich für sie ist, dass die Welt ein Ganzes aus einer einheitlichen Substanz ist. Das Wort ist schließlich auch besetzt durch diejenigen, die mit Ganzheitlichkeit eine Dualität postulieren: Den Leib und eine damit nicht identische Seele.

Es lieben also diejenigen das Wort am meisten, die es so verwenden, als wäre die Welt in zwei miteinander unvereinbare Kategorien geteilt – Geist und Materie oder Leib und Seele. Dabei sind sie stets der Meinung, dass der Geist das Wichtigere sei. Sie verwenden das Wort »ganzheitlich« in dem Sinn, dass jeder glauben soll, es gäbe neben oder über der Materie etwas anderes, das zum Ganzen dazu addiert werden müsse. So will ganzheitliche Medizin die Einheit von Körper, Geist und Seele betrachten. Dabei setzen ihre Verteidiger aber voraus, dass Geist, Seele und Materie jeweils als solche getrennt voneinander existieren. Doch diese Auffassung gehört allein dem Seelenglauben, demzufolge die Seele etwas sei, was sich wesentlich von der übrigen Materie oder Substanz unterscheide. In der Sprache der universitären Philosophie wird das Leib-Seele-Problem als das Problem der mentalen Verursachung gehandelt. Mens, der Geist, soll ursächlich auf den Körper einwirken. Aber auch darin steckt die überflüssige Annahme, dass Geist und Körper verschiedene Dinge seien. Wo jedoch der Geist als eine Funktion des Körpers verstanden wird, tritt das Problem gar nicht auf. Freilich, es handelt sich nur um eine Annahme. Der Materialist verzichtet auf solche Annahmen. Womit wir wieder an Fitzliputzli erinnern müssen.

Selbst der Seelengläubige nimmt irgendwie dennoch wahr, dass er eine überflüssige Annahme macht. (Woran wir dies erkennen, werden wir gleich genauer ausführen.) Und eben deswegen benötigt er eine besondere Strategie, die wir Pseudo-Denken genannt haben. Sie muss verhindern können, dass seine Wahrnehmung ins Bewusstsein gelangt – weder bei sich selbst noch bei anderen.

Versuchen wir, uns eine solche Strategie einmal vorzustellen, dann erkennen vielleicht das bereits bekannte Muster des falschen Denkens. Wenn einer behauptete, es gäbe keine Seele, könnte er seine Aussage nicht beweisen. Dies ist das Entscheidende. Ein redlicher Denker gibt es zu, dass er etwas nicht beweisen kann. Ein unredlicher Denker jedoch nicht. Den unredlichen Denker nennen wir in diesem Buch den Pseudo-Denker. Jener wird unentwegt danach Ausschau halten, wie er den Anschein erwecken könnte, dass er an Beweisen interessiert sei. Tatsächlich aber plagt ihn die unbewusste Gewissheit, einen Beweis für seinen eigenen Seelenglauben nicht zu benötigen. Es plagt ihn, dass sein Gewissestes eben doch nicht gewiss ist. Sein Interesse an Beweisen ist allein deswegen nur vorgetäuscht. Führen wir uns nun die Struktur einer solchen Argumentation vor Augen:

1. Klaus sagt, es gibt keine Seele.
2. Wenn Klaus Recht hat, dann gibt es keine Seele.
3. Wenn es keine Seele gäbe, dann hätte Lord Nelson auch keinen Phantomschmerz haben können.
4. Also muss es eine Seele geben und Klaus hat nicht Recht.

Da haben Sie das ganze Problem des mächtigsten Denkfehlers, dem Menschen aufsitzen. Erkennen Sie das Problem?

Wahrscheinlich nicht sofort. Es liegt für die meisten Menschen im Dunkeln. Dunkelheit ist wichtig. Nicht zuletzt, weil sie gerade Philosophen (vor allem Philosophie-Professoren und philosophierenden Frömmlern) nützt.[101] Wie viele

---

101 Die Dunkelheit, die Gelehrte besonders schätzen, spricht beispielhaft aus dem Feuilleton-Artikel von Habermas, in dem er sich einerseits nicht erlaubt, von einem objektiven Geist zu sprechen und andererseits der Gefahr entgegenwirken will, dass Hirnforscher den Geist als eine reine Funktion des Gehirns ausweisen. So entsteht der nichtssagende Satz, der sich den Beweis einer notwendigen Annahme des Geistes erschleicht: »Ohne die reorganisierende ›Anbindung‹ des subjektiven Geistes und seines natürlichen Substrats, des Gehirns, an einen objektiven Geist, das heißt an symbolisch gespeichertes kollektives Wissen, fehlen propositionale Einstellungen zu einer auf Distanz gebrachten Welt.« (Jürgen Habermas, *Um uns als Selbsttäuscher zu entlarven, bedarf es mehr – Das Ich ist zwar sozial konstruiert, aber deshalb noch keine Illusion: Warum die Hirnforschung einen Kategorienfehler macht, wenn sie uns die Freiheit abspricht,* Frankfurter Allgemeine Zeitung, 15.11.2004, S. 35 f.)

Alexander Ulfig hat sich unlängst einmal mit den intellektuellen Hochstaplern, wie Karl Popper sie nannte, und deren Vorliebe für die Dunkelheit befasst: »Ihr Prinzip ist nicht die Konfusionsvermeidung, also Klarheit, sondern die Konfusionsvermehrung«, wirft Ulfig den Geisteswissenschaftlern vor. »Die absichtliche Verkomplizierung der Sprache in den Geistes- und Sozialwissenschaften ist eine weitverbreitete Krankheit. Karl R. Popper, einer der wenigen Philosophen, die klar denken und schreiben konnten, betont in seinem Artikel ›Gegen die großen Worte‹, dass ›das grausame Spiel, Einfaches kompliziert und Triviales schwierig auszudrücken‹ von vielen Geisteswissenschaftlern als ihre ›legitime Aufgabe‹ betrachtet wird. Sie haben nichts anderes gelernt, als Menschen ›in einem Meer von Worten‹ zu ertränken.

Als Beispiele für intellektuelle Hochstapler nennt er Adorno und Habermas. Ihre Aussagen bedürfen nach Popper einer Übersetzung ins klare Deutsch: Adorno: ›Die gesellschaftliche Totalität führt kein Eigenleben oberhalb des von ihr Zusammengefassten, aus dem sie selbst besteht‹. Poppers Übersetzung: ›Die Gesellschaft besteht aus den gesellschaftlichen Beziehungen«. Habermas: ›Theorien sind Ord-

Philosophen sind nötig, um eine Glühbirne auszuwechseln? Gar keiner! – Denn Philosophen ziehen das meiste Kapital aus der Dunkelheit, lautet ein Witz über Philosophen, der wohl nicht zufällig entstanden ist.

Während die Fehlerhaftigkeit im Witz auf der doppelten Bedeutung von Dunkelheit beruht, liegt der Fehler des Gedankens mit Nelsons Phantomschmerz in der Dunkelheit selbst. Es soll nämlich im Dunkeln bleiben, dass der dritte Satz nichts zu tun hat mit den ersten beiden Sätzen. Dies ist

---

nungsschemata, die wir in einem syntaktisch verbindlichen Rahmen beliebig konstruieren. Sie erweisen sich für einen speziellen Gegenstandbereich dann als brauchbar, wenn sich ihnen die reale Mannigfaltigkeit fügt«. Poppers Übersetzung: ›Theorien sollten nicht ungrammatisch formuliert werden; ansonsten kannst Du sagen, was Du willst. Sie sind auf ein spezielles Gebiet dann anwendbar, wenn sie anwendbar sind‹. Popper zeigt, dass es sich bei diesen Aussagen um Tautologien und Trivialitäten, ›gewürzt mit paradoxem Unsinn‹, handelt.« Ulfig erinnert dabei auch an die Funde des amerikanischen Physiker Alan Sokal und seines französischen Kollegen Jean Bricmont, die in ihrem Buch *Eleganter Unsinn. Wie die Denker der Postmoderne die Wissenschaften missbrauchen* Beispiele für die postmodernen Wortspiele geben: »›So also symbolisiert das erektionsfähige Organ den Platz des Genießens, nicht als es selbst, nicht mal als Bild, sondern als der dem begehrten Bild fehlende Teil: darum auch ist es dem √-1 der weiter oben produzierten Bedeutung gleichzusetzen, des Genießens, den es durch den Koeffizienten seiner Aussage der Mangelfunktion des Signifikanten wiedererstattet: (-1)‹« (J. Lacan). Oder: »›Existenz als ein Prozess der Entterritorialisierung ist ein spezifisch inter-maschinischer Vorgang, der sich selbst über die Förderung singularisierter existentieller Intensitäten legt‹ (F. Guattari).« (Alexander Ulfig, *Geschwafel der Geisteswissenschaftler. Wie man Menschen imponieren und davon leben kann*, http://ef-magazin.de/2010/08/02/2404-hochstapelei-das-geschwafel-der-geisteswissenschaftler; vgl. auch Karl R. Popper, *Gegen die großen Worte*, in: *Auf der Suche nach einer besseren Welt. Vorträge und Aufsätze, aus dreißig Jahren* (1984), München 1997, S. 100.)

das beliebteste Manöver, um eigenes Unwissen in der Dunkelheit zu belassen, und es stützt sich auf die nun weiter zu erläuternde, mehrfach erwähnte *Petitio Principii.*

Die Petitio Principii

Im Schutz der Dunkelheit wirkt der Lumpen eines Bettlers wie der purpurne Mantel eines Königs. Das Muster jener Argumentation ist uns nicht zuletzt aus der Bibliotheken füllenden Diskussion um den freien Willen bekannt. Darin gewinnt das Falsche schärfere Konturen. Betrachten wir dies an den Erscheinungsformen, die es in unserer Gegenwart hat. Thesen aus der Tagespresse wie auch in wissenschaftlichen Magazinen haben nicht selten die Struktur des folgenden Beispiels:

1. Der Hirnforscher Wolf Singer behauptet, es gibt keinen freien Willen.
2. Wenn Wolf Singer Recht hat, dann gibt es keinen freien Willen.
3. Wenn es keinen freien Willen gibt, kann niemand verantwortlich gemacht werden für seine Aussagen und Handlungen.
4. Also hat Wolf Singer Unrecht, und es gibt doch einen freien Willen.

Diese Argumentation ist so alt wie die abendländische Philosophie. Leider bedienen sich sogar heute noch Professoren auf den Lehrstühlen der Philosophie in der Mehrzahl dieses Arguments. Dass die christliche Theologie so erfolgreich sein konnte und als Vorbild in manchen Denkschulen nach wie vor heute noch gefeiert werden kann, liegt an der Leistungsfähigkeit des hier benutzten Denkfehlers. Schauen wir uns die Struktur der Logik des gerade vorgestellten Beispiels noch genauer an.

Zunächst einmal geben wir ihm einen metaphorischen Namen – metaphorischer als *petitio principii*. Wir nennen ihn das »Schleicher-Argument«. Er beruht nämlich auf »Erschleichung des Beweisgrundes«. Dass diese unredliche Denkweise so erfolgreich ist, hat auch damit zu tun, dass diejenigen, die sich intellektuell unredlich verhalten, nicht einmal bemerken, dass sie sich intellektuell unredlich verhalten. Sie sind auch selten belehrbar, denn es hängt ihr Lebensglück zu großen Teilen von der Unwiderleglichkeit der unbeweisbaren Voraussetzungen ab.

Die Erschleichung des Beweisgrundes verfährt nach dem Muster einer Scheinlogik. Zunächst stellt sie eine Behauptung korrekt in der Struktur logischen Kalküls dar. Es wird die Behauptung vorausgesetzt: »Der Hirnforscher Wolf Singer behauptet, es gibt keinen freien Willen.« Diese Voraussetzung wird in unseren Beispielen mit »1.« gekennzeichnet.

Jeder kann behaupten, was er will. Das ist das Großartige unserer modernen Meinungsfreiheit in den zentraleuropäischen Staaten. Entscheidend ist nur, dass aus bloßen Behauptungen nichts folgt. Die Feinde der freien Meinung allerdings folgern etwas aus bloßen Behauptungen.

Unmittelbar nach der Aufstellung der Behauptung 1 folgt ein korrekt gebildeter Syllogismus in der »Wenn-dann-Gestalt« des *modus ponens*: »Wenn Wolf Singer Recht hat, dann hat er keinen freien Willen.« Wir verpassen ihm die Nummer »2«. Dieser Syllogismus beinhaltet eine korrekte

Verwendung der ersten Behauptung. Das ist wichtig zu sehen. Sie hat aber in vielen Fällen bereits einen abwertenden Beigeschmack. Es klingt nämlich nicht wie etwas, was wir wünschen, wenn wir hören, dass Wolf Singer den freien Willen verleugnet. Wer so redet, schaut herab auf Wolf Singer. Er bemitleidet ihn. Nicht viel fehlt und er sagt: »Ich bete für dich!« Der bittere Beigeschmack transportiert also schon die unredliche Suggestion, dass die zuerst aufgestellte Behauptung eine Zumutung sein müsse. Im nächsten Schritt – wir geben ihm in unseren Beispielen die Nummer »3« – wird die so vorbereitete Erschleichung des Beweisgrundes ausgeführt, indem der Anschein eines logischen Kalküls erweckt wird: »Wer keinen freien Willen hat, kann niemals verantwortlich gemacht werden für seine Aussagen und Handlungen.«

Diesem dritten Satz muss unsere größte Aufmerksamkeit gelten. In ihm liegt das oben bezeichnete Problem verborgen, das sich im Schutz der Dunkelheit als eine tiefsinnige Erkenntnis gebärdet. Tatsächlich aber verbirgt sich dahinter der Denkfehler der *petitio principii.* Die Qualität dieses dritten Satzes ist verantwortlich dafür, dass die *petitio principii* gelingt.

Wer sich von der Logik der *petitio principii* einnebeln lässt, will nicht bemerken, dass der dritte Satz nichts mit den ersten beiden zu tun hat. Aber genau dies muss durch die Qualität seiner Formulierung im Dunkeln gehalten werden. Jede beliebige Behauptung leistete das, was in unserem Beispiel dieser 3. Satz logisch betrachtet leisten muss. Ich könnte auch sagen: »Wer keinen freien Willen hat, der übt Zaubertricks aus.« Aber hier würde keine Dunkelheit ausreichen, um zu verschleiern, dass dieser Satz nichts mit den ersten beiden zu tun hat. Die Kunst der *petito principii* beruht darauf, den Anschein erwecken zu können, als hätte der dritte Satz etwas mit den beiden ersten zu tun. Bilden Sie nun einmal, bevor Sie weiterlesen, selbst die drei Sätze aus dem Beispiel: »Ich sage, es gibt keinen Gott.«[102]

Logisch korrekt gilt dann auch die Aussage des daraus gebildeten 2. Satzes: »Wenn ich Recht habe, dann gibt es keinen Gott.« Sie werden ganz schnell auf Menschen treffen, die diesem dritten Satz entgegnen mit dem folgenden Inhalt: »Wenn es keinen Gott gäbe, dann wärst du auch nicht da!« Er wird von all denen als selbstverständlich gültig angenommen, die bei der Behauptung von Satz 1 (»Ich sage, es gibt keinen Gott.«) ein ungutes Gefühl bekamen und Ausschau hielten, nach einem Gegenargument. Die Stärke des Glaubens an die Existenz eines Gottes ist hier die Quelle für die

---

102 Es lohnt sich, am politischen Zeitgeschehen, das Schleicher-Argument aufzuspüren. Selten sind die Beispiele so einfach in das Muster umzuwandeln wie heute. Im Juli 2017 sagte der Finanzminister Schäuble: »In der Türkei werden inzwischen willkürlich Menschen verhaftet.« (1. Satz) Wenn Schäuble Recht hat, dann … (2. Satz). Den dritten Satz entnehmen wir aus den türkischen Medien: Wer behauptet, dass in der Türkei willkürlich Menschen verhaftet werden, ist bösartig. (3. Satz) In dieser Logik wird deutlich, wie die Ausführung im dritten Satz logisch gesehen nichts mit den ersten beiden zu tun hat, aber so verwendet wird, als könnte der dritte Satz die Gültigkeit des ersten widerlegen.

Ein weiteres schnell gefundenes Beispiel ist die umstrittene Justizreform des polnischen Herrschers Kaczynski. Als ungewöhnlich viele in Massen zur Demonstration gegen die Willkürmacht anstürmten sahen seine Gefolgsleute nur ein paar Spitzel des kommunistischen Geheimdienstes. In der Form des Schleicher-Arguments sieht die diktatorische Logik folgendermaßen aus: 1. 50.000 Demonstranten sagen, die Gesetzesentwürfe müssen gestoppt werden. 2. Wenn die Demonstranten Recht haben, dann müssen die Gesetzesentwürfe gestoppt werden. 3. Wer behauptet, die Gesetzesentwürfe müssten gestoppt werden, gehört den »Kommunisten und Esbeken« an.

Bereitschaft, Scheinargumente und dunkle Scheinbeweise gelten zu lassen.

Der dritte Satz ist notwendig für das Pseudo-Denken und sein Schleicher-Argument. Während nämlich der zweite Satz logisch mit dem ersten verbunden ist, setzt der dritte Satz als gültig voraus, was eigentlich erst hätte bewiesen werden müssen: Dass es den freien Willen entgegen der Behauptung Singers wirklich gäbe (oder dass es einen Gott wirklich gäbe). Doch über diese Existenz macht die Logik keine Aussage. Wir wissen nicht, ob Wolf Singer Recht hat oder nicht. Wenn er aber Recht hat, dann hat er keinen freien Willen. Wenn er jedoch nicht Recht hat, dann hat er einen freien Willen. Viele denken, es sei der Logik vorzuwerfen, dass sie keine Aussage darüber macht, ob das eine oder das andere gilt. Sie ergänzen dann kurzerhand das, was die Logik nicht leistet und erfinden den Beweisgrund, den sie sich gewünscht haben. Schon allein deswegen ist das *Schleicher-Argument* eine so beliebte Strategie. Die *petitio principii* beruht darauf, dass sie unterstellt, das kurzerhand Ergänzte müsse unbedingt – also ohne Beweis – als gültig angenommen werden.

Wenige Tage vor der Amtseinführung des gewählten amerikanischen Präsidenten Donald Trump war die Aufregung groß, mit welchem Gepolter er wohl die Weltpolitik durcheinander bringen würde. In einem Fernsehinterview mit dem inzwischen gealterten Amerika-Journalisten Dieter Kronzucker erklärte dieser seine Erwartungen: Trump ist Unternehmer, und er denkt unternehmerisch, sagte Kronzucker sinngemäß. Dabei vertrete er die *Interessen* eines Unternehmers, während er *Werte* außer Acht lasse. Eine Erklärung wollte der Moderator von Kronzucker leider nicht hören. Sie wäre aber aufklärend gewesen.

Worin bitteschön liegt der Unterschied zwischen Interessen und Werten, hätte die wichtigste Frage lauten müssen. Aber statt zuzugeben, dass Werte nur ein anderes Wort für Interessen sind, können unbegründete Vorurteile auf Nebenschauplätzen ins Kraut schießen. Jeder, der sich Werte zuschreibt, nur weil er andere Interessen als Trump vertritt, darf sich als guter Mensch fühlen. Aber das entscheidende Pseudo-Denken bleibt unerkannt. Das Wort »Werte« verschleiert eine ganz spezifische Form von Interessen. Es verwandelt Interessen oftmals in ein unwiderlegliches Gutes an sich. Dennoch ist das Wort »Werte« inhaltsleer. Bloß der Anschein eines ethisch-moralischen Gehalts macht es reizvoll. Auch Mitglieder der Mafia haben Werte, nicht weniger als die Kämpfer für einen IS-Staat.

Natürlich hat Trump Werte, so wie seine Komplizen von Putin über Erdoğan bis Gauland. Aber es sind Wertvorstellungen, in denen unsere liebgewonnen Erwartungen von Demokratie, Anti-Rassismus und Offenheit nicht enthalten sind. So lange wir aber auch ethisch-moralische Debatten nicht als Interessensaustausch verstehen, sondern den Dünkel verbreiten, Ethik und Moral seien heilige Werte, müssen wir uns nicht wundern, wenn manch einer den Schwindel durchschaut und sich nicht länger hinters Licht führen lassen will. Solche Menschen bilden dann Bollwerke gegen das politische und moralistische Establishment.

Wir müssen uns nicht wundern, wenn in einer Welt intellektueller Verwahrlosung Psychopathen wie Trump und andere Despoten jede Pressemeldung für erlogen halten, die sie nicht selbst gefälscht haben. Während lebende Zeitzeugen übereinstimmend berichteten, was auch in den Medien zu vernehmen war, nämlich, dass niemals weniger Zuschauer als bei der Amtseinführung Trumps den Marsch auf das Weiße Haus miterleben wollten, war sich Trump sicher, eine Million bis eineinhalb Millionen Menschen gesehen zu haben. Auch Trumps Pressesprecher sprach von einer »absichtlich falschen Berichterstattung« der Medien. »Das war die größte Zuschauerzahl, die jemals einer Amtseinführung beigewohnt hat«, sagte er mit erhobener Stimme. »Punkt.«[103] Wir greifen das Thema hier noch einmal auf, um es in der Logik des Schleicher-Arguments darzustellen.

1. Die Medien sagen, es waren nicht 1,5 Millionen Gäste bei der Amtseinführung, sondern höchstens 300.000.
2. Wenn die Medien recht haben, dann waren nicht 1,5 Millionen Gäste bei der Amtseinführung, sondern höchstens 300.000.
3. Wer behauptet, es waren höchstens 300.000 Gäste bei der Amtseinführung Trumps, gehört zur Lügenpresse und muss mit Konsequenzen rechnen. Außerdem beruht die These von 1,5 Millionen Gästen auf »alternativen Tatsachen«, die nicht beobachtbar sind.
4. Also haben die Medien Unrecht …

Auch aus der These dieses Buches kann das Schleicher-Argument gebildet werden, dem wir nicht nur in einigen Rezensionen im *Darknet* der frommen Pseudo-Freimaurer begegnen werden.

1. Klaus sagt, Freimaurerei ist ein bis ins Detail durchgeführter symbolischer Bund.

---

103 http://www.t-online.de/nachrichten/ausland/usa/id_80144192/donald-trump-greift-medien-nach-amtseinfuehrung-scharf-an-.html

2. Wenn Klaus Recht hat, dann ist Freimaurerei ein bis ins Detail durchgeführter symbolischer Bund.
3. Wer behauptet, Freimaurerei ist ein bis ins Detail durchgeführter symbolischer Bund, erklärt auch die Bibel zu einem bloßen Symbol.
4. Die Bibel ist aber mehr als ein bloßes Symbol, also kann Klaus nicht Recht haben und die Freimaurerei ist kein bis ins Detail durchgeführter symbolischer Bund.

Mit dem Anschein korrekter Logik bestätigt der 3. Satz auch hier wieder allen frommen Menschen, dass für die erste Behauptung (1.) keinerlei weitere Untersuchungen nötig sind, denn sie müsse *logisch* falsch sein.

Nicht nur Psychopathen ziehen Gewinn aus dieser Strategie. Sie sind nicht an der Klärung von Sachverhalten und der Unterscheidung von richtigem und falschem Denken interessiert. Sie verstehen es aus der Beschreibung von einzelnen Bestandteilen der Fakten ein verwirrendes Konstrukt herzustellen, in dem sie selbst als die Einzigen gelten, die es durchschauen, verstehen und beherrschen. Eine Presse, die durch die Vielzahl ihrer Stimmen die Einheit des Ganzen erscheinen lässt, stört die Herrschaft des Psychopathen, der in der Vielzahl der Stimmen seine Bedeutung untergehen sieht.

Angst vor der Metapher

Pseudo-Denken finden wir auch bei den Strategien der Verdunkelung der Leistungen symbolischer Praxis und metaphorischen Verständnisses. Die Tradition der Philosophie ist die Tradition der Abwehr der Metapher. Am Ende dieser

Tradition etwa stellt Donald Davidson die Metapher in den Bereich der Lüge: »Now let me raise a somewhat Platonic issue by comparing the making of a metaphor with telling a lie. The comparison is apt because lying, like making a metaphor, concerns not the meaning of words but their use.«[104]

Der Benediktinermönch Alberich von Montecassino verfasste im 11. Jahrhundert ein Buch über Rhetorik, die *Flores rhetorici*, in der er schon lange vor Davidson seine Abscheu gegen den Gebrauch von Metaphern zum Ausdruck brachte. »Wer sich in Metaphern ausdrückt«, so seine feste Überzeugung, »verhält sich wie jemand, der die Aufmerksamkeit einer Person von den Eigenschaften des zu beschreibenden Dings ablenkt; in der einen oder anderen Weise erweckt diese Ablenkung der Aufmerksamkeit den Anschein, das Ding ähnele etwas anderem; sie kleidet es gewissermaßen sozusagen in ein neues Hochzeitskleid, und indem sie es so einkleidet, erweckt sie den Anschein, dem Ding sei eine neue Art von Adel verliehen worden ... Würde eine Mahlzeit auf diese Weise serviert, würde sie uns anwidern und Übelkeit bereiten, und wir würden sie verschmähen ... Will man jemandem durch eine köstliche Neuheit eine Freude bereiten, dann sollte man nicht damit anfangen, dass man irgendwelchen Unsinn auftischt. Hüte dich also, wenn du jemanden einlädst mit dem Wunsch, ihm eine Freude zu machen, dass du ihm nicht so viel Unwohlsein bereitest, dass er sich übergeben muss.«[105]

---

104 Donald Davidson, *The Essential Davidson*, Clarendon Press, Oxford 2006, S. 219.

105 Alberich von Montecassino (1973). *The flowers of rhetoric*, in: Joseph M. Miller, Michael H. Prosser und Thomas W. Benson (Hrsg.), *Readings in Medieval Rhetoric*, Bloomington, Indiana University

Nicht nur Freimaurern habe ich dieses Statement des Priesters vorgelesen mit der Bitte, Stellung zu beziehen, ob sie ihm zustimmen oder nicht. Was denken Sie, was nun passierte? Die Befragten antworteten zwar bezogen auf die wörtlichen Aussagen des Textabschnitts mit »Ja«, mit »Nein« oder sogar mit »Ja und Nein«. Auch begründeten sie ihre Antwort – »der Mönch will eine klare Sprache«; »das ist seine Meinung«; »er hat das Recht, so zu denken«; »ich denke anders, aber er will keine Folklore in der Kommunikation« usw. Kaum ein Befragter war imstande, seine Aufmerksamkeit auf den Stil der Sprache des Mönchs zu richten. Denn dort wäre etwas Entscheidendes aufgefallen: Der Mönch sagt nicht die Wahrheit. Er ist unglaubhaft – und er bemerkt es nicht einmal. Nicht sofort offenbar entdecken wir gewöhnlich den Grund, warum der Mönch von Montecassino unglaubhaft ist – ganz gleich, ob wir seiner Behauptung zustimmen oder nicht. Der Mann ist unglaubhaft, weil er selbst nicht glaubt, was er sagt. Dies ist das Entscheidende. Warum nämlich präsentiert uns ein Gelehrter eine Schmährede auf die Metapher, in der er nichts Anderes tut als in Metaphern zu sprechen? Warum bemerken Zuhörer nicht, dass der Mönch sich unglaubhaft macht, indem er mit dem wörtlichen Ausdruck seiner Rede das exakte Gegenteil dessen behauptet, was er durch die Tat in der indirekten Rede selber tut? Warum lassen wir uns bereitwillig auf Nebenschauplätze führen?

Diese Fragen leiten uns zu den Eigenarten der Sprache, zu denen es auch gehört, Spuren zu verwischen, Lügen zu

---

Press. S. 146-147, zitiert nach Douglas Hofstadter, Emmanuel Sanderdie, *Analogie. Das Herz des Denkens,* aus dem Amerikanischen von Susanne Held, J. G. Cotta'sche Buchhandlung Nachfolger GmbH, Stuttgart 2014, S 41.

präsentieren, Menschen zu verführen, den Verstand zu ruinieren.

Aufmerksamkeit hat Schwierigkeiten beides zugleich wahrzunehmen: die Bedeutung der Worte und ihre metaphorische Struktur. »Kannst du die Wahrheit sagen?«, fragt Klein-Erna ihre Freundin im Sandkasten. »Natürlich! Ist doch ganz leicht«, antwortet sie selbstsicher: »Die Wahrheit – Die Wahrheit – Die Wahrheit ...«

Wenn wir auf die Inhalte einer Rede achten, verfehlen wir die Wahrnehmung der Metapher. Es sieht dann so aus, als hätte jemand etwas gesagt. Wir nehmen sie beim Wort und verfehlen die wahre Intension der Rede. Denn wenn wir auch nicht daran glauben müssen, dass irgendjemand »die Wahrheit« besitzt, falls etwas dem heiligen Wort entsprechend in der Welt existiert, so erfahren wir aus der Verwendung von Metaphern, ob jemand selbst glaubt, was er sagt, oder nicht selbst an sich glaubt. Politische, religiöse und moralische Reden sind die ergiebigsten Fundgruben der Falschprägungen, die Menschen bereitwillig für bare Münze hinnehmen.

Noch entscheidender ist eine andere Besonderheit in der oben zitierten Rede des Mönchs. Könnte es nicht sein, dass wir der Bedeutung seiner ausdrücklichen Worte – also dass er Metaphern verabscheut – Wahrheit zuschreiben? Könnte nicht jemand denken, es sei ein versehentliches Missgeschick, dass der gute Mann in Metaphern gesprochen hat, während er sie wahrhaft verabscheut und sonst niemals gebraucht?

Ja, das könnte sein. Aber es gehört nicht zu den Dingen, die wir erwarten. Nur allzu gut wissen wir aus eigener Wahrnehmung, dass unsere wörtliche Rede von untergeordneter Bedeutung ist, wenn sie im Widerspruch zu unseren Taten steht. Denn stellen Sie sich nur vor, es wäre kein Witz, was uns von David überliefert ist, der seinen früheren Freund John trifft und verwundert ausruft: »Hey John, du lebst? Steven hat mir gesagt, du seiest tot. Und Steven ist viel glaubwürdiger als du.« – Nein, es ist nicht möglich, dass einer die Wahrheit sagt, während sein Verhalten, das zur ausgesprochenen »Wahrheit« im Widerspruch steht, falsch sein soll. Nur der umgekehrte Fall stimmt mit unseren Erwartungen überein.

Ein Mensch, der lebend vor uns steht, ist nicht deswegen unwirklich, weil ein anderer glaubwürdiger ist, der behauptet, der vor uns stehende Mensch sei tot. Dies lehrt uns der Vorrang des Objekts. »Den Esel macht seine Ähnlichkeit mit dem Pferde nur desto lächerlicher«, schreibt Georg Lichtenberg, »aber das Pferd wird nicht lächerlich durch den Esel.«[106] Es herrscht offenbar eine klare Vorstellung über den Vorrang im Verhältnis zwischen Urbild und (metaphorischem) Abbild, das sich nicht einfach umkehren lässt. Ein Esel, der so aussieht wie ein Pferd, aber keines ist, macht sich lächerlich. Nicht umgekehrt.

Deutlicher noch wird dies in der Auskunft von Jack Nicholson, der ebenfalls die Verwendung von Metaphern verteufelt: »Menschen, die in Metaphern sprechen, können mir den Schritt shampoonieren«, gab er in dem Film *As Good As It Gets* bekannt. Wer die wörtliche Bedeutung der Auskunft für bare Münze nimmt, verfehlt die Erkenntnis, was der Sprecher wirklich meint. Denn während der Mönch von Montecassino nicht wusste, was er sagte, steht Jack Nicholson vollkommen hinter der These: Wer immer sich der Sprache bedient, verwendet Metaphern, vor allem dann, wenn

106 Georg Christoph Lichtenberg, *Sudelbücher*, G 240.

er diese These verneint. Das erkennen wir daran, dass seine Übertreibung ironisch wirkt. Wir fühlen sofort, dass Nicholson weiß, dass er das nicht für richtig hält, was er sagt. Nur Autisten und Schizophrene verstehen das nicht. Und ein Esel, der nicht merkt, dass er einem Pferd ähnlich ist, aber dennoch offensichtlich anders ist, versteht das auch nicht.

Der Benediktinermönch macht nicht den Eindruck, ein Autist oder ein Schizophrener zu sein. Der Grund, warum er die Kraft der Metapher verleugnet, hat andere Wurzeln. Er ahnte wohl die Gefahr der Metapher. Sie ist die größte Katastrophe, die mit der Erfindung der Sprache unter die Menschen kam. Denn durch die Metapher bekennt ein Sprecher, dass Sprache niemals eindeutig ist. Für Theologen und Priester ist die Katastrophe am heftigsten.

Doch das war nicht immer so. In der Frühzeit der Sprache haben vor allem magische Worte und Heilsverkündungen keine systematische Kritik erfahren. Die kraftvoll ausgesprochene Behauptung haben Menschen unmittelbar und bereitwillig für den Ausdruck faktischer Begebenheit gehalten. Schon Platon versicherte seine Schüler, dass die Seele unsterblich sei – Beweise brauchte er nicht, stilvoll präsentierte Mythen genügten. Bis heute hat sein Heilsversprechen seinen Zauber nicht verloren. Und Millionen von Anhängern des Kreationismus sind überzeugt von der unwiderleglichen Wahrheit, dass der englische Erzbischof und Urvater des Kreationismus, James Ussher (1581–1656), den Zeitpunkt der Schöpfung korrekt auf den 23. Oktober 4004 vor unserer Zeitrechnung festgelegt hat.

Aber seit es Anzeichen der Aufklärung gibt, müssen Theologen stets ein Leben mit doppelten Wahrheiten führen. Zum einen dürfen die Berichte der heiligen Bücher nur als wörtlich zu verstehende Tatsachenberichte aufgefasst werden, sonst rutscht der gesamte Glaube in sich zusammen; zum anderen aber ist jeder Gebrauch der Sprache ein Bekenntnis dazu, dass Geschriebenes und Gesprochenes nichts weiter sind als Worte. Die wörtliche Bedeutung von Worten hat sich mit jedem weiteren Schub der Aufklärung abgeschwächt. Stark war die Bedeutung, als man glauben konnte, dass es Worte gäbe, die identisch mit der Sache seien, die sie bezeichneten. Daher die pathetische Bedeutung des Wortes in den biblischen Verkündigungen. »Gott sprach, es werde Licht. Und es ward Licht.« Man dachte, dass es der Macht Gottes angemessen sei, durch bloßes Aussprechen von Worten kausale Wirkungen in der Welt hervorrufen zu können. Mit dem biblischen Nachsatz: »Und es war gut so«, festigte sich der Glaube, dass das Erschaffene – das Sein – stets auch das Gute sei. Es scheint ein Urwunsch der Menschen zu sein, dass sie Worten magische Kraft zuschreiben. Schließlich mussten auch sie staunen über das, was durch Sprache geleistet wird. Bis in die Mythen und Märchen hinein ist dieser Urwunsch eingedrungen.

Der oben zitierte Mönch hat sich in seiner unschuldigen Art theologischer Gelehrsamkeit gedacht, er könnte verhindern, dass Menschen Kenntnis erlangen von der ungeheuren Zerstörungskraft der Metapher. Er musste eine Ahnung bekommen haben, dass Worte nicht verwechselt werden dürften mit den Dingen, die sie bezeichnen. Schließlich hilft es nichts, wenn man das Kochrezept in die Suppe wirft, um sicherzustellen, dass das Rezept genau ausgeführt wird.

Die Ahnung, die den Mönch beschlich, betrifft eine Neuerung im philosophischen Denken der Scholastik. Es begann um 1100, als Philosophen Wind davon bekamen, dass ein

Wort nur so viel Bedeutung hat, wie ein Sprecher oder ein Hörer hineinlegt. Unter Philosophen fing es an modern zu werden, sich als Nominalist zu verstehen. Das 12. Jahrhundert ist ein Jahrhundert des Kampfes zwischen Nominalismus und der Realexistenz von Wörtern (Universalien). Der Nominalist ist einer, der von solchen gewaltigen Worten wie »Menschheit« oder »Wahrheit« sagt, sie seien bloßer Lufthauch zu Worten geformt.

Stellen sie sich nur einmal vor, was heute passieren könnte, wenn Menschen der modernen Welt anfingen zu glauben, Worte wie »Würde«, »Gerechtigkeit«, »freier Wille« oder sogar »Gott« seien bloße Ansammlungen von Buchstaben, denen nichts Wirkliches in der Welt entspreche!

Die menschenverachtende und tödliche Kraft, die sich mit der Sucht nach wörtlicher Bedeutung verbindet, können wir vielleicht erahnen – lassen wir hier einmal die Verbrechen der christlichen Inquisition außer Acht –, wenn wir uns nur bewusstmachen, dass inzwischen 4 Millionen Dollar Kopfgeld als Belohnung ausgesetzt sind, wenn jemand den Romanschriftsteller Salman Rushdie tötet. Rushdie hatte sich erlaubt, einen Roman zu schreiben, in dem einige Suren des Koran in ihrer Unverbindlichkeit sichtbar gemacht wurden. Unverbindlich ist nämlich auch etwas, das man nach Belieben weglassen oder hinzufügen kann. Verse aus dem Koran zu löschen, weil man sie für »satanisch« erklären konnte, übertüncht den Akt der Willkür mit dem Anschein der Notwendigkeit. Durch solche Akte erweisen sich die dem Göttlichen zugeschriebenen Worte als reines Menschenwerk. Und aller inquisitorischer Kampf gegen den Unglauben ist der Kampf gegen das Bloßlegen einer Erinnerungsspur zum Ursprung der Götter in der menschlichen Psyche. Der Mönch hatte also lautes Läuten gehört, wusste aber nicht, wo die Glocken hingen.

Das aber wusste der Querkopf aus dem 19. Jahrhundert, Arthur Schopenhauer, ganz genau. Nominalismus führt schnurstracks in die Gottlosigkeit: »Der Nominalismus führt eigentlich zum Materialismus«, fürchtete auch Schopenhauer in seinem Kommentar zur Scholastik, »denn, nach Aufhebung sämmtlicher Eigenschaften, bleibt am Ende nur die Materie übrig. Sind nun die Begriffe blosse Namen, die Einzeldinge aber das Reale; ihre Eigenschaften, als einzelne an ihnen, vergänglich; so bleibt als das Fortbestehende, mithin Reale, allein die Materie.«[107]

Zu keiner Zeit haben sich Kulturen mit Materialismus anfreunden können.[108] Die Abwehr der Möglichkeit, es könnte nur eine einzige Substanz der Welt geben, die viele Materialisten als »Materie« bezeichnen, zeigt fast immer dasselbe Muster: Worten wird eine größere Wirklichkeitsstärke zugeschrieben als der erlebten Wahrnehmung. Ein schwächerer Gedanke wird zum stärkeren erklärt, indem die Aufmerksamkeit von der Metaphorik der Sprache abgelenkt wird. Dann sieht es so aus, als könnte man aus der Semantik der Sprache Wahrheit ableiten. Beispielsweise versicherte mir einmal eine Zuhörerin nach einer Buchpräsentation zum Thema *Angst vor den Toten*, dass sie selbst keine Angst vor den Toten habe. Sie gehe sogar nachts alleine auf den

---

107 Arthur Schopenhauer, *Parerga und Paralipomena*, Bd. 1, *Scholastik*, Zürcher Ausgabe, Werke in zehn Bänden, Bd. VII, Diogenes Verlag, Zürich 1977, S. 79

108 Über die Schwierigkeiten, die unsere Philosophien mit dem Materialismus erzeugen vgl. Alfred Schmidt, *Geschichte des Materialismus*, hrsg. von Klaus-Jürgen Grün und Oliver Hein, Salier Verlag, Leipzig 2017.

Friedhof. Es war ihre feste Überzeugung, dass sie keine Angst habe, und sie glaubte, aufrichtig die Wahrheit zu sagen, als sie so sprach. Aber was die Worte in wörtlicher Bedeutung meinten, war ungültig. Denn wozu erwähnt die Dame den Vollzug einer Mutprobe, wenn sie keine Angst überwinden muss? Wer sagt, er habe keine Angst vor den Toten und gehe sogar nachts alleine auf den Friedhof, bestätigt in der uns bekannten Weise, dass seine Worte durch die Tat Lügen gestraft werden.

Wer Humor hat, genießt dieses stets wiederkehrende Muster der Falschaussagen. »Ich habe keine Angst zu sterben«, lügt uns Woody Allen an. »Ich möchte nur nicht dabei sein, wenn es passiert«, fügt er aufrichtig hinzu. Nicht weniger trefflich waren die Einfälle Georg Lichtenbergs, wenn er die wörtliche Rede der Menschen mit ihrer aufrichtigen Meinung verglich. »Wenn die Menschen sagen, sie wollen nichts geschenkt haben, so ist es gemeiniglich ein Zeichen, daß sie etwas geschenkt haben wollen«, hält er in seinen *Sudelbüchern* fest.

Sobald wir uns die gedoppelte Welt der Sprache – ihre wörtliche und ihre metaphorische – bewusst machen, sehen wir die Gefahr auf uns zukommen, dass es gar keine wörtliche Bedeutung gibt. Dann hört das Eigentliche auf, eigentlich zu sein, und wir bewegen uns ungeniert im Uneigentlichen. Freilich könnte jemand erwidern, dass die unhöfliche Bitte: »Schmeiß' doch 'mal die Butter 'rüber«, sich im genauen Sinne des Wortes erfüllt. Aber so etwas passiert nur in Fällen, wo – wie in diesem Beispiel – jemand die Aufforderung korrekt metaphorisch verstanden hat und nun aus Spaß oder aus Ressentiment die wörtliche Bedeutung ausführt.

Aber Autisten und Schizophrene können wörtliche und metaphorische Bedeutungen kaum auseinanderhalten. In den gewöhnlichen und in den gefährlichen Fällen verwenden wir die Metapher, als sei sie keine Metapher – weil wir ihre metaphorische Entstehung vergessen haben. Den Satz: »Die Preise bei Lidl sind gestiegen«, verstehen wir nur deshalb, weil uns die Erfahrung, dass Mehrwerden und Steigen dieselbe Erfahrung beinhaltet. Hier würde kein gesunder Mensch sagen, dass dies unmöglich sei, denn Preise könnten nicht einmal auf der Leiter stehen, wie sollten sie dann steigen können.

Unsere Verwalter der Sprache und die Wächter der sprachlichen Gesundheit müssen uns stets davor in Schutz nehmen, dass bestimmte Ausdrücke, auf die sich auch die Machtverhältnisse in der Gesellschaft stützen, nicht als Metaphern entlarvt werden. So setzen Semiotiker wie Umberto Eco Maßstäbe für den Umgang mit Metaphern. »Jemand, der Metaphern ausspricht, lügt eklatant«, schreibt Eco in seinem berühmten Buch über Semiotik. »Er spricht dunkel und vor allem spricht er von etwas anderem, während er die ganze Zeit nur vage Informationen zur Verfügung stellt. Wenn jemand beim Sprechen all diese Maximen verletzt, und zwar ohne in den Verdacht zu geraten, dumm oder unbeholfen zu sein, muss der Zuhörer eine Implikatur erkennen.«[109] Wer wie Eco darüber klagt, dass die Verwendung von Metaphern stets der Gebrauch der Lüge ist, der lügt sich etwas vor, denn er meint, es gebe einen nichtmetaphorischen Sprachgebrauch.

---

109 Umberto Eco, *Semiotik und Philosophie der Sprache*, Fink, München 1985, S. 136.

Was ist eine Metapher?

Nachdem wir vielfach metaphorisch argumentiert haben, müssen wir uns nun einmal genauer mit der Bestimmung der Metapher befassen. Unser gewohnter Umgang mit Sprache folgt einem einfachen Muster. Es ist das Muster, das wir vom Etikettieren kennen. Man hat einen Gegenstand vor sich und klebt ein Etikett darauf. Nehmen Sie ein Etikett, beschriften Sie es mit dem Wort »Hund« und kleben Sie es auf einen Hund. Dann ist das Wort an einem bestimmten Ort. Das haarige Tier mit den vier Beinen und der nassen Schnauze heißt jetzt »Hund«.

Das Gehirn der Menschen ist so aufgebaut, dass das Etikett nicht auf dem Fell des Hundes äußerlich kleben bleibt. Es verschmilzt mit dem Hund derart, dass der Hund auch dann noch »Hund« heißt, wenn das Etikett abgenommen wird. Und nun beginnt das Leben, das das Charakteristische der Metapher ist. Mehr oder weniger glauben alle Menschen, dass das Etikett »Hund« einen eindeutigen Ort hat, wo es hingehört, sobald das Etikett nicht mehr zu sehen und mit dem Tier verschmolzen ist. Sollten Sie es wagen, das Etikett wieder als Etikett sichtbar zu machen, indem Sie es vom Hund abnehmen, und sollten Sie es anderswohin tragen – etwa auf einen Tisch, wo Sie es aufkleben –, dann haben Sie das Wort metaphorisch verwendet. Denn der Ausdruck »anderswohin tragen« heißt auf griechisch »metaphora«. Dieser Vorgang bewirkt aber in den Gehirnen der Menschen ein Unbehagen, das sich bis zur Unaushaltbarkeit steigern kann. In diesen Zuständen möchte das Gehirn daran festhalten, dass das Wort »Hund« nur auf den Hund angewandt seinen richtigen Ort habe. Jetzt erfindet das menschliche

Gehirn neue Worte – neue Metaphern –, die den Sachverhalt noch undurchschaubarer machen. Denn von nun an gibt es den »eigentlichen« Hund und den »uneigentlichen« Hund. Schließlich ist das Bein des Hundes eigentlich nur ein Bein, und das Bein des Tisches nicht. Metaphorik von eigentlich und uneigentlich soll den Anschein erwecken, dass nur die erste Verwendung des Wortes Wahrheit und Gültigkeit beanspruchen dürfe. Die »eigentliche« Etikettierung erzeugt bereits die Erwartung, dass sie das Eigentum der bezeichneten Sache sei und dadurch als Gegensatz zur Metapher verstanden werden soll. Deutlich ist in dem Adjektiv »uneigentlich« die untergeordnete Bedeutung unterstellt. Im Eigentlichen erwarten wir den größten Abstand zur Metapher. Wer an das Eigentliche glaubt, verabscheut es, die Metapher als das Eigentliche zu begreifen. Das Denken im Eigentlichen will Besitzansprüche sichern. Daher auch die wieder moderne Rede vom eigentlichen Deutschen, also demjenigen, der schon immer im Besitz eines deutschen Passes war.

Die metaphorische Verwendung des Wortes – also seine uneigentliche Verwendung – erlebt das Gehirn als eine Art Lüge und Falschaussage, gegen die sich das aufrichtige, moralische und korrekte Sprechen zur Wehr zu setzen habe. Es baut also einen moralischen Anpassungsdruck auf, das Wort »Hund« wieder wegzunehmen vom Tisch und es an seinen richtigen Ort zurückzubringen und es bitteschön auch dort zu belassen.

»Jemand, der Metaphern ausspricht, lügt eklatant«, lautete es in dem Zitat des Semiotikers Umberto Eco. »Er spricht dunkel und vor allem spricht er von etwas anderem, während er die ganze Zeit nur vage Informationen zur Verfügung stellt.«[110]

Es ist nicht sofort zu durchschauen, warum Akademiker ihre größten Geschütze gegen die Metapher in Stellung bringen, wenn wir uns die harmlose Übertragung des Wortes »Hund« auf einen Tisch vorstellen. Aber das Gehirn des Menschen spürt blitzschnell die Gefahr für diejenigen, die gesellschaftliche Machtverhältnisse aus ihrer Zuständigkeit für den Sprachgebrauch ziehen.

Bedenken Sie nur, welche Aufregung der türkische Präsident in Deutschland verbreitet hatte, als der Satiriker Jan Böhmermann das Wort »Ziegenficker« auf ihn anwendete. Wie sehr sich die Sittenpolizei gegen das Verwenden von Metaphern vorzugehen verpflichtet fühlt, macht auch das von Politikern gerne verwendete Wort »Ungeziefer« deutlich. Viele erinnern sich auch noch an die Kampagne gegen die Verwendung des Zitats von Christian Morgenstern: »Soldaten sind Mörder.« Während Böhmermann sein Zitat ausdrücklich im Rahmen szenischen Spiels präsentierte, in dem die wörtliche Bedeutung sowieso ausgeschaltet ist, verwenden Politiker Worte wie »Ungeziefer« im Rahmen ernsthafter Rede. Zwar weiß ein aufgeklärter Deutscher, dass das Wort »Nazi« aus dem Munde des türkischen Machthabers ein Witz ist. Aber seine türkischen Anhänger freuen sich darüber, es wörtlich verstehen zu dürfen. So schafft Sprache Grenzen und Stacheldrähte.

Kaum deutlicher als anderswo verrät jedoch die Reaktion auf die Metapher »Ziegenficker« die Unredlichkeit der moralisierenden Rationalität. Das Wort aktiviert ein Tabu.

---

110 Ebd.

Es soll keine Erinnerungen und Bedürfnisse wecken, dass Menschen in Ermangelung humaner Geschlechtspartner mehr oder weniger auch Tiere vergewaltigen. Sex mit Tieren ist wie Inzest auch in fast allen Völkern ein Tabu. Das Tabu muss stets stärker sein als die Lust. Das Tabu würde aber geschwächt, wenn es durch Metaphern aktiviert würde.

Unsere Ethiken stützen sich bei ihren Begründungen aber nicht auf die naheliegende Tatsache, dass hinter jedem moralischen Tabu die heimliche Lust steckt. Vielmehr lenken sie davon ab, um nicht das Tabu zu gefährden. Doch damit geben sie unredliche Begründungen für Ethik und Moral, die am Ende als unglaubhaft wahrgenommen werden.[111]

Diese und unzählige andere Beispiele können uns bewusst machen, warum ideologiekritischen Philosophen, die daran erinnern, dass es sich doch nur um Worte handelt, kein Raum für ihre Wahrnehmung eingerichtet werden darf. Nominalismus – also die Lehre, dass wir uns hin und wieder daran erinnern müssen, dass Worte immer nur Worte bleiben, und dass ein Wort niemals mit dem Prozess oder der Sache selbst verwechselt werden dürfe – ist eine gefährliche Denkhaltung – gefährlich für die etablierte Macht in politischen und in universitären Anstalten. Die magische Kraft

---

111 Das Resultat der aus dem Bewusstsein verdrängten Ursache des Tabus nennen Gerd Gigerenzer und Jonathan Haidt »moralische Sprachlosigkeit«. In Bezug auf den Inzest fasst Gigerenzer die Ergebnisse von Experimenten mit den Worten zusammen: »›Ich weiß nicht, warum, aber ich weiß, dass es falsch ist.‹« (Gerd Gigerenzer, *Bauchentscheidungen. Die Intelligenz des Unbewussten und die Macht der Intuition*, aus dem Englischen übertragen von Hainer Kober, Bertelsmann, München 2007, S. 203)

der Worte würde durch Nominalismus geschwächt und die Hüter der Wahrheit könnten in Rente gehen.[112]

Unser Gehirn hat aus der Wahrnehmung der weitreichenden Gefahr des Nominalismus für das falsche Wissen, aus dem sich Machtverhältnisse stabilisieren, zahlreiche Manöver entwickelt, um auszuweichen. Natürlich stehen an oberster Stelle Zensur, Einschüchterung, *political correctness* und das Verbot der Beleidigung. Aber die meisten dieser scharfen Waffen gegen das metaphorische Verständnis von Worten im Besonderen und Sprache im Allgemeinen stehen selbst unter der Anklage, Wahrheit und Freiheit zu beschädigen. Daher bedienen sie Strategien der Abwehr des Metaphorischen der lügenden und manipulierenden Mechanismen der Metapher selbst. Die Verwendung von Metaphern sei doch auch nur eine Metapher und deswegen unglaubhaft. Die Stärke der Metapher, nämlich ihre uneigentliche Rede, wird ihr als Schwäche angelastet, während man selbst aus dieser Schwäche Stärke gewinnt.

112 Einen Streifzug durch die Abwehr des Metaphorischen in der Philosophie hat Mark Johnson einmal vorgenommen. Sein Fazit lautet: »As the previous historical survey indicates, there is a long, unbroken philosophical tradition that treats metaphor as a mere stylistic ornament that is reducible to literal Statements without loss of cognitive content.« (Mark Johnson, *Introduction, Metaphor in the Philosophical Tradition*, in: Mark Johnson, editor, *Philosophical Perspectives on Metaphor*, University of Minnesota Press, Minneapolis 1981, S. 25.)

Der Lebens- und Glaubensgewohnheit frommer Menschen ist es angepasst, dass sie der Bedeutung der Metapher dort eine Grenze setzen, wo die heiligen Wörter sich als bloße Wörter und damit als eine Illusion erweisen könnten. Von vornherein erklärt der Kirchenvater Augustinus in seiner Schrift *Contra mendacium* die Metapher als »Übertragung irgendeines Wortes von der passenden Sache auf die nicht passende« (de re propria ad rem non propriam verbi alicuius usurpata translatio)[113]. Thomas von Aquin schwächt die Metapher, indem er ihr jegliche Beweiskraft abspricht. Auch die Geistesriesen der französischen Aufklärung, Diderot und Voltaire, beklagen die Verwendung von Metaphern als gleichnishafte Rede, die an der rationalen Schärfe der Sprache vorbei ziele. Vergleiche seien »die Argumente der Frauen und Dichter«[114], von denen auch Voltaire sagt, dass sie uns nicht blenden sollten, weil sie sich als Ausdruck des Affekts verdächtig machten.[115]

In der Gegenwartsphilosophie haben sich namhafte Autoren bemüht, eine Theorie der Metapher vorzustellen. Die paradoxesten stammen aus der sprachanalytischen Philosophie, in der eine nur mit religiösen und moralisierenden Empfindlichkeiten vergleichbare »Angst vor letzten

113 Augustinus, *contra mendacium ad consentium*, (https://la.wikisource.org/wiki/Contra_mendacium).

114 Dennis Diderot, *Le rêve de d‹Alembert*. Bibl. de la Pléiade, Paris 1951, S. 928.

115 Voltaire, *Dialogues entre Lucrèce et Posidonius*, in: *Mélanges. Bibl. de la Pléiade*, Paris 1961, S 327 f.; und Komm. zu Pierre Cornaille, *Horace III,1., Oeuvres compl. 31*, Paris 1880, S. 295.

Ungewissheiten«[116] vorherrscht. So befleißigt sich Donald Davidson – wie wir gesehen haben – größter Genauigkeit, um die Metapher in den Raum des exakten Begriffs zu ziehen, damit er sich am Ende resigniert in aller Ungenauigkeit wieder auf »die verborgene Kraft der Metapher«[117] beruft.

Eine eigentümliche Doppelnatur innerhalb der philosophischen Theorieblasen nimmt der metaphorologische Versuch Hans Blumenbergs aus den 60er Jahren ein. Blumenberg möchte auf der einen Seite den Wert der Metapher im erkenntnistheoretischen Diskurs stärken und zielt auf der anderen Seite auf die »absolute Metapher«. Doch mit diesem Begriff löst er die letztendliche Metapher aus der Metaphorik heraus und macht aus ihr das unauflösliche Eigentliche. Dieses soll in »die logische Verlegenheit« einspringen, weil die vollständige Logisierbarkeit der Sprache gescheitert sei. »Die Metapher speise ihre höhere Berechtigung zu dieser Fähigkeit und wohl auch die Garantie der Wahrhaftigkeit der metaphorischen ›Aussagekraft‹, aus der ›katalysatorischen Sphäre, an der sich die Begriffswelt zwar bereichert, aber ohne diesen fundierten Bestand dabei umzuwandeln oder aufzuzehren‹«, lautet es in einem fundierten Kommentar zu Blumenberg. »Wo diese sagenhaft metaphysische Sphäre situiert sein soll und was – nochmals gefragt – den höheren epistemischen Status katalysatorischer Aussagekraft dieser, in

116 Hans Blumenberg, *Ästhetische und metaphorologische Schriften*, Auswahl und Nachwort von Anselm Haverkamp, Suhrkamp Verlag, Frankfurt am Main 2001, S. 213.

117 Donald Davidson, *Was Metaphern bedeuten*, in: Anselm Haverkamp (Hrsg.), *Die paradoxe Metapher*, Frankfurt a. M.: Suhrkamp, 49-75, S. 75.

den Umkreis eigentlicher Wesenheiten (platonischer Ideen) gerückten Metaphern verbürgt, ist nicht zu sehen.«[118]

Die Angst vor der Auflösung fest geglaubter Ordnungsstrukturen in und über der Welt verführt das Denken dazu anzunehmen, die Verwendung von Metaphern müsse vermieden werden, und statt der Metapher sollte der »wahre« Ausdruck gesetzt werden. Damit wird deutlich, wie dieses Verständnis von Metapher – es folgt der Substitutionstheorie der Metapher – das religiöse Bewusstsein beherrscht. Hören wir nämlich auf die Stimmen, die die Mission für die christliche Religion rechtfertigen, dann erkennen wir das Muster der Substitution wieder: Die *uneigentliche* Religion der Wilden müsse ersetzt werden durch die *eigentliche*. »Welche Bedeutung hatte aber die Annahme des christlichen Glaubens für die Länder Lateinamerikas und der Karibik?«, lautete die Frage des früheren, deutschen Papstes bei der Eröffnung der Generalkonferenz der lateinamerikanischen Bischöfe am 13. Mai 2007: »Es bedeutete für sie, Christus kennenzulernen und anzunehmen, Christus, den unbekannten Gott, den ihre Vorfahren, ohne es zu wissen, in ihren reichen religiösen Traditionen suchten. Christus war der Erlöser, nach dem sie sich im Stillen sehnten. Es bedeutete auch, mit dem Taufwasser das göttliche Leben empfangen zu haben, das sie zu Adoptivkindern Gottes gemacht hat; außerdem den Heiligen Geist empfangen zu haben, der gekommen ist, ihre Kulturen zu befruchten, indem er sie reinigte und die unzähligen Keime und Samen, die das fleischgewordene Wort in sie

118 Martin H. Eick, *Eine sprachanalytische Theorie der Metapher*, Institut für deutsche Sprache und Literatur der Universität zu Köln, (http://sammelpunkt.philo.at:8080/77/1/metapher.html (Zugriff März 2017))

eingesenkt hattet aufgehen ließ und sie so auf die Wege des Evangeliums ausrichtete.«[119]

Was hier metaphernreich zur Sprache gebracht wird ist die vollkommen unmetaphorische Überzeugung, dass die Naturreligion Lateinamerikas eigentlich nur die Sehnsucht nach dem einzig wahren Gotte der Christen gewesen sei. In seiner Rede vom 13. Mai 2007 bestätigte der Papst sich und seinen Anhängern mit der Geste des Heilsbringers, dass die gewaltsame Bekehrung Lateinamerikas zum Katholizismus nichts anderes war, als den Menschen diejenige einzige Wahrheit zu bringen, nach der sie sich immer schon sehnten. Die Tatsache blutiger Unterwerfung erscheint im religiösen Bewusstsein als Heilsbringung.

Vor dem Hintergrund dieser Praxis missionierender theistischer Religionen wie dem Christentum und dem Islam fällt die Bedeutung der Freimaurerei als einem symbolischen Bund besonders ins Gewicht. Indem sämtliche aus der Liturgie vertrauten Elemente ausdrücklich in Metaphorik verwandelt werden, zerstört die Freimaurerei jeden Anspruch auf Missionierung. Mission für eine Religion setzt voraus, dass man sich selbst im Besitz der einzig wahren Worte Gottes wähnt, die »mehr« seien als Symbole und Metaphern, die nun an die Stelle der falschen Metaphern von Gott und Religion zu setzen seien. In der Mission wird nicht diskutiert, um die beste Wahrheit zu finden, sondern es wird verkündet, was nicht kritisierbar sei.

Nicht immer müssen es Priester sein, die sich gegen die Auflösung ihrer Worte der Wahrheit zur Wehr setzen. Wir haben mehrfach bereits auf eine philosophische Kaste

119 Zitiert nach Alan Posener, *Benedikts Kreuzzug. Der Angriff des Vatikans auf die moderne Gesellschaft*, Ullstein, Berlin 2009, S. 200 f.

aufmerksam gemacht, die ihre Zuständigkeit für Philosophie dadurch legitimiert, dass sie den Sprachgebrauch verwalten möchte, durch den allein Wahrheit transportiert werden könne. Viele dieser Vertreter bezeichnen sich als sprachanalytische Philosophen. Ihre unlauteren Umgangsformen mit dem Anspruch auf Wahrheit werden mit Blick auf ihre Auffassung von der Metapher sichtbar. Seit dem auch mit Gilbert Ryle verbundenen *linguistic turn* versuchen sich sprachanalytische Philosophen gegen die Marginalisierung ihrer Spezialgebiete abzuschotten, indem sie von Kategorienfehlern sprechen, wenn ihnen Metaphern missfallen.

Kategorienfehler treten auf, wenn beispielsweise ein Einwohner einer naturbelassenen Südseeinsel zum ersten Mal ein Fußballspiel miterlebt. Dabei hört ein Beobachter Worte wie »Torwart«, »Stürmer«, »Verteidiger«, die er alle sehen kann. Plötzlich fragt er aber: »Wo ist denn nun der Mannschaftsgeist?«, und die neben ihm Stehenden können sich vor Lachen nicht halten.

So etwas können wir einen Kategorienfehler nennen. Denn »Mannschaftsgeist« ist einer anderen logischen Kategorie zuzuordnen als »Torwart«, »Stürmer«, »Verteidiger«.[120]

Sprachanalytische Philosophen möchten Kategorienfehler verbieten. Sie nennen Kategorienfehler einen Missbrauch der Sprache und unterstellen damit, dass es eine Pflicht zum korrekten Sprachgebrauch gäbe, der in der Vermeidung von Metaphern liege. Das ist berechtigte Notwehr, denn inzwischen haben sich zahlreiche philosophische Begriffe als reine Metaphern erwiesen.

---

120 Vgl. zu diesem Beispiel Eckard Rolf, *Metaphertheorien: Typologie – Darstellung – Bibliographie*, Walter de Gruyter Berlin, New York 2005, S. 34.

Jede Metapher ist schließlich ein Kategorienfehler. Wer beispielsweise sagt: »Mein Gehirn hat sich ein Bild von der Situation gemacht«, provoziert die Empfindlichkeit einer Sprachpolizei, die den Missbrauch zur Anzeige bringt. »Nicht mein Gehirn denkt, ich denke«, lautet das polternde Gewissen gegen den Missbrauch im Kategorienfehler. Wer nachsichtig mit diesem Fehler ist, schlägt einen Nagel in den Sarg dogmatischer Philosophie und trägt zur Auferstehung des Nominalismus bei.[121]

Längst ist klar geworden, dass die Tyrannei derjenigen Worte, die ihre Kategorien nicht verlassen dürfen, nichts anderes ist als die Verteidigung einer verlorenen Zuständigkeit. Fortschrittliche Gelehrte beginnen bereits damit, »eine Metapher als eine kalkulierte Kategorienverwechslung an[zu] sehen«[122].

Und diese Auffassung ist plausibel. Denn wichtiger als der Kategorienfehler ist die Aufmerksamkeit, die eine kalkulierte Kategorienverwechslung erzeugt. Kein Dichter wird

121 Ein Musterbeispiel für die Berufung auf den Kategorienfehler, um Gefahren für die eigene Fakultät abzuwehren ist die Überzeugung des früheren Vizepräsidenten des Bundesverfassungsgerichts Winfried Hassemer. »Es gibt eine Todsünde auf dem Gebiet der Erkenntnis- und Wissenschaftstheorie«, schießt er unter Verwendung katholischer Metaphern seine Pfeile auf die Hirnforschung ab. »Ich nenne sie Kategorienfehler und sehe, dass sie häufig von übermütigen Humanbiologen, nicht selten aber auch von verschreckten Strafrechtswissenschaftlern begangen wird.« (Winfried Hassemer, *Haltet den geborenen Dieb!*, in: FAZ, 15.6.2010. (m.faz.net/aktuell/feuilleton/debatten/strafrecht-haltet-den-geborenen-dieb-1993719.html). Vgl. die Gegenposition von Gerhard Roth und Grischa Merkel, *Haltet den Richter!*, in: Frankfurter Rundschau, 25.7.2010. (http://www.fr-online.de/in_und_ausland/kultur_und_medien/themen/?em_cnt=2788472&)).

122 Zitiert nach Eckard Rolf, *Metaphertheorien,* a.a.O., S. 34

sich an die Verordnung gegen den Missbrauch der Sprache halten. »No love, my love, that thou mayst true love call. All mine was thine before thou hadst this more«, lautet es bei Shakespeare in Sonett Nr. 40 unter Verletzung der Regel, Kategorien einzuhalten.[123]

Jedes Zeugma ist eine Kategorienverwechslung, aber selten ist es ein Missbrauch. Vielmehr verstärkt es die Leistung der Metapher, etwas zu sagen, ohne dass man es sagt. »›Ihr seid bei mir immer willkommen‹, sagte er in deutscher Sprache und aller Aufrichtigkeit.« Wer die Metapher nicht versteht, überhört die Botschaft ebenso wie derjenige, der sich darauf beruft, dass es hier nichts zu verstehen gibt, weil eine Kategorienverwechslung vorliege. »Abgesehen davon, dass sie uns amüsieren, eröffnen Zeugmata uns die Möglichkeit, über die verborgene Struktur hinter der Oberfläche eines Worts oder einer Wendung nachzudenken – also über den Begriff, der mit einer lexikalischen Einheit verbunden ist, oder, genauer, über die Gruppe der mit ihr verbundenen Begriffe«[124], lautet die erfrischende Art Douglas Hofstadters, mit Zeugmata, Metaphern und Kategorien umzugehen. Die Auflösung der

123 Besonders aufschlussreich ist die Kritik von Colin Murray Turbayne an der Doppelzüngigkeit Ryles, den er mit dem Zauberer von Oz vergleicht, der seinen eigenen Illusionen zum Opfer fällt. Für Ryle wie auch für Platon gelte: »They first demolish mistaken theories, and then produce their own. … It might seem that Ryle regards all metaphors as mistakes, for these words just as appropriately define what happens when we make and use a metaphor … Ryle has thus recognized the presence of a metaphor that has had many victims. In this he is the Wizard of Oz himself, for he is not taken in by the green spectacles that have been worn without awareness by so many since the time of Descartes.« (Colin Murray Turbayne, *The Myth of Metaphor*, a.a.O., S. 64 f.)

124 Douglas Hofstadter, Emmanuel Sanderdie, *Analogie, a.a.O.*, S. 22.

erstarrten Bilder und Denkformen haben von jeher Künstler, Karikaturisten und andere Menschen mit Humor betrieben. Vor allem Heinz Erhardt war ein Meister des Zeugmas: »Ich heiße nicht nur Heinz Erhardt, sondern Sie auch herzlich willkommen ...«, wie er sein Publikum begrüßte. Aber es gibt auch die schlichte Ritualistik der Freimaurerei, in der Kategorien des Profanen und Heiligen wechselseitig ineinander aufgelöst werden.

Geheimnis der Freimaurerei

Wie sehr Freimaurer selbst nicht wissen, was sie tun, zeigt sich an der Bedeutung des Tuns, des Arbeitens, der Praxis, gegenüber dem reinen Denken und Glauben. Mit der Teilnahme am Ritual ist eine Anerkennung des Symbolcharakters der Freimaurerei verbunden. Das aber ist zahlreichen Freimaurern in Geschichte und Gegenwart nicht ins Bewusstsein gelangt. Vielleicht wäre es sogar schädlich, wenn alle Freimaurer wüssten, was sie tun. (Gleiches gilt freilich auch für Nichtfreimaurer. Denn wie wir gesehen haben, gibt es kein Monopol der Freimaurer auf die Unfähigkeit ihr eigenes Tun nicht in einen Widerspruch zu ihrem Denken und Sprechen zu setzen.)

Das weithin fehlende Bewusstsein dafür, was es heißt, Freimaurer zu sein, schadet den ehrgeizigen Zielen der Großlogen zumindest in Deutschland, mehr Mitglieder zu gewinnen. (Schönste Ausnahmen sind die österreichische Großloge, aber auch der französische Grand Orient und wahrscheinlich auch die schweizerische Großloge.) Denn viele kommen zur Freimaurerei, weil sie hoffen, dort esoterischem und hermetischem Wissen zu begegnen, weil sie insgeheim alchimistischen Traditionen unter den Rock schauen wollen oder weil sie sich einen Königsweg zur Weisheit Gottes erhoffen. Ihnen sagen zu müssen, dass all dies, wenn überhaupt nur symbolisch, metaphorisch, im künstlerisch-freien Stil gemeint ist, haben die meisten Funktionäre des Freimaurerbundes weder die Courage noch das nötige Verständnis.[125]

So liegt das Geheimnis der Freimaurerei im Menschen, der seine menschlichen Fähigkeiten nicht zu übersteigern versucht. Der Mensch bleibt Mensch, auch im Vollzug des freimaurerischen Rituals. Aber das macht er sich oft nicht bewusst.

---

125 Umso erfreulicher ist der Umgang mit Künstlern, die auch Freimaurer sind. Buchstäblich denke ich hier an Jens Rusch und seine Einschätzung der Symbolkraft der Freimaurerei. »Ich habe mich mit Metaphorik und Ikonografie schon beschäftigt, bevor ich Freimaurer wurde. Als ich Freimaurer wurde, habe ich sofort gesagt: Das ist meine Formensprache, ich habe mich gleich zu Hause gefühlt. Ich konnte mich darin fortentwickeln und artikulieren. Es ist für mich aber auch interessant, wie die Bilder von ihren Betrachtern interpretiert werden. Die werden nämlich meist völlig anders interpretiert, als ich sie gesehen habe. Und das ist für mich eine Inspirationsquelle, die ich schätze. Denn ich weiß dann genau: Diese Formensprache wird zwar angenommen, aber sie bleibt individuell. Und es entsteht über diese Metaphorik ein Dialog. Auf diese Arbeitsweise ist auch die Freimaurerei im Prinzip reduzierbar: Wir arbeiten mit Symbolen, die im internationalen Kontext durchaus verifizierbar sind. Sie bilden einen roten Faden, an dem wir uns orientieren können.« (Podiumsgespräch bei der Leipziger Loge *Minerva zu den drei Palmen* am 2. April 2017 mit den Brüdern Helmut Reinalter, Klaus-Jürgen Grün, Jens Rusch und Ivan Wojnikow – moderiert von Br. Hanno Neustadt, in: Humanität – Das deutsche Freimaurer-Magazin, 3/2017, S. 16 f.)

Existenz kann man nicht denken. Was wir denken, wenn das Wort uns berührt, bleibt stets nur eine gedachte Existenz. Nicht anders verhält es sich mit dem Tod. Wenn wir an unseren Tod denken, bleibt er stets nur der gedachte Tod. Dies macht den Tod zur Besonderheit, an der sich der Symbolcharakter der Freimaurerei wie an keiner anderen Stelle offenbart.

Wer vom Tod spricht, kann dies stets nur metaphorisch oder symbolisch. Spätestens an der Grenze des Wortes »Tod« wird jeder zum Nominalisten. Sollte jemand dementgegen das Wort »Tod« aussprechen und dabei tot umfallen, so wäre das reiner Zufall. Das Wort ist niemals die Sache selbst. Es gibt kein Objekt, auf das man deuten und sagen könnte: »Dies ist der Tod.« Hier zeigt sich endgültig, dass keine kausale Verbindung zwischen dem Wort und der Sache herrscht.

Im Ritualgeschehen des dritten Grades tauschen solche hinweisenden Worte auch nicht auf. Nur für die Dauer der Tempelarbeit ist eine Bedeutung der Metapher »Tod« spürbar. Wie im Theater ist es der Tod und ist er es zugleich nicht. Unverkennbar jedoch ist stets, dass das Ritual die subjektive Sicht des Menschen auf das, was er »Tod« nennt, zur Wahrnehmung bringt.

Wer nicht versteht, was Symbole und Metaphern bedeuten, wird es am Tod erfahren. Der Gedanke an den Tod und die Szenen des Meistergrades in der Freimaurerei führen es uns vor. Wer seinen Tod als ein Lehrstück kennenlernen möchte, stirbt dabei nicht selbst. Während sich fromme Brüder und Schwestern in der Betrachtung beispielsweise der Bibel noch einbilden können, die Bibel sei mehr als ein

Symbol, scheitern sie mit ihrem Zwang zur Objektivität am Symbol des Todes. Auch können wir dabei erkennen, dass das Verhältnis zwischen Metapher und der Sache selbst unzweideutig ausfällt. In unserem Leben ist unser eigener Tod stets nur eine Metapher. Wenn das eintritt, was das Wort »Tod« niemals abbilden kann, herrschen Zustände, über die wir nichts wissen. Möglicherweise ist es die Herrschaft von gar nichts, und auch davon besitzen wir keine Vorstellung.

Die Szenen des dritten und letzten Grades[126] der Freimaurerei führen uns vor Augen, dass die Kenntnisse vom Tod Vermutungen, Geschichten, Hoffnungen und vor allem Ängste transportieren, die wir als Symbole und Metaphern zu verstehen haben. Wo die Metapher »Tod« aktiviert wird, breiten sich Ängste aus, die den Menschen beherrschbar machen und verwirren. Es ist wichtig, dass wir uns daran gewöhnen, dass die Sprache des Todes rein metaphorisch ist. Das Erlebnis des eigenen Todes – symbolisch – kann nur ein Spiel des Als-Ob sein. Wer sich für überirdische und unterirdische Daseinsweisen interessiert, wird dieses Interesse in den freimaurerischen Tempelarbeiten verlieren.

126 Alle weiteren Grade bleiben eine Vervielfältigung in die Breite, aber nicht in die Tiefe der Freimaurerei. Es werden keine neuen Kenntnisse mitgeteilt. Bloß eine Vervielfachung der Symbole findet in den Hochgraden statt. Mein freimaurerischer und philosophischer Lehrer Alfred Schmidt nannte die Hochgrade »weder hoch noch g'rad«.

Übernatürliches

»There are more things between heaven and earth, Horatio, than are dreamt in your Philosophy«, lautet ein vielfach überstrapaziertes Zitat aus Shakespeares *Hamlet*. »Es gibt mehr Ding' im Himmel und auf Erden, Als Eure Schulweisheit sich träumt, Horatio«, überträgt die gängige Übersetzung die Stelle ins Deutsche.

Die Bewertungen dieses berühmten Zitats sind überaus unterschiedlich. Sympathien überwiegen. Sie treffen auf das fromme Unbewusstsein, das sich stets im Besitz des »höheren« Wissens wähnt. Insgeheim habe es immer schon gewusst, dass die Welt des materiellen Seins, die wir fühlen, sehen, hören, messen und berechnen können, nichts wert sei. Alleinigen Wert habe das Unsichtbare und Übernatürliche. In das Bilderfeld dieser Shakespeare-Zitats fällt die Metapher »Spiritualität«.

Wann immer ich Gelegenheit habe, die Spur ihrer Herkunft zu verfolgen, wenn einer sie äußert, verläuft sich der Weg im Dunkeln. Mehrmals habe ich Männer aus Freimaurerlogen ermuntert, mir aufzuschreiben, was sie unter »Spiritualität« verstehen, wenn sie vollmundig mit dem Vorwurf, ich hätte »keinen Sinn für Spiritualität«, auf einen meiner Vorträge reagierten. Nachdem ich manchmal die Niederschrift von Verehrern der Spiritualität begutachtet hatte und mit dem jeweiligen Verfasser über den dort befindlichen Unsinn gesprochen hatte, fragte ich auch, ob ich seinen Text in einer meiner Publikationen verwenden dürfte. Jedes Mal wurde mir das nicht erlaubt. Wer sich also nach dem Geheimnis der Freimaurerei bei Spiritualisten erkundigen möchte, die sich im Besitz höheren Wissens wähnen, braucht nicht zu erwarten, dass er gehaltvolle Antworten erhält. Trotzdem sollte er stets fragen, was er unter Spiritualität verstehen darf. Die Antworten auf diese Frage sollte er sich dann geduldig auf der Zunge zergehen lassen. Alles Weitere wird sich von selbst ergeben.

Hamlets Spruch ist das Lieblingszitat der Geisterseher. Keine Mühe hat man, beispielsweise die Website eines Reiseveranstalters zu finden, der seine Angebote mit Hamlets Weissagung unterstreicht. Dort werden »Kraftorte« verherrlicht. »Vielen von uns sind die prominentesten Kraftorte auf der Erde zumindestens vom ›Hören-Sagen‹ bekannt, wie die Gizeh-Pyramiden, Stonehenge, Carnac, Chartres oder auch die Externsteine.« Und der Autor fügt hinzu: »Auch ein Kornkreis kann ein Kraftort ganz besonderer Art sein, nämlich wenn er … noch die Anleitung zum ›In-Betriebnehmen‹ als Friedensbotschaft enthält.«[127]

Wer sich im Kraftorte-Modus oder im Kornkreis-Modus befindet, hat die Wahrnehmung für Symbole und Metaphern der Aufklärung ausgeschaltet. Er hört die warnende Stimme nicht, die doch wenigstens der erste deutsche Physik-Professor Georg Lichtenberg dem entgegnete: »Ein etwas vorschnippischer Philosoph, ich glaube Hamlet Prinz von Dänemark«, erinnert sich Lichtenberg, »hat gesagt: es gebe eine Menge Dinge im Himmel und auf der Erde, wovon nichts in unsern Compendiis steht. Hat der einfältige Mensch, der bekanntlich nicht recht bei Trost war, damit auf unsere Compendia der Physik gestichelt, so kann man ihm getrost antworten: gut, aber dafür stehn auch wieder eine Menge von Dingen in unsern Compendiis wovon weder im

127 www.kraftort-lebensraum.de/kraftorte/ (Zugriff März 2017).

Himmel noch auf der Erde etwas vorkommt.«[128] Lichtenberg war viel zu vorsichtig und hat das noch wichtigere vergessen hinzuzufügen: »Aber es gibt auch vieles in der Schulweisheit der Kraftorte- und Kornkreis-Denker, das sich weder im Himmel noch auf Erden findet.« Der Freimaurer Mark Twain verschärfte den Spott auf die Geisterseher mit dem Bonmot: »Unser Problem ist es nicht, dass wir zu wenig wissen, sondern dass wir zu viel wissen, vor allem von den Dingen, die nicht zutreffen.«

Es ist kaum zu bestreiten, dass unser Denken, unsere Rationalität, unser Verstand und unsere Vernunft fehlbar sind. Deren Leistungen überschätzen vor allem Philosophen und Theologen reihum. Aber Kraftorte- und Kornkreis-Denker interessieren sich nicht dafür, das Denken und die Rationalität zu verbessern, beispielsweise dadurch, dass sie einfach nur auf die Anwendung von Denkfehlern verzichteten. Vielmehr nutzen sie das Auftreten von Denkfehlern aus, um eine noch vielfach größere Unsicherheit einzuführen: ihren unwiderleglichen Glauben und das angemaßte Wissen aus Pseudo-Denken. Diese Art der Ausbeutung der Schwäche von Verstand und Vernunft, um auf ein noch weitaus ungewisseres Feld abzulenken, gehört zu den Geisteskrankheiten der Geisteswissenschaften. In Ritualgemeinschaften blühen sie, weil sie vielen geistig verwahrlosten Denkern das Gefühl geben, der realen Welt entkommen zu können, wenn sie sich in Spiritualität flüchten. Wer solcherlei in freimaurerischen Ritualen sucht, kann sich einiger Verbündeter sicher sein, doch er verfehlt das Ziel.

---

128 Georg Christoph Lichtenberg, *Aphoristisches zwischen Physik und Dichtung.* Ausgewählt und herausgegeben von Jürgen Teichmann, Friedr. Vieweg & Sohn, Braunschweig/Wiesbaden 1983, S. 64.

Betrachtungen des freimaurerischen Rituals lassen gleichwohl einen eigentümlichen Umgang mit den Gefahren des Denkens erkennen. Was hierbei Bedeutung schafft, ist nicht das Resultat von Denken, sondern das Erlebnis einer szenischen Darstellung, die wir aus dem Spiel kennen. Freimaurerei spielt sich in der Praxis ab. Eine Verteufelung des Denkens ist überflüssig, wenn man nicht trotzdem auf seinen Nutzen verzichten will. Die freimaurerische Position gegenüber Denken lautet daher nicht Nichtdenken, sondern Praxis. »Es gibt nichts Gutes, außer: Man tut es«, notierte *kurz und bündig* Erich Kästner in einem berühmten Epigramm. Das Denken des Guten dürfte eines der größten Übel der Menschheit sein. Gutes wird nämlich nicht gedacht, es wird gemacht. Und auch das – stets unsichere – Wissen vom Guten ist nicht das Resultat eines logischen Denkprozesses, sondern das Resultat des gepflegten Umgangs mit Menschen. Wer ein liebenswürdiger Mensch sein will, muss sich in Liebenswürdigkeit üben.

Trivial ist daher immer schon die größenwahnsinnige Auskunft gewesen, das Denken könne die wichtigsten Dinge, die »höchsten« und »verborgensten«, gar nicht erfassen. Die Vernunft sei ein stumpfes Messer.

Wer so spricht, hat vollkommen Recht. Aber wer bislang so sprach, hat die falschen Konsequenzen aus seiner Einsicht gezogen. Freimaurerei ist auch eine Antwort auf die Fehleinschätzungen der Leistungsfähigkeit des Denkens, und Freimaurerei findet nicht im Denken statt. Sie weist auch nicht durch Denken das Denken in Schranken. Denn wer uns einreden will, das Denken sei zu vermeiden, der liefert immer auch Gründe nach, die doch ebenfalls nur das Resultat des Denkens sind, und noch dazu des falschen Denkens.

»Unser Denken ist fehlbar und irrtumsanfällig. Gott unterlaufen keine Denkfehler und Irrtümer. Wenn Gott denkt, dass etwas der Fall ist, dann ist es der Fall.«[129] Aus der Aneinanderreihung von Behauptungen werden Schlüsse gezogen, mit deren Hilfe sich am Ende alles »beweisen« lässt. Tatsächlich handelt es sich um persönliche Ängste und Hoffnungen, wenn selbst bei Philosophieprofessoren solche Ketten von Gedanken auftreten.

Wo uns die Grenzen des Denkens und die Fehler, die ihm unterlaufen können, bewusst werden, stoßen wir auf das, was sich unabhängig vom Denken einen Weg bahnt: Die Wirklichkeit, die Realität und all das, was tatsächlich existiert. »Sein oder Nichtsein«, das ist die Frage aller Fragen. Wir haben bereits mehrfach von Existenz gesprochen. Die philosophische Einordnung der Seinsfrage und der Frage nach der Existenz in die Kategorie des Denkens ist an Leichtfertigkeit bislang kaum zu überbieten. Denn nicht sonderlich schwer ist es, Existenz zu denken. Wir werden uns noch mit der Leichtfertigkeit befassen, mit der Hegel die Vernunft zum Inbegriff der Existenz erklärte. Das Unbehagliche entsteht erst dann, wenn sich jemand bewusst macht, dass er es dabei immer nur mit einer gedachten Existenz zu tun hat. Die existierende Existenz ist jedoch davon nicht berührt. Auf sie haben wir keinen Zugriff.

»Tod bedeutet, nicht zu existieren«, teilt uns Seneca in seinen *Briefen an Lucilus* mit. Dem lässt sich vernünftigerweise nichts entgegnen. Aber Seneca verfällt in seiner Begründung selbst dem halluzinatorischen Fehlschluss: »Wie das ist, weiß ich schon: nach meinem Leben wird das sein,

---

129 Holm Tetens, *Gott denken: Versuch über rationale Theologie [Was bedeutet das alles?]*, Reclam, Stuttgart 2015, Kapitel 6.

was vor ihm war. Wenn etwas an Qual darin enthalten ist, war es notwendigerweise auch enthalten, bevor wir ans Licht hervorgetreten sind; doch haben wir damals keine Belästigung gespürt.«[130] Seneca ist den meisten Philosophen darin überlegen, dass er sich nicht von platonischen Hinterwelten verführen lässt. Aber redlicherweise hätte auch Seneca zugeben müssen, dass er nicht wisse, wie sich das anfühlt, tot zu sein. Es mögen Vermutungen sein, aber es ist kein Wissen und schon gar nicht ein Wissen, das Denkprozesse mit Erfahrungen korrekt verbindet. Senecas Rede: »notwendigerweise auch enthalten, bevor wir ans Licht hervorgetreten sind …«, ist überdies ein Fehlschluss. Das ist kein »Notwendigerweise«. Allenfalls *könnte* es möglicherweise so sein, aber zu den Dingen, die wir redlicherweise erwarten müssen, gehört es nicht. Sein Bewusstsein gaukelt Seneca vor, wie es sich angefühlt haben soll, als er noch nicht existierte. Aber wo keiner existiert, fühlt sich auch nichts an. (Es sei denn, einer wollte zusätzlich annehmen, dass auch die Nichtexistenz Gefühle haben könne. Das macht aber wenig Sinn, weil er darüber noch weniger weiß. Nichtexistenz gehört keinesfalls zu den Dingen, mit denen wir Erfahrungen machen können.)

Stets ist der Gedanke schnell und leicht gedacht. Aber aus den gedachten Gefühlen folgen keine wirklichen Gefühle. Auch Seneca kann nicht wissen, wie es sich anfühlen wird, wenn sein fühlender Leib zerfallen ist. Seneca »weiß« zwar, dass nach seinem Tod für ihn das sein wird, was vor seiner Geburt war. Aber zu meinen, er wüsste, wie sich das anfühlt, setzt voraus, was er bestreiten will: Die Existenz eines emp-

---

130 Seneca, *Epistulae morales ad Lucilium Liber VI–Briefe an Lucilius über Ethik 6. Buch*, Lateinisch/Deutsch, übers. und hrsg. von Rainer Rauthe, reclam Stuttgart 1993, S. 13.

findsamen Wesens vor und nach seiner Geburt. Die Metapher »Bewusstsein« verführt uns alle dazu, etwas zu denken, was eine einheitliche Struktur hätte und kontinuierlich da ist. So baut sich auch die Vorstellung auf, es gäbe ein Selbstbewusstsein.

»Es gibt tatsächlich ein Selbst«, schreibt Antonio Damasio klärend, »aber es ist kein Gegenstand, sondern ein Prozess, und dieser Prozess läuft immer ab, wenn wir mutmaßlich bei Bewusstsein sind.«[131]

Wir benötigen kein höheres Selbst, um diesen Prozess zu verstehen. Wie es aber möglich ist, dass wir unser Selbst manchmal so betrachten, als handelte es sich um ein abtrennbares Ding, und dass wir uns mit größerer Vorliebe im Übernatürlichen aufhalten als in der natürlichen Welt?

Die folgenden Kapitel handeln auch vom »Rumpelstilzchen-Effekt« und von seiner Umkehr, indem wir Worten und Gedanken eine magische Wirkung auf die Welt selbst zuschreiben. In dem Märchen der Brüder Grimm galt die Verbindung des bloßen Aussprechens und Nicht-Aussprechens von Worten mit fürchterlichen Qualen: »Heute back ich / Morgen brau ich / Übermorgen hol ich der Königin ihr Kind / Ach, wie gut ist, dass niemand weiss, dass ich Rumpelstilzchen heiss!« – Die Lust des Kobolds spricht die Angst des Menschen aus. Dem Gedanken geht stets eine Erfahrung voraus, wenn er ein korrekter Gedanke ist. Und jene erfahrbare Angst entstand auch, weil sich die Königin nicht darauf verstand, Stroh zu Gold zu spinnen!

---

131 Antonio Damasio, *Selbst ist der Mensch. Körper, Geist und die Entstehung des menschlichen Bewusstseins*. Aus dem amerikanischen Englisch von Sebastian Vogel, Siedler, München 2011, S. 20.

Aber der »Rumpelstilzchen-Effekt« erinnert uns schließlich an den Prozess der Aufklärung, den sich vor allem die Psychologie zunutze macht: Wenn wir unseren Ängsten und Leidenschaften einen Namen geben, dann ist ihr Zauber gebrochen.

Befassen wir uns zunächst mit dem Vorwurf des Atheismus und warum das Wort schon als Gefahr erlebt wird.

Religiöser Atheismus

»Deistische Fernrückung Gottes«[132]

»Atheismus ist fast immer ein Zeichen für eine gesunde geistige Unabhängigkeit und sogar für einen gesunden Geist.«[133] Genau dies gilt von der symbolischen Freimaurerei, selbst wenn diese Gültigkeit von frommen Freimaurern konsequent bestritten wird. Um die These und die Reaktion der Abwehr zu verstehen, müssen wir uns manche Eigentümlichkeiten des Gottesglaubens bewusst machen.

Obwohl schon die Definition eines Gottes der Vollzug des Atheismus ist, maßen sich Glaubenswächter weltweit das Recht an, Menschen umzubringen, deren Götter sie hassen. Wer Gott definiert, bringt automatisch andere Menschen gegen sich auf und macht sich zum Komplizen der Religionskriege. Denn Religionskriege beginnen immer damit, dass

---

132 Winfried Schröder (Hrsg.), *Gestalten des Deismus in Europa, Günter Gawlick zum 80. Geburtstag*, Harrassowitz Verlag, Wiesbaden 2013, S. 49.

133 Richard Dawkins, *Der Gotteswahn*, aus dem Englischen von Sebastian Vogel, Ullstein Buchverlage GmbH, Berlin 2007, S. 15.

ein Anderer zum falschen Gott betet. Wer Gott definiert, hat ihn aus der Sicht des Anderen, der ihn anders definiert, stets falsch definiert. Schon aus diesem Grund ist jede Verteufelung des Atheismus genau diejenige Krankheit, deren Therapie sie sein will. Denn möglicherweise ist der Atheismus die einzig wahre Definition von Gott.

Die Forderung, kein Atheist sein zu dürfen, steigert nicht nur die enzyklopädische Ahnungslosigkeit von der Religiosität der meisten in der Geistesgeschichte aufgetretenen Formen des Atheismus, sondern arbeitet selbst den Henkern Gottes in die Arme, die ebenfalls nur im Namen des Allergrößten ihr menschenverachtendes Werk vollbringen. Der Glaube an Gott ist kein Wert an sich.

Dass Theisten stets ein Wissen von Gott verbreiten, das nicht zutrifft, ist eine der wichtigsten Erkenntnisse der europäischen Aufklärung. Logischerweise erscheinen diejenigen, die das falsche Wissen der Theisten zur Sprache bringen, als Atheisten. Diese triviale Logik macht bereits jeden Vorwurf des Atheismus zu einer sinnlosen Aussage.

Lessing, dessen Auffassung vom Wesen der Freimaurerei von beachtlicher Reichweite ist, hat die Einsicht in das falsche Wissen theistischer Dogmen als Hinterlassenschaft in den symbolischen Bund eingebracht. Auf der Seite frommer Fundamentalisten ist Lessing allein schon deswegen nicht sonderlich willkommen.[134] Schon im ersten Drittel des

134 »Lessing steht dem neuen Testament lediglich als Kritiker, als Intellektualist gegenüber, und da konnte ihm das Mysterium der Christustatsache nie lebendig werden. Darum war es ihm auch unmöglich, das Wesen der Freimaurerei zu erkennen.« Ferdinand Runkel, *Geschichte der Freimaurerei in Deutschland*, Band 2, a.a.O. (Kindle-Ausgabe). Ideologen des Freimaurerordens, wie Ferdinand Runkel, sind stets bemüht, Lessing zu einer unbedeutenden Fußnote der

19. Jahrhunderts, im Zeitalter der Restauration in Europa, war der Flirt mit dem offenen Denken Lessings von den neuen frommen Ideologien zurückgedrängt worden. Ein berühmter Philosoph, der sich auf neue Art und Weise anmaßte, die Entwicklungsgesetze der Zukunft zu kennen, sie aus dem geschichtlichen Prozess ableiten zu können und ein neues falsches Wissen von Gott zu verbreiten, notierte damals (ungefähr 1830) in seinen *Vorlesungen über die Philosophie der Religion* über den religiösen Atheismus der Aufklärer: »...verständige Gedanken, Vorstellungen des Verstandes; das ist diese moderne verständige Religion, was Deismus heißt, das Resultat der Aufklärung, Wissen von Gott als Abstraktum, in welche Abstraktion alle Bestimmungen von Gott, aller Glaube zurückgeführt sind. ... Resultat der Kantischen Kritik.«[135]

Es war Georg Wilhelm Friedrich Hegel, der den abstrakten Gott wie den der Freimaurer nicht länger anerkennen wollte. Um Gott aus den Fängen des Verstandes, in dem doch nur rationale Logik und Kalkül steckten, zu befreien, machte er ihn zum Vernunftprinzip. Er erklärte schlichtweg alles zur »Vernunft«, um der Gefahr vorzubeugen, dass sie sich am Ende selbst auflösen könnte in reine Symbolik.

---

deutschen Geistesgeschichte herabzusetzen. Runkel verschweigt auch nicht den Grund für seine Geringschätzung: Für Lessing gab es nämlich keine »Christustatsache« mehr. Die vermeintlichen Tatsachen über Jesus haben sich im Zeitalter Lessings in reine Metaphern und Symbole verwandelt. Aber wie wir bereits gesehen haben, ist die Bibel für die Pseudo-Freimaurer des Freimaurerordens »mehr als ein Symbol« – nämlich ein Tatsachenbericht.

135 Georg Wilhelm Friedrich Hegel, *Vorlesungen über die Philosophie der Religion I*, in: *Werke in 20 Bänden*, Band 16, Suhrkamp, Frankfurt am Main 1995, S. 259.

»Vernunft« ist jetzt der neue Name für Gott, und zwar gedacht als existierende Weltvernunft. Die Verführungskraft in Hegels Geschichtsphilosophie liegt nicht zuletzt darin, dass es nur ganz, ganz wenig zu sein scheint, was er von seinen Lesern verlangt: »Der einzige Gedanke, den die Philosophie mitbringt, ist aber der einfache Gedanke der Vernunft, daß die Vernunft die Welt beherrsche, daß es also auch in der Weltgeschichte vernünftig zugegangen sei. Diese Überzeugung und Einsicht ist eine Voraussetzung in Ansehung der Geschichte als solcher überhaupt …«[136] Hegel gibt sich bescheiden. Aber sein ganzes System rutscht in sich zusammen, wenn dieses Wenige, die Vernunft, weder in der Geschichte noch sonstwo vorhanden ist, wenn es nicht vernünftig zugegangen ist in der Weltgeschichte, wenn Vernunft keine Tatsache ist, sondern nur eine der vielen Symbole und Metaphern für Gott. Doch weil es für eine ehrenwerte Voraussetzung gilt, das Vernünftige anzunehmen, findet diese Lehre unzählige Freunde.

Tatsächlich aber gibt es außer dieser ehrenvollen Geisteshaltung keinen wirklichen Grund, Vernunft in der Geschichte anzunehmen. Hegels Zeitalter ist bloß nicht bereit, die Offenheit des Weltganzen und der Geschichte hinzunehmen, in der sie sich befänden, wenn ihnen die Vernunft verloren ginge.

Die Gelehrten im Zeitalter der Restauration wollten sich daher nicht mehr zufrieden geben mit einer bloßen Idee von Gott, einer abstrakten Denknotwendigkeit oder einem Symbol, welches seinen Ursprung im Gemüt der Menschen ha-

136 Georg Wilhelm Friedrich Hegel, *Vorlesungen über die Philosophie der Geschichte*, in: *Werke in 20 Bänden*, Band 12, Suhrkamp, Frankfurt am Main 1995, S. 20.

ben könnte. Sie wollten wieder glauben dürfen, dass es ein absolutes Wissen vom wirklichen Gott gäbe.

Wenngleich das fromme Bewusstsein des Zeitalters der Romantik und der Restauration diese Entwicklung begrüßte, so war Freimaurerei durch die Verwandlung religiöser »Wahrheiten« in reine Symbole immun gegenüber dieser neuen heilsgeschichtlichen Verführung. (Freilich waren Freimaurer nicht immun gegen diese Versuchung.)

Freimaurerei ist offen gegenüber der Zukunft, auch wenn einige der Brüder und Schwestern in ihrem Privatleben nicht offen sind. Freimaurerei verspricht weder ein Heil noch einen Untergang. Und auch dies änderte nichts daran, dass dogmatische Frömmelei Eingang in die Freimaurerei suchte. Aber selbst die bloße – wenngleich unsinnige – Forderung: »Ein Freimaurer muss an ein höchstes Wesen glauben«, bleibt in der bloßen Denknotwendigkeit stecken und macht keine Aussage darüber, ob das, woran man glauben müsse, auch wirklich existiert. Die Forderung einiger Fundamentalisten berührt die Freimaurerei nicht. Freimaurerei ist immun gegenüber der paradoxen Aufforderung: »Du sollst glauben, dass ein Gott existiert!« Denn die Aufforderung ist unerfüllbar, wie wir nicht zuletzt am Beispiel der schizophrenen Logik der Folterknechte der Inquisition erfahren.

Von der Denknotwendigkeit führt kein Weg zur Existenz. Das Dogma der englischen Großloge, man müsse an ein höchstes Wesen glauben, verbreitet kein Wissen von Gott und kann nicht bewirken, dass ein Individuum durch die Befolgung des Befehls einen echten Glauben entwickelt. Aus dem Glauben-Müssen folgt keine Existenz des Geglaubten. Schließlich *muss* sogar mancher schizophrene Mensch in regelmäßigen Abständen glauben, er sei Napoleon. Ob er wirklich Napoleon ist, das geht aus der Zwanghaftigkeit des Glaubens nicht hervor.

Aber Hegel brachte seiner Epoche den wirklichen Gott zurück und verdrängte damit die kantianische Vorstellung des Als-Ob. Gleichzeitig marginalisierte er die Errungenschaften des Deismus und der symbolischen Arbeit der Freimaurer. Nicht aus Zwanghaftigkeit, die der Wahnsinn der kantianischen Vernunft diktiere, soll es einen Gott geben, sondern weil er wirklich existiere, meinte Hegel. (Und natürlich haben christliche Fundamentalisten erkannt, dass der Gott Hegels auch nicht derjenige ist, zu dem sie selber zu beten gewohnt sind. Daher haben sie Hegel flugs seinerseits zum Atheisten erklärt.) Hegels Annahme, es habe den planenden Geist als Gedanken Gottes vor der Erschaffung der Welt[137] wirklich gegeben, ist die Rehabilitierung des ontologischen Gottesbeweises, dessen Falschheit wir in einem früheren Kapitel dargelegt haben. Vollkommen korrekt jedenfalls erkannte Hegel, dass demjenigen, »welcher die Begebenheiten im Gebiete des Geistes – und das sind die Philosophien – für Zufälligkeiten hält, … es nicht Ernst [ist] mit dem Glauben an eine göttliche Weltregierung, und sein Glaube an die Vorsehung ist ein leeres Gerede«. Am wirklichen »Tempel« der Vernunft zu arbeiten – für Hegel die »allein würdige Ansicht von der Geschichte der Philosophie«

137 Georg Wilhelm Friedrich Hegel, *Wissenschaft der Logik I*, in: *Werke in 20 Bänden*, Band 5, Suhrkamp 1995, S. 44: »Dieses Reich ist die Wahrheit, wie sie ohne Hülle an und für sich selbst ist. Man kann sich deswegen ausdrücken, dass dieser Inhalt die Darstellung Gottes ist, wie er in seinem ewigen Wesen vor der Erschaffung der Natur und eines endlichen Geistes ist.«

– sei die Forderung seiner Epoche, aber »nicht etwa, wie die Juden oder Freimaurer am salomonischen bauen«[138].

Freimaurer arbeiten tatsächlich nur symbolisch, niemals aber am wirklichen salomonischen Tempel. Darin ist Hegel nicht zu widersprechen. Auch scheren sich Freimaurer nicht um eine wirkliche göttliche Weltregierung. Ihr symbolisches Tun zielt auf das Gegenteil: Die Gewöhnung daran, dass wir durch Arbeit die Welt verändern, nicht durch Beten oder einen Glauben an die einzig »wirkliche Weltordnung« zu verbreiten.

Hegels Gott ist kein Symbol, wie das für die Freimaurerei gilt. Er ist Wirklichkeit. Allerdings nicht die personale Wirklichkeit, die sich der Katholik, der Protestant oder der Muslim vorstellt. Hegels Gott ist Geist und Vernunft und damit der Inbegriff eines Spiritualismus. Vom Standpunkt der göttlichen Vernunft Hegels ist freilich die »Verwirrung« erkennbar, die bis heute innerhalb des symbolischen Bundes über Spiritualismus vorherrscht. Denn was vom Standpunkt der katholischen Kirche aus betrachtet als Atheismus gilt – zu dem der Spiritualismus mancher Freimaurer natürlich auch zu rechnen ist –, erscheint Hegel als eine schlichte Vorliebe für die Dunkelheit: »Wie eben die Freimaurer Symbole haben«, lautet es an anderer Stelle seiner *Geschichte der Philosophie*, »die für tiefe Weisheit gelten – tief, wie man einen Brunnen tief nennt, dessen Boden man nicht sehen kann –, so kommt leicht den Menschen das tief vor, was verborgen ist; dahinter stecke Tiefes. Wenn es versteckt ist, so ist auch der Fall möglich, daß nichts dahinter ist – so bei den Frei-

138 Georg Wilhelm Friedrich Hegel, *Vorlesungen über die Geschichte der Philosophie I*, in: *Werke in 20 Bänden*, Band 18, Suhrkamp, Frankfurt am Main 1995, S. 54.

maurern das ganz Verborgene … –, daß nichts dahinter ist, sie weder besondere Weisheit noch Wissenschaft haben. Der Gedanke ist vielmehr eben dies, sich zu manifestieren, – dies seine Natur, dies er selbst: klar zu sein.«[139]

Mit ihrem Anspruch auf »tiefe Spiritualität« leisten esoterische Freimaurer leider zuweilen selbst ihren Dienst an der Verwirrung über die Bedeutung des symbolischen Bundes. Aber Hegels Geschichtsphilosophie war bloß die vorschnelle Antwort auf Lessings offen gelassene Frage nach der Vernunft in der Geschichte.

Der Weg von Lessing zu Hegel ist der Weg vom Deismus zu einer neuen Form der christlichen Heilsgeschichte. Wo Lessing bei der Forderung nach einem *Christentum der Vernunft* stehen geblieben war, fertigte Hegel ein solches kurzerhand an. In dem Maße, wie die Offenheit der Geschichte wieder zu einer notwendigen Abfolge eines prästabilierten Plans – also dem Gedanken Gottes vor der Erschaffung der Welt – erklärt wird, der zudem von Menschen wie Hegel –

139 Ebd., S. 110. – Vom Standpunkt einer Heilsordnung, wie Hegel sie in der weltgeschichtlichen Vernunft erkennen will und wie sie von dort auf das Heilsversprechen einer klassenlosen Gesellschaft bei Marx übergeht, ist alle Symbolik nichts weiter als antiquierter Mysterienkult. So stellt sich für Hegel die Nähe der Freimaurerei zu den Pythagoreern her: »Aber das Lehren selbst oder das gegenwärtige Zum-Vorstellen-Bringen scheint den Mysterien aufbehalten gewesen zu sein, – so jedoch, daß nicht nur, wie bei unserem Predigen, das Vorstellen, sondern auch der Körper in Anspruch genommen wurde, daß dem Menschen von der Zerstreuung durch die ganze Umgebung sowohl an ihm selbst das Verlassen des sinnlichen Bewußtseins als die Reinigung und Heiligung des Körpers vorgestellt wurde. Von Philosophemen ist aber darin offenbar keine Rede. Wie sie nicht Geheimnis, so kennen wir auch die Freimaurer; sie haben nichts Ausgezeichnetes durch Kenntnisse, Wissenschaften – am wenigsten Philosophie.« (Ebd., S. 223)

und später dann Marx – exakt erkannt werden könne, entfernt sich die deutsche Philosophie sowohl vom Programm der Aufklärung als auch von der symbolischen Bedeutung der Freimaurerei.

Von zwei Seiten führen daher die Wege weg von Lessing. Auf der einen Seite geht der Weg zurück in die dogmatische Auffassung, die Bibel sei ein wörtlich zu nehmender Tatsachenbericht. Auf der anderen Seite anerkennen Religionsphilosophen wie Hegel zwar die reine Symbolik und Metaphorik aller Geschichtchen Gottes, aber sie verfallen dem Missverständnis, dass »Vernunft« keine Metapher sei, sondern eine objektive Tatsache.[140]

Einen Religionskrieg aus dem Lager der alten Dogmatik gegen Lessing wollte zuerst Friedrich Heinrich Jacobi anzetteln, als er 1777 nach Wolfenbüttel reiste, um Lessing ein Bekenntnis zu Spinoza und dessen Atheismus abzuringen. Lessing hatte sich bei dieser Begegnung eindeutig zu Spinoza bekannt. Aber auch Spinozas Definition von Gott umfasste nicht das, wohin Christen und Juden ihre Gebete richteten. Er war als Atheist verschrien, obwohl der erste Satz in seiner Ethik der Definition Gottes dient, die er nicht einmal mehr – wie noch Descartes – zu beweisen unternahm.

---

140 Schon die konzeptuelle Verfassung der Metapher »Vernunft« bei Immanuel Kant gehört der alten Vorstellung Gottes als einem strengen Vater an. Vgl. hierzu George Lakoff, Mark Johnson, *Philosophy in the flesh. The embodied mind and its challenge to western thought*, New York, NY 1999, S. 418: »Reason knows what is best and is thus a moral authority; he has to teach Will right from wrong, to make Will as disciplined as possible, to make Will strong enough to overcome passion, and to tell Will in specific cases what to do. Will has the moral obligation to obey Reason.« S. 423: »In essence, what Kant does is to replace God‹s Reason with an equally transcendent Universal Reason possessed by all people.«

An den Atheismus Spinozas versuchte Jacobi anzuknüpfen, um einen Shitstorm gegen Lessing zu entfachen, damit seine Schriften unter Gelehrten nicht mehr diskutiert würden. Aber Herder, Goethe, Mendelssohn und die wichtigsten Gelehrten der Epoche stellten sich hinter Lessing und erstickten Jacobis Ruf in seinem eigenen Shitstorm.[141] Der Rollback misslang, und von nun an war der »Atheismus« Spinozas und Lessings die verbindliche Religion unter den wichtigsten Dichtern und Denkern der Weimarer Klassik.[142] Sie waren nicht selten auch Freimaurer. Dass etwa

141 Vgl. Heinrich Scholz, Einleitung. In: *Die Hauptschriften zum Pantheismusstreit zwischen Jacobi und Mendelssohn*, Verlag von Reuther & Reichard, Berlin 1916, aber auch Klaus-Jürgen Grün, *Vom »Unbewegten Beweger« zur bewegenden Kraft. Der pantheistische Charakter der Impetustheorie im Mittelalter*, mentis 1999, S. 41 f. – Ausführlicher diese Stellen auch in Klaus-Jürgen Grün, *Das verlorene Wort*, a.a.O., S. 32 f.

142 Vollkommen entgegen den Vorstellungen der humanitären Freimaurerei verkündigt die Weltanschauung des Freimaurerordens das Ziel der maurerischen Arbeit als eine Verschmelzung mit Jesus Christus. Statt dem Freimaurerorden vorzuhalten, er sei eine »christliche Sekte«, ist es vielleicht sinnvoller, die dort herrschende Weltanschauung beim Namen zu nennen. Es möge jeder selbst entscheiden, ob diese Auffassung unter den Begriff der »christlichen Sekte« fällt. In Runkels Erklärungen zum Inneren Orient frommer Obödienzen lautet es: »Schon Johann August Starck hatte es Nettelbladt gegenüber klar ausgesprochen, daß das Ordensziel, die mystische Vereinigung mit Christus auf dem Wege der Freimaurerei nicht zu erreichen sei. Und auf diesem Standpunkt steht die Große Landesloge von Deutschland heute ausgesprochener denn je, denn sie hat ihrem alten Namen neuerlich in bewußter Betonung ihres ursprünglichen Inhalts die erklärende Charakteristik hinzugefügt ›Deutsch-Christlicher Orden‹.
Damit ist sie bewußt und ausgesprochen von der englisch orientierten Freimaurerei abgerückt und reformatorisch zurückgekehrt zur rein christlichen Freimaurerei. Die Lehre der Großen Landesloge ist, wie aus unserer Darstellung im zweiten Bande dieses Werkes her-

auch Goethe Mitglied in einer an der christlichen Religion ausgerichteten Loge war, zeigt, wie sehr Religiosität eher am »Atheismus« Spinozas orientiert war als am Spiritualismus dogmatischer Kirchgänger.

Goethe und seine im Geiste der Freimaurerei Verbündeten waren in genau diesem Sinn – in der von Lessing verbreiteten Religionsphilosophie der Aufklärung – Atheisten. Unmissverständlich sind vor allem Goethes verachtende Äußerungen. »Das leidige Marterholz«, schreibt noch der alte Goethe an Zelter, »das Widerwärtigste unter der Sonne, sollte kein vernünftiger Mensch auszugraben und aufzupflan-

---

vorgeht, eine symbolische Christologie, wobei die Johannisloge das Werden christlichen Erlebens unter dem Gesetz des alten Bundes darstellt; ihr Patron, Johannes der Täufer, hatte seit der Taufe Jesu im Jordan erkannt, daß sein Wesen abnehmen, das Wesen Jesu wachsen müsse. Jesu Taufe im Jordan, diese völlige Unterwerfung unter das altjüdische Gesetz, ist der Leitgedanke der Johannisloge der Großen Landesloge von Deutschland, die in dieser symbolischen Handlung die hohe Sittlichkeit der zehn Gebote anerkennt. Die zweite Ordensabteilung, die Andreasloge, stellt als den Ordensweg die Nachfolge Christi in seinem Leben und Sterben dar; Patron ist Andreas, derjenige Jünger Jesu, der ihn zuerst fragte: ›Meister, wo wohnst du?‹ und dem Jesu antwortete: ›Kommt und seht.‹ Die dritte Ordensabteilung, das Kapitel, ist getragen von dem Willen der Brüder, der sich in den Worten ausdrückt: ›Wir werden kommen.‹ Das Ziel ist, wie schon ausgesprochen, die mystische Vereinigung mit Christus, das will sagen, daß der Gottgeist in uns durch die Erkenntnis der religiösen Sendung des Ewigen von Nazareth in sich selbst den Christusgedanken gebiert, daß sich also dasselbe im seelischen Innern des Menschen wiederholt, was sich bei der Geburt des Sohnes im Wesen Gottvaters vollzog: Es ist die Anschauung seiner selbst, die mystische Selbstbesinnung auf das eigene immaterielle Ich und so der Anfang der Erlösung vom Staube.« (Ferdinand Runkel, *Geschichte der Freimaurerei in Deutschland*, 3. Band, Kindle-Ausgabe)

zen bemüht sein.«[143] Den 1790 in Venedig in brummigem Ton niedergeschriebenen *Venezianischen Epigrammen* zufolge waren ihm vier Dinge wie »Gift und Schlange zuwider … Rauch des Tabaks, Wanzen und Knoblauch und †«.[144]

Dem Kirchentum hielt er nicht selten spöttisch sein weltlich-humanes Evangelium entgegen. So etwa in einem Brief an Lavater vom 26.4.1774: »Und so ist das Wort der Menschen mir Wort Gottes(,) es mögen Pfaffen oder Huren gesammelt und zum Canon gerollt oder als Fragmente hingestreut haben.« Anders als der Geist der Unaufgeklärtheit heute und der Toleranz gegenüber allem, erkannte Goethe, dass es nicht möglich ist, eine Anerkennung der natürlichen Diesseitigkeit zu pflegen und gleichzeitig an eine übernatürliche Offenbarung zu glauben. Hierin steht er wohl Lessing am nächsten.

Fortsetzer des Luther

Heinrich Heine hat ihn »den Fortsetzer des Luther genannt«. In dieser Rolle schreibt Heine von Lessing in seiner Polemik *Zur Geschichte der Religion und Philosophie in Deutschland.* »Von seiner Bedeutung für die deutsche Kunst«, lautet es dort, »hat er nicht bloß durch seine Kritik, sondern auch durch sein Beispiel eine heilsame Reform bewirkt, und diese Seite seiner Tätigkeit wird gewöhnlich zumeist hervorgehoben und beleuchtet. Wir jedoch betrachten ihn von einem anderen Standpunkte aus, und seine philosophischen und

143 Brief an Zelter vom 9.6,1831, in: Johann Wolfgang von Goethe, *Briefe*, Hamburger Ausgabe Bd. 4, München 1976, S. 429.

144 Epigramm 66.

theologischen Kämpfe sind uns wichtiger als seine Dramaturgie und seine Dramata. Letztere jedoch, wie alle seine Schriften, haben eine soziale Bedeutung, und ›Nathan der Weise‹ ist im Grunde nicht bloß eine gute Komödie, sondern auch eine philosophisch theologische Abhandlung zu Gunsten des reinen Deismus.«[145]

Lessing entfaltete die volle Sprengkraft des Deismus, »die das Fundament des Christentums zu zerstören drohte. Wo der Deismus sich das Autonomiepostulat des modernen Subjekts und die Forderung nach religiöser Aufklärung zu eigen machte, wurde der Gegensatz von Glauben und Wissen, Vernunft und Offenbarung, Wahrheit und Geschichte auf die Spitze getrieben.«[146]

Während Luther den Bruch mit der Tradition durch die Ablösung der Buchstaben der Bibel von ihrem Sinn begründete, die sich im Buchdruck mit beweglichen Lettern ihren Weg zum Publikum bahnte, setzte Lessing die Befreiung des Geistes durch Demontage der buchstäblichen Bedeutung der Worte der Bibel in deistischer Tradition fort. Man hat den Deisten zu Recht vorgeworfen, »zwar den wahren Gott aus der Vernunft [zu] erkennen, die Offenbahrung aber darbey [zu] verachten«[147]. Abgesehen von Gedanken, die der Deist Thomas Hobbes manchmal äußerte, bestreiten die Deisten eine unmittelbare Einwirkung Gottes auf Natur und Geschichte. Im Bereich des Menschen hat Gott nichts mehr

145 Heinrich Heine, *Zur Geschichte der Religion und Philosophie in Deutschland*, *Werke und Briefe in zehn Bänden*, hrsg. von Hans Kaufmann, Berlin 1961/64, Band 5, S. 254.

146 Winfried Schröder (Hrsg.), *Gestalten des Deismus*, a.a.O., S. 48.

147 Aus Johann Heinrich Zedlers frühaufklärerischem Universal-Lexikon, zitiert nach ebd., S. 49.

verloren. Außer seiner Rolle als Erzeuger der Welt werden ihm keinerlei Befugnisse mehr zugeschrieben. Die Gestaltung der Welt ist Menschenwerk, das er durch Arbeit zu bewerkstelligen hat. Auf der anderen Seite ist der deistische Gott sich selbst genug. Er braucht die Menschen nicht zu seinem Wohlbefinden. Sie tragen auch durch Beten und Opfergaben nichts zu seiner Herrlichkeit bei. Der Deismus als die Religionsphilosophie der Aufklärung mit ihrer vernünftigen und natürlichen Theologie ist »im Deutschland des 18. Jahrhunderts auf erbitterten Widerstand der Amtskirche und ihrer orthodoxen wie neologischen Vertreter und auf rigorose staatliche Zensurmaßnahmen gestoßen«[148].

Mit Blick auf die durch Praxis gelegte Basis der Freimaurerei schreibt Lessing 1777 in seinem Essay *Über die Wahrheit*: »Nicht die Wahrheit, in deren Besitz irgend ein Mensch ist, oder zu seyn vermeynet, sondern die aufrichtige Mühe, die er angewandt hat, hinter die Wahrheit zu kommen, macht den Werth des Menschen. Denn nicht durch den Besitz, sondern durch die Nachforschung der Wahrheit erweitern sich seine Kräfte, worin allein seine immer wachsende Vollkommenheit bestehet. Der Besitz macht ruhig, träge, stolz.«[149]

Obwohl die Bibliotheken reich gefüllt sind mit verdienstvollen Monografien über das Thema »Atheismus«, ziehen es die meisten freimaurerischen Großmeister vor, ohne Zuhil-

---

148 Ebd. – Zum Deismus als der Religionsphilosophie der Aufklärung und seiner Bedeutung für die Freimaurerei vgl. Alfred Schmidt, *Entstehungsgeschichte der humanitären Freimaurerei*, hrsg. von Thomas Forwe und Klaus-Jürgen Grün, Salier Verlag, Leipzig 2014.

149 Gotthold Ephraim Lessing, *Eine Duplik*, in: *Gotthold Ephraim Lessings Sämtliche Schriften*, hrsg. von Karl Lachman, 3. Aufl. überarbeitet von Franz Muncker, 23 Bände, Stuttgart 1886, Band 13, S. 23-24.

fenahme einschlägiger Literatur ihre ganz private Meinung zum Atheismus als offizielle Weisheit zu verkünden. Das Resultat dieses Dilettantismus‹ ist die Verbreitung einer diffusen Auffassung von »Atheismus«, die davon ablenkt, dass die je eigene Auffassung von Freimaurerei auf einer soliden, von der Geistesgeschichte gefestigten atheistischen Basis ruht. Der Dilettantismus im Vorgehen der Verantwortlichen liegt darin, dass sie zu den bestehenden Schubladen verschiedener Atheismen[150] offenbar eine weitere hinzufügen wollen, in die sie alle diejenigen Freimaurer und Sympathisanten der Freimaurerei stecken können, die eine andere Auffassung von Gott vertreten als die amtlich gemachte, unausgegorene Meinung mancher Großmeister. Dadurch werden sie zu Komplizen derjenigen, die immer schon den Vorwurf des Atheismus verwendet haben, um sich der Kritik am eigenen Glauben entledigen zu können.

Zur Erinnerung an den Atheismus der Freimaurerei möchte ich im Folgenden die freimaurerische Physiognomie Lessings entfalten, dessen Auffassung vom Wesen der Freimaurerei auf einzigartige Weise die Bedeutung des Bruderbundes für eine zukünftige Humanität enthält.

---

150 Innerhalb der katholischen Kirche unterscheiden Theologen drei verschiedene Formen des Atheismus. Wie Klaus Kottmann aus den Vorbereitungen zu den Diskussionen zwischen Freimaurern und der katholischen Kirche, die auf der Seite der Freimaurerei schließlich 1970 zur berühmten *Lichtenauer Erklärung* führten, darlegt, war im »April 1965 … das Sekretariat für den Dialog mit den Nichtglaubenden mit dem Ziel gegründet worden, die drei Hauptformen des Atheismus, den marxistischen, den humanistischen und den agnostischen, zu untersuchen.« (Klaus Kottmann, *Die Freimaurer und die katholische Kirche,* Peter Lang Verlag, Frankfurt am Main 2009, S. 221.)

Lessings Weitblick zeigt sich auch an den Bezügen zur Gegenwart, die einen Nachhall seiner Überlegungen zur Rolle geschichtlicher Wahrheiten darstellen. Reinhard Koselleck leitet seinen berühmten kritischen Beitrag zum Dogma *Historia Magistra Vita* folgendermaßen ein: »Bei einer in Charlottenburg gehaltenen Berathung vertheidigte Oelssen lebhaft die Anfertigung vielen Papiergeldes, um damit Schulden zu bezahlen. Als alle Gegengründe nicht anschlugen, fragte ich (meinen Mann kennend) mit übergroßer Kühnheit: ›Aber, Herr Geheimer Staatsrath, erinnern Sie sich doch, daß schon Thukydides erzählt, wie große Übel entstanden, weil man in Athen zu viel Papiergeld gemacht hatte.‹ – ›Diese Erfahrung‹, erwiderte er beistimmend, ›ist allerdings von großer Wichtigkeit‹; – und so ließ er sich bekehren, um den Schein der Gelehrsamkeit festzuhalten.«[151]

Thukydides lebte von 454 bis 399 und war daher ein Zeitgenosse des Sokrates. Wenngleich es zahlreiche Versuche gab, Papiergeld einzuführen, im Zeitalter der großen athenischen Kultur gab es einen solchen Versuch nicht, und Thukydides berichtete auch nicht von einem solchen. Aber die Geschichte zeigt, wie wichtig und nützlich es sein kann, sich auf die Geschichte zu berufen, auch und vor allem, wenn sie nicht geschehen ist. Das Wissen, das unzutreffend ist, ist eine

151 Reinhart Koselleck, *Historia Magistra Vitae. Über die Auflösung des Topos im Horizont neuzeitlich bewegter Geschichte.* in: ders., *Vergangne Zukunft. Zur Semantik geschichtlicher Zeiten*, Frankfurt/Main 1989. S. 38-66, S. 39. Zitiert Friedrich v. Raumer, *Lebenserinnerungen und Briefwechsel.* (Adjutant bei Hardenberg; Hardenbergs Bericht an Friedrich Wilhelm III., 28.5.1810.)

der treibenden Kräfte der Geschichte. Der Grund für diese Wirksamkeit liegt darin, dass Gebildete wie Ungebildete sich einbilden, das bloße Geschehen eines Ereignisses in der Vergangenheit könnte normative Verbindlichkeit besitzen für die Gestaltung der Zukunft. Ich glaube nicht daran, dass wir die Vergangenheit – im Sinne der Gedanken Gottes vor der Erschaffung der Welt – oder die Zukunft vorhersagen können. Aber ich möchte zeigen, wie die Erschütterung des Vertrauens in die normative Kraft der Vergangenheit einen neuen Maßstab setzte für die Gestaltung der Zukunft. Denn wenngleich wir nicht sagen können, was die einzig mögliche Entwicklung der Zukunft ist, so können wir leicht zugeben, dass sie auch determiniert wird von den Erwartungen der handelnden Individuen. Leider herrscht in den Einbildungen vieler Menschen die falsche Theorie vor, nämlich dass das Wort Determiniertheit zugleich Vorhersagbarkeit bedeute.[152] Richtig dagegen ist es, dass alles Geschehen determiniert ist, aber nicht notwendigerweise vorhersagbar. Wir kennen dieses Phänomen vom Wetter und von dynamischen Systemen. Das Wetter an Weihnachten 2020 ist determiniert, aber trotzdem können wir es allenfalls ein paar Tage zuvor relativ sicher vorhersagen. Im Nachhinein werden wir kausal erklären können, warum das Wetter sich so und so

---

152 Vgl. hierzu Mario Bunge, Martin Mahner, *Philosophische Grundlagen der Biologie*, Berlin 2000, S. 207; Gunnar Spilgies, *Die Bedeutung des Determinismus-Indeterminismus-Streits für das Strafrecht. Über die Nichtbeachtung der Implikationen eines auf Willensfreiheit gegründeten Schuldstrafrechts*, Hamburg 2004, S. 21; *Erleben und Verhalten in der Polarität von Chaos und Ordnung*, von Michael Stadler, Peter Kruse und Hans Otto Carmesin, in: Günter Küppers, hrsg., *Chaos und Ordnung. Formen der Selbstorganisation in Natur und Gesellschaft*, Stuttgart 1997. S. 323-352.

entwickelt hat, aber vorher gab es an sehr vielen Stellen mehr als ein gleich wahrscheinliches Entwicklungsszenario, die jedoch allesamt in ihren Auswirkungen unvergleichbar weit voneinander entfernt liegen konnten. So kommt es, dass der Flügelschlag einer Schmeißfliege im Frankfurter Logenhaus ein Gewitter in Hamburg auslösen kann. Seit etwa einem halben Jahrhundert fallen diese Phänomene unter den Begriff des deterministischen Chaos.

Was für Naturphänomene gilt, gilt erst recht für soziale Systeme. Wir wissen nicht, ob der derzeitige Krieg der Weltmächte in Syrien der Anfang eines dritten Weltkrieges ist. Auch wissen wir nicht, ob es eine Islamisierung des Abendlandes geben wird, nur weil es heuer in unserer Nachbarschaft immer öfter Muslime sind, die behaupten, im Besitz der einzig wahren Religion zu sein.

Während sich Gelehrte daran gewöhnen konnten, die natürliche Welt als ein determiniertes, aber dennoch offenes System zu verstehen, sind wir weit davon entfernt, soziale Systeme und ihre Entwicklungsgeschichte als deterministisch und offen zu verstehen. Dies hat mit der oben bereits erwähnten falschen Vorstellung von Determiniertheit zu tun. Diese falsche Vorstellung führt dazu, dass vor allem fromme Menschen die Vergangenheit nicht in der nötigen Offenheit wahrzunehmen imstande sind. Drastisch erkennen wir dies an der beharrlich vertretenen Meinung, man könne höchst unwahrscheinliche Ereignisse nur entweder durch den Zufall oder durch einen intelligenten Designer erklären. Dabei wird der Determinismus des Intellekts eingeführt. Menschen glauben, dass Gedanken vor der Erschaffung der Welt diese Welt nicht nur determiniert, sondern sogar durch eine Vorsehung vorhersagbar gemacht hätten. Hierbei gilt nicht nur, dass wir von diesem Determinismus nichts wissen. Jedoch wissen wir, dass die Behauptung, ein so unwahrscheinlicher Vorgang wie die Entstehung des Universums und des Lebens könnte nur durch den Plan eines weisen und allmächtigen Baumeisters vorherbestimmt worden sein, das Problem nur vervielfacht, statt es einer Erklärung näher zu bringen. Zwar kann der Zufall mit Recht ausgeschlossen werden, wenn ein Ereignis höchst unwahrscheinlich ist. Aber etwas noch Unwahrscheinlicheres zu behaupten, um der Unwahrscheinlichkeit zu entkommen, ist das Resultat falschen Denkens. Das Falsche am Dogma eines intelligenten Designers liegt auch darin, dass es das Interesse an anderen Erklärungen behindert oder sogar ausschaltet.

Was es zu verstehen gilt, ist, dass aus der zugegebenermaßen höchsten Unwahrscheinlichkeit der Entstehung des Universums und des Lebens, zunächst nur eines folgt: einen zeitlich vor diesen Ereignissen angenommenen Geist, der Natur- und Weltgeschichte nicht nur geplant, sondern sogar noch in die Wirklichkeit gesetzt haben könnte, ist eine noch vielfach größere Unwahrscheinlichkeit. Wohlgemerkt: Falsch wird die hartnäckig und blutig verteidigte abwegige Vermutung eines wirklichen intelligenten Baumeisters vor aller Zeit nur dadurch, dass man sich nicht gleichzeitig auf das Argument der Unwahrscheinlichkeit stützen kann, um etwas noch vielfach Unwahrscheinlicheres als unwiderlegliche Annahme für selbstverständlich zu erklären. Dies ist der berühmte Münchhauseneffekt, von dem wir oben bereits erfahren haben. Man muss Gehirne an solcherlei Schizophrenie gewöhnen, damit sich diese Denkformen fortpflanzen können. Wer sich aber solcher Machenschaften bedient, hat keinen Grund, sich irgendwelche ethisch-moralischen Werte zuzuschreiben. Leider aber halten sich Menschen für besonders »gut«, die in dieser Schizophrenie leben, sie verbreiten und andere verachten, die dabei nicht Folge leisten.

Aus dieser Schizophrenie heraus ist es auch zu verstehen, dass Gegner des Schwangerschaftsabbruches in den USA zugleich die Verteidiger der Todesstrafe sind. Besonders delikat erscheint die durch Selbstjustiz verhängte Todesstrafe, wenn unter dem Vorwand der Menschenliebe Frauen ermordet werden, die ein Kind abgetrieben haben oder sich für den Schwangerschaftsabbruch aussprechen. Man kann solche guten Menschen auch *Gerechtigkeitsmörder* nennen. Es sind vor allem die Konservativen, die das »metaphorische Konzept der Rückzahlung [verwenden]: Wer das Leben eines anderen nimmt, der zahlt dafür mit seinem Leben. Gerechtigkeit ist hergestellt.« Das ist eine Art der moralischen Buchführung.[153]

Die Fähigkeit von der Falschheit jener deterministischen Denkweise, die die Entwicklung der Zukunft in den von Anfang an wirkmächtigen intelligenten Geist verlegt, Abstand zu nehmen, erfordert es, dass wir unser Denken zur Offenheit wenden und es lernen auszuhalten, dass es die menschliche Vernunft ist – oder wie auch immer man die Fähigkeit nennen mag, Ereignisse miteinander in eine kausale Beziehung zu setzen –, die Sinn und Zweck in die Ereignisse legt, und jeder Sinn und Zweck fast genauso gut ein ganz anderer Sinn und Zweck sein könnte.

Stellen wir uns aber einmal auf die Seite der Kreationisten und deren Annahme eines weisen Baumeisters, der nicht nur

153 George Lakoff, Elisabeth Wehling, *Auf leisen Sohlen ins Gehirn – Politische Sprache und ihre heimliche Macht,* Carl-Auer-System-Verlag, 3. Auflage, Heidelberg 2014, S. 34.

eine Metapher, ein Symbol oder eine kreativ-künstlerische Annahme ist, also ohne Anspruch darauf, dass das Angenommene auch das Wahre und das Existierende sei. Nehmen wir also an, den noch unwahrscheinlicher als die Entstehung des Universums seienden Allmächtigen Baumeisters habe es vor dem Anfang aller Zeiten gegeben, und er habe nach seinem Plan die Welt, die Menschen, die Geschichte und die Zukunft ausgearbeitet. Dann hat diese Annahme noch nichts erklärt hinsichtlich der Frage, warum sein Wille geschehen sollte, warum die Welt in Gut und Böse zerfalle und warum das Böse zu bekämpfen sei. Aus der Berufung auf gewesene Ereignisse der Geschichte folgt nichts Normatives. Aber das Normative, die Kraft, nach sozialen Werten zu handeln, ist der wichtigste Faktor der menschlichen Gemeinschaften und Gesellschaften. Woher, wenn nicht aus der Heilsgeschichte, stammt diese Kraft?

Die Entdeckung dieser Lücke verdanken wir dem wichtigsten Freimaurer des ersten Jahrhunderts seit der Gründung der englischen Großloge. Die Rede ist immer noch von Lessing. Sein Lebenswerk gipfelt in den Folgen seines mit dem Hamburger Pfarrer Melchior Goeze geführten Streit über die Bedeutung der historischen Berichte der Religion. Goeze hatte nicht die Wahrheit, aber die Macht auf seiner Seite. Denn der Herzog von Braunschweig entzog Lessing auf dem Höhepunkt der Auseinandersetzung die Zensurfreiheit, sodass er nicht weiter zu religionsphilosophischen Fragen publizieren durfte. Lessing hatte sich zwar an das Verbot gehalten, aber er hat sich nicht einschüchtern lassen. Trotz Zensuren der Obrigkeiten sind Lessings wichtigste Thesen heute nur plausibler geworden, während die Dogmatik der Zensoren heute umso lächerlicher dasteht, je mehr sie sich auf unveränderliche Tradition beruft. Auch die vorübergehende Überwindung Lessings durch Hegels und Marx' Geschichtsphilosophien sind der Unglaubhaftigkeit überführt.

Das bislang nicht überwundene Problem geschichtlicher Wahrheiten hatte Lessing 1777 formuliert. Aus der Auseinandersetzung mit Goeze ging damals die kleine Schrift *Über den Beweis des Geistes und der Kraft* hervor. Dort finden wir die epochale Einsicht: »Zufällige Geschichtswahrheiten können der Beweis von nothwendigen Vernunftwahrheiten nie werden.« Die Nachfolger Lessings haben sich entweder – wie Hegel – auf die Suche nach der Begründung von Vernunftwahrheiten begeben oder sie haben versucht, Lessing wie einen toten Hund zu ignorieren. In der Sprache Lessings lautet das bahnbrechende Resultat seiner Auseinandersetzung mit Goeze folgendermaßen: »Ich leugne also gar nicht, daß in Christo Weissagungen erfüllt worden; ich leugne gar nicht dass Christus Wunder gethan: sondern ich leugne, dass diese Wunder, seitdem ihre Wahrheit völlig aufgehöret hat, durch noch gegenwärtig gangbare Wunder erwiesen … werden [müssen];

… zweitens: Was heißt einen historischen Satz für war halten? eine historische Wahrheit glauben? Heißt es im Geringsten etwas anders: als diesen Satz, diese Wahrheit gelten zu lassen? nichts darwider einzuwenden haben? sich gefallen lassen, dass ein andrer einen andren historischen Satz darauf bauet, eine andre historische Wahrheit daraus folgert? sich selbst vorbehalten, andere historische Dinge darnach zu schätzen? heißt es im geringsten etwas anders? etwas mehr? Man prüfe sich genau!

Wir alle glauben dass ein Alexander gelebt hat, welcher in kurzer Zeit fast ganz Asien besiegte. Aber wer wollte, auf

diesen Glauben hin, irgendetwas von großem dauerhaften Belange, dessen Verlust nichts zu ersetzen wäre, wagen? Wer wollte, diesem Glauben zu Folge, alle Erkenntnis auf ewig abschwören, die mit diesem Glauben stritte? Ich wahrlich nicht. Ich habe jetzt gegen den Alexander und seine Siege nichts einzuwenden: …

Wenn ich folglich historisch nichts darwider einzuwenden habe, dass Christus einen Toten erweckt: muss ich darum für wahr halten, dass Gott einen Sohn habe, der mit ihm gleiches Wesen sei? In welcher Verbindung steht mein Unvermögen, gegen die Zeugnisse von jenem etwas erhebliches einzuwenden, mit meiner Verbindlichkeit etwas zu glauben, wogegen sich meine Vernunft streubet?

Wenn ich historisch nichts dawieder einzuwenden habe, dass dieser Christus selbst von dem Tode auferstanden: muss ich darum für wahr halten, dass eben dieser auferstandene Christus der Sohn Gottes gewesen sei? dass der Christus, gegen dessen Auferstehung ich nichts Historisches von Wichtigkeit einwenden kann, sich deswegen für den Sohn Gottes ausgegeben; dass ihn seine Jünger deswegen dafür gehalten: das glaube ich herzlich gern denn diese Wahrheiten, als Wahrheiten einer und eben der selben Klasse, folgen ganz natürlich aus einander.

Aber nun mit jener historischen Wahrheit in eine ganz andere Klasse von Wahrheit herüber springen, und von mir verlangen, dass ich alle meine metaphysischen und moralischen Begriffe darnach umbilden soll; mir zumuthen, weil ich der Auferstehung Christi kein glaubwürdiges Zeugnis entgegensetzen kann, alle meine Grundideen von dem

Wesen der Gottheit darnach abzuändern: wenn das nicht reine metabasis eis allo genos ist.«[154]

Vernünftige Wahrheit durch humanitäre Praxis

Lessing war es nicht erlaubt, diese Überlegungen öffentlich fortzuführen, weil das öffentliche religiöse Bewusstsein sich empfindlich gestört fühlte. Es war nicht imstande die Ungewissheit, die Offenheit und die daraus folgende Ethik der Praxis anzunehmen. Religiöses Bewusstsein setzt gegen die Offenheit der Zukunft und des Denkens einen Determinismus, der noch dazu das Wissen aller künftigen Weltzustände beinhalten soll und der in einem Super-Bewusstsein am Anfang aller Zeiten festgelegt worden sein soll. Um nicht auf das Zauberwort »Freiheit« verzichten zu müssen, nehmen diese Menschen an, man sei frei, dies zu glauben oder nicht. Doch ist nicht Freiheit das Kriterium, falsche Annahmen machen zu können, sondern Dummheit, wie wir anhand einiger Strukturen des Pseudo-Denkens aufgezeigt haben.

Dieser Dummheit widersetzte sich Lessing und schuf mit seinem Drama *Nathan der Weise* ein tragendes Fundament für die Humanität des offenen Prozesses. Leider habe ich kaum freimaurerische Arbeiten gelesen, die mehr dazu zu sagen hätten als die Wiederholung der *unspektakulären* Aspekte der *Ringparabel.* Dennoch wird diese *Ringparabel* auch noch zum Sprengstoff für die alte, religiös begründete Moral, wenn wir auf Beiläufigkeiten besser achten. Der Sprengstoff

---

154 Gotthold Ephraim Lessing, *Ueber den Beweis des Geistes und der Kraft: an den Herrn Director Schumann, zu Hannover*, Buchhandlung des Waisenhauses, Braunschweig 1777.

besteht aus einem Trick, den Lessing anwendet, der die beispiellose Bedeutung der Freimaurerei für künftigen Umgang mit Ethik und Moral herausstellt.[155]

Im vierten Akt, 5. Auftritt, des *Nathan* schildert Nathan der Weise dem Saladin die Geschichte mit den gefälschten Ringen. Saladin wollte zwar hören, ob Nathan ihm Geld leihen könne, aber dieser fabuliert:

Vor grauen Jahren lebt' ein Mann in Osten,
Der einen Ring von unschätzbarem Wert
Aus lieber Hand besaß. Der Stein war ein
Opal, der hundert schöne Farben spielte,
Und hatte die geheime Kraft, vor Gott
Und Menschen angenehm zu machen, wer
In dieser Zuversicht ihn trug.
...
Das gelingt
Dem Künstler. Da er ihm die Ringe bringt,
Kann selbst der Vater seinen Musterring
Nicht unterscheiden. Froh und freudig ruft
Er seine Söhne, jeden insbesondre;
Gibt jedem insbesondre seinen Segen, –
Und seinen Ring, – und stirbt. –
...
Saladin (der sich betroffen von ihm gewandt).
Ich hör, ich höre! – Komm mit deinem Märchen
Nur bald zu Ende. – Wird's?
Nathan Ich bin zu Ende.
Denn was noch folgt, versteht sich ja von selbst. –

---

155 Diese Überlegungen finden sich auch in meinem Beitrag: *Die metaphorische Bedeutung von Religion in der Freimaurerei*, a.a.O.

Kaum war der Vater tot, so kömmt ein jeder
Mit seinem Ring, und jeder will der Fürst
Des Hauses sein. Man untersucht, man zankt,
Man klagt. Umsonst; der rechte Ring war nicht
Erweislich; –
Fast so unerweislich, als
Uns itzt – der rechte Glaube.
Saladin Wie? das soll
Die Antwort sein auf meine Frage? …
Nathan Laß auf unsre Ring'
Uns wieder kommen. Wie gesagt: die Söhne
Verklagten sich; und jeder schwur dem Richter,
Unmittelbar aus seines Vaters Hand
Den Ring zu haben. – Wie auch wahr! – Nachdem
Er von ihm lange das Versprechen schon
Gehabt, des Ringes Vorrecht einmal zu
Genießen. – Wie nicht minder wahr! – Der Vater,
Beteurt' jeder, könne gegen ihn
Nicht falsch gewesen sein; und eh' er dieses
Von ihm, von einem solchen lieben Vater,
Argwohnen lass': eh' müss' er seine Brüder,
So gern er sonst von ihnen nur das Beste
Bereit zu glauben sei, des falschen Spiels
Bezeihen; und er wolle die Verräter
Schon auszufinden wissen; sich schon rächen.
Saladin Und nun, der Richter? –
Mich verlangt zu hören,
Was du den Richter sagen lässest. Sprich!
Nathan Der Richter sprach: Wenn ihr mir nun den Vater
Nicht bald zur Stelle schafft, so weis ich euch
Von meinem Stuhle. Denkt ihr, daß ich Rätsel

Zu lösen da bin? Oder harret ihr,
Bis daß der rechte Ring den Mund eröffne? –
Doch halt! Ich höre ja, der rechte Ring
Besitzt die Wunderkraft beliebt zu machen;
Vor Gott und Menschen angenehm. Das muß
Entscheiden! Denn die falschen Ringe werden
Doch das nicht können! – Nun; wen lieben zwei
Von Euch am meisten? – Macht, sagt an! Ihr schweigt?
Die Ringe wirken nur zurück? und nicht
Nach außen? Jeder liebt sich selber nur
Am meisten? – Oh, so seid ihr alle drei
Betrogene Betrüger! Eure Ringe
Sind alle drei nicht echt. Der echte Ring
Vermutlich ging verloren. Den Verlust
Zu bergen, zu ersetzen, ließ der Vater
Die drei für einen machen.
Saladin Herrlich! herrlich!
...
Es strebe von euch jeder um die Wette,
Die Kraft des Steins in seinem Ring' an Tag
Zu legen! komme dieser Kraft mit Sanftmut,
Mit herzlicher Verträglichkeit, mit Wohltun,
Mit innigster Ergebenheit in Gott
Zu Hilf'! Und wenn sich dann der Steine Kräfte
Bei euern Kindes-Kindeskindern äußern: ...[156]

Lessings Trick ist von unterschätzter Tragweite. Statt die Wahrheit und das Gute aus dem Determinismus vermeintlich offenbarter Wahrheiten abzuleiten, macht Lessing sie

156 Gotthold Ephraim *Lessing, Nathan der Weise*, Text und Kontext, reclam, Stuttgart 2015.

zum Resultat eines Prozesses, der nicht abgeschlossen ist. Ob er jemals abgeschlossen sein wird, verrät der Trick nicht. Das ist die Alternative zum Determinismus der Mechanik und des religiösen Dogmas, nach welchem Gott oder eine andere Vorsehung alle Ereignisse im Geist festgelegt haben soll, und zwar vor der Erschaffung der Welt. Der echte Ring aber erweist sich als echt nicht durch die Versicherung, man sei im Besitz des Wahren. Nicht das Sein und Dasein des Ringes ist der Träger des Wahren und Guten, sondern die ganz bestimmte Praxis, die in seinem Namen angestoßen wird. Echtheit und Wahrheit entstehen zuallererst in der Praxis des Lebens. Es ist das Leben der Humanität, das Lessing durch die Fähigkeit des Rings definiert hatte, seinen Träger als angenehm und gut vor Gott und den Menschen erscheinen zu lassen. Dadurch unterwirft er das Handeln der Menschen einer Konkurrenz. Aber es ist nicht die Konkurrenz, die den anderen verdrängen will, sondern die Konkurrenz in der Weise, zu lieben, geliebt zu werden und liebenswert zu sein.

Es ist interessant, dass die anti-revolutionäre Schrift des irischen Schriftstellers und Parlamentariers Edmund Burke *Reflections on the Revolution in France* aus dem Jahr 1790 ebenfalls dies als eine Gegenthese zur Vernunftphilosophie der Agitatoren der Revolution formulierte: »To make us love our country, our country ought to be lovely«, lautet es dort geradezu materialistisch.[157] Das Sein bestimmt das Bewusstsein! Nur die Dinge, die liebenswert sind, können geliebt werden. Und liebenswert zu sein, verdankt sich nicht der Vorsehung oder der Auserwähltheit, die das Individuum passiv behandelt. Liebenswert wird der Mensch, indem er sich

157 Edmund Burke, *Reflections on the Revolution in France*, Dent, London 1967, S. 32.

in Liebenswürdigkeit übt, indem er also an sich arbeitet. Liebenswürdigkeit stellt sich dar als die Tugend, die das Resultat von Tun und nicht das von einem Gott zugesprochene Privileg ist. Wer sich einbildet, er könne durch Zwang verordnen, dass Dinge und Menschen geliebt werden, die nicht liebenswert sind, folgt einem menschenverachtenden Impuls, an dessen Abschwächung er noch viel zu arbeiten hat.

In diesen Überlegungen finden wir eine materialistische Erdung des Vernunftglaubens der Aufklärung. Denn Vernunft ist kein Besitzstand, nicht etwas, das man haben könnte. Vernunft ist die Methode, ist eine Herangehensweise an die Veränderung der Welt. Wenn wir unser Land lieben sollen, dann muss es liebenswert sein. Also müssen wir Europa liebenswert machen, dann werden es die Europäer auch lieben, und nicht den Exit suchen. Eine solche Herangehensweise kann man eine Rationalität der Vernunft nennen.

Durch seinen Trick überwindet Lessing das Sei-Spontan-Paradox. Denn von einem Menschen zu verlangen, er soll sein Land lieben, ist eine ebenso unerfüllbare Forderung wie die Aufforderung: »Sei spontan!« Nicht das determinierende Bewusstsein oder eine dort verankerte Vernunft bestimmen hier das Sein, sondern umgekehrt, die Einrichtung unseres Landes als einem liebenswerten zieht den Bewusstseinszustand und das ihm entsprechende Gefühl nach sich, das wir Liebe nennen. Es ist der Vorrang der Praxis, von dem wir oben gesprochen haben.

Lessing führt durch seine Verlagerung der Wahrheit vom Anfang der Geschichte in die offene Zukunft die Sinnlichkeit in die Sittlichkeit ein. Das Wahre ist allenfalls das Resultat von Tätigkeiten, die wir mit wachen Sinnen verrichten, nicht aber eine *a priori* feststehende Tatsache.

Das muss sogar Kant ziemlich geärgert haben, denn seine Antithese will die Ethik auf eine von Sinnen befreite reine Vernunft stützen. Demgegenüber vervollständigt die freimaurerische Auffassung einer zur Humanität gewendeten Praxis den Gedanken Lessings. Wir wissen nicht, was das Gute ist; niemand ist im Besitz der Wahrheit; schon gar nicht die Feinde der aufgeklärten Vernunft in den Institutionen der Religionen.

Der Beitrag der Freimaurerei zur Humanisierung der Zukunft besteht in dem Kunstwerk, das durch die Ausübung des Rituals die Wahrnehmung verstärkt, dass wir aus den Heilslehren der Religionen die Entstehung einer friedvollen Gemeinschaft nicht erwarten dürfen. Aber die Aufforderung, Männer (und vermehrt auch Frauen) in den Logen daran zu gewöhnen, dass nichts Schlimmes passiert, wenn der Gott der eigenen Religion nicht ständig und bei allem dabei ist, gewöhnt uns daran, zuerst an das Endliche und zuletzt an das Unendliche zu denken. »Willst Du ins Unendliche schreiten, / Geh nur im Endlichen nach allen Seiten«[158], rät eine Maxime Goethes. Die ersten und letzten Dinge sind die Fernsten und am wenigsten wichtig. Um ihretwillen das Naheliegende geringzuschätzen wird jetzt zum Ausdruck der verkehrten Wertschätzung. Es kommt in der Welt der Freimaurer allein darauf an, dass wir uns rituell so verhalten, dass wir angenehm sein wollen.

---

158 *Goethes Werke*, Hamburger Ausgabe, Band 1, München 1981, Sprüche, S. 304.

Lebensfeindliche Dogmen oder lebendiges Sittengesetz?[159]

Wir haben oben dargelegt, dass der Glaube an die Existenz eines Gottes keinen Wert an sich darstellt. Vielmehr beansprucht er ein Wissen, das nicht zutrifft. Denn ob ein Gott existiert, erfahren wir nicht durch Denken, Glauben oder Eingebung, sondern durch Erfahrung. So ist das mit allen Dingen, denen wir Existenz zusprechen dürfen. Unentwegt geben Menschen auch Erfahrung mit Gott kund. Aber diese Erfahrungen bleiben das Privaterlebnis einzelner Menschen. In einem psychiatrischen Krankenhaus kam vor wenigen Jahren ein Schizophrener zu seinem Arzt. Er war ungewohnt ruhig und entspannt, vollkommen glücklich und sagte: »Ich habe Gott gesehen.« Wenig später beging der Schizophrene Suizid.[160]

Religionen leben von dieser illusionären Kraft, aus der nichts abzuleiten ist – weder moralische Gebote universeller Gültigkeit noch spezielle Inhalte des Denkens oder Willens eines Gottes. Schließlich kann es einem anderen Menschen nicht zum Vorwurf gemacht werden, wenn er keine Erfahrungen mit Gott und dessen vermeintlich offenbarten Willen gemacht hat.

159 Dieses Kapitel ist eine überarbeitete Version eines Kapitels aus meinem Beitrag *Freimaurerische Geschichtsforschung als Ideologie – Aspekte eines falschen Bewusstseins unter Freimaurern*, in: Helmut Reinalter (Hrsg.), *Neue Perspektiven der Ideengeschichte – Interdisziplinäre Forschungen 27*, innsbruck university press, 2015. S. 119-138, (ebenfalls in: Quatuor Coronati Jahrbuch Nr. 53/2016, *Rituale, Gärten und Musik, Geschichte, Gegenwart und Zukunftsperspektiven*, S. 85-106.)

160 Detlef B. Linke, *Religion als Risiko. Geist, Glaube und Gehirn*, Rowohlt, Reinbek bei Hamburg 2003, S. 92. Vgl. hierzu auch meine Abhandlung *Angst. Vom Nutzen eines gefürchteten Gefühls*.

Dies machen sich aber selbst Funktionäre in den Großlogen der Freimaurerei nicht bewusst. Wer Freimaurerei auf das Dogma stützen wollte, dass nur Auserwählte, denen sich Gott offenbart habe, Freimaurer werden könnten, betrachtet Freimaurerei als eine der übelsten Formen von Religion. Immerhin gibt es Religionen, die auf solche Zumutungen verzichten. Von dieser Zumutung sind auch die Rituale der Freimaurerei tatsächlich frei.

Sofern sich aus dem falschen Wissen über Gott bislang nur Eifersucht, Missgunst, Religionsstreit und andere Übel unter den Menschen verbreitet haben, so muss nun der Anspruch auf eine sittliche Welt- und Menschenordnung seine Begründung unabhängig von Gott finden. Dies ist der Anspruch der von Religionen grundverschiedenen Freimaurerei.

Lessings Zeitgenosse Immanuel Kant wollte diesem Anspruch auf seine Weise gerecht werden, indem er ein moralisches Postulat Gottes einführte. Man müsse, meint Kant, so tun, *als ob* ein Gott die moralischen Gesetze gemacht habe, damit sie Verbindlichkeit beanspruchen könnten. Und es ist korrekt von Kant hervorgehoben, dass der Anspruch des Als-Ob keinerlei Aussage enthält, ob dieser gedachte Gott auch wirklich existiere. Gott ist kein deterministischer Faktor der Welt, sondern er ist ein Postulat des Denkens. So setzte Kant das deistische Programm in seiner Moralphilosophie fort: Von der Annahme des Sittengesetzes führt ein Weg zu Gott und zur Religion – nicht umgekehrt, wie das die christlichen und muslimischen Lehren fordern.

Der Unterschied zwischen Freimaurerei und Religion wird dort am deutlichsten, wo der Fortschritt Lessings und vor allem Kants verleugnet wird. Das religiöse Dogma erlaubt es nicht, den christlichen Gott als ein bloßes nützliches Postulat anzuerkennen. Es will nichts wissen davon, dass in der Freimaurerei nur der Weg vom Sittengesetz zur Religion gangbar ist. Schon rund 70 Jahre vor Kant legte der Presbyterianer-Prediger James Anderson im Auftrag der Großloge von England diese Grundlage der Freimaurerei fest. Für die humanitäre Freimaurerei gilt dieses Grundgesetz der Freimaurerei, die *Alten Pflichten – Constitutions of the Free-Masons* – aus dem Jahr 1723, als die entscheidende Wende von den Religionskriegen zur Idee einer verbindenden Kraft, durch welche die von den Religionen erzeugten trennenden Unterschiede zwischen den Völkern zunächst symbolhaft überwunden werden.[161]

---

161 Leider gibt es auch eine anti-humanitäre Freimaurerei. Sie lehrt das Standardwerk der Großen Landesloge von Deutschland – Freimaurerorden, verfasst von Ferdinand Runkel. Seine Geschichte der Freimaurerei in Deutschland ist wesentlich eine Geschichte der antihumanitären Freimaurerei. Der Verfasser, selbst ein Mitglied und Eiferer für die Sekte des Freimaurerordens, verkündigt das »einzig Wahre« der Freimaurerei musterhaft dogmatisch: »Die Menschen sind die Krönung einer Reihe von Schöpfungsgedanken Gottes. Dies ist meine unantastbare Prämisse, wer mir darin nicht folgen kann oder will, mit dem philosophiere ich nicht; den Freimaurern, die diese Prämisse nicht anerkennen, möchte ich sagen, der hat auch keine Begabung zur freimaurerischen Kunst, wird nie ein Freimaurer werden. Atheisten gehören nicht der göttlichen Weltordnung an, sondern dem Chaos. Sicher aber sind sie gottgewollte Erscheinungsformen, wie die Giftpflanzen im Haushalt der Natur, sie sind das, was die symbolische Terminologie der christlichen Urzeit Söhne des Teufels nannte. Wie tief das empfunden ist, wie kosmisch gefühlt, zeigt uns die Entwicklung des Teufels-Symbols; der Teufel war ursprünglich ein Engel, ein Bote, das heißt ein Willensgedanke des ewigen Gottes. Als aber der Gedanke eigenen, im Plane der Welt nicht begründeten Willen zeigte, verfiel er dem Chaos. So sah das ganze menschliche Wesen der Urchristen die Erscheinung des Bösen an.«

Der Wortlaut des Gesetzestextes als verbindliche Orientierung lautet in deutscher Übersetzung: »Der Maurer ist als Maurer verpflichtet, dem Sittengesetz zu gehorchen; und wenn er die Kunst recht versteht, wird er weder ein engstirniger Gottesleugner, noch ein bedingungsloser Freigeist sein.« Im Einklang mit der Religionsphilosophie der europäischen Aufklärung – insbesondere dem Deismus – eröffnet dieser Grundsatz einen Weg vom Sittengesetz zur Religion, nicht umgekehrt. Die Institution, die diesen Weg in die Praxis gesetzt hat, ist die Freimaurerei. Er nimmt mit dem *Con-*

(Band 3, S. 328, Kindle Edition) Leider teilt der Autor uns nicht mit, woher er sein Wissen hat. Wir wissen daher nicht, was er geraucht hat, ob er reine Phantasie oder krankhaften Größenwahn präsentiert oder ob er wirklich bei der Erschaffung der Welt dabei war. Interessant für dogmatisches Denken innerhalb der Freimaurerei, wie Runkel es lehrt, ist es auch, dass es jede Vorstellung von einem anderem als dem christlichen Gott für Atheismus hält.

Runkel hat allerdings die Gefahr erkannt, die von der humanitären Freimaurerei für ein dogmatisches Christentum ausgeht. Daher möchte er mit seiner dreibändigen Kampfschrift die Brüder seines Jesusbundes – dem Freimaurerorden – gegen die humanitäre Richtung der Freimaurerei immunisieren. Als den ärgsten Feind warnt Runkel seine Verbündeten vor Lessing: »Lessing ist der erste, der diese verschiedene Auffassung in der Freimaurerei Deutschlands aufgezeigt hat, er ist auch der erste, der die große Einheit suchen wollte, und so mußte er in der bitteren Skepsis der Fabel von den drei Ringen enden: ›Der rechte Ring vermutlich ging verloren.‹

Er ging aber nicht verloren, jeder Freimaurer, der im Christentum die höchste Form des religiösen Mysteriums erlebt hat, wird Lessing als Freimaurer ablehnen.« (Band 2, S. 127, Kindle-Edition) Etwas Anderes anerkennt Runkel auch nicht als Freimaurerei: »Dieser überwuchernde Intellektualismus hinderte Lessing, die Freimaurerei, wie auch das Christentum, ja die Religion überhaupt innerlich zu erleben. Und so wurde er zum Gegner der christlichen Freimaurerei und recht eigentlich der geistige Vater der humanitären Richtung.« (Ebd., S. 132 f.)

stitionenbuch des James Anderson seinen offiziellen Gang. Die sanfte Revolution der Freimaurer, indem in der Reihenfolge zuoberst das Sittengesetz und zuunterst Gott sowie die Religion zu stehen kommen, stellt bis heute für viele Menschen eine unerwüschte Voraussetzung dar. Ihr religiöses Bewusstsein ist in seiner Entwicklung vor mehreren hundert Jahren steckengeblieben. Sie verfallen der paradoxen Meinung, man könnte zugleich Freimaurer sein und in der Freimaurerei eine Religion besitzen.

Tatsächlich aber ist Freimaurerei keine Religion[162], und der Mensch muss sich entscheiden, ob er die Freimaurerei haben will oder eine Religion. Ihre Unentschlossenheit hat an manchen Stellen zum starren Festhalten an einer christlichen Ideologie geführt – Beyer nennt Anhänger dieser Ideologie eine »christliche Sekte«. Dort wollen Männer einerseits Freimaurer sein und sich zugleich wie kleine Jesus' fühlen. Sie erklären Jesus zum obersten Baumeister und wähnen sich in seiner Nachfolge. Sie sprechen vom »Meister von Nazareth« und glauben nur an das Christentum vor der Spaltung der Kirche.[163] Der ideologische Überbau dieser Sekte musste freilich eine gewaltsame Umdeutung des Prozesses der Aufklärung und des Wortlauts der von James Anderson verfassten *Constitutions* vornehmen.

Schon der Begründer der deutschen Freimaurerforschung, Bernhard Beyer, hat dargelegt, wie der ursprünglich

---

162 Ohne verschleiernde Worte stellt die Großloge von Österreich diesen Sachverhalt dar, wo es keine Aktivitäten eines religiösen Freimaurerordens gibt: »Freimaurerei ist keine Religion …« (www.grossloge.at/node/37).

163 Vgl. hierzu Ferdinand Runkel, *Geschichte der Freimaurerei in Deutschland*, Band 1, a.a.O., S. 10. (Kindle-Ausgabe)

INRI

humanitäre Charakter der Freimaurerei durch die Ideologie des Freimaurerordens verfälscht wurde. Beyer selbst war ein Verfechter der humanitären Freimaurerei. Und was humanitäre Freimaurerei bedeutet, legte er bereits 1947 in seiner Schrift *Das Fundament der Freimaurerei* dar.[164]

Sittengesetz und Moral sind demnach nicht im Sinne des christlichen Glaubens durch seinen geoffenbarten Willen von Gott in die Welt gesetzt und schon gar nicht das alleinige Verdienst eines christlichen Gottes. Denn über die Existenz eines Gottes sagt weder Anderson noch Kant etwas aus.

Beyer dokumentiert die fundamentale Verfälschung dieses Ursprungs der Freimaurerei. Durch die Interpretationen der Vertreter der christlich-dogmatischen Freimaurerei innerhalb des Schwedischen Systems der *Großen Landesloge* werde, so Beyer, im Zuge der Restauration gegenaufklärerischer Ansprüche eine schleichende Umdeutung der Grundhaltung des Andersonschen *Konstitutionenbuches* betrieben.

In seiner Broschüre aus dem Jahr 1947 zeichnet Beyer einige Kriterien dieser Verfälschung nach. Er bezieht sich unter anderem dabei auf Ferdinand Runkel und dessen für die *Große Landesloge* maßgeblichen *Geschichte der Freimaurerei in Deutschland.* Über Runkel schreibt Beyer: »Er stellt dort nämlich die Behauptung auf, nur das könne der Sinn der Alten Pflichten sein, daß sie auf das ›Christentum vor der konfessionellen Scheidung‹ auf die ›reine Lehre des Meisters von

164 Die folgenden Passagen entnehme ich zum Teil wörtlich aus Thomas Forwe, Klaus-Jürgen Grün, *Bernhard Beyer,* in: Helmut Reinalter (Hrsg.), *Deutsche und österreichische Freimaurerforscher*, Interdisziplinäre Forschungen 28. innsbruck university press 2016, S. 25-40. Ich habe sie auch verwendet für meine ausführlicheren Überlegungen in dem Buch *Das verlorene Wort,* a.a.O.

Nazareth‹ zurückgehen wollten. An anderer Stelle versteigt er sich sogar zu dem Satze: ›Es kann heute als sicher feststehend angenommen werden, daß mit dieser Wendung (nämlich mit der ›Religion, in der alle Menschen übereinstimmen‹, B.) nur die christliche Religion gemeint sein könne.‹ … Auch bei Runkel sucht man vergeblich nach Beweisen. Er stellt einfach frank und frei die Behauptung auf, daß seine diesbezügliche Ansicht ›als sicher feststehend‹ angenommen werden könne. Und dabei muß er als Geschichtsschreiber doch sehr wohl wissen, daß fünf Millionen Freimaurer in der ganzen Welt anderer Ansicht sind wie er.«[165]

Ganz konkret versuche Runkel seine Behauptung »dann noch durch einige biographische Notizen über Anderson zu stützen. So sagt er: ›Anderson war strenggläubiger presbyterianischer Geistlicher; für ihn kann die Religion, in der alle Menschen übereinstimmen, nur die christliche gewesen sein‹«. Eine gründlichere Beschäftigung mit den Quellen führte Beyer jedoch zu einem anderen Ergebnis: »Die Alten Pflichten besagen also eigentlich gerade das Gegenteil von dem, was die Schriftsteller aus dem Kreise der Großen Landesloge uns glauben machen möchten.«[166]

Beyers Forschung galt in wesentlichen Teilen dem Nachweis, dass nur der Geist der Freiheit – und dies bedeutet auch Religionsfreiheit – das freimaurerische Ideal prägen konnte. Ihn leitete das Bild der Freimaurerei als einer offenen Gesellschaft. Von diesem Standpunkt aus nimmt er früh schon die reaktionären Kräfte der Großen Landesloge der Freimaurer von Deutschland (GLL) wahr. Sein für politische Propaganda geschärftes Bewusstsein weist schon vor 1927 den völkischen

165 Bernhard Beyer, *Das Fundament der Freimaurerei*, Krefeld 1947, S. 9.
166 Ebd., S. 10.

Ton dieser christlichen Absplitterung als eine dem Geist der Freimaurerei widersprechende Haltung zurück. Zu Recht beklagt Beyer, dass der damalige Großmeister der GLL am Schluss seiner Ansprache bei der gemeinsamen vaterländischen Feier der drei altpreußischen Großlogen am 18. Januar 1927 das Christentum zu einer notwendigen Bedingung der Freimaurerei erklärt. »Christliche Freimaurer«, zitiert Beyer die völlig verfehlte Rede des Großmeisters, »sammelt euch um des Kreuzes heiliges Zeichen. Das Ende der christlichen Freimaurerei ist auch das Ende, wenn nicht der Freimaurer in Deutschland, so doch der deutschen Freimaurerei!«[167]

Beyer sieht diese »krankhaft anmutende Idee« im Zusammenhang mit einem schlechten Gewissen innerhalb der Großen Landesloge, das aus ihrem Bestreben stammt, »einen Kampf gegen die humanitäre Freimaurerei zu führen«[168]. In seinen Ausführungen bezieht sich Beyer auch auf eine Mitteilung in der *Zirkelkorrespondenz* des Freimaurerordens der GLL, in der der »maurerische Reformator« Friedrich Ludwig Schröder angegriffen und verleumdet wird. Dieser hätte seinen Lebenszweck darin gesehen, »die christliche Freimaurerei zu verdächtigen und mit allen, auch unsauberen Mitteln zu bekämpfen«[169].

Beyer betrachtet diesen – leider bis heute nicht überwundenen – Verfolgungswahn »der Tatsache, dass die Große Landesloge sich überall von Feinden umgeben wähnt«,

---

167 Bernhard Beyer, *Der Kampf der Großen Landesloge der Freimaurer von Deutschland gegen die humanitäre Freimaurerei*, Bayreuth 1927, S. 4.
168 Ebd., S. 5.
169 Ebd., S. 5 f.

geschuldet.[170] Niemals habe Schröder sich gegen das Christentum ausgesprochen.[171]

Doch genau dies will der Verfasser der Verleumdungsschrift glauben machen. Damals hoffte Beyer allerdings noch, »daß die Große Landesloge je länger desto mehr sich davon überzeugen wird, ihr krampfhaftes Bemühen, sich die Gunst der deutsch-völkischen Kreise zu gewinnen, sei vergeblich, und daß sie im Zusammenhang damit zu der Erkenntnis gelangt, es sei ratsam und würdiger, törichten Angriffen gegenüber, die auf Unwissenheit oder Böswilligkeit beruhen, vornehme und stolze Zurückhaltung zu bewahren«.[172] Die skrupellose Weise, in der sich die GLL dem Nationalsozialismus als Verbündete anbot, fasst Beyer mit einem Satz zusammen: »Nicht uns müsst ihr angreifen, sondern einzig und allein die humanitäre Freimaurerei, denn die ist tatsächlich pazifistisch internationalistisch.«[173]

Beyer ist der Meinung, dass »man für die denuntiatorische Art, wie die Große Landesloge die Angriffe der Gegner von sich ab- und auf andere Leute, denen sie sogar mit Brudernamen zu begegnen pflegt, hinzulenken sucht, kaum eine Bezeichnung finden (werde), die scharf genug wäre.«[174] Dass es der Großen Landesloge darum geht, die Mitglieder der humanitären Freimaurerei in der Öffentlichkeit als »vaterlandslose Gesellen« zu verleumden, gilt für Beyer als unstrittig. Dies nämlich verstand die Öffentlichkeit unter

170 Ebd.
171 Ebd., S. 8.
172 Ebd., S. 9.
173 Ebd., S. 13.
174 Ebd., S. 14.

dem Adjektiv »internationalistisch«.[175] Dabei erwiesen sich, wie Beyer im weiteren Verlauf seiner kleinen Schrift anhand zahlreicher Dokumente belegt, Großmeister und andere Würdenträger der *Großen Landesloge* als im höchsten Maße heuchlerisch, denn sie selbst hatten in den vergangenen 20 Jahren die Vertreter aus Frankreich und England mit überschwänglichen Ehrungen und »Ehrenmitgliedschaften« überhäuft. Beyer hat sich erbost über die Unaufrichtigkeit dieser Bekundungen, die sich zeigte, als das politische Klima in Deutschland umschlug. Sein Groll verstärkte sich noch, als die »internationalen Verbrüderungszenen in ihrer Überschwänglichkeit zum Teil abstoßend« wirkten und die *Große Landesloge* die *Großloge Zur Sonne* des Internationalismus bezichtigte, obgleich es bei deren Würdenträgern solcherlei »nie und nirgends« gegeben habe.[176]

Das Bernhard Beyer bekannt gewesene Material hätte seinerzeit schon ausgereicht, um bei dem »Nationalverband deutscher Offiziere, der Deutschen Adelsgenossenschaft etc.« erheblichen Schaden für die *Große Landesloge* zu bewirken. Aber es war Beyer bereits »von Herzen schwer«, in dieser kleinen Abhandlung »derartige schmutzige Wäsche ... vor unseren Brüdern waschen« zu müssen. Er hoffte darauf, dass es nicht noch einmal zu den Vorwürfen des Findelschen Buches mit dem Titel *Die Aftermaurerei und das Winkellogentum der Großen Landesloge von Deutschland* kommen würde. Als Großmeister der *Großloge Zur Sonne* fordert Bernhard Beyer unmittelbar nach dem letzten Krieg, allen Kontakt zu den früheren altpreußischen Großlogen abzulehnen, bis sie von sich aus eine Aufarbeitung ihrer Taten begonnen hät-

175 Ebd., S. 15.
176 Ebd., S. 20.

ten. Stattdessen aber folgten 1950 verharmlosende Erklärungen wie etwa: »Man sollte endlich einmal die Akten über jene in jeder Hinsicht traurige und verfolgungsreiche Zeit schließen.«[177]

Einmal mehr dokumentiert diese *Zirkelkorrespondenz* die von Beyer verabscheute Verlogenheit führender Funktionäre der *Großen Landesloge.* Beklagen sich doch die Verfasser des Dokuments darüber, dass seit Ende des Krieges »Schrifttum ans Licht trat, das sich in Schmähungen gegen die GLL erging«[178]. Aber an die Stelle einer dann auch einzufordernden genauen Untersuchung der Tatsachen, beantragten sie die Schließung der Akten. Der Stil der Verwischung von Spuren und Behinderung genauer Untersuchungen auf Seiten der *Großen Landesloge* spricht für die Berechtigung der Anklage Beyers. Eine Aufarbeitung der Vorfälle ist bislang innerhalb der *Großen Landesloge* ausgeblieben.[179]

---

177 Zirkelkorrespondenz Nr. 4/1950, S. 1.

178 Ebd.

179 Hinzu kommt eine beinahe schon grenzenlose Verehrung der auf nationalsozialistischer Rassenideologie beruhenden Geschichtsschreibung Ferdinand Runkels. Jüngst hat Claus Oberhauser (*Ferdinand Runkel*, in: Helmut Reinalter (Hrsg.), *Deutsche und österreichische Freimaurerforscher, Interdisziplinäre Forschungen 28*, innsbruck university press 2016) klargestellt, wie sehr Ferdinand Runkels Geisteshaltung sich auch aus der Verherrlichung der deutschen Kolonialgeschichte speist und dass sein dreibändiges Werk über die Geschichte der deutschen Freimaurerei – vollkommen konträr zu seiner Selbsteinschätzung, er sei »objektiv« – der rein subjektiven und einseitigen Auffassung einer nationalistisch und dogmatisch-christlich festgelegten Freimaurerei entspringt. Nicht allein seine ausdrücklich auf Metaphysik gegründete Auffassung von Freimaurerei, vor allem seine »nationalistisch-vaterländische Argumentation« (ebd., S. 171) macht das Buch zu einem Problem für die Freimaurerei. Denn, wie Oberhauser unmissverständlich zusammenfasst, »Runkel meint, dass die

Atheismus der Freimaurerei

»Diese Überschrift bitte nicht beachten«

Lieber Leser, bitte tragen Sie in das unten gezeichnete Quadrat »Ja« oder ein beliebiges anderes Zeichen ein, wenn Sie wünschen, dass ein anderer Leser dieser Buchseite dieses Kästchen leer vorfinden soll. Danke.

Wenn Sie möchten, dass dieses Feld leer bleibt, dann bitte ein »Ja« eintragen.

☐

deutsche Freimaurerei ›der deutschen Menschheit‹ zu dienen habe, ›denn wir sind deutsch, wir sprechen deutsch, wir fühlen deutsch und wir beten deutsch. Deutsch sein heißt volkstümlich sein, darum muß auch dies Werk ein volkstümliches Werk sein.‹ (Ebd.) Die Vereinigten Großlogen von Deutschland werden es sich nun genau überlegen müssen, ob durch die Mitgliedschaft der Großen Landesloge von Deutschland aufgrund ihrer Hochachtung vor Ferdinand Runkel und dessen Freimaurergeschichte – die sie beharrlich empfehlen – überhaupt noch die Kriterien der Regularität erfüllt sind, wenn wir über Runkel erfahren, »›dass die englische Form der Freimaurerei überlebt sei und es nun der deutschen obliegt, auf die Feinde des Bundes zu reagieren.‹« (vgl. http://forum.vglvd.de/showthread.php?477-Schr%F6dersche-Lehrart)
An anderen Stellen habe ich die beharrliche Weigerung des Freimaurerordens, sich von von Runkel zu distanzieren, bereits vorgestellt, allerdings ohne Auswirkung auf die Geisteshaltung der Funktionäre der Großen Landesloge. Vgl. Klaus-Jürgen Grün, *Menschenähnlichkeit, Zum Unterschied zwischen humanitärer Freimaurerei und Religion*, Edition Temmen, Bremen 2012., S. 140 u. a.

Von dieser Art Anweisungen handelt dieses Kapitel. Vielleicht denken Sie, dass niemand auf die Idee kommen könnte, solcherlei Vorschriften auszugeben. Aber da irren Sie. Schon die fett gedruckte Anweisung der E-Mail: »Wenn Sie keine weiteren Nachrichten von uns erhalten wollen, klicken Sie bitte hier«, ist eine Garantie für eine Vervielfachung der Nachrichten vom Absender. Der Absender weiß aus Erfahrung, wie erfolgreich sein Fishing sein wird.

Und wer hat sie nicht schon gesehen, die überfrommen Christen, die wir schon zitierten, weil sie sich ein T-Shirt überziehen, auf dem in großen Lettern geschrieben steht: »Jesus liebt dich«? Wahllos sprechen sie schweigend jeden damit an, der ihnen zufällig begegnet. Auch sie betreiben Fishing und zugleich eine Art Gehirnwäsche, denn sie meinen, unmittelbar den Glauben von Menschen manipulieren zu können.

Warum schalten sich fundamentalistische Christen zwischen Gott und den Menschen als Vermittler ein? Glauben sie etwa, dass Gott diese Botschaft nicht selbst übermitteln könnte. Sicherlich glauben sie das nicht. Und trotzdem glauben sie es. Über sie hat eine spezifische Art von Schizophrenie Herrschaft gewonnen. In ihrem Wahn üben sie unausweichlichen Druck aus. Angesprochene sollen das Gefühl bekommen, keine Alternative zu haben als diese postulierte Liebe zu erwidern. Wer kein »Ja« in das Kästchen schreibt, hat es zwar leer gelassen, aber der Anweisung zufolge das Gegenteil seines Willens erreicht. Hat er aber etwas hineingeschrieben, war es zwar sein Wille, dass nichts darin stehe, aber schon wieder hat er das Gegenteil erreicht.

Wie wir schon angedeutet haben, besteht das Unmögliche der Auskunft: »Jesus liebt dich«, darin, dass der Angesprochene glauben soll, man könne die Liebe zu Gott verordnen. Entweder erfüllt man die Verordnung – dazu ist aber kein Glaube, sondern bloß Gehorsam nötig – oder man erfüllt sie nicht, dann muss man gegen seinen Glauben handeln. Wenn eine Mutter ihrem Kind auf übertriebene Weise zu verstehen gibt, wie sehr sie das Kind liebt, manipuliert sie es in die gleiche Ausweglosigkeit. Es hat nur eine Möglichkeit: Vorzugeben, die unglaubwürdige Liebe der Mutter zu erwidern.

Das Denkklima hinter solchen Aktionen kennen wir auch aus der »pseudospontanen Gastfreundschaft«[180]. Im Restaurant einer Fastfood-Kette tragen die schlecht bezahlten und überforderten Kellnerinnen ein Label am T-Shirt mit der Aufschrift: »Wir freuen uns, dass Sie unser Gast sind«. Aber um den semantischen Gehalt des Satzes, also seine Bedeutung, seinen Sinn, warum er überhaupt geschrieben werden kann, zu verwirklichen, kann er nicht wahllos jedem gegenüber kundgegeben werden. Ebenso wenig kann die bloße Pflicht zur Erfüllung des Arbeitsvertrages den Gehalt erzeugen. Ein Krankenpfleger, der einem Patienten auf die Frage, warum er so freundlich sei, zur Antwort gibt: »Weil es der Gesetzgeber vorschreibt«, handelt nur im Sinne des Gesetzgebers, dessen Interesse offenbar selbst nicht einem humanitären Umgang mit Menschen gilt, sondern der bedingungslosen Erfüllung einer Pflicht. Sollte es die Pflicht sein, nicht aus Pflicht freundlich zu sein, dann offenbart sich der Grad an Schizophrenie in unserer Amtssprache.

Wer sich zufrieden gibt mit solcher Oberflächlichkeit des Geschriebenen und mit dessen Bedeutungslosigkeit, der repräsentiert ein bestimmtes Menschenbild. In ihm herrscht

---

180 Paul Watzlawick, *Wie wirklich ist die Wirklichkeit*, a.a.O., S. 35.

kein Gespür für die Bedeutung verwendeter Worte. Das Verhältnis von Wort zum Sachverhalt wird als eine ausreichend feste Verbindung verstanden. Man sagt etwas und bildet sich ein, dass es gelte, einfach aufgrund dessen, dass jemand es ausgesprochen hat. Tatsächlich aber ist der Sprecher bloß im Verwenden von Metaphern stehen geblieben, ohne verstanden zu haben, dass er in Metaphern spricht.

Jemand, der an der Oberfläche der Sprache lebt, kann gleichzeitig sagen: »Man darf nicht lügen«, während er sich alle Nase lang der Lüge bedient. Fragen Sie ihn einmal, ob er ehrlich ist. Wenn er »ja« antwortet, ist er ein Schwindler.

Sprache wird von vielen Menschen verstanden als eine Abfolge von Zeichen, die einen bestimmten Reflex auslösen, weil sie meinen, die Zeichen seien kausal mit Gegenständen verbunden. Aussprechen von Worten gleicht so dem Betätigen eines Lichtschalters. Man kann ihn gedankenlos umlegen, um das Licht ein- oder auszuschalten. Die Beziehung, die Menschen auf dieser Ebene der Verwendung der Sprache pflegen, ist die Beziehung, die Roboter mittlerweile ebenfalls untereinander unterhalten können.

Ist das Klima dieser Oberflächlichkeit erst einmal eingerichtet, hilft die Bekundung: »Ich meine es aber ernst«, kein bisschen weiter. Meistens sagen Menschen auch nur: »… jetzt aber im Ernst …« oder »… ehrlich gesagt …« Sie sind Ausdruck der oberflächlichen Verwendung von Sprache.

Um die Bedeutung unserer Sprache zu verändern, bedarf es eines Heraustretens aus der Roboter-Sprache. So etwas geschieht unter anderem im Ritual. Es gibt in manchen Freimaurer-Ritualen die Szene der Teppichzeichnung oder das Herstellen einer Arbeitstafel. Jeder Freimaurertempel erhält seine Bedeutung durch das Auflegen eines Arbeitsteppichs mit seinen typischen freimaurerischen Symbolen. Hierbei spielen Worte nicht die Hauptrolle. Das Aufrollen des Teppichs ist ein Merkmal der Erzeugung einer Bedeutung, die nur in der Handlung oder in der Praxis ihre Wirklichkeit hat. Worte erhalten hierbei nur symbolisch eine Verbindung zu den tatgebundenen Mitteilungen. Es genügt nicht zu sagen: »Ich lege den Teppich auf.« Der Satz macht nur Sinn, wenn er mit einer Handlung verbunden ist. Daher ist die rituelle Aktion des Teppichauflegens eine symbolische Erinnerung, dass wir die Worte der Sprache nicht bedeutungslos und abstrakt verwenden können. Die von Schizophrenen gewöhnlich gezeigte Vorstellung, dass Worte magische Beziehung zum ausgesprochenen Sachverhalt haben, wird im freimaurerischen Ritual behutsam aufgelöst – behutsam deswegen, weil die Botschaft nicht auf demselben Weg der Mitteilung geschieht, wie es die falsche Verwendung von Sprache unternimmt. Diese Behutsamkeit ist auch der Grund, warum viele Freimaurer gar nicht merken, was geschieht und was sie tun. Sie müssen es auch nicht wörtlich wissen, denn nicht durch Worte wird falsches Wissen aufgelöst, sondern durch Handlungen. Mit ihren Handlungen und in ihrer Mitwirkung im Freimaurertempel bekunden alle Anwesenden durch die Tat die sekundäre Bedeutung von Worten.

Falsche Verwendung der Sprache verkennt ihren Symbolcharakter und ihre Metaphorik. Stattdessen verbreitet sie die Vorstellung, Sprache sei kausal mit Sachverhalten verknotet. Der unverantwortliche Gebrauch der Sprache in der Alltagsgewohnheit beruht auf dieser Erwartung, in der das Aussprechen von Worten unmittelbar wie eine kausale Ursache etwas in der Welt bewegen soll. Schon die einfache Wechselrede zwischen dem kleinen Nils und seiner Mutter bildet diese Gewohnheit ab: »Warum darf ich nicht von der Schokolade essen?«, fragt der kleine Nils. »Weil ich es gesagt habe«, antwortet die Mutter. Dabei wird die falsche Auffassung gefestigt, Worte der Sprache hätten eine kausale Verbindung zu Handlungen. Aber die Auswirkung der Wechselrede beruht nicht auf kausalen Verbindungen, sondern auf einer Art sozialer Beziehungen, die Watzlawick beispielsweise als »Rückkopplung«[181] bezeichnet.

Den Unterschied zwischen bloßem Funktionieren, Regeln-Befolgen, Stereotypen nachahmen und dem Aufbau menschlicher Beziehungen kann man sich anhand der Phänomene der Rückkopplung vergegenwärtigen. Dazu ist bloß die Vorstellung eines Fußballs und einer Katze nötig.

Legen Sie einmal einen Fußball vor Ihre Füße auf den frisch gemähten Rasen. Kicken Sie dann mit Ihrem Fuß mit der richtigen Kraft und im richtigen Winkel den Ball, damit Sie ein elf Meter entferntes Tor treffen. Es gibt nur zwei Möglichkeiten: Entweder Sie kicken mit der richtigen Kraft

---

181 »Das Prinzip der Rückkopplung ist nicht zu Unrecht als das Geheimnis aller natürlichen Vorgänge genannt worden. Systeme mit Rückkopplung zeichnen sich nicht nur quantitativ durch höhere Komplexität aus – sie unterscheiden sich auch qualitativ von den Maschinen der klassischen Mechanik. Ihr Studium erfordert neue Grundbegriffe; ihre Logik und ihre Epistemologie weichen in vielem grundsätzlich von dem herkömmlichen Verfahren wissenschaftlicher Analyse ab, wie etwa dem Prinzip der jeweiligen Isolierung einer Variablen oder der Laplaceschen Überzeugung, daß die vollkommene Kenntnis aller Tatsachen zu einem gegebenen Zeitpunkt die Voraussage aller zukünftigen Entwicklungen ermögliche. In selbstregulierenden Systemen – Systemen mit Rückkopplung – sind die Begriffe der Struktur, der Organisation und der Information ebenso wichtig, wie es die Begriffe von Materie und Energie am Anfang unseres Jahrhunderts waren. « (Paul Watzlawick, Janeth H. Beavin, Don D. Jackson, *Menschliche Kommunikation*, a.a.O., S. 42.)

und dem richtigen Winkel, dann treffen Sie das Tor. Sofern Sie nicht getroffen haben, waren die Parameter falsch.

Nun tauschen Sie den Fußball durch eine Katze aus. Legen Sie das Tier genau dorthin, wo vorher der Ball lag. Überlegen Sie sich nun, mit welcher Kraft und in welchem Winkel Sie beim Kicken die Katze treffen müssen, damit sie wie zuvor der Ball im Tor landet. Selbst wenn Sie nach allen Regeln der geometrischen Kunst, exakt den Schwerpunkt der Katze im richtigen Winkel im Blick und mit der richtigen Kraft, unter Berücksichtigung des gerade herrschenden Seitenwindes zum »Schuss« ausholen, können Sie nicht genau vorhersagen, was passieren wird. Es kann vorkommen, dass Ihnen schon beim Ausholen mit ihrem Bein die Katze voll ins Gesicht springt und Ihnen den Spaß an diesem Elfmeter verdirbt.

In jedem Fall wird durch Ihre Absicht oder den Kick ein in der Katze beheimatetes Energiesystem aktiviert, das seinerseits eine vollkommen neue Konstellation erzeugt. Es handelt sich um eine Rückkoppelung, die die Kommunikation erheblich erschweren kann. Stellen Sie sich nun einmal vor, Sie hätten den Fußball nicht durch eine Katze ausgetauscht, sondern durch einen Menschen – vielleicht sogar einen behinderten, der nicht weglaufen oder Ihnen ins Gesicht springen kann. (Doch dazu möchte ich Ihnen keinesfalls raten.) Falls es Ihnen überhaupt gelingen würde, ihn mit einem Kick ins Tor zu befördern, würden Sie sich bald im Gefängnis wiederfinden, obwohl es keinerlei kausale Beziehung zwischen der Kraft sowie dem Winkel Ihres kickenden Fußes und dem Weg ins Gefängnis gibt. Allein das soziale Rückkoppelungssystem hat einen Kommunikationsprozess in Gang gesetzt, in dem die Individuen der sozialen

Gemeinschaft eigene Energie aufgewendet haben, um Ihnen den Spaß am Elfmeter-Schießen zu verderben.

Wir sollten uns die Mühe nicht abnehmen lassen, Menschen zu verstehen und aus der Vieldeutigkeit eine zutreffende Erwartung zu bilden. Denn lebende Objekte verhalten sich anders als nicht lebende. Dass ein Lebewesen nicht wie ein Fußball zu behandeln ist, ist eine Erfahrung aus der Praxis.

Kehren wir noch einmal zurück zum Arbeitsteppich der Freimaurer. Manchmal wird in Freimaurerlogen der Eindruck des tatgebundenen Wortes noch verstärkt, weil der Teppich gar nicht existiert, sondern mit Kreide auf den Boden gezeichnet wird. Dadurch entsteht die Arbeitstafel, die die Rolle des Teppichs spielt. Die Verbindung zwischen dem Wort Arbeitstafel und dem sinnlich wahrnehmbaren Gegenstand wird für alle Augen sichtbar durch die rituelle Handlung hergestellt. Solcherlei ist nötig, damit Menschen die Bedeutung von Worten und Sprache in Erinnerung gerufen wird. Denn zwischen das Aussprechen von Aufforderungen und das beobachtbare Resultat ist »Arbeit« geschaltet. Sie beseitigt paradoxe Auffassungen der Sprache, und die symbolische Bedeutung der Sprache kommt dabei zur Wirkung. Denn jeder Teilnehmer am Ritual fühlt, dass nicht der ausgesprochene Auftrag als kausale Folge die Arbeitstafel hervorbringt, sondern der gesamte Kontext des nach Regeln ablaufenden Rituals.

Nach vollendeter Arbeit wird die Zeichnung wieder weggewischt, um auch deren Symbolcharakter zu unterstreichen.

Das Wirkliche unserer menschlichen Beziehungen ist nicht etwas, das man auf ein Namensschild schreiben und jedem beliebigen Anderen unter die Nase halten könnte. Wenn jeder zu jedem sagen kann, »Gott liebt dich«, dann hat der Satz keine Bedeutung, zumindest so lange er in seiner wörtlichen Bedeutung verstanden werden soll.

Die Gruppe derer, die solche Worte in einen beliebigen Kontext gedankenlos hineinwirft, verbreitet die schizophrene Auffassung, dass das Verwenden von Worten der Sprache die direkte kausale Wirkung beim Adressaten hervorrufe. Sie erzeugen den Eindruck, dass das bloße Vernehmen des Satzes: »Gott liebt dich«, das Bewusstsein erschaffe, sich von Gott geliebt zu fühlen. Genauso wenig Bedeutung hat ein Blechschild über der Eingangstüre zu einem Restaurant, auf dem geschrieben steht: »Bei uns sind sie herzlich willkommen!« Selbst vergoldete Lettern können die Bedeutung nicht erschaffen, die die individuelle Begegnung zwischen Menschen allein erzeugen kann, in denen solche Sätze eine Wirklichkeit erhalten. Und diese Wirklichkeit ist nicht von ewiger Gültigkeit.

Wer im freimaurerischen Ritual die Arbeitstafel gezeichnet erlebt hat oder das Entrollen des Teppichs, der kann nicht mehr behaupten, er sei nicht Zeuge gewesen, wie die Handlungsaufforderung, den Teppich auszubreiten, durch die Tat gefestigt wurde. Er würde sich sofort als Lügner enttarnt haben. Der Vorrang der Praxis äußert sich nämlich genau darin, dass wir über einen Vorgang, bei dem wir Zeuge waren, zwar sagen können, »ich war nicht Zeuge«. Diese Aussage hat aber hinter der beobachtbaren Praxis keine Bedeutung.

Solch eine Bezeugung der Gültigkeit von Bedeutung ist etwas anderes als ein Glaubensbekenntnis. Ein weiteres Kennzeichen für den Unterschied zwischen Freimaurerei und Religion ist das selbstverständliche Fehlen eines Glaubensbekenntnisses in der Freimaurerei.[182]

In den meisten freimaurerischen Ritualen gibt es eine Stelle zu Beginn der Arbeit, wo der Meister vom Stuhl die Aufforderung spricht: »Die Brüder mögen zur Bestätigung, dass sie mit mir arbeiten wollen, das Zeichen vollenden und wieder einnehmen.« Jeder, der sich der Aufforderung nicht widersetzt, bekundet durch die Tat die Gültigkeit seiner Überzeugung, mit dem Meister arbeiten zu wollen. Es mag zwar sein, dass jemand der Aufforderung Folge leistet, aber in der Absicht, nicht mit dem Meister vom Stuhl arbeiten zu wollen. Es ist der uns schon mehrfach begegnete Verweigerer

182 Als Zeichen seiner Ferne von der Freimaurerei herrscht im Freimaurerorden ein Glaubensbekenntnis, das ihn eindeutig als eine Religion ausweist. Auch wenn die Mitglieder dieses Ordens es stets leugnen oder gar keine Ahnung haben. Aber es ist eingraviert auf dem Amtshammer des Ordensmeisters. Der Amtshammer ist in Wahrheit eine Streitaxt. Das Glaubensbekenntnis lautet: »Höret die Stimme des Predigers in der Wüste. Nicht er war das Licht, sondern er sollte Zeugnis geben von dem Licht, damit alle an ihn glaubten. Und das Wort ist Fleisch geworden, und es wohnt in uns, voll Gnade und Wahrheit. Gesegnet, der da kommt im Namen des Herrn. Er hat gelitten, er ist gestorben um der Erlösung des ganzen menschlichen Geschlechtes willen, und er sandte den heiligen Geist, damit der Mund seiner Schüler geöffnet werde, zum Preise und Ruhm seines Namens Adonai, auf daß sie würdig würden, zu sehen, zu hören und zu fühlen die Macht jenes, dessen Königreich dauern wird von Ewigkeit zu Ewigkeit. Amen.« Ausdrücklich dokumentiert findet sich entgegen der Behauptungen, so etwas gäbe es nicht, der Hinweis in der Ansprache des Ordens-Meisters Joachim Klauss zum Johannisfest 2005 in der *Zirkelkorrespondenz* des Freimaurerordens (ZK 9/2005): »Bei meinem Eintritt in den Tempel haben wir drei Schläge meines Amtshammers vernommen. Um den Schaft ist das lateinische Glaubensbekenntnis eingraviert. So oft dieser Schlag in unserer Gemeinschaft ertönt, ist dieser Ton zugleich auch Erinnerung für alle Brüder an die christlichen Hauptlehren des Ordens.«

gemeint. Vielleicht hasst er den Meister vom Stuhl und sagt sich insgeheim: »Ich will nicht mit ihm arbeiten«, während er die Handlungsanweisung ausführt.

Freilich steht es jedem Menschen frei zu denken, was er will. (Fitzliputzli!) Und in diesem Fall wäre die Freiheit des Einzelnen unendlich groß. Er würde sich von jeglicher Bindung freisprechen und sein Glück in seiner nur für ihn gültigen Privatsprache suchen. Ganz nach dem Muster unserer zahlreichen schizophrenen Verwendungen von Sprache würde er durch die Tat allen anderen zeigen, dass er der Anweisung Folge leistet, während er innerlich zu sich selbst sagt: »Ich tue das nicht.« Schließlich ist auch die Bekundung, mit dem Meister vom Stuhl arbeiten zu wollen, eine symbolische Handlung, und jeder kann darunter verstehen, was er will. In diesem Fall sagt er sich sogar: »Mögen auch alle anderen denken, dass die Ausführung der Anweisung ein Ausdruck der Gültigkeit sei, ich betrachte die Befolgung der Anweisung als eine Nichtbefolgung; und diese Freiheit kann mir niemand nehmen.« Vielleicht wird Lesern jetzt schon der schizophrene Gebrauch der Sprache und die damit verbundene Einbildung deutlich, seine Sprache gehörte ihm allein. Wir werden weiter unten noch deutlicher werden, was die Schizophrenie des falschen Sprachgebrauchs betrifft.

In jedem Fall könnte sich unser Verweigerer die schizophrene Tat sparen, denn niemand zwingt ihn, Freimaurer zu sein. Er könnte die Aufforderung sichtbar für alle verweigern und den *Tempel* verlassen. Doch er zieht es vor, niemanden wissen zu lassen, was er wirklich denkt. Und so genießt er es, sich schizophren zu erleben. Denn er ist offenbar davon überzeugt, zwei verschiedene Identitäten besitzen zu können – eine nach außen und eine nach innen.

Sofern er sich in diesem Zustand gefällt, ohne sich für eines von beiden zu entscheiden, genießt er seine Schizophrenie. Auch dies ist sein gutes Recht! (Schließlich ist es nicht verboten, schizophren zu sein. Im Gegenteil. Der Gesetzgeber macht dies ja nicht selten zur Pflicht.) Es mag sogar sein, dass er zufällig einen Verbündeten neben sich hat, der genauso denkt wie er. Dann können sich beide wechselseitig bestätigen, dass nicht sie, sondern der ganze Rest schizophren sei. Man kennt diese Neigung von Menschen, ihre Fehler anderen zuzuschreiben, aus dem Witz von dem Geisterfahrer auf der Autobahn, der die Verkehrswarnung im Radio hört, dass auf seiner Strecke ein Geisterfahrer unterwegs sei und zu sich selbst sagt: »Von wegen *ein* Geisterfahrer – hunderte sind es!«[183]

Wenn so etwas in der Freimaurerei tatsächlich vorkommen sollte, dann wird es durch die Praxis der Freimaurerei nicht auf fruchtbaren Boden fallen. Erstens würde sich so jemand nicht wohl fühlen in dem Bund, er würde also bald ausscheiden, oder keiner merkt, was los ist, und dann hat er keinen sonderlich prägenden Einfluss auf das soziale Geschehen. Denn es ist einer der Gründe für die Existenz der Freimaurerei, dass diese Art falschen Sozialverhaltens behutsam zum Verschwinden gebracht werden kann.

Weiterhin ist festzuhalten, dass uns dieses bloß angenommene Beispiel darlegt, dass das individuelle Denken keinerlei Bedeutung im freimaurerischen Geschehen hat. Wenn der Verweigerer, wie der geschilderte, tief in seinem Inneren die geheime Auffassung pflegt, mit seinem Zeichen, das er mit

183 Vgl. hierzu die Studie *Mistakes were made (but not by me) – Why we justify foolish beliefs, bad decisions and hurtful acts*, von Carol Tavris und Elliot Aronson, Pinter & Martin, London 2007/2013.

den anderen Brüdern für alle sichtbar ausführt, das Gegenteil der Bedeutung auszudrücken, die die anderen verstehen, dann ist seine innere geheime Auffassung null und nichtig. Er kann sich vornehmen, niemandem zu sagen, was er unter dem Zeichen versteht. Trotzdem gibt er durch sein Tun allen kund, dass er das Zeichen so verwendet, wie es im Tempel der Brauch ist. Einzig das im Bunde mit den anderen ausgeführte Zeichen hat Bedeutung, und indem er es ausführt, verstärkt er seine Wirkung, wie jeder andere auch. Was er sich selbst und individuell dabei denkt, ist vollkommen bedeutungslos.

Dieser Mechanismus des Rituals wird uns später noch beschäftigen. Denn er ist der Grund, warum selbst fundamentalistische christliche Eiferer durch ihre Mitwirkung im freimaurerischen Ritual durch die Tat und ihr Tun bekunden, dass ihre eigenen Glaubensprinzipien null und nichtig sind. Sollte er ein heimlicher Verweigerer sein, dann pflegt er die schizophrene Paradoxie, eine offizielle Bekundung und eine geheime anders lautende gleichzeitig für gültig zu halten. Er vernachlässigt dabei, dass seine geheime Bekundung ohne Bedeutung ist, wie uns einmal mehr die folgenden Beispiele grauenhafter Rechtspraxis sichtbar machen können.

»Ich schwöre ab!«

Mit umgekehrten Vorzeichen ist das Verhalten des Verweigerers aus den mittelalterlichen und frühneuzeitlichen Umgangsformen der Inquisition mit Ketzern bekannt. Auch hierbei stoßen wir auf die falsche Auffassung von der Bedeutung der Sprache, der Symbole und der Metaphern; auch hierbei herrscht keine Vorstellung von der Kategorie des Als-Ob. So bringen die dunkelsten Zeiten christlichen Sozialverhaltens Licht in das Missverständnis, aufrichtige Bekenntnisse erzwingen zu können.

Raffinierte Rituale der Folter spielten im ausgehenden Mittelalter und in der frühen Neuzeit eine grausame Symphonie gesteigerter Qualen ab, um einen Gesinnungswandel bei Ketzern herbeizuführen. Während Strafen immer schon eine ausgleichende Gerechtigkeit bedeuteten, in welcher ein Vergehen durch ein Gegenvergehen ausgeglichen werden soll[184], hat Folter nichts mit Gerechtigkeit, sondern mit Wahrheit zu tun. Sie tritt auf, wenn Wahrheit als eine feste, *objektive* Verbindung von Worten mit ihren Inhalten verstanden wird. Folter – sofern sie nicht eine ganz offene Erpressung darstellt – soll ein Geständnis, ein Bekenntnis oder das Abschwören eines Bekenntnisses herbeiführen. Bekenntnisse verweisen auf die vorherrschende falsche Auffassung, dass die Worte der Sprache eine kausale Verbindung mit Wahrheiten bilden könnten.

»Kausal« bedeutet, dass die Worte als Wirkungen verstanden werden, deren Ursache die Wahrheit sei. Irgendein Träger der Wahrheit scheint aber dennoch stets die Worte stützen zu müssen, weil sie allein nicht tragfähig sind. Ausdrücke wie: »Schwöre mir, dass du mich ewig lieben wirst«, sind nämlich oft mit einem Ritual verbunden, weil stets der Zweifel mitspielt, dass Worte einfach nur Worte sein könnten, ohne

---

184 Die Vergeltungsregel, »wie du mir, so ich dir«, hat ihr Vorbild im *Alten Testament* der *Bibel*, wo es lautet: »Entsteht ein dauernder Schaden, so sollst du geben Leben um Leben, Auge um Auge, Zahn um Zahn, Hand um Hand, Fuß um Fuß, Brandmal um Brandmal, Beule um Beule, Wunde um Wunde.« (Exodus 21, 23–25)

kausale Verbindung zur Wahrheit. Eine aufwändige Hochzeitsfeier verstärkt meistens schon die Beziehung zwischen Wort und Sachverhalt, aber auch nur, weil wir nicht sicher sind, dass das Wort auch dann gilt, wenn es nicht mit Opfern verbunden ist. Die Einmaligkeit und ihre Unumkehrbarkeit einer Hochzeit erscheint umso glaubwürdiger, je mehr wir uns das Ereignis kosten lassen.

Der Schwur vor Gericht folgt ebenfalls einem Ritual. Er beginnt mit einem formelhaften Bekenntnis, die Wahrheit und nichts als die Wahrheit zu sagen, und steigert sich durch die Androhung von Strafe bei Zuwiderhandeln. Hinzu kommt eine einschüchternde Atmosphäre im Gerichtssaal mit schwarzen Gewändern, die durch die Mimik der Richter gesteigert wird. In jedem Fall muss der Zweifel an der Gültigkeit bloßer Worte durch geeignete Maßnahmen in Zaum gehalten werden.

Die kausale Verbindung der Worte der Sprache mit Wahrheit ist auch die Basis und der Motor des Versuchs, sich durch Folter der Wahrheit zu versichern. Über eine der delikatesten Methoden der Henker bei diesen Versuchen – über die *Ketzergabel* oder *Häretikergabel* – berichten zahlreiche Quellen Ähnliches: »An der Ketzergabel waren 4 Spitzen befestigt, die unterhalb des Kinns in das Brustbein des Opfers gebohrt wurden. Das Opfer konnte sich dann nicht mehr bewegen und kaum sprechen. Was der Inquisitor damit erreichen wollte, war, dass das Opfer nur noch ein Wort sagt, das es von der Ketzergabel ablesen konnte: ›abiuro‹, was soviel bedeutet, dass es dem Aberglaube abschwört.«[185]

185 www.deutschland-im-mittelalter.de/Rechtssystem/Foltermethoden

Sicherlich ist es ein Motiv der Glaubensgemeinschaft gewesen, kein Mittel auszulassen, um einen Ketzer zur inneren Umkehr zu bewegen. Denn was sind schon unaushaltbare Qualen, wie das Steven Pinker[186] hervorhebt, selbst wenn sie sich über Monate hinstrecken konnten, im Vergleich zu dem ewigen Heil, das einer durch Abschwören vom falschen Glauben erreichen könne. Aber das ändert nichts daran, dass kaum einer den Wahnsinn bemerkte, der sich vor allem im Zeitalter der Hexenverfolgung mit dem falschen Verständnis der Bedeutung von Worten auswuchs.

Es ist der doppelte Wahnsinn, einmal beim Gefolterten, der vor Qualen nicht mehr imstande war, richtig und falsch zu unterscheiden, und ein andermal bei der lüsternen Masse, die im Vollzug der Folter die Bestätigung ihrer eigenen Auffassung von Wahrheit meinte einfordern zu können.

186 Die institutionalisierte Folter war im Christentum nicht nur eine gedankenlose Gewohnheit, sondern dahinter standen moralische Überlegungen. Wenn man wirklich glaubt, die Ablehnung Jesu als eigener Retter sei die Eintrittskarte zur feurigen Verdammnis, tut man einem Menschen, den man durch Folter zur Anerkennung Jesu zwingt, den größten Gefallen seines Lebens: besser ein paar Stunden jetzt als später in alle Ewigkeit. Und wenn man einen Menschen zum Schweigen bringt, bevor er andere verderben kann, oder wenn man an ihm ein Beispiel zur Abschreckung der anderen statuiert, handelt man verantwortungsbewusst im Sinne der Volksgesundheit. Augustinus machte den Gedankengang mit zwei Analogien deutlich: »Ein guter Vater hindert seinen Sohn daran, eine Giftschlange vom Boden aufzuheben, und ein guter Gärtner schneidet einen verdorrten Zweig ab, um den übrigen Baum zu retten. Die Methode der Wahl hatte Jesus selbst formuliert: ›Wer nicht in mir bleibt, der wird weggeworfen wie eine Rebe und verdorrt, und man sammelt sie und wirft sie ins Feuer, und sie müssen brennen.‹ (Johannes 15,6)« (Zitiert nach Steven Pinker, *Gewalt. Eine neue Geschichte der Menschheit,* aus dem Amerikanischen von Sebastian Vogel, Fischer e-book, 2016, S. 27.)

Der Satz: »Ich schwöre ab«, ausgedrückt in dem lateinischen Wort »abiuro«, wurde so verstanden, als ob er unmittelbarer Ausdruck des einzig möglichen Sachverhalts sei. Das Aussprechen des Wortes war in dieser Denkweise kausal mit dem Vorgang eines Gesinnungswandels verknüpft. Wenn jemand sagte: »abiuro«, dann konnte er auch nichts anderes meinen. Dem Wort wurde auf magische Weise kausale Bedeutung zuerkannt, und zwar nicht metaphorisch, sondern wörtlich.

Um den Vergleich zum Wahnsinn nicht aus dem Auge zu verlieren, erinnern wir hier an die immer wieder vor allem von psychopathischen Männern verübte Zwangshandlung, die heimlich angebetete Frau zu entführen und zu zwingen, ihm Liebesbeweise zu erbringen. Oft endet der unmögliche Versuch grausam oder tödlich für die Frau.

Es war ein gefühltermaßen unendlich langer Weg zu dem Ereignis, das vom Herzog von Braunschweig aus dem Zeitalter des Absolutismus überliefert wird. Der Herzog war einer der Wenigen, die den Sachverhalt richtig einschätzten. Daher bat er zwei berühmte Jesuitengelehrte, die Verhöre einer Hexe zu beaufsichtigen. »Nach sorgfältigen Untersuchungen sagten die Jesuiten zum Herzog: ›Die Inquisitoren tun ihre Pflicht. Sie nehmen nur Menschen fest, die durch die Geständnisse anderer Hexen beschuldigt wurden.‹ ›Kommt mit mir in die Folterkammer‹, schlug der Herzog vor. Die Priester folgten ihm an den Ort, wo eine Frau auf der Folterbank elendiglich gequält wurde.

›Ich werde sie befragen‹, erklärte der Herzog. ›Nun, Frau, du bist eine geständige Hexe. Ich habe den Verdacht, dass diese beiden Männer Zauberer sind. Was sagst du dazu? Henker, noch eine Drehung der Bank.‹ ›Nein, nein!‹, schrie die Frau. ›Sie haben ganz recht. Ich habe sie oft am Hexensabbat gesehen. Sie können sich in Ziegen, Wölfe und andere Tiere verwandeln.‹ ›Was weißt du sonst noch über sie?‹, verlangte der Herzog zu wissen. ›Mehrere Hexen hatten Kinder mit ihnen. Eine Frau hatte sogar acht Kinder, die von diesen Männern gezeugt wurden. Die Kinder hatten Köpfe wie Kröten und Beine wie Spinnen.‹ Der Herzog wandte sich zu den erstaunten Jesuiten. ›Soll ich euch auf die Folter spannen, bis ihr gesteht, meine Freunde?‹«[187]

Millionen von Menschen haben sich über Jahrhunderte hinweg in der falschen Sicherheit eingerichtet, dass man andere zwingen könne, eine bestimmte Überzeugung zu haben. Das geistige Klima ihrer Zeit hat diese Ideologie begünstigt. Und es ist nicht nur eine Modeerscheinung unserer heutigen Welt, die es für unmöglich hält, einen Auftrag auszuführen, der etwa lauten könnte: »Schreiben Sie den Satz: ›Paris ist eine Großstadt und zweisilbig‹, grammatikalisch fehlerfrei auf!«[188] Der Auftrag beruht auf demselben Paradox wie die Forderung, *glauben zu müssen.* Leicht kann sich der Leser und die Leserin diese Unmöglichkeit an der Figur des Zeugma klar machen. »Ich fror vor mich hin, denn nicht nur meine Mutter, auch der Ofen war ausgegangen«, wie uns Heinz Erhardt einmal wissen ließ.[189] Das klingt hübsch, ist aber grammatikalisch falsch.

Das Beispiel der Folter zeigt, dass es im Glauben um eine feste Verbindung zwischen Worten und Wahrheit geht. Man

---

187 Daniel P Mannix, *The History of Torture*, 1964, mobi digital edition 2014, S. 82; zitiert nach Steven Pinker, *Gewalt. Eine neue Geschichte der Menschheit*, aus dem Amerikanischen von Sebastian Vogel, Fischer e-book, 2016, S. 149.

188 Vgl. Zu dieser Unmöglichkeit Paul Watzlawick, *Menschliche Kommunikation*, a.a.O., S. 275.

189 www.heinz-erhardt.de/html/dichtkunst.html

dachte sich, Menschen müssten nur dazu bewegt werden, etwas zu sagen, dann würde schon gelten, was sie sagten. Dabei war es ihnen wichtig, dass die Worte der Ausdruck eines Glaubens seien. Über den Zwang, Worte zu sprechen, sollte das Gewissen manipuliert werden können. Sie haben nicht erkennen wollen, dass das laute oder heimliche Aussprechen von Worten keine Verbindung zur Wahrheit unterhält. Sie verfehlten ihr Ziel.

Erst die Romanfigur eines Folterers hat das Prinzip der Doppelbindung und der Rückkopplung durchschaut: Die seelische Verwandlung muss vor den Qualen erfolgen, und sie ist nicht eine Funktion des wörtlichen Bekenntnisses. Das zumindest offenbart George Orwells Roman *1984*. »O'Brien, der Folterer in Neunzehnhundertvierundachtzig, ist ein vollendeter Meister auf diesem Gebiet, das er seinem Opfer erklärt: ›... Für jeden Ketzer, den man auf dem Scheiterhaufen verbrannte, standen tausende andere auf. Warum das? Weil die Inquisition ihre Feinde in der Öffentlichkeit tötete und sie tötete, während sie noch unbußfertig waren: recht eigentlich sie deshalb tötete, weil sie unbußfertig waren. Die Menschen starben, weil sie ihren wahren Glauben nicht aufgeben wollten ... Später ... da gab es die deutschen Nazis und die russischen Kommunisten ... Wir begehen keine solchen Fehler. Alle Geständnisse, die hier abgelegt werden, sind echt. Wir machen sie echt ... Sie werden sowohl aus der Vergangenheit wie aus der Zukunft gestrichen. Sie werden überhaupt nie existiert haben.‹ Warum sich dann die Mühe machen, mich zu foltern? dachte Winston ... O'Brien lächelte leise. ›Sie sind ein Fehler im Muster. Sie sind ein Fleck, der ausgemerzt werden muß. Habe ich Ihnen nicht soeben gesagt, daß wir anders sind als die Verfolger der Vergangenheit?

Wir geben uns nicht zufrieden mit negativem Gehorsam, auch nicht mit der kriecherischsten Unterwerfung. Wenn Sie sich am Schluß beugen, so muß es freiwillig geschehen. Wir vernichten den Ketzer nicht, weil er uns Widerstand leistet: solange er uns Widerstand leistet, vernichten wir ihn niemals. Wir bekehren ihn, bemächtigen uns seiner geheimsten Gedanken, formen ihn um. Wir brennen alles Böse und allen Irrglauben aus ihm aus; wir ziehen ihn auf unsere Seite, nicht nur dem Anschein nach, sondern tatsächlich, mit Herz und Seele. Wir machen ihn zu einem der Unsrigen, ehe wir ihn töten. Es ist für uns unerträglich, daß irgendwo in der Welt ein irrgläubiger Gedanke existieren sollte, mag er auch noch so geheim und machtlos sein.‹«[190]

Zum Glück sind Romanschreiber der Zukunft oftmals einen Schritt voraus, sodass wir heute Lebenden noch das Glück kennen, nur die klassische Inquisition verurteilen zu müssen und zu können. Die Gültigkeit von Worten äußert sich nicht durch das Aussprechen von Worten, sondern durch den Vollzug von Taten, die ihre Bedeutung manifestieren.

Roboter aus Fleisch und Blut

Als der Diener Ludwigs XIV. gefragt wurde, wie spät es sei, soll er geantwortet haben: »So spät es eurer Majestät belieben.« Was als wahr zu gelten hatte, war ausschließlich eine Frage der Macht. Auch dort treffen wir die Wortmagie. Das Wort legte fest, was sein durfte. Wenn der König sagte, es sei fünf vor zwölf, dann war es fünf vor zwölf, selbst dann, wenn

190 Ebd., S. 289 f.

es zehn vor zwölf war. Man glaubte, dass es eine Macht geben könne, die die Worte kausal mit der Welt verknüpfte. Diese Macht schrieb sich der König zu. Der absolutistische König legte fest, was die Untertanen für richtig halten sollten. Er hätte es dem Volk verordnen können, dass sie nachts tiefer schlafen, dass sie freiwillig etwas vergessen sollen, dass Frauen etwas mehr Spaß beim Sex mit den Ehemännern haben sollen, die sie gar nicht liebten. Er hätte jeden unter das Fallbeil legen lassen können, der sich seinen Befehlen widersetzte. Der König hätte seinen Untertanen sogar unter Androhung der Todesstrafe bei Missachtung dabei noch befehlen können: »Seid nicht so unglücklich!« Aber er war nicht in der Lage, den Unsinn zu erkennen, den er damit verordnet hätte.

Das Zeitalter des Absolutismus ist lange Zeit vorbei. Leider kommt die Strategie wieder in Mode. Es ist die Strategie der Unerfüllbarkeitsaufforderungen. Sie manövrieren Menschen in Situationen der Doppelbindungen (Double Binds). Diese lassen uns keine Wahl, und in ihnen ist »richtiges« Verhalten unmöglich. Es ist kein Zufall, dass der rechthabenden SED der Kalauer gewidmet ist: »Wir sind immer vorn, und wenn wir hinten sind, ist hinten vorn.«[191]

Philosophen nicht weniger als Pfaffen lieben die Paradoxie der Doppelbindung. »Du sollst aus Freiheit handeln«, lautet zusammengefasst das Moralprinzip aller Kantianer. Während aber Kant und seine Verehrer die Ironie des Satzes nicht verstehen, konnte der Aufklärungsphilosoph Georg Lichtenberg sogar damit spielen. »Ich dank es dem lieben Gott tausendmal, daß er mich zum Atheisten hat werden lassen«, teilte er seinen *Sudelbüchern* uns zur Erheiterung mit.

---

191 Vgl. https://www.dunkelgraefinhbn.de/Schildburghausen-Teil-121-_-180.htm

Manche würden es vielleicht eine typische Zwickmühle nennen, andere erkennen das Muster der Heuchelei in solchen Botschaften. Die Erkenntnis der Unmöglichkeit des »richtigen« Verhaltens in solchen Situationen ist ein Resultat der Aufklärung. Wir wissen heute, dass es unmöglich ist, von Menschen zu fordern, dass sie es für richtig halten sollen, den Nachmittag für den Morgen zu halten. So etwas kann ausschließlich metaphorisch gemeint sein, also in dem Sinn, dass wir einfach nur die Worte vertauschen. Die physisch wahrgenommene Sache lässt sich jedoch nicht durch Wortmagie verändern. So viel Aufklärung hat seit dem 17. Jahrhundert stattgefunden, dass wir heute alle das Recht haben, wissen zu dürfen, dass Double Binds den Menschen missachten, weil sie ihn zum reinen Objekt von Interessen eines Sprechers degradieren.

Doch diese Aufklärung ist scheinbar auch spurlos an manchen Freimaurern vorbei gegangen. Die größten Missverständnisse über Freimaurerei verbreiten nach diesen Beobachtungen nämlich Freimaurer selbst, indem sie andere in Double-Bind-Situationen nötigen. Nicht unbeachtlich ist dabei der Anteil mancher Großlogen, allen voran die Großloge von England. Während von London ausgehend die Freimaurerei im 18. Jahrhundert anwuchs zu einer der attraktivsten Sozietäten mit dem Anspruch, Maßstäbe in Wissenschaft, Kunst und sozialen Fragen zu setzen, existiert London heute – im Zeitalter nach dem Brexit – als der institutionelle Mittelpunkt der Freimaurer nur noch auf dem Papier. Der Sache nach werfen die intellektuellen Leistungen der Funktionäre der Londoner Großloge die Freimaurerei hinter die geistigen Errungenschaften des 18. Jahrhunderts zurück. Wir werden später sehen, dass bereits James Anderson im ersten Quartal des 18. Jahrhunderts klarer sehen konnte als manche Würdenträger der heutigen Großloge von England.

Kleingeistige Forderungen mit dem Anspruch universeller Gültigkeit produzieren Unsinn, der nicht dazu beiträgt, Eindruck auf Eliten der Gesellschaft machen zu können. Offenbar aus Angst vor der Auflösung ihrer eigenen Religiosität hat die Großloge von England mehrfach unmögliche Handlungsaufforderungen ausgegeben. Unmöglich ist hier in der gerade geschilderten wörtlichen Bedeutung des Wortes zu verstehen.

Ich möchte zunächst ausführlicher darauf eingehen, was unmögliche Handlungsaufforderungen sind. Unmöglich wäre es beispielsweise, dass eine Großmeisterinstitution der Freimaurerei die Verordnung erfüllt sehen möchte, dass Männer und Frauen am Tag ihrer Aufnahme in die Freimaurerei daran denken sollen, nicht an einen Elefanten zu denken. Die Paradoxie solcher Verordnungen können Sie sofort an sich selbst überprüfen. Denken sie genau jetzt einmal nicht an einen Elefanten. Wem es nicht gelingt, dieser Aufforderung nachzukommen, kann dafür nicht verantwortlich gemacht werden. Es ist nämlich auf diese Weise unmöglich, das Gedächtnis eines Menschen zu kontrollieren. Wir können nicht erwarten, dass er auf Befehl zu einer bestimmten Zeit ein zuvor mitgeteiltes Wort vergisst. Allein die Erinnerung, daran zu denken, dass er nicht an das Wort denken soll, aktiviert dieses Wort. Daher kann das Verfehlen der Aufforderung dem Menschen nicht als Fehler oder Versagen oder als Mangel angelastet werden.

Freilich könnte man durch einen von einem Vormund bedienten Hirnschrittmacher bewirken, dass zu einem bestimmten Zeitpunkt Erinnerungen auftreten oder unterdrückt werden. Doch gerade diese Eingriffe in die Persönlichkeit eines Menschen sind mit den Errungenschaften der europäischen Aufklärung nicht vereinbar.

In subtiler Form sind sie jedoch Bestandteil unserer alltäglichen Kommunikation. Wer von den männlichen Lesern kennt nicht die Erinnerung: »Überrasche mich doch morgen am Valentinstag einmal mit einem Blumenstrauß!« Oder ein Mann könnte seiner Frau zwei Paar teure und begehrenswerte Schuhe schenken. Wenn sie dann am nächsten Tag eines der Paare trägt und dem Mann mit aufrichtigem Lächeln ihre herrlich beschuhten Füße zeigt, sagte dieser: »Jetzt beleidigst du mich aber; das andere Paar gefällt dir wohl nicht?!«

Verbreitet sind auch Mütter, die ihre Söhne dazu erziehen, immer freundlich, lieb und zuvorkommend zu sein. Bei passenden Gelegenheiten werfen sie dem Sohn dann aber vor: »Du bist kein richtiger Mann, du kannst dich ja gar nicht durchsetzen!« Noch beliebter ist die Strategie von Eltern, die ihre Kinder unentwegt bevormunden, damit sie anderntags sagen können: »Du bist fürchterlich unselbstständig.« – Auch erwachsene Paare wenden diese Strategie häufig gegeneinander an.

»Du sollst deine Hausaufgaben gerne machen«, sagen manche Elternteile, ohne sich klarzumachen, dass solche Anweisungen unerfüllbar sind. Dem Schüler oder der Schülerin kann man nur raten, dem Unsinn nicht nachzugeben. Der Schaden wäre größer als der Nutzen. Wer paradox spricht, versetzt andere Menschen in eine unmögliche Situation. »Nicht wenige Eltern bringen es dann zu meisterhaften Weiterentwicklungen«, fasst Watzlawick die Erkenntnisse auf diesem Gebiet zusammen, »indem sie dem Kinde zum Beispiel sagen: ›Geh auf dein Zimmer und komme mir nicht heraus, bis du wieder guter Laune bist.‹ Damit ist in überaus eleganter, da indirekter Weise klar ausgedrückt, daß das Kind es mit etwas gutem Willen und einer kleinen Anstrengung fertigbringen könnte, seine Gefühle von schlecht auf gut umzuprogrammieren und durch die Innervation der richtigen Gesichtsmuskeln jenes Lächeln zu erzeugen, das ihm die Aufenthaltsbewilligung als ›guter‹ Mensch unter ›guten‹ Menschen wiederverleiht.«[192]

Unmögliche Forderungen erzeugen psychotische Störungen, die in unserer Gesellschaft enorme Kosten verursachen. Menschen vervielfachen den Wahnsinn, indem sie ihre innere Widersprüchlichkeit in der Außenwelt festigen. Dabei gehören Auswüchse, wie sie die amerikanische Gesellschaft produziert, schon zu den Banalitäten. Dort begegnen wir zahlreichen Bürgern, die gleichzeitig gewalttätig gegen Schwangerschaftsabbruch agitieren und für die Todesstrafe – beides offenbar aus Liebe zum (ungeborenen) Leben; dort verteidigen Waffenliebhaber ihren Gerechtigkeitssinn, indem sie den privaten Besitz von Waffen als Ausdruck friedlicher Gesinnung propagieren. Weiter östlich auf dem Globus, an der östlichen Mittelmeerküste, steigert sich die Überzeugung, dass nur ein oppositionsfreies parlamentarisches System ohne Pressefreiheit die Demokratie verwirklichen könne und sich wahrhaft vom Nazitum Europas und aller Deutschen unterscheide. Und wem sind nicht die Reden vertraut, die allein durch die Beseitigung der Freiheitsrechte die Freiheit der Bürger gewähren wollen?

Der Bürger der Gegenwart sieht sich auf Schritt und Tritt dem Zwang zur Erfüllung unmöglicher Forderungen ausge-

192 Paul Watzlawick, *Anleitung zum Unglücklichsein*, dtv, München 1994, S. 28.

setzt. Die doppelte Frontstellung, Erfüllung der Forderung ist ihre Nichterfüllung, steckt tief in unserer Kultur. Schon die römische Weisheit, »Wenn du den Frieden willst, rüste dich für den Krieg«, erscheint als Voraussetzung für den Frieden, tatsächlich ist sie das Resultat, des zuvor wirksam gewesenen paradoxen Denkens.

Aus der Schizophrenieforschung wissen wir allerdings, dass Double Bind ein pathologisches Verhaltensmuster darstellt. Gregory Bateson und Paul Watzlawick haben diese unmöglichen Handlungsaufforderungen schon in der Mitte des 20. Jahrhunderts untersucht und ihre intellektuelle sowie moralische Unredlichkeit dabei entlarvt.[193] Eine unmögliche Handlungsaufforderung ist ähnlich einer Paradoxie eine Anweisung, die befolgt werden muss, aber nicht befolgt werden darf, um befolgt zu werden. Wenn Sie an Ihren ängstlichen Freund die Forderung stellen: »Sei spontan«, dann wäre er nicht spontan, wenn er sich von Ihnen sagen lassen würde, was er tun soll, und dies auch ausführte. Wer in solchen Handlungsaufforderungen lebt, befindet sich im Unsinn und verbreitet nichts anderes als Unsinn. Der Unsinn begegnet uns jedoch nicht selten bei Schizophrenen. Zahlreiche Witze machen davon Gebrauch: »Der Arzt einer Anstalt sieht zwei Irre im Saal herumkriechen, während ein dritter lachend dabeisteht. Ihn fragt der Arzt, was hier vor sich gehe, und bekommt zu hören: ›Ach, weiter nichts. Ich habe nur einen Kreidestrich auf dem Boden gezogen und demjenigen meinen Nachtisch versprochen, der als erster drunter durchkriechen kann.‹«

193 Vgl. Paul Watzlawick, Janet H. Beavin, Don D. Jackson, *Menschliche Kommunikation*, a.a.O.

Forderungen nach spontanem Erinnern oder Vergessen, ebenso nach einer Überraschung, die deswegen erfüllt werde, weil man sie forderte, macht genau dasjenige unmöglich, worauf sie abzielen.

Etwas von jemandem zu verlangen, wozu er nicht imstande ist, wäre schließlich sogar mit unserem heutigen Verständnis der Würde des Menschen nicht vereinbar.[194]

Artikel 1 des Grundgesetzes der Bundesrepublik Deutschland gesteht dem Menschen das Recht zu, so zu sein, wie er ist. Auch Immanuel Kants kategorischer Imperativ verletzt vor diesem Hintergrund die Würde des Menschen, weil kein Mensch interesselose Entscheidungen treffen kann. Daher gehört Kants unmögliche Forderung: »Du kannst, denn du sollst«, zu jenen Paradoxien, die allenfalls durch eine physische Veränderung der Hirnstrukturen zu erreichen wäre. Und das bringt sogar manchen Strafrechtler in die Versu-

---

194 In ihrer Habilitationsschrift *Grenzen der Freiheit* führt Grischa Detlefsen am Beispiel extrem gewalttätiger Verbrecher aus, dass Artikel 1 des Grundgesetzes es verbieten würde, sein Gehirn durch operative Eingriffe so umzuformen, dass er weniger gewalttätig wird. »Sollten eines Tages Eingriffe in die Gehirne von Delinquenten eine Aussicht auf ›Besserung‹ bieten, dann ist selbstverständlich gerade hier Art. 1 GG in der hier vorgenommenen Deutung zu beachten: Der Mensch ist so zu respektieren, wie er ist. Deshalb kann auch zukünftig kein Delinquent zwangsweise operiert oder therapiert werden, um Rechtstreue zu bewirken. Ungeeignet sind auch amerikanische Konzepte, die den Delinquenten erniedrigen sollen. Sie sind Folgen einer übersteigerten Vorwurfshaltung. Einem Delinquenten, der seine Tat nicht vermeiden konnte, darf aber kein Vorwurf gemacht werden. Es darf und muss der Unwert der Tat zum Ausdruck gebracht werden, keinesfalls aber ein Unwert der Person.« (Grischa Detlefsen, *Grenzen der Freiheit–Bedingungen des Handelns–Perspektiven des Schuldprinzips. Konsequenzen neurowissenschaftlicher Forschung für das Strafrecht*, Duncker und Humblot Verlag, Berlin 2007, S. 346.)

chung: »Denn die lebenslange, wenn auch nur mit eigener Anstrengung mögliche Veränderbarkeit der Hirnstrukturen eröffnet Aussichten auf Umsetzung der idealistisch klingenden Position Kants, des ›Du kannst, denn Du sollst!‹, bei einem viel größeren Anteil der Bevölkerung, auch der kriminellen, auch der psychisch schwer gestörten, als man es, vor Beginn der einschlägigen Lektüre, je für möglich gehalten hätte«[195]. Wer sonst nichts für Hirnforschung übrig hat, könnte sich mit diesem Urteil vielleicht anfreunden. Stellt es doch in Aussicht, dass sich die Wirklichkeit tatsächlich einmal an die Wertschätzung von Ideologen anpasst.

Unmögliche Handlungsaufforderungen sind in dieser Form nicht mit dem modernen Verständnis der Würde des Menschen vereinbar. Sie sind Ausdruck der Schizophrenie, mit der Ideologen und Agitatoren von Glaubenssystemen den Geisteszustand von Menschen ruinieren. Paul Watzlawick verweist auf zahlreiche Fälle. Besonders aufschlussreich ist der folgende:

»Als im Jahre 1616 die japanischen Obrigkeiten zur Verfolgung der zum Christentum Übergetretenen ansetzten, ließen sie ihren Opfern die Wahl zwischen einem Todesurteil und einer Abschwörung, die ebenso umständlich wie paradox war. Die Formel dieser Abschwörung findet sich bei Sansom in einer Studie über die Wechselwirkung zwischen den europäischen und asiatischen Kulturen. Sansom schreibt:

›Bei seiner Ableugnung des christlichen Glaubens mußte jeder Abtrünnige die Gründe dafür in einer vorgeschriebenen Formel wiederholen … Diese Formel ist ein unfreiwilliger Tribut an die Macht des christlichen Glaubens, denn nach-

195 Martin Hochhuth, *Die Bedeutung der Willensfreiheitsdebatte für das Recht*, in: *Juristenzeitung*, 2005, 745-753, S. 753

dem die Abtrünnigen ihrer Religion (meist unter Zwang) abgeschworen hatten, wurden sie mit einer kuriosen Logik zu einem Eid bei den Mächten gezwungen, die sie gerade verleugnet hatten: ›Im Namen des Vaters, des Sohnes und des Heiligen Geistes, der heiligen Maria und aller Engel … und wenn ich diesen Eid breche, so möge ich die Gnade Gottes auf ewig verlieren und in den elenden Zustand Judas Iskariots stürzen.‹ In einer noch weiteren Abkehr von der Logik folgte darauf ein Eid auf buddhistische und schintoistische Gottheiten.‹«[196]

Die geistige Physiognomie der Obrigkeit erlaubte es nicht, die Kategorien auseinanderzuhalten. Wenn ich einem Glauben abschwören soll, dann kann das Abschwören nicht mit Hilfe dieses Glaubens geschehen. Es gibt hierbei eine Kategorie, die als Träger eines Gedankens funktioniert und eine andere, die das Getragene repräsentiert. Nun ist es nicht möglich das Getragene beliebig zu seinem eigenen Träger zu erklären. Aber so lange Menschen an unmöglichen Stellen Kategorien vermengen, kann man ihnen einreden, es wäre möglich. Doch es ist so unmöglich wie die Absicht des Barons von Münchhausen, sich am eigenen Haarschopf aus dem Sumpf zu ziehen. Die Absicht mag edel sein, aber sie fordert Unmögliches, zu dem auch gutwillige Anstrengung keine Alternative darstellt. Offenbar aber ist diese intellektuelle Physiognomie, die solcherlei Forderungen stellt, typisch für religiöse Fundamentalismen.

196 G. B. Sansom, *The Western World and Japan, A Study in the Interaction of European and Asiatic Cultures*, Alfred E. Knopf, New York 1950., S. 176. Zitiert nach Watzlawick, *Menschliche Kommunikation*, a.a.O., S. 285.

In der von England verordneten Freimaurerei schwächt zumindest ein solches fundamentalistisches Dogma den aufklärerisch-befreienden Anspruch des Bruderbundes. Es ist ein diskriminierendes und Freiheit verachtendes Dogma, das sich der schizophrenen Logik der Doppelbindung bedient und ebensolchen Charakteren die Tore zur Freimaurerei öffnet. Die *United Grand Lodge of England* ist die älteste Großloge der Freimaurer. Aber Alter schützt vor Torheit nicht. Am 4. September 1929 verkündigten ihre Funktionäre, was es heißen sollte, ein von England anerkannter Freimaurer zu sein, und was diese Funktionäre unter Toleranz verstanden. Sie nannten ihren Vormundschaftsanspruch *Basic Principles for Grand Lodge Recognition*, und sie waren der Meinung, dass man nur Freimaurer sein dürfe, wenn die englische Großloge ihre Anerkennung ausspreche. Aber um anerkannt zu werden, darf man zunächst einmal keine Frau sein.[197]

Weil dem Dogma keine Begründung beigefügt sowie keine Möglichkeit der Kritik eingeräumt ist und der Stil der Verkündigung einem absolutistischen Anspruch gemäß, Verbindlichkeit durch bloßes Aussprechen eines Satzes zu bezeugen, formuliert ist, hat es sich jeden Grund der Verbindlichkeit selbst streitig gemacht. Aus der Tatsache, dass jemand zufällig als Mann oder als Frau geboren wurde, lassen sich

197 Die Forderung lautet wörtlich: »That the membership of the Grand Lodge and individual Lodges shall be composed exclusively of men; and that each Grand Lodge shall have no Masonic intercourse of any kind with mixed Lodges or bodies that admit women to membership.« (Herbert G. Gardiner, *Grand Lodge Recognition. How, What and Why?* (https://skirret.com/papers/gl_recognition.html))

keine normativen Forderungen ableiten. Die *Basic Principles* erfüllen daher alle Kriterien der Unerfüllbarkeit. Zwar wollen sie glauben machen, dass es zum unveränderlichen und unkritisierbaren Wesen der Freimaurerei gehört, keine Frau zu sein, doch sind es nur leere Worte von Männern, die ihre Privatmeinung laut äußern. Inzwischen sind Frauen weltweit Freimaurer und haben durch die Tat das erste Dogma der englischen Großloge *ad absurdum* geführt.

Denn, anders als es die Privatmeinung der Funktionäre zuließ zu erkennen, bildet und verändert sich das Wesen der Freimaurerei im Vollzug des Rituals. Die Praxis zeigt, dass nichts Wesentliches verloren geht, wenn Frauen das Ritual ausführen. Aber die Funktionäre der Großloge von England vertreten die Auffassung, dass ihre willkürlich ausgesprochenen Worte eine kausale Verbindung mit dem Wesen der Freimaurerei unterhielten. Mit demselben Anspruch hätten sie auch verkündigen können, dass Männer mit Hühneraugen am linken Fuß niemals anerkannte Freimaurer werden könnten.

Wer in solchen Forderungen verbindliche Gültigkeit und nicht bloß die Privatmeinung altertümlich denkender Herren erkennt, von dem können wir weder Zugewinn im Verständnis von Toleranz und demokratischen Verhaltensweisen erwarten, noch können wir mit der Fähigkeit zu klaren Überlegungen und anderen geistigen Leistungen rechnen.

Noch weiter drückte die wichtigste Forderung im Dogma der *Basic Principles* das geistige Niveau der Funktionäre der englischen Großloge in den Untergrund. Die Geistesriesen forderten nämlich 1929, dass »a belief in the G.A.O.T.U. and His revealed will shall be an essential qualification for membership« – »Eine wesentliche Voraussetzung für die

Mitgliedschaft« sei »der Glaube an den Großen Baumeister des Universums und seinen offenbarten Willen«.[198] Was haben die Großmeister in England damals geraucht, dass ihnen der Wille des Großen Baumeisters aller Welten erschienen ist und sich ihnen als höchste zu erfüllende Pflicht offenbarte? Wir wissen es nicht. Aber wir wissen, dass es Unsinn ist, den zwar jeder für sich glauben kann, wie er will, den er aber nicht von andern einfordern kann, ebenfalls zu glauben. (Fitzliputzli!) Die Auskunft der edlen Herren von 1929 hat nicht mehr Gültigkeit als eine Traumgestalt, die sich mir eines Nachts offenbaren und ihren Willen bekunden könnte.

Wieder nüchtern müssen die Brüder in London dann aber wenig später – nämlich schon im Januar 1989, also noch nicht einmal nach 60 Jahren geistiger Umnachtung – kalte Füße und Angst vor der eigenen Courage bekommen haben. Denn damals wartete die *United Grand Lodge of England* mit einer Neufassung ihrer *Basic Principles* von 1929 auf. »Die auffallendste Änderung betraf den Gottesbegriff, das Symbol des Großen Baumeisters aller Welten«, wie Dieter Binder zu bedenken gibt. »Während es 1929 noch hieß, ›Voraussetzung für die Aufnahme eines Mitgliedes in eine Loge ist dessen Glaube an den Großen Baumeister aller Welten und an seinen Willen‹, wurde 1989 die theistische Gottesauffassung von einer deistischen abgelöst: ›Freimaurer […] müssen an ein höchstes Wesen glauben.‹ (›Freemasons must believe in a Supreme Being.‹)«[199]

---

198 Ebd.

199 Dieter A. Binder, *Die Freimaurer. Geschichte, Mythos und Symbole*, Marix Verlag GmbH, Wiesbaden 2009, S. 138. Vgl. auch Eugen Lennhoff, Oskar Posner, Dieter A. Binder, *Internationales Freimaurer Lexikon*, Herbig, München 2000, S. 104 f. – Der Großmeister der

Binder vermutet, dass sich die *United Grand Lodge of England* allerdings selbst nicht an diese abgeschwächte und deistische Forderung gebunden fühlt.[200] Zu wichtig nehmen sie offenbar ihre eigene Religion, um die an andere gerichtete Forderung auch für sich selbst gelten zu lassen. Doch sei sie ein Zeichen, dass man den jeweiligen Großlogen nicht vorschreiben möchte, welchen Gottesbegriff sie bevorzugen sollen.[201]

Während Binder sehr höflich und mit wohlwollender Auslegung die Forderung abhandelt, sollten wir uns doch Sorgen machen um die geistige Physiognomie, die nötig ist, um 1989 in demjenigen Teil der Welt, der sich immer noch für die aufgeklärte und freie hält, eine solche Forderung öf-

Vereinigten Großlogen von Deutschland, Christoph Bosbach, demonstrierte in seinem Sommergruß an die Freimaurer einmal mehr den rückwärtsgewandten Stillstand des Großdenkens, indem er die Freimaurer auf die Version der *Basic Principles* aus dem Jahre 1929 und den Glauben an die Auferstehung einschwören wollte. (Vgl. *Humanität* 4/2017 S. 57.) Ich hoffe nur, dass die Mehrheit der Freimaurer sich den Kopf nicht zurückverdrehen lässt. Denn dies ist leider der Ausdruck der Schizophrenie, von der nichts Sinnvolles zu erwarten ist. Wie soll denn durch den rückwärtsgewandten Blick der Weg der Freimaurerei in die Zukunft geebnet werden, den sie unter Aufwendung horrender Kosten zu betreiben vorgeben?

200 Gotthilf Schenkel, *Die Freimaurerei im Lichte der Religions- und Kirchengeschichte*, Gotha 1926, S. 22, selbst an einer protestantischen Deutung der Freimaurerei interessiert, weist wohl zu Recht auf eine Angst der englischen Freimaurer vor dem Deismus hin: »Den Zusammenhang mit dem Deismus erkennen die englischen Maurer nicht an.« »Denn man vergißt, daß die Freimaurerei zunächst ein rein gesellschaftliches Gebilde war, in dessen Eigenart es gerade lag, zu den theoretischen Fragen der Zeit von sich aus keine Stellung zu nehmen.«

201 Vgl. diese Stelle auch in meinem Buch *Menschenähnlichkeit*, a.a.O., S. 154.

fentlich zu machen. Wir wollen daher einmal der Logik des Dogmas: »Freemasons must believe in a Supreme Being«, auf den Grund gehen. Aus der bereits hier schon offengelegten Unerfüllbarkeit der Dogmen folgt, dass sich die Funktionäre der Großloge von England selbst zu Nicht-Freimaurern erklären müssten. Aber am deutlichsten zeigt sich dies darin, dass Vormünder innerhalb der Freimaurerei aus diesen Sätzen sogar schließen, Freimaurer dürften keine Atheisten sein.

Religionswahn

In seiner Schrift *Die Religion innerhalb der Grenzen der bloßen Vernunft* bezeichnete der Aufklärungsphilosoph Immanuel Kant jene Formen von Halluzinationen, in der das Gedachte und das Erwünschte zugleich auch das Wirkliche und Wahre sei, als den »Religionswahn«. Der Begriff ist wohlüberlegt und – anders als der unerfüllbare kategorische Imperativ – korrekt auf den Sachverhalt angewendet, den wir früher schon unter Verwendung der Kommunikationstheorie Paul Watzlawicks und Gregory Bateson als »schizophren« charakterisiert haben. Kant erkennt, dass die für göttlich gehaltenen Verordnungen einer Kirche die wichtigsten Denkgesetze missachten. Von Kirchen – und ich füge hinzu: von Großlogen – für göttlich gehaltene Verordnungen »für wesentlich zum Dienste Gottes überhaupt zu halten und ihn zur obersten Bedingung des göttlichen Wohlgefallens am Menschen zu machen, ist ein Religionswahn, dessen Befolgung ein Afterdienst, d. i. eine solche vermeintliche Verehrung Gottes ist, wodurch dem wahren, von ihm selbst geforderten Dienste gerade entgegen gehandelt wird«[202], lautet es im letzten Kapitel dieser unheiligen Schrift. Präzise, kurz und treffend führt Kant in einer Fußnote aus, was unter »Wahn« zu verstehen ist, nämlich »die Täuschung, die bloße Vorstellung einer Sache mit der Sache selbst für gleichgeltend zu halten.«[203] Es kann nicht genug daran erinnert werden, wie verbreitet dieser Wahn ist und wie sehr ihn vor allem fromme Menschen unermüdlich verteidigen. Es bedarf keiner weiteren Erklärungen, warum Kants Schrift sofort auf dem *Index der verbotenen Bücher der katholischen Kirche* gelandet ist. Kant hatte den Religionswahn entzaubert. Er hat damit der Entwicklung der Freimaurerei hin zum symbolischen Bund einen großen Dienst erwiesen. Denn seine Religionsphilosophie – wenngleich auch diese heute aufgrund seines Glaubens an

---

202 Immanuel Kant, *Die Religion innerhalb der Grenzen der bloßen Vernunft*, in: Werke in sechs Bänden, hrsg. von Wilhelm Weischedel, Band VI, Wiss. Buchges., Darmstadt 1983, (1793), S. 839.

203 Ebd. Vollständig lautet diese Fußnote bei Kant: »Wahn ist die Täuschung, die bloße Vorstellung einer Sache mit der Sache selbst für gleichgeltend zu halten. So ist es bei einem kargen Reichen der geizende Wahn, daß er die Vorstellung, sich einmal, wenn er wollte, seiner Reichtümer bedienen zu können, für genügsamen Ersatz dafür hält, daß er sich ihrer niemals bedient. Der Ehrenwahn setzt in anderer Hochpreisung, welche im Grunde nur die äußere Vorstellung ihrer (innerlich vielleicht gar nicht gehegten) Achtung ist, den Wert, den er bloß der letzteren beilegen sollte; zu diesem gehört also auch die Titel- und Ordenssucht; weil diese nur äußere Vorstellungen eines Vorzugs vor andern sind. Selbst der Wahnsinn hat daher diesen Namen, weil er eine bloße Vorstellung (der Einbildungskraft) für die Gegenwart der Sache selbst zu nehmen, und eben so zu würdigen gewohnt ist. – Nun ist das Bewußtsein des Besitzes eines Mittels zu irgend einem Zweck (ehe man sich jenes bedient hat) der Besitz des letztern bloß in der Vorstellung; mithin sich mit dem ersteren zu begnügen, gleich als ob es statt des Besitzes des letzteren gelten könne, ein praktischer Wahn; als von dem hier allein die Rede ist.«

das »Faktum der Vernunft« als veraltet und unnötig angesehen werden kann – stellt religiöse Handlungen vollständig in die Szene einer Handlung des Als-Ob.[204]

Sein religiöses und moralisches Dogma lautet: Du sollst die moralischen Gebote so betrachten, *als ob* sie von einem Gott gemacht wären. Von diesem gedachten Gott aber zu behaupten, dass er auch notwendig existiere, ist eine überflüssige Forderung, die zwar jeder in seinem Privaterlebnis für gültig halten möge, aus der aber weder etwas für die Existenz Gottes noch für die Notwendigkeit anderer Menschen, Ähnliches zu meinen, folgt. Sollte jemand nun noch meinen, man könnte von jemandem fordern, er müsse glauben, dass Gott existiere, liegt er voll im Trend der religiösen Schizophrenien. Die Konsequenz, Dogmen in Ideen, als ob es sie gäbe, aufzulösen, war Kant jedoch nicht in der Lage auch auf sein »Faktum der Vernunft« anzuwenden. Daher findet bei ihm bloß eine Verwandlung der jenseitigen Existenz des Gottes in ein diesseitiges Faktum der Vernunft statt. Für die Kurie war das allerdings mit Atheismus gleichbedeutend, und sie verbot die Lektüre des Buches. Kant hätte also nach dem Diktum der gottesfürchtigen Großmeister kein Freimaurer werden können. Denn er war, wie die meisten Freimaurer heute noch, im Sinne der Philosophie des Als-Ob ein Atheist.

---

204 Vgl. Hierzu auch Hans Vaihinger, *Die Philosophie des Als Ob*, Meiner Verlag, Hamburg 1922.

Die amerikanische Komikerin Julia Sweeney schildert eine tragikomische Geschichte, »in der ihre Eltern aus der Zeitung erfahren, dass die Tochter zur Atheistin geworden ist. Dass sie nicht an Gott glaubt, das können sie gerade noch ertragen, aber eine Atheistin? Eine ATHEISTIN …«[205] Das Wort »Atheist«, vermutet der Evolutionsbiologe Richard Dawkins, ist »auf heimtückische Weise zu einem entsetzlichen, beängstigenden Etikett aufgebaut« worden.

Atheismus ist so alt wie die Religionen, weil sich nicht alle Menschen ohne Weiteres eingefügt haben in die Vorstellungen von Gott, die andere ihnen vorschreiben wollten. Aber es sind kaum Fälle bekannt, in denen ein Atheist nicht selbst eine Vorstellung von Gott transportiert hätte. Der Atheist ist stets nur derjenige, der einen anderen Gott hat als die herrschende Religion es fordert. Und nur diese anderen Vorstellungen von Gott sind von den Staatsreligionen blutig verfolgt worden.

»Unter der Anklage der Gottlosigkeit ist auch jener berühmte Philosoph, der als einer der Väter des europäischen Denkens gilt, zum Tode verurteilt worden.« George Minois zitiert in seinem grandiosen Buch *Geschichte des Atheismus von den Anfängen bis zur Gegenwart* den Text der Anklage, die 399 v. Chr. von Lykon, Anytos und dem Dichter Meletos erhoben wurde, aus der Überlieferung des Diogenes Laertios: »Diese Anklage verfaßte und reichte unter Eid ein Meletos, des Meletos Sohn …, gegen Sokrates, …; Sokrates

205 Richard Dawkins, *Der Gotteswahn*, aus dem Englischen von Sebastian Vogel, Ullstein Buchverlage GmbH, Berlin 2007, S. 12. (Digitale Version).

versündigt sich durch Ableugnung der vom Staate anerkannten Götter sowie durch Einführung neuer göttlicher Wesen; auch vergeht er sich an der Jugend, indem er sie verführt. Der Antrag geht auf Todesstrafe.«[206]

Der Schüler des Sokrates, Platon, hat den Prozess, den Tod und das Leben des Sokrates unsterblich werden lassen. Die humanistische Bildung der Europäer hat über Jahrhunderte hinweg den Tod des Sokrates als Mord und die Philosophie Platons als die Würdigung des sokratischen Lebenswerks verstehen wollen. Beim genaueren Hinsehen aber, erweist sich Platon als derjenige Ideologe, dem die größte Verantwortung für die Verbrechen gegen den Unglauben zugeschrieben werden muss. Schon sein Frühwerk *Phaidon* – über die Unsterblichkeit der Seele – stellt die Todesstunde des Sokrates und seine letzten Gespräche mit seinen Schülern vor, in denen Platon ausdrücklich betont, dass Platon in der letzten Stunde nicht zugegen war. Wenn wir bedenken, dass Platon niemals etwas Unbedachtes geschrieben hat, dann ist diese Auskunft des Autors zumindest eine Metapher der Distanz zu seinem Lehrer Sokrates. Erst in Platons Alterswerk *Nomoi* – Die Gesetze – gibt er unverschleiert seine dogmatische Haltung zu erkennen. Es ist allerdings bezeichnend, dass kaum einer der Platon- und Sokrates-Verehrer sich an diese Stellen erinnern kann. In den *Nomoi* Platons aber heißt es: »Wenn sich Jemand in Worten oder Werken wider die Götter vergeht, so soll Jeder, der darüber zukommt, gehalten sein, ihm zu steuern, indem er (sofort) irgend einer Obrigkeit davon Anzeige macht, und zwar der ersten besten, und diese soll wiederum

---

206 Georges Minois, *Geschichte des Atheismus von den Anfängen bis zur Gegenwart*, Weimar 2000, S. 41.

gehalten sein den Angezeigten kraft der Gesetze vor das für solche Fälle eingesetzte Gericht zu führen.

...

Verabsäumt sie dies aber, so soll Jedermann befugt sein, sie selber der Gottlosigkeit anzuklagen welcher sich dazu gedrungen fühlt dem (von ihr verletzten) Gesetze Genugtuung zu verschaffen. Ist nun ferner Jemand der Gottlosigkeit schuldig befunden worden, so soll das Gericht Jedem in jedem besondern Falle auch eine besondere Strafe zuerkennen, so zwar, daß Gefängnisstrafe sie alle trifft;

...

Es gibt aber ... Leute, bei denen zu dem Glauben, die Welt sei leer von Göttern auch noch ein (natürlicher) Mangel an Selbstbeherrschung in Lust wie im Schmerz hinzukommt und die dabei ein vortreffliches Gedächtnis und eine schnelle Fassungsgabe besitzen. Beide Klassen leiden also an dem gemeinsamen Fehler des Unglaubens an das Dasein der Götter, aber die erstere wird bei anderen Menschen geringeren, die letztere größeren Schaden anrichten. Ein Mensch der ersteren Art nämlich wird sich sehr viel Freiheit in seinen Reden über Götter, Opfer und Eidschwüre erlauben und Andere (um ihres Glaubens willen) verspotten und dadurch leicht Manche von ihnen auf seine Seite bringen, wenn man ihn straflos gewähren ließe.

... In gleicher Weise erzeugt aber auch die Annahme, daß die Götter sich nicht um uns kümmern, und eben so auch die, daß sie sich erbitten lassen, zwei Klassen von Verbrechern, und überall soll der Richter auf Grund dieser Unterscheidung die erste Klasse, welche eben nur aus Unverstand nicht aus Bosheit des Herzens und Charakters dergestalt gefallen ist, kraft des Gesetzes auf nicht weniger als fünf Jahre in das Besserungshaus stecken. Während dieser Zeit soll kein Bürger mit einem solchen Gefangenen verkehren, mit Ausnahme der Mitglieder der nächtlichen Versammlung, diese aber sollen es zu dem Zwecke, um ihn zu bekehren und seine Seele zu retten. Ist dann diese Zeit der Gefängnisstrafe abgelaufen, so soll er von da an, wenn er Hoffnung gibt, zur Vernunft gekommen zu sein, auch wieder unter den Vernünftigen wohnen; wo aber nicht, so soll ihm von Neuem der Prozeß gemacht und er dann mit dem Tode bestraft werden. Alle diejenigen aber welche zu der Meinung, es gebe keine Götter oder sie bekümmerten sich nicht um uns oder sie wären durch Geschenke zu bewegen, noch überdies die Natur von Raubtieren angenommen haben und, indem sie die Menschen verachten, alle solche Leute (sage ich) sollen, wenn sie eines solchen Verbrechens überwiesen worden sind, vom Gerichte nach dem Gesetze dazu verurteilt werden lebenslänglich in dem Gefängnisse im Innern des (platten) Landes eingekerkert in Ketten zu liegen, und kein Freier soll sie jemals besuchen dürfen, sondern die von den Gesetzverwesern für sie bestimmte Nahrung ihnen von Sklaven dargereicht werden. Nach ihrem Tode aber sollen sie unbeerdigt aus dem Lande geworfen werden. Und falls ihnen dennoch ein Freier zu einem Begräbnis verhelfen sollte, so soll Jedermann berechtigt sein diesen selber auf Gottlosigkeit zu belangen. Sollte aber ein solcher Verurteilter dem Staate brauchbare Kinder hinterlassen, so sollen diese (bereits) von dem Tage ab, an welchem die Verurteilung ihres Vaters erfolgt ist als Waisen angesehen werden, und die Vorsteher der Waisenangelegenheiten sollen für sie als solche nicht minder als alle wirklichen Waisen Sorge tragen.«[207] Dies ist nicht nur der Ursprung der humanistischen Bildung in Europa, es ist auch eine klare Beschreibung eines Atheismus, wie er in den christlichen Jahrhunderten zur Selbstverständlichkeit wurde.

Besonders gern wird die folgende, gerade gelesene Ausführung ignoriert. Ich wiederhole sie daher unter Weglassung anderer Aspekte: »… Alle diejenigen aber welche zu der Meinung, … Götter wären durch Geschenke zu bewegen … sollen, wenn sie eines solchen Verbrechens überwiesen worden sind, vom Gerichte nach dem Gesetze dazu verurteilt werden lebenslänglich in dem Gefängnisse im Innern des (platten) Landes eingekerkert in Ketten zu liegen, und kein Freier soll sie jemals besuchen dürfen, sondern die von den Gesetzverwesern für sie bestimmte Nahrung ihnen von Sklaven dargereicht werden. Nach ihrem Tode aber sollen sie unbeerdigt aus dem Lande geworfen werden. …« Und schon zuvor hatte Platon darauf hingewiesen, dass »auch die Annahme, daß die Götter … sich erbitten lassen«, das Verbrechen der Gottlosigkeit sei. Damit kann sich jeder, der durch Beten Götter erbittet oder ihnen durch Opfer Geschenke unterbreitet, wohlfühlen im Kreis der Atheisten. Nicht weniger als die Religion der Christen selbst fällt unter das platonische Verdikt des Atheismus – gleich den animistischen Opferkulten der Antike. Vor allem Christen sollten sich hüten, anderen Atheismus zum Vorwurf zu machen. Ist ihnen doch zu Anfang mit Recht derselbe Vorwurf gemacht worden.

207 Platon, *Nomoi*, hrsg. von Karlheinz Hülser, Frankfurt am Main und Leipzig 1991, in: Sämtliche Werke in zehn Bänden, Griechisch und Deutsch, nach der Übersetzung Friedrich Schleiermachers, ergänzt durch Übersetzungen von Franz Susemihl und anderen, S. 847 f., 849 ff., 851f.

Schon aus diesen Überlegungen müsste sich jeder Freimaurer, der sein Christentum zur Grundlage der Freimaurerei erklärt, und dafür plädiert, Atheisten auszuweisen, selbst als Atheist vor die Tore seines Tempels setzen. Weder haben die frommen Verächter eine Ahnung von dem, was unter Atheismus zu verstehen ist, noch wissen sie, woran man einen Atheisten erkennen soll. Noch weniger wissen sie, wodurch sie sich selbst vom Atheisten unterscheiden wollen. Schließlich ist die Frage nach der Existenz eines Gottes bis auf den heutigen Tag unbeantwortbar. Einem des »Atheismus« beschuldigten Menschen kann daher niemand unterstellen, er würde die Existenz eines Gottes verneinen. Denn eine solche Verneinung wäre ebenso wenig ein Wissen wie die Verneinung dieser Verneinung. Beides bleibt reine Privatmeinung, ohne daraus normative Verbindlichkeiten ableiten zu können. Aber die moralische Verfolgung des »Atheismus« unterstellt, dass aus atheistischen Metaphern normative Geltung abgeleitet werden könnte. Es kann einem anderen Menschen nicht unterstellt werden, er müsste mit »Atheismus« genau denselben Unsinn für gültig halten, den man selber annimmt. Eine solche Absicht ähnelt der Auffassung einer Laborratte, die sich mit einer gerade neu angekommenen jüngeren Laborratte in ihrem Käfig unterhält und ihr erklärt wie die Rituale im Labor ablaufen: »Schau, diesen Forscher da draußen«, belehrt sie ihren Kollegen, »den habe ich so dressiert, dass er immer dann, wenn ich den roten Hebel drücke, Futter serviert.« Dass es auch eine andere Perspektive auf ihr Leben gibt, kommt der Laborratte nicht in den Sinn.

Je näher wir der Aufklärung auf der Spur folgen, umso atheistischer – im Sinne des Wortes, wie es diejenigen verwenden, die anderen damit eine Verfehlung unterstellen wollen – wird das gesamte Unternehmen »Freimaurerei«. Sofern wir allerdings berücksichtigen, dass mit dem Fortschritt der Aufklärung das Beten und das Götter durch Geschenke zu bewegen, zusehends aus der Mode kommt, dürften sich die Unfrommen aus der Sicht Platons sogar noch frommer dünken als die Frommen. All dies macht es zu einem perversen Unterfangen, wenn Atheisten andere Atheisten des Atheismus bezichtigen. Das Wort »Atheismus« ist inhaltsleer und ausschließlich ein Bezichtigungsbegriff, der denjenigen ebenso trifft, wie denjenigen, auf den es angewendet werden soll. Es zeugt von geistiger Verwahrlosung, wenn dieser Unsinn zu einem Kriterium für das Wesen der Freimaurerei herangezogen werden soll. Die Bedeutungslosigkeit des Vorwurfs des »Atheismus« lässt sich mit weiteren Beispielen aus der Geschichte des Atheismus fester begründen.

Was nennen seine Verächter »Atheismus«?

Der französische Gelehrte Georges Hourdin war sich vor 50 Jahren noch sicher, dass der »Atheismus … historisch sehr viel älter [ist] als die christliche Kultur. Er besitzt Autonomie. Einige Philosophen des Altertums wie Epiktet und Epikur waren Atheisten.«[208] Wagen wir aber einen Blick in den bekanntesten überlieferten Text Epikurs, den *Brief an Menoikeus*, dann begegnen wir der folgenden Auffassung: »Was ich dir ständig anempfohlen habe, das tue und übe dich darin, indem du klar erfaßt, daß das die Grundelemente des guten

208 Zitiert nach Georges Minois, *Geschichte des Atheismus*, a.a.O., S. 4.

Lebens sind. Erstens halte Gott für ein unvergängliches und glückseliges Lebewesen, so wie die allgemeine Gottesvorstellung vorgezeichnet ist und hänge ihm nichts an, was seiner Unvergänglichkeit fremd oder seiner Glückseligkeit unangemessen ist; alles aber, was seine mit Unvergänglichkeit verbundene Glückseligkeit zu wahren vermag, das nimm von ihm an. Denn Götter gibt es; evident nämlich ist die Erkenntnis von ihnen. Doch wie die Menge sie sich vorstellt, sind sie nicht. Denn sie hält nicht fest an dem, wie sie sich vorstellt. Gottlos aber ist nicht der, der die Götter der Menge abschafft, sondern der, der den Göttern die Meinungen der Menge anhängt. Denn die Aussagen der Menge über die Götter sind nicht evidente Wahrheiten, sondern falsche Annahmen. Von daher werden die größten Schäden für die Schlechten vonseiten der Götter und die größten Vorteile für die Guten angeführt. Denn ganz und gar nur mit ihren eigenen Tugenden vertraut, akzeptiert sie nur solche Götter, die ihr ähnlich sind, wobei sie alles, was nicht von solcher Art ist für fremd hält.

Ferner gewöhne dich an die Auffassung, dass der Tod uns nichts angeht. Denn alles Gute und Schlechte beruht auf der Wahrnehmung. Der Tod aber ist Verlust der Wahrnehmung. Deshalb macht die richtige Erkenntnis davon, dass uns der Tod nichts angeht, die Sterblichkeit des Lebens genussreich, indem sie nicht eine unbegrenzte Zeit hinzufügt, sondern uns die Sehnsucht nach der Unsterblichkeit wegnimmt. Denn im Leben gibt es nichts Furchtbares für den, der in rechter Weise begriffen hat, dass es im Nichtleben nichts Furchtbares gibt. Daher ist der töricht, der erklärt, er fürchte den Tod nicht, weil er Qualen bereiten wird, wenn er da ist, sondern weil er jetzt Qualen bereitet, da er einst kommen wird. Denn was uns, wenn es da ist, nicht belästigt, das kann, wenn es bloß erwartet wird, nur eingebildete Qualen bereiten. Das Schauerlichste aller Übel also, der Tod, geht uns nichts an; denn solange wir da sind, ist der Tod nicht da, wenn aber der Tod da, ist, dann sind wir nicht mehr da. Er geht also weder die Lebenden an noch die Verstorbenen; denn die einen geht er nichts an, die anderen sind nicht mehr. Aber die Menge flieht bald den Tod als größtes aller Übel, bald wählt sie ihn als ein Ausruhen von den Übeln im Leben. Der Weise aber lehnt weder das Leben ab noch fürchtet er das Nichtleben.«[209]

Epikurs Ausführungen sind in mancher Hinsicht aufschlussreich. Erstens ist es auch ihm nicht möglich, sich eine Welt ohne Götter zu denken. Der Vorwurf, der mehr als zweitausendjährigen abendländischen Geistergeschichte, Epikur, sei Atheist gewesen, ist im strengen Sinn des Wortes – aber, wer andere des Atheismus beschuldigt, meint immer den wörtlichen Sinn – nicht zutreffend. Auch das Wort »Atheismus« ist nichts weiter als reine Metapher. Zweitens zeigen die Ausführungen die Elemente der Provokation, die das Wort »Atheismus« aus der Möglichkeit, erwogen zu werden, verdrängen will. Diese Elemente sind: Götter sind zufrieden. Wir können ihnen weder durch Beten noch durch Opfern einen Gefallen tun – und schon gar nicht, dass Freimaurer forderten, man müsse an sie glauben. Sie interessieren sich nicht für uns. Wir können sie in Ruhe lassen, und sie lassen ebenso auch uns in Ruhe. So wie sie sich nur um sich kümmern, so sollten wir uns um unser eigenes Leben kümmern, in dem es auch ohne Götter genügend Probleme gibt.

209 Epikur, *Brief an Menoikeus*, übers. und hrsg. von Gerhard Krüger, Aschendorf Verlag Münster 2004, S. 29.

…hin würde die Empfehlung Epikurs die Menschen unempfindlich machen gegen die Herrschaft der Angst, durch die uns Obrigkeiten stets geneigt machen, ihrem Willen zu gehorchen. Vor allem das Verschwinden der Angst vor dem Tod und dem was danach zu erwarten sei, entzöge die Menschen der Macht der Priester.

Nach diesen Ausführungen können wir den Atheismus als eine Denkhaltung des autonomen Menschen verstehen, der sich nicht jede Angst einreden lässt, um besser regierbar zu sein. Nicht immer sind die als »Atheisten« gescholtenen Gelehrten besonders an der Autonomie des Menschen interessiert. Gleichwohl stehen sie zumeist im Licht einer Aufklärung, die dem Menschen Methoden bereitstellen will, durch welche er die Bewältigung des Lebens erfolgreicher leisten kann.

Zu den berüchtigten Atheisten gehört auch Thomas Hobbes, der uns als ein weiteres Paradigma dienen soll. Nicht allein in seinem Hauptwerk *Leviathan* stellt Hobbes Gott über jeden Souverän. Dort etwa lesen wir: »So beinhaltet also die gesamte erste Tafel der Gebote die Summe von Gottes absoluter Macht, nicht nur in seiner Eigenschaft als Gott, sondern auch als besonderer König der Juden kraft Vertrags. Und deshalb mag sie auch diejenigen erleuchten, denen die souveräne Gewalt durch Übereinstimmung der Menschen übertragen wurde, damit sie sehen, in welcher Lehre sie ihre Untertanen zu unterrichten haben.«[210] Auch bei Hobbes kann das Missverständnis ausgeschlossen werden, dass er Atheist im wörtlichen Sinn gewesen sei. »Hobbes war ungeachtet seines Materialismus kein Atheist, jedenfalls nicht seiner eigenen

210 Zitiert nach Herfried Münkler, *Thomas Hobbes*, Campus Verlag GmbH, Frankfurt/Main 2001, S. 135.

Ansicht nach«, teilt auch sein Kommentator Hermann Klenner mit. »›Do you think, I can be an Atheist and not know it?‹, so seine trockene Bemerkung. Man lese im übrigen das 31. Leviathan-Kapitel, und nächst dem Wort ›Mensch‹ ist das Wort ›Gott‹ das häufigst-verwendete im ganzen Werk. Hobbes verstand sich auch als Christ. Freilich reduzierte er das *unum necessarium* des Christseins auf den einen Satz des Johannes-Evangeliums (20,31) ›Jesus est Christus‹, und diese drei Worte des Vulgata-Textes sind wiederum die am häufigsten wiederholten im ganzen ›Leviathan‹.«[211]

Kenner und Erforscher des Atheismus sind sich einig, dass der Atheismus-Vorwurf in erster Linie diejenigen traf, die sich der herrschenden Religion nicht bedingungslos unterordneten. »Bis ins frühe 18. Jahrhundert war kaum ein Religionskritiker Atheist«, so das Fazit Winfried Schröders, »fast möchte man meinen, die Philosophiegeschichte bestätige damit den Topos der theologischen Apologetik, es habe zu allen Zeiten eine Übereinstimmung aller Menschen im Hinblick auf die Existenz eines höchsten Wesens gegeben.«[212] Wer also das Gottesverständnis der Aufklärungsphilosophie teilt, glaubt an ein höchstes Wesen und ist zugleich Atheist. Schröder kann seine Untersuchungen auf Quellen stützen, die darlegen, dass Atheismus nicht nur eine Ausnahmeerscheinung war, sondern, dass das aus der Antike übernommene Wort

211 Hermann Klenner, *Einführung*, in: *Leviathan*, Thomas Hobbes, hrsg. Hermann Klenner, übers. von Jutta Schlösser, Meiner Verlag, Hamburg 1996, S. XIX.

212 Anonymus, *Traktat über die drei Betrüger Traité des trois imposteurs (L'esprit de Mr. Benoit de Spinosa)*, kritisch herausgegeben, übersetzt, kommentiert und mit einer Einleitung versehen von Winfried Schröder, Französisch – Deutsch, Felix Meiner, Hamburg 1992, S. IX. (Kindle Ausgabe)

Das ist kein Tempel.

»Atheist« fast durchweg auf »Freidenker, Nonkonformisten und Heterodoxe« angewendet wurde. »›Atheist‹ hieß, wer die wahre Religion nicht anerkannte.«[213] Und zu diesen gehörten die Freimaurer und Freigeister gleichermaßen.

Wer seine Kirche verlässt, um in der Nebenstraße eine Loge zu eröffnen, von der er sagt, sie sei ein Tempel zur Verherrlichung des Christentums, der sagt auf maurerische Art, dass er die »wahre« Religion nicht anerkenne. Was, zum Teufel, hat ihn aus der Kirche in die Loge getrieben, wenn nicht der Zweifel? Ist es vielleicht die Schizophrenie der Unmöglichkeitsparadoxien? Manche verlassen ihre Kirche, um sich in ihr einzurichten.

Es gibt keinen Grund zu bestreiten, dass das gesamte Geschehen der Freimaurerei seit Beginn des 18. Jahrhunderts in die von Religionsphilosophen und Theologen seinerzeit selbst eröffnete Kategorie des Atheismus fällt. Dies wurde nicht zuletzt von den beiden christlichen Kirchen so wahrgenommen. Es gehört daher zu den größten Anmaßungen von Großmeistern, das Wort »Atheist« nach eigenem Gutdünken zu verwenden und solche zu bezichtigen, die eine andere Vorstellung von Atheismus haben als sie selbst. In der Art, wie sich jemand privat die Nichtexistenz Gottes vorstellt, gibt es keine Qualitätsunterschiede. Es bleibt reines anmaßendes Gutdünken zu behaupten, die eigene Art des Atheismus sei wertvoller als die andere. Gleiches gilt freilich für die ebenfalls bloß privat vorgestellten Existenzen eines oder mehrerer Götter. Die Anmaßung ist umso größer, als vor allem diejenigen, die den Vorwurf des Atheismus mit größter Vorliebe verwenden, selbst keine Ahnung haben von der Ge-

213 Ebd.

schichte des Atheismus, in der ihre eigene Denkhaltung stets derjenigen entsprach, die von der Orthodoxie ebenfalls als Atheismus erkannt wurde. Wer lauthals den Atheismus in der Freimaurerei bekämpfen will, muss sich selbst zunächst seiner Rolle als Atheist bewusst werden, um nicht vollkommen unglaubhaft zu sein. Dann erst wird sich zeigen können, was er tatsächlich bekämpfen will. Wir gehen später noch einmal auf die Unmöglichkeitsforderung ein, dass ein Freimaurer an ein höchstes Wesen glauben muss.

Der Buchstabe »G«

Ein starkes Symbol der Freimaurerei ist der Buchstabe »G«, der an einer bestimmten Stelle im Ritualablauf auftritt. Schon der Umstand, dass nicht ein ganzes Wort ausgeschrieben wird, stellt symbolisch die Aufforderung dar, eine Interpretation vorzunehmen. Stünde hier ein ausgeschriebenes Wort, hätte das keine Aufmerksamkeit erzeugt. Denn nicht die stereotype Wiederkehr des Immergleichen weckt unsere Aufmerksamkeit, sondern die Unterbrechung mechanisiert ablaufender Denkvorgänge. Symbole öffnen das Denken. Sie erlauben es nicht, dass sie die unbewegliche Verdoppelung einer einzigen festgelegten Sache darstellen. Ihr Bedeutungshorizont bleibt beweglich.

Der berühmte griechische Philosoph, der Kyniker Diogenes, war bekannt dafür, dass er eines morgens bei Tageslicht eine Laterne anzündete. Auf die Frage seiner verwunderten Zeitgenossen, warum in aller Welt er am helllichten Tage eine Laterne anzünde, antwortete er: »Ich suche einen *Menschen*.«

Diogenes' Philosophie ist die Kunst der Metapher und

der symbolischen Sprache. Warum aber ist diese Sprache manchmal leistungsfähiger als die unzweideutige Kennzeichnung eines Sachverhaltes mit logisch-mathematischen Zeichen oder mit eindeutig definierten Worten? Aus dem Sprichwort: »Ein Bild sagt mehr als tausend Worte«, ist uns die Antwort bekannt.

Auch die Diogenes-Anekdote macht es leicht, die Frage zu beantworten. Stellen wir uns einfach vor, jemand würde Diogenes beim Wort nehmen. Dann sähe er einen Wahnsinnigen vor sich, der mit einer Laterne in der Hand auf dem Marktplatz einen Menschen sucht, wo doch Hunderte unübersehbar bei hellem Sonnenschein herumlaufen. Sogar ein Blinder müsste nicht lange suchen. Diogenes wäre nicht ernst zu nehmen, wenn wir die Worte im expliziten Sinn verstehen wollten. Denn jeder weiß, dass durch die Verwendung der Laterne bei Tageslicht keinesfalls ein gesuchter Mensch leichter zu finden sei als ohne Laterne. Auf dem Marktplatz müsste er sich auch nicht anstrengen, viele Menschen zu finden.

Also das Verb »suchen« ist fehl am Platz – freilich vom Standpunkt eines Ohres, das die Antwort wörtlich und nicht metaphorisch verstehen will. (Dass es solche Menschen gibt, haben wir oft genug im Zusammenhang mit der Schizophrenie erwähnt.) Ein Beobachter der Szene, der keinen Sinn für Metaphorik und Humor besitzt, wie das etwa auch bislang noch von einem Roboter zu erwarten ist, verlöre sofort das Interesse, weil die Aussage keine Szene beschreibt, die er sich vorstellen kann.

Erst die Fähigkeit Metaphern und symbolische Rede zu verstehen, bringt die Anekdote zum Leuchten. Wer die Metapher versteht, dessen Aufmerksamkeit wird geweckt, und er beginnt nach einer Plausibilität zu suchen. Sein Gehirn macht sich freiwillig auf die Suche nach Erklärungen. Dabei wird sehr bald klar, dass das Bild von der Laterne auf einen übertragenen Sinn aufmerksam macht, über dessen Bedeutung wir stolpern. Trotz der zahlreichen Lebewesen auf dem Marktplatz, kann Diogenes keinen Menschen erkennen. Denn Menschen sind für ihn keine Massenware, die sich dort tummeln, wo sie billig Beute machen können. Unterderhand verletzt er den Narzissmus von uns Menschen. Wir wollen nicht mit Tieren auf eine Stufe gestellt werden. Doch ein Zyniker wie Diogenes würde uns damit heute das Gefühl wecken, dass das Wort »Anthropologie« zu viel verspreche; »Zoologie« könnte vollkommen ausreichend sein.

Der Denkanstoß, den die symbolische Rede erteilt, liegt in dem Nachdenken, was es wohl sein mag, was den Menschen zum Menschen macht. Denn in beiden Fällen muss man in der Lage sein, eine Bedeutungsverschiebung vorzunehmen.

»Atheism is a non-prophet organization.« Nur wer die leichte Lautverschiebung von »profit« zu »prophet« versteht, versteht auch die Verschiebung der Bedeutung von Atheismus als einer Denkform, in der weder Profite noch Propheten etwas zu sagen haben.

Mit dem Buchstaben »G« verhält es sich ähnlich wie mit der Laterne des Diogenes, nur dass hier nicht primär eine Aussage über den Wert des Menschen angestoßen wird, sondern der Charakter des Symbols als einem leistungsfähigen Denkanstoß hervortritt. »G« weckt die Erwartung von Bedeutung, »Gott« nötigt uns einzuordnen in eine von zwei Kategorien: wahr oder falsch. Natürlich schießt dem frommen Christen sofort ins Bewusstsein, »G« könne wahrhaft nur »Gott« bedeuten. Dann fühlt er sich allerdings glücklich, aber auch nur, weil er wieder einmal seine Angst vor der Verneinung seines Gottes ausschalten konnte. Es darf ihm jedoch nicht der Zweifel auftreten, dass selbst in seiner platten Interpretation des »G« als dem Zeichen für Gott zumindest nicht der offenbarte christliche Gott gemeint wäre. Der offenbarte Gott brauchte sich ja schließlich nicht hinter einem symbolischen »G« zu verstecken. Auch findet sich in keiner von Gott »offenbarten« Schrift der Hinweis, dass er eine Vorliebe für das »G« habe. Der Standpunkt eines Gottesglaubens, in dem Gott nur als Symbol auftritt, ist immer schon der Standpunkt derjenigen gewesen, die sich von Christen als Atheisten haben beschimpfen lassen müssen.

Wie man es auch wendet, die Interpretation des »G« als Gott darf nicht sehr anspruchsvoll werden, denn sonst führt sie selbst den frommen Christen auf den Scheiterhaufen der Atheisten.

Um den Buchstaben »G« in das Gefüge der anderen freimaurerischen Symbole und Metaphern einzugliedern, ist es sehr viel spannender, ihn als das Symbol für Geometrie zu verwenden. Dann nämlich erfreut sich unsere Neigung zur Bildung von Analogien in gesteigerter Intensität. Da stellt sich der Zusammenhang zu den Sieben Freien Künsten her, zu den Pythagoreern und zu den fundamentalen freimaurerischen Symbolen Winkelmaß und Zirkel. Da stellt sich auch die Erinnerung an die Erfolgsgeschichte einer Wissenschaft ein, die den Menschen beim Errichten von Bauwerken sowie bei seiner Orientierung in der Welt verbessert hat.

Der Buchstabe »G« wird auf diesem Weg zu einem Spiegel des Inneren des Menschen und nicht das Symbol eines Jenseitigen. In seiner geometrischen Deutung erscheint er als Spiegelbild der Weltwirklichkeit.

Einmal hat ein Freimaurergeselle auf die Frage, wofür der Buchstabe »G« stehe, geantwortet hat: »Für Geld«. Er hat damit heftiges Gelächter ausgelöst, an dem sich zeigte, dass es naheliegende und fernerliegende Interpretationen gibt. Keine muss falsch sein. Aber die Plausibilität einer Interpretation ergibt sich aus der gemeinsamen Erfahrung und Erwartung aller, die mit dem Symbol vertraut sind. Nur innerhalb eines Bedeutungsfeldes werden Interpretationen glaubhaft.

Freimaurerei als Ganzes wird dadurch auch zum Symbol des bereits erwähnten Leitthemas der Wissenschaft von Karl Raimund Popper: *Alles Wissen ist stets nur Vermutungswissen.* Irgendwann wird es zugunsten eines besseren Wissens unglaubhaft werden.

Wer eine dogmatische Auffassung von Wissen hat, der wird zumindest *eine* fundamentalistische Grundlage seines Denkens niemals als Vermutungswissen bezeichnen können. Seine ganze intellektuelle Anstrengung dient oftmals nur dem Ziel, zu verhindern, dass sein Dogma sich dereinst auch einmal als Vermutungswissen wird entlarven lassen.

Freimaurerei erinnert uns daran, dass Fortschritt im Wissen nicht ebenso dogmatisch verkündet werden kann wie das Festhalten an einem unveränderlich ewigen Wissen, in dessen Besitz manche Menschen sich wähnen. Nur in der Praxis, wo verschiedene Vermutungen, Interpretationen, Wissensformen sich bewähren müssen, zeigt sich ihre Leistungsfähigkeit. Dogmatiker stellen daher ihre letzten Prämissen niemals zur Diskussion; denn dadurch machten sie schon mit dieser Praxis viel zu viele Zugeständnisse an die Möglichkeit, widerlegt werden zu können.

Aber ist nicht die Behauptung, alles Wissen sei Vermutungswissen, ebenfalls ein dogmatischer Fundamentalismus?

Wer sich an die Strategie der Verschiebung der Beweislast gewöhnt hat, wird auch vor dieser Auffassung nicht zurückschrecken. Denn er will bereitwillig übersehen, dass die Behauptung in dem Moment widerlegt ist, wo sich ein Wissen nicht als Vermutungswissen erweisen wird. So etwas auszuschließen, erlaubt das offene Denken nicht. Auch der Satz: »Alles wissen ist Vermutungswissen«, kann widerlegt werden. Alle sind aufgefordert, dies zu tun. Jeder missglückte Versuch, ihn zu widerlegen, stärkt den Satz. Auch wünsche ich, dass die klügsten Versuche angestellt werden. Vermutungswissen ist selbst daran interessiert, herauszufinden, unter welchen Bedingungen es widerlegt sein könnte, wie wir nicht zuletzt aus Poppers Analysen des Induktionsprinzips wissen. Dogmatismus dagegen ist nicht daran interessiert, seine Behauptung überhaupt widerlegen zu lassen und unterscheidet sich deswegen vom offenen Denken. Das Manöver der Verschiebung der Beweislast zeigt, dass der Dogmatiker niemals auf die Idee kommt, dass seine Position widerlegbar sein könnte. Sie gilt für ihn a priori. Für Poppers offenes Denken allerdings gilt, dass es wahrscheinlich kein Wissen a priori gibt.[214]

---

214 »Das Induktionsproblem ist die Frage, ob und wie sich induktive Schlüsse rational begründen bzw. rechtfertigen lassen. Deren Rechtfertigung ist offenbar nur möglich auf der Grundlage eines Induktionsprinzips. Ein solches Induktionsprinzip, so Popper weiter, muß offenbar selber ein synthetischer und allgemeiner Satz sein. Synthetisch, weil induktive Schlüsse gehaltserweitend sind, und allgemein, weil die induktive Methode allgemein anwendbar sein soll. Jeder Versuch einer Rechtfertigung dieses Induktionsprinzips führt nun aber, so Popper, in ein unweigerliches Dilemma. Zum einen ist das Induktionsprinzip nicht empirisch begründbar, denn hierzu müßte man von einem Induktionsprinzip höheren Gebrauch machen (demzufolge induktive Schlüsse, weil sie sich bisher bewährt haben, sich auch in Zukunft bewähren werden), und dies führt uns in einen unendlichen

Georg Pencz (1500–1550): *Geometria*, aus der Serie *Die freien Künste*, ca. 1541 (Kupferstich)
© Saint Louis Art Museum, Missouri, USA / Museum purchase / Bridgeman Images

Die bislang stärkste Interpretation des Buchstabens »G« ist seine Herkunft von »Geometrie«. Von der Geometrie gibt es Allegorien. Im Gegensatz zu dogmatischen Gottesvorstellungen bezeichnen Allegorien immer ihre Herkunft aus der Welt der Fantasie. Wer Fantasien anerkennt, verfällt weniger dem Zwang, eine einzige Fantasie für das identische Abbild der Wirklichkeit zu halten. Allegorien sind eine Art Metapher. Sie versinnbildlichen eine gedachte Wirklichkeit, die auch anders sein könnte. Dabei nutzen sie die bildhafte Orientierung, die uns bei Denken und Sprechen Konzentration auf ein Thema erleichtert. Aber bei all diesem bleibt die Allegorie wie auch das Symbol und die Metapher ein Produkt der intellektuellen Arbeit von Menschen. Denn gleich wie ein Kunstwerk erinnert uns jedes andere Produkt der Fantasie daran, dass der Mensch daran beteiligt ist, wenn ihre Produkte entstehen. Es kann eine Wahnvorstellung sein, wenn man Fantasie stets dogmatisch für Wirklichkeit hält.

Die Allegorie der *Geometrie*, wie sie musterhaft in dem Kupferstich von Georg Pencz, einem Künstler aus der ersten Hälfte des 16. Jahrhunderts, abgebildet ist, hält einen Zirkel in der rechten Hand und stützt ihren linken Fuß auf einen kubischen Stein, neben dem auf der einen Seite das Winkel-

---

Regreß. Zum anderen ist auch der andere, von Kant unternommene Versuch, das Induktionsprinzip als a priori gültig zu erweisen, zum Scheitern verurteilt (denn es ist denkmöglich, daß sich die Welt schon morgen ganz anders verhält als bisher). … Zusammengefaßt ist für Popper das Induktionsproblem unlösbar.« (Gerhard Schurz, *Das Problem der Induktion (I. Kap., Abschn. 1)*, in: Karl R. Popper, *Logik der Forschung – Klassiker auslegen*, hrsg. von Herbert Keuth, Berlin 2004, S. 26 f.)

maß abgelegt ist. Auf der anderen Seite des Kubus befinden sich zwei weitere platonische Körper – der Oktaeder und der Dodekaeder. Der kubische Körper nimmt in dem Stich eine ausgezeichnete Position ein. Er ist neben dem Oktaeder der einzige, der rechte Winkel aufweist. Im Gegensatz zum Oktaeder, der nur vier rechte Winkel aufweist, ist der Kubus derjenige Körper mit der maximalen Anzahl an rechten Winkeln. Eine Putte hält den 24-zölligen Maßstab bereit und hält der Geometria eine Tafel zum Zeichnen vor. Mit ihrem Zirkel scheint sie eine Messung vorzunehmen, vielleicht aber auch eine Beziehung herzustellen zu dem Kubus, den sie mit dem Fuß besonders hervortreten lässt.

Heute ist der kleine Stich im Museum zu betrachten. Pencz selbst stammt aus dem Atelier Albrecht Dürers. Weil er revolutionäre Parolen im Sinne Thomas Müntzers verbreitete, wurde er zusammen mit zwei weiteren Malern 1525 inhaftiert. Sie wurden die drei »Gottlosen Maler« genannt, denn sie übten scharfe Kritik an Wiedergeburt und Transsubstantiation. Zum Glück kamen sie wieder frei und konnten sich ihren Arbeiten an kleinen Gravuren widmen.

Die Lebensumstände Penczs rücken ihn in die Tradition der aufklärerischen Renaissance. Naturforschung wird dabei von dem Vorwurf befreit, Pakt mit dem Teufel zu bedeuten. Penczs Gravuren der Sieben Freien Künste zeigen diesen Einfluss deutlicher noch – wie oft vermutet wird – als seine Malerei.[215]

---

215 Einschlägig zu diesem Thema ist die historische Studie von Frances A. Yates, *Die okkulte Philosophie im elisabethanischen Zeitalter*, aus dem Englischen von Adelheid Falbe, Weber, Amsterdam 1991 (Original 1979). »Tatsächlich ist die gesamte spätere Geschichte der okkulten Philosophie sowohl in England als auch im Ausland durch die

Geometrie ist die sechste der Sieben Freien Künste. Sie ist im freimaurerischen Ritual so fest wie eingebrannt. Musik und Astronomie – zwei weitere der Sieben Freien Künste – spielen in der Freimaurerei ebenfalls eine rituell verarbeitete Rolle.

Die Symbolkraft des Buchstabens »G« als Geometrie ragt noch weiter hervor als die Allegorie im Kupferstich. Vor allen anderen Vorstellungen, die angeben, was das wichtigste Prinzip der Welt sei – Feuer, Wasser, Geist oder Materie, sei dies das allgemeine Sein oder die Weltvernunft –, ist die Geometrie am allgemeinsten gefasst und zugleich konkret. Geometrie ist sowohl die Wissenschaft von der Ordnung der ganzen

---

Erschütterungen der religiösen Konflikte und durch Propaganda verzerrt worden. Das Ausmaß an Haß und Abscheu, das diese Bewegung bei ihren Feinden erregte, kann man besser begreifen, wenn man sich erinnert, daß christliche Kabbala nach dem Verständnis ihrer früheren Anhänger eine Form evangelischer Christlichkeit war, die sich auf eine ›kraftvollere‹ Philosophie als die Scholastik, nämlich auf die okkulte Philosophie stützte. Sie stellte eine mächtige geistige, mit dem Christentum verbundene Kraft dar, die sich jedoch den Kräften der Reaktion, sowohl der katholischen als auch der protestantischen, widersetzte. Daher wurde sie als teuflisch verabscheut und verfolgt, und sollte, gleich den von ihr geschützten Hexen, vernichtet werden. Und doch war es gerade die okkulte Philosophie der Renaissance in ihren Ursprüngen, die einige der erlesensten Werke der Renaissance-Kultur hervorgebracht hat. 1623 veröffentlichte Marin Mersenne in Paris seine *Questiones in Genesim*, eines der Schlüsselwerke, die den Übergang von der magischen Denkweise der Renaissance zur Denkweise der wissenschaftlichen Revolution kennzeichnen. In diesem Genesiskommentar greift Mersenne den Renaissance-Neuplatonismus und die mit ihm einhergehenden okkulten Tendenzen vehement an. Dabei erwähnt er namentlich und unter heftiger Mißbilligung die berühmten Renaissance-Philosophen Ficino und Pico und viele andere, insbesondere aber Francesco Giorgi, den er wegen *De harmonia mundi* und der *Problemata* attackiert.« (S. 196)

Welt und zugleich ein Handwerkszeug bei der Organisation unserer näheren Umgebung.

Der Buchstabe »G« erinnert daher an die innere Ordnung der Welt, die sich zugleich im Äußeren manifestiert. Während im Altertum die dogmatische Auffassung von der Ordnung durch Zahl und Maß vorherrschte, nämlich, dass der Welt selbst noch Ordnung, Zahl und Geometrie zeitlich vorhergegangen seien, erinnert die freimaurerische Vorstellung von *ordo ab chao* an den Selbstorganisationsprozess des Universums. Ordnung ist dabei das Resultat der Entwicklung, nicht ihr Ausgangspunkt. Schon aus diesem Grund steht die Annahme, dass tatsächlich ein Weiser Baumeister die Welt in der ersten Stunde geordnet habe, im Widerspruch zur Ordnung, die das Resultat eines lebendigen Prozesses ist. Nur in letzterer Vorstellung ist der Prozess der Entwicklung oder der Vervollkommnung mitgedacht. Die erstere Vorstellung dagegen hält eine Ur-Ordnung für gegeben, die sich immer gleich bleibe und von allen Dingen fordere, sich dieser ewigen Ordnung anzupassen.

In den Anfängen der Philosophie war die Vorstellung von Ordnung eine metaphysische. Dies bedeutet, dass Ordnung nicht als Resultat, sondern als Voraussetzung aufgefasst wurde. Ihr Motto war daher *ordo ab ordo*.

Wir haben oben von den »Gedanken Gottes vor der Erschaffung der Welt« gesprochen, die das Prinzip aller kreationistischen Vorstellungen ist. Hierbei soll ein Geist, ein Intellekt, eine übernatürliche Weisheit alles Mögliche im Kopf gehabt haben, was einmal wirklich werden würde. Dabei erkennt man eine bloße Verdoppelung von etwas, das schon vor der Entstehung der Welt als wirksam gedacht war: Einmal ist es Ordnung an sich, dann sind es die nach dieser

Ordnung geordneten Dinge der Welt. Es gibt also nichts Neues unter der Sonne. Ein wirklicher Schöpfungsprozess findet nicht statt – nur ein Verdoppelungsprozess.

Die freimaurerische Metapher *ordo ab chao* aber, stellt das Prinzip einer Wertschöpfung vor. Aus dem Ungeordneten wird Ordnung. Von einem ordnenden Geist oder Gott ist allerdings in der Freimaurerei nicht die Rede. Ordnung ist das Resultat von Arbeit. Der Weg zur Ordnung ist auch symbolisiert durch das Verhältnis des rauen Steines zum behauenen Stein. Chaotische Formen werden mit dem Spitzhammer bearbeitet und zur Ordnung geführt.

Wir begegnen dem Denken einer geometrischen Ordnung und deren Bedeutung für eine soziale Gemeinschaft erstmals systematisch bei den Pythagoreern, allerdings in der metaphysischen Ausprägung des *ordo ab ordo*. Pythagoreer waren die von Pythagoras inspirierten Mitglieder einer Sekte der Antike. Bei ihnen wird ein systematischer Zusammenhang zwischen Weltordnung und sozialer Ordnung hergestellt.

Ihre Frage nach der *Arché*, nach dem Weltprinzip, hieß nicht: Was ist der Weltstoff? Denn solcherlei Fragen stellten die antiken Naturphilosophen, wie etwa Thales von Milet, der meinte, alles sei Wasser. Pythagoreer fragten stattdessen: Was ist die Weltordnung? Sie gaben sich auch eine Antwort auf diese Frage. Sie sagten sich, dass das Wesen der Dinge oder die Ordnung der Welt nichts anderes sein könne als die Ordnung der Zahl. Alle Dinge sind nach Maß und Zahl geordnet. Pythagoreer hatten noch keine Ahnung davon, dass es genauso gut der bloß ordnenden Eigenschaft des menschlichen Verstandes geschuldet sein könnte, dass wir überall geordnete Strukturen erkennen. Vielleicht ist es ja nur der

Verstand, der in alle Dinge eine Ordnung hineinliest. Aber Pythagoreer dachten sich das, was jeder naive Dogmatiker heute noch denkt: Die Ordnung in meinen Gedanken kann nichts anderes sein, als die Ordnung der Dinge selbst. Für sie galt die Ordnung der Zahl a priori.

Pythagoreer hatten eine realistische Auffassung von der Zahl, keine nominalistische. Sie hätten es sich nicht vorstellen können, dass es sich bei der Galileischen These: »Das Buch der Natur ist in der Sprache der Mathematik geschrieben« – wenn sie diese hätten kennen können –, auch nur um eine Metapher handelt. Daher ist es von pythagoreischer Metaphysik noch ein weiter Weg bis zur freimaurerischen Bescheidenheit, nach der wir nicht nur stets unvollkommen – einem rauen Stein vergleichbar – sind, sondern auch nur über unvollkommenes Wissen verfügen.

Aber ein erster Schritt ist getan. Pythagoreer erkennen, dass das Problem der Menschheit nicht nur in der Erkenntnis einer absoluten Wahrheit über die Struktur des physischen Universums liegt, sondern auch in der Herstellung einer nach geordneten Strukturen aufgebauten Gemeinschaft von Menschen. Freilich heißt das nicht, dass nun ein jeder sich zu einem Kubus umformen soll. Die symbolische und allegorische Bedeutung der Geometrie beinhaltet die Aufforderung, eine soziale Ordnung herzustellen, *als ob* sie die Verbindlichkeit geometrischer Strukturen hätte.

Wenngleich Pythagoreer meinten, dass die Ordnung der menschlichen Gemeinschaften nur ein Abbild der himmlischen Ordnung sei – ein Gedanke, der von den Ägyptern stammt, die mit ihren Pyramiden sogar die Sternbilder des Himmels auf der Erde abbilden wollten –, so erkennen wir doch ihre Hinwendung zur Aufgabe der Humanität. Die

Arbeit am Aufbau einer geordneten Struktur der menschlichen Gemeinschaft, die sich bei den Prinzipien der Ordnung am menschlichen Maß orientiert, nennen wir die humanitäre Freimaurerei. Pythagoreer kannten aber noch nicht das menschliche Maß, sie unterwarfen den Menschen einem fremden Maß, das sie dem Himmel abgelauscht hatten.

Bei den Pythagoreern begegnen wir dem sittlichen Anspruch zum ersten Mal und auf eine absonderliche Weise. Waren sie doch bestrebt, alle Dinge mit Zahlen zueinander in Beziehung zu bringen, so erscheint bei ihnen so etwas wie das Bestreben, den Menschen »als verdichtete, fleischgewordene Zahlen aufzufassen«.[216] Hier haben wir die vor-freimaurerische Vorstellung, dass der Weg von der absoluten himmlischen Ordnung einen Weg zur Sittlichkeit bahne. Wir haben immer wieder darauf hingewiesen, dass mit der Entstehung der Freimaurerei in diesem Verhältnis eine Wende eingetreten ist: Zuerst steht die Anerkennung des Sittengesetzes und von dort eröffnet sich ein möglicher Weg zu religiösen Fragen.

Pythagoreer stellen die ethisch-moralisch relevanten Beziehungen als Zahlenverhältnisse dar, die ihren Ursprung in religiösen Vorstellungen haben. Es sind mit den geometrischen Zahlenverhältnissen metaphysische Seinsverhältnisse ausgedrückt, die von dort als Gebote des sozialen Zusammenlebens in die Welt einwirken. Aber die beiden Bereiche stehen bei den Pythagoreern unvermittelt und locker nebeneinander, ohne sich innerlich zu durchdringen. Ernst Bloch charakterisierte diese Qualitäten und ihre sonderbaren Zuordnungen folgendermaßen: »Wir haben Eins als das schlechthin Ungeschiedene, als den Punkt, aus dem alles an-

216 Ernst Bloch, *Antike Philosophie. Leipziger Vorlesungen zur Geschichte der Philosophie*, Bd. I, Suhrkamp, Frankfurt am Main 1985, S. 54.

dere sich entwickelt; Zwei als die Linie, Drei als die Fläche, Vier als Quadrat. Gerade letzteres soll hier ganz deutlich das Gleichgewicht zwischen vier Strichen bezeichnen als eine pointierte Qualität, und zwar als Qualität der Gerechtigkeit, ... Vier wird also der Gerechtigkeit gleichgestellt und ist freimaurerisch noch das Zeichen zur Öffnung der Loge.«[217]

Auffallend bei den Pythagoreern ist noch eine weitere Zuordnung. Sie dokumentieren erstmals für die westliche Welt – nordwestlich von Ägypten, wo die Kaste der Priester bereits Ähnliches lehrte – die Vorstellung, dass das soziale Ganze eine Spiegelung der universellen Wahrheit der Weltordnung sein müsse, und dass die Annäherung an das Göttliche durch strenge Ordnungsregeln im Tagesablauf zu erreichen sei.

So lehrte die pythagoreische Schule Askese. Ursprünglich war damit Training und Übung gemeint. Erst für das Zeitalter der Christen hat Askese einen leibfeindlichen Sinn. Den haben sie in das Wort hineingelegt, weil es so besser passte. (Einem Asketen aber erscheint das Wort heute wie ein unumstößliches, immer gültiges Gebot eines höchsten Wesens.) Bloch aber verwendet das Wort »im Sinn eines sittlichgeistigen Lebens auf der Grundlage eines orphischen Lebens, also auch mit alten orphischen Einweihungsriten.«[218]

Mit den Pythagoreern verbinden wir die Wirkung von Verhaltensregeln auf den Aufbau einer sozialen Gemeinschaft. Auch wenn es für uns merkwürdige Gepflogenheiten gewesen sein mögen – Verbot, Bohnen zu essen; Tragen weißer Gewänder; festgelegte Tagesabläufe und vieles mehr –, sie alle sind mit der Forderung verbunden, dass rituelle Praxis das Erlebnis der Gemeinschaft stärken soll.

217 Ebd., S. 56.
218 Ebd., S. 51.

Stärkste Wirkung haben Pythagoreer in Europa durch die auf ihre Geometrie zurückgehende Ästhetik des Goldenen Schnitts. Unter dem Goldenen Schnitt verstehen wir eine Regel der ästhetischen Proportionen. Sie wird abgeleitet aus den pythagoreischen Gesetzen im rechtwinkligen Dreieck. Nehmen wir ein verbreitetes Symbol der Freimaurerei, das Pentagramm. Wenn wir die drei ineinander verschlungene Dreiecke betrachten, dann können wir auch sehen, dass sie einen Stern bilden, der in einem Strich gezeichnet werden kann, ohne dabei den Stift abzusetzen. Dadurch soll der Charakter der Einheit symbolisiert sein. Weil dieses Pentagramm jedoch sehr viele andere Proportionen in sich einschließt, kann es als ein Symbol der Einheit in der Vielheit gedeutet werden. Die Größenverhältnisse der sich schneidenden Linien und Flächen lassen Proportionen erkennen. Diese bilden zugleich die Gesetze der Harmonielehre.

Aber weil diese Proportionen sich in zahlreichen Naturprodukten und Bauwerken finden – beispielsweise in Seesternen oder im Pentagon –, sind manchmal Abweichungen vom Ideal als moralische Abwege diskriminiert worden. Der Schein der Universalität des Goldenen Schnitts hat viele Menschen dazu verführt anzunehmen, dass es sich dabei um ein göttliches Gesetz und eine göttliche Forderung handeln könnte. Viele dachten sich, dass eine andere Lehre von der Schönheit nur als entartet zu betrachten sei. Sie machten dabei aus den Symbolen, die stets nur einen breiten Deutungshorizont zulassen, eine unveränderlich enge und absolut wahre Lehre, der sich jeder zu unterwerfen habe. Solcherlei Vorstellung von Entartung treten im religiösen Bewusstsein auf, das stets die Maske mit dem Gesicht verwechselt, weil es wenig flexibel mit Symbolen umzugehen versteht.[219] Das religiöse Bewusstsein im alten pythagoreischen Denken stellte automatisch die geometrische Ordnung der Dinge in den Kontext einer geheimnisvollen, heiligen Weltordnung. Sie wurde von Priestern verwaltet, die das Wissen der Zahlenverhältnisse als ein Geheimnis pflegten. Die geometrische Wahrheit des Weltzusammenhangs ist bei den Pythagoreern nur Auserwählten zugänglich. Praktische Anwendung der Geometrie tritt hinter der Zahlenmystik zurück. Wissen und Macht verbünden sich dabei auf dem Boden der Geometrie. Das Wissen jener geheimnisvollen Wahrheit war getragen von okkulten Zeichen, Symbolen, Ritualen und Worten. Die Pythagoreer, deren Verehrer auch Platon war, kannten sie und begründeten mit ihrem geheimen Wissen einen Geheimbund, zu dessen Beitritt eine besondere Weihe erforderlich war. Ihr größtes Geheimnis war die Zahl. Denn alles war Zahl für sie.

Das Dogma des Geheimwissens der Pythagoreer geht beispielsweise hervor aus der These, dass die Länge der Hypotenuse eines rechtwinkligen Dreiecks mit einer Länge der Katheten von 1 kein irdischer Wert sein könne. Zwar ist es möglich, eine Strecke der Länge 1 in den Sand zu kratzen und im rechten Winkel dazu wieder eine Strecke der Länge 1. Aber dass man anschließend mit einer geraden Linie die beiden offenen Enden miteinander verbindet, so dass ein rechtwinkliges Dreieck entsteht, war für die Mathematiker jener Zeit ein Problem. Denn während man die Verbindungslinie ohne große Anstrengung in den Sand ritzen

219 Vgl. Albert Goeringer, *Der Goldene Schnitt (göttliche Proportion) und seine Beziehungen zum menschlichen Körper,* J. Lindenauer, München 1893.

kann, findet sich im damals bekannten System der natürlichen Zahlen kein Element, dass der Länge dieser dritten Linie entspräche. Wurzel 2 lautet heute der richtige Ausdruck – gemäß des Satzes des Pythagoras. Aber es gibt keine rationale Lösung für diesen Ausdruck – Wurzel 2 – unter den Zahlen, die man seinerzeit kannte.

Die reale Auffassung der Zahlen, also dass sie nicht nur Symbole sind, sondern Abbilder der Prinzipien kosmischer Ordnung, führt Pythagoreer zu der Konsequenz, die irdische Welt für unvollkommen zu halten. So machen sie aus dem fehlenden Wort für Wurzel 2 ein Geheimnis. Zahlenpriester wendeten ihre Köpfe ab von der sinnlichen Welt und fragten nach der Denkbarkeit der gesuchten Zahl. Das Unwirkliche siegte über das Wirkliche. Und bis heute glauben viele Freimaurer, dass sich im Irrationalen mehr vor einer heiligen Wahrheit finden lasse als in den rationalen Strukturen unseres Denkens. Tatsächlich jedoch dürfte weder da noch dort die »heilige Wahrheit« existieren. Das Geheimnis des richtigen Ausdrucks für Wurzel 2 wurde als Heiligtum gehütet. Wehe, es sprach jemand aus, dass es einen Wert und ein Wort für die Länge der Hypotenuse im Dreieck mit der Schenkellänge 1 gab. Wer dies wagte, war des Todes.

So entstanden freilich auch Legenden wie diejenige um Hippasos. Er soll es verraten haben, dass Pythagoras Kenntnis von den Irrationalzahlen gehabt hatte, in deren System es eine Lösung für Wurzel 2 gibt. Weil Hippasos Pythagoras' Entdeckung veröffentlicht habe, wurde er des Geheimnisverrats beschuldigt. Die Gemeinschaft der Pythagoreer schloss ihn aus ihrer Gesellschaft aus. Zufällig ist er dann bei einem Schiffsunglück ums Leben gekommen. Andere haben diesen Unfall aber als göttliche Strafe gedeutet. Ein Unglück ist eben selten einfach nur ein Unglück, sondern für das religiöse Denken das Zeichen einer geheimnisvollen Macht.

In der humanitären Freimaurerei hat sich die Rede vom Geheimnis vollständig in eine diesseitige Erklärung verwandelt. Alles, was wir tun, dient nur dem einen Ziel: dem Aufbau einer geordneten menschlichen Gemeinschaft, nicht aber dem Erwerb eines Himmelreiches für Auserwählte. Es steht uns Menschen mit unserem menschlichen Maß auch nicht zu, uns anzumaßen, die Gedanken Gottes vor der Erschaffung der Welt zu kennen. Solcherlei Größenwahn und dessen Verkündigungen müssen wir lernen uns zu enthalten. Wenn Freimaurer daher im Tempel stets ihre Schritte im rechten Winkel setzen, dann nicht zur Verherrlichung der göttlichen Wahrheit des Satzes des Pythagoras. Vielmehr vollziehen sie dabei durch die Praxis den Wunsch, dass in der Gemeinschaft von Menschen derart geordnete Strukturen herrschen mögen, die wir bislang für etwas Überirdisches gehalten haben.

Denn manchmal steht das »G« auch für Gesetz. Und wenn der Neophyt vor seinem ersten Eintritt in den Tempel gefragt wird: »… ob er das höchste Gesetz der sittlichen Weltordnung anerkennt, das uns gebietet, Gott über alles – und unseren Nächsten wie uns selbst zu lieben!«, dann bildet die Anerkennung des Sittengesetzes die Voraussetzung für Religion, nicht umgekehrt. Vom Sittengesetz führt ein Weg zur Religion. Nur religiöse Eiferer möchten dem entgegen, dass wir den christlichen Gott bedingungslos anerkennen sollen, um von dort zur sittlichen Weltordnung zu gelangen. Zuletzt also gemahnt uns der Flammende Stern mit dem Buchstaben »G« in mehrfacher Hinsicht, die Weltordnung als einen sittlichen Auftrag, nicht als einen religiösen zu betrachten.

Allahu akbar

»Gott ist groß«, lautet die moderne Formel niederschmetternder Rhetorik der Frömmigkeit. Sie fehlt offenbar in keinem Glaubensbekenntnis. Auch am 7. Mai 1794 stellte ein Terrorist der Französischen Revolution seine Weltanschauung unter den Mantel der höheren Weltordnung, die mit der Geste der Allwissenheit vor allem das eigene schlechte Gewissen bereinigen sollte. Es war Maximilian de Robespierre, der in einer Rede für den Kult des *Supreme Being* warb. »In den Augen des Gesetzgebers ist alles wahr«, verkündigte er salbungsvoll, »was der Welt nützlich und in der Praxis gut ist. Der Gedanke des Höchsten Wesens (l'Être suprême) und der Unsterblichkeit der Seele ist eine Mahnung zur Gerechtigkeit, er ist somit sozial und republikanisch.«[220]

Es gibt keinen Grund, den Kult des Glaubens an ein Höchstes Wesen in der Freimaurerei fortzusetzen und sich zu Komplizen ähnlicher religiöser oder politischer Weltanschauungen zu machen. Der Gott-ist-groß-Kult ist eine der übelsten Quellen der Feindseligkeit.[221] Insbesondere in der

---

220 Jean-François Fayard, *Les 100 jours de Robespierre. Les complots de la fin*, Éditions Jacques Grancher, Paris 2005, S. 144. Zitiert nach Alois Krist, *Spannung statt Spaltung: Dimensionen eines förderlichen Umgangs mit Aggression in der Kirche*, LIT Verlag, Münster 2010, S. 436.

221 Wie barbarisch das Missverständnis werden kann, wenn Mitglieder der christlichen Sekte des Freimaurerordens dem Symbol des Allmächtigen Baumeisters aller Welten den Symbolcharakter absprechen und damit beginnen, ihn als ein real existierendes Wesen zu verehren, hat der norwegische Attentäter Anders Breivik mit seinem Gemetzel aller Welt vorgeführt. Die norwegische Polizei hatte seine Geisteshaltung als »christlich-fundamentalistisch« beschrieben. Aber moderne, halbwegs aufgeklärte Christen wollen nichts mit Fundamentalisten zu tun haben. Erst recht gilt dies von Freimaurern.

PFF.. WARUM GEHT ES BEI GÖTTERN UND MACKERN EIGENTLICH IMMER NUR UM DIE GRÖßE? DAS IST UNTER MEINER WÜRDE...
ALLAHU AKBAR!
WÜRDE
ALLAH
GROßER GOTT!
GOTT

Freimaurerei hat dieser Kult keinen Raum. Ganz abgesehen davon bildet es – wie wir ausführlich dargestellt haben – eine Unmöglichkeitsforderung, anderen abzuverlangen, sie *müssten* an ein höchstes Wesen glauben, nur um diejenigen, denen dieser Glaube unmöglich ist, zu niederen Menschen zu degradieren.

Aber es wirkt oftmals wie der Zündfunke am explosiven Dogma, wenn wir Menschen in die Nähe der Einsicht führen, dass ihr Kult um den großen Gott nichts weiter als ein illusionäres Drama inszeniert. Die Auswirkungen des gekränkten Narzissmus erfahren wir seit ein paar Jahren in immer kürzeren Abständen. Jeder Wahnsinnige fühlt sich heute berufen, im Namen seines Gottes friedliche Menschen mit entführten Flugzeugen, gestohlenen LKW oder auch nur mit der Machete in der Hand niederzumetzeln. »Ich bin da, um für Allah zu sterben«, hatte der 39-jährige französische Staatsbürger seinen Terroranschlag verteidigt, den er im März 2017 auf dem Pariser Flughafen Orly verüben wollte.

Weder mit der Bezugnahme des Attentäters nur auf das Christentum, noch auf die Freimaurerei lasse sich diese Aussage in Übereinstimmung bringen, erkennt ein Journalist der Frankfurter Allgemeinen Zeitung. »Denn die Freimaurerei beruft sich in deistischer Manier nur sehr vage auf einen ›Allmächtigen Baumeister aller Welten‹, ist aber strikt auf das Diesseits gerichtet und zudem – gerade in den katholisch geprägten Ländern Europas – in fast allen ihren Facetten feindlich gegen die Kirche eingestellt«, lautet sein korrektes Urteil. (Reinhard Bingener, *Anders Breivik und die Religion. Fanatische Fantasy*, in: FAZ.NET, 26.07.2011, http://www.faz.net/anders-breivik-und-die-religion-fanatische-fantasy-11107568.html?GEPC=s53)
Auch an der Weigerung des Freimaurerordens die deistische Haltung gegenüber dem *Allmächtigen Baumeister Aller Welten* anzuerkennen und ihn als ein bloßes Symbol anzusehen, zeigt sich, wie wenig dieser Jesus-Orden mit Freimaurerei zu tun hat. Vgl. hierzu auch Bernhard Beyer, *Der Kampf der Großen Landesloge*, a.a.O.

Dann hat ihn die Polizei erschossen. Götter lieben diese Art von Tod – wenn man den Menschen glauben darf, die doch nur deren Willen vollstrecken.

Wir alle sollten uns von diesem Gotteswahn nicht betören lassen. Leider hat kein Mensch jenem Gottesdiener – wie den Millionen anderen, die für ihren Gott sterben wollen – beigebracht, dass ihr höchstes Wesen eine reine Illusion, ein reines Symbol, eine bloße Metapher ist. (Was es sonst noch sein könnte, ist damit nicht widerlegt. Es gibt bloß kein Wissen von diesen Dingen. Und dass Glauben mehr sei als Wissen, lässt sich mit irdischen Methoden widerlegen.)

Gleichwohl ist es nicht möglich, den meisten Menschen beizubringen, dass ein Leben ohne den Glauben an Gott möglich ist, ganz gleich, ob es ihn gibt oder nicht. Die Mehrzahl aller Menschen müssten ihr Leben für sinnlos erachten, wenn sie sich eingestehen sollten, dass sie einer Illusion nachjagen. Ohne die bergeversetzende Kraft ihres Glaubens stünden sie vor einem unüberwindlichen Abgrund.

Schon aus diesem Grund erfordert der Umgang mit religiösen Überzeugungen einen anderen Stil als den advokatischen Schlagabtausch. In der Freimaurerei herrscht wie nirgendwo sonst das Erlebnis des Rituals, das emotional vertraut macht mit dem Umgang mit Symbolen. Das Ritual zeigt uns, dass es im Erlebnis nicht wichtig ist, ob unser geglaubter Gott bei allen Handlungen dabei ist oder nicht.

Frommen Menschen muss stets die Möglichkeit offen stehen, sich ungestört in ihren Widersprüchen zu bewegen. (Widersprüchlich ist es allein schon, dass ein allmächtiges Wesen nicht die Macht haben soll, sterben zu können; dass es nicht die Macht hatte, die Menschen mit so viel Einsicht auszustatten, dass sie verstehen können, warum sie an es glauben sollten und vieles mehr.) »Im Hause des Henkers soll man den Strick nicht erwähnen«, lautet ein seltenes Sprichwort.[222] In der Freimaurerei wird der Kult um das höchste Wesen behutsam zu einer bloßen Metapher herabgesetzt. Die meisten Freimaurer bemerken dies nicht einmal. Denn Metaphern sagen etwas, indem sie es nicht sagen, und sie verbergen etwas, indem sie Namen nennen. So vereint das Symbol des *Allmächtigen Baumeisters aller Welten* im frommen Individuum die Möglichkeit, seine private Auffassung von Göttern in seinem Privatleben und in seiner Religion zu leben, ohne die Freimaurerei selbst in dieses Leben hineinzuziehen.

Freimaurerei ist keine Religion. In ihr verwandeln sich alle religiösen Elemente in reine Symbolik und Metaphorik. Das Symbol des *Allmächtigen Baumeisters aller Welten* steht für die Sucht des Menschen nach einem Gott. Es gibt den Menschen die Möglichkeit, so zu tun, als ob sie es mit einem Gott zu tun hätten. Manche meinen zwar, dass dieses Symbol nicht nur ein Symbol wäre, sondern noch einmal ein neuer Gott. Wem das nicht genug ist, der denkt sich dann darüber noch einen »höheren« Gott und so weiter, bis ins

222 Vgl. hierzu Douglas Hofstadter, Emmanuel Sanderdie, *Analogie*, a.a.O., S. 118: »Im Französischen heißt es etwa: ›Il ne faut pas parler de corde dans la maison d'un pendu‹ (›Im Haus des Gehängten soll man nicht vom Strick reden‹), und dazu gibt es das seltene englische Gegenstück: ›One mustn't speak of rope in a hanged man's house‹ oder – noch obskurer: ›One mustn‹t say *Hang up your fish* in a hanged man's house‹ (›Im Haus des Gehängten soll man nicht sagen: *Häng den Fisch auf.*‹)« – Vgl. auch Theodor W. Adorno, *Was bedeutet: Aufarbeitung der Vergangenheit*, in: Gerd Kadelbach (Hrsg.), *Erziehung zur Mündigkeit*, Suhrkamp, Frankfurt am Main 1970, S. 10: »Im Hause des Henkers soll man nicht vom Strick reden; sonst hat man Ressentiment.«

Unendliche. Aber all dies ist die Privatmeinung eines jeden Menschen, den sie glücklich macht, und hat nichts mit Freimaurerei zu tun.

In der Freimaurerei wird nicht die kleinste Andeutung gemacht, ob diesem Symbol des *Allmächtigen Baumeisters aller Welten* (ABAW) irgendetwas Wirkliches in, über, hinter oder unter der Welt entspreche. Durch die Mitwirkung im Ritual wird stattdessen sogar durch die Tat bestätigt, dass ABAW nur symbolische Bedeutung habe. Das erkennen wir bereits daran, dass keiner, der die Metapher im Ritual verwendet, eine Ausbildung genossen hat, mit einem vielleicht wirklich existierenden ABAW kommunikative Verbindung aufzubauen – telepathische oder ähnliche Verbindungen. Wo immer das Symbol verwendet wird, geschieht es ausschließlich in der Beziehung des »als ob es ihn gäbe«.

Selbst die Großloge von England hat 1983/85 ihr areligiöses Selbstverständnis in der *Erklärung über Freimaurerei und Religion* unmissverständlich herausgestellt. »Freimaurerei ist keine Religion«, lautet es dort zum Unbehagen zahlreicher frommer Eiferer, »und auch kein Religionsersatz. Von ihren Mitgliedern, deren eigenes religiöses Bekenntnis unberührt bleibt, verlangt sie lediglich den Glauben an ein Höchstes Wesen, ohne ein eigenes Glaubensbekenntnis vorzuschreiben. Das Höchste Wesen, Gott, wird vom einzelnen selbst bestimmt. Einen spezifisch freimaurerischen Gott gibt es nicht. Vielmehr ist der Gott des Freimaurers der, zu dem er sich in seiner Religion bekennt.«[223]

Zur Begründung, dass Freimaurerei weder Religion noch Religionsersatz ist, führt die *Erklärung* der englischen Groß-

---

223 Giuliano di Bernado, *Die neue Utopie der Freimaurer*, Passagen Verlag, Wien 1997, S. 41 ff.

loge das Fehlen eines Glaubensbekenntnisses, das Fehlen von Sakramenten, das Fehlen eines Versprechens über das Seelenheil und die ausdrückliche Abwesenheit einer Diskussion über Religion an. Zum Unterschied vor allem zur christlichen Religion fügt Kottmann in seiner maßgeblichen Studie den Erklärungen hinzu: »Während die christliche Religion die Einheit mit Christus sucht, mühen sich die Freimaurer in der gemeinsamen Arbeit um ihre eigene Veredelung, indem sie menschliche Fähigkeiten nutzen. Wenn dabei auch Selbsterkenntnis und christliche Offenbarung einander gegenüberstehen, ersetzen sie einander nicht zwangsläufig, insofern dem einzelnen Freimaurer freigestellt ist, seinen christlichen Überzeugungen zu folgen.«[224]

Die privaten Verhältnisse eines Menschen zu einem Gott gehen die Freimaurerei nichts an, und diese lässt sie ausdrücklich unberührt. Dass natürlich jemandem irgendwann Zweifel kommen, ob es den im Privatleben geglaubten Gott wirklich gibt, kann als eine heilsame Auswirkung der Freimaurerei zur Entschärfung der Gefährlichkeit des Gotteswahns angesehen werden.

Gott als Metapher

Die Auffassung von Gott als einer Metapher oder einem reinen Symbol findet sich bereits angedeutet in der Religionsphilosophie der Aufklärung, im englischen Deismus.[225] Der

224 Klaus Kottmann, *Die Freimaurerei und die Katholische Kirche*, a.a.O., S. 114.

225 Vgl. hierzu Alfred Schmidt, *Entstehungsgeschichte der humanitären Freimaurerei*, a.a.O.

französischen Calvinist Pierre Viret (1511–1571) hatte die Begriffe »Deist« und »Deismus« erstmals verwendet. 1564 berichtet er, wie jüngst noch einmal Martin Bollacher herausstellte, von Vertretern einer Glaubenskongregation, »qui s'appellent Déistes, d'un mot tout nouveau, lequel ils veulent opposer à Athéiste«.[226] Eine Anomalie beinhaltet der Deismus offenbar von Anfang an. »Obwohl der Reformator Viret die deistischen Abweichler als verkappte Gottesleugner verabscheut«, hält Bollacher fest, »ist es bemerkenswert, dass die Deisten sich selbst diese Bezeichnung gegeben haben, dieser Selbstbezeichnung aber von vornherein ein apologetischer Gestus innewohnte: Deisten, nicht Atheisten! Doch wo apologetische Zwecke verfolgt werden, ist die polemische Gegnerschaft nicht fern, und so bleiben die Begriffe ›Deismus‹, ›Deisten‹ mit einer diffusen Semantik behaftet, die – je nach Perspektive und Gesinnung – die Deisten bald als Atheisten, bald als Gegner des Atheismus erscheinen lässt.«[227] Die Elemente des Religiösen im Christentum verwandeln sich in dem Moment in reine Symbolik und Metaphorik, in dem die Begründung christlicher Religion durch Verweis auf eine göttliche Offenbarung unglaubhaft geworden war. In dieser Zeit bildet sich zudem die Methode der historischen Bibelforschung heraus. Die Gegner des Deismus, die freilich auch großenteils großamtlich im Freimaurerorden präsent sind, haben diese Aspekte schnell gewittert. Denn was wird aus der christlichen Religion, wenn ihre grundlegenden Elemente als reine Symbole und Metaphern verstanden werden sollen? Schon die mit dem Deismus weiter verbreitete Erkenntnis, dass die biblischen Schriften kein Tatsachenbericht, sondern

226 Martin Bollacher, *Lessings Verhältnis zum Deismus*, a.a.O., S. 44.
227 Ebd., S. 44.

die reine metaphorische Einkleidung menschlicher Ängste, Nöte und Wünsche darstellen könnte, reichte aus, um dem Christentum den Todesstoß zu versetzen. Aber Kritik der Religion hatte niemals die Abschaffung der Religion zum Ziel – zumindest im Zeitalter der Aufklärung. Dies bezeugt auch das Klima der protestantischen »Gottesgelehrten«[228]. Während Deismus vor allem von französischen Gottgläubigen verwendet wurde, um sich vom Atheismus abzugrenzen, haben die Deismus-Gegner dies »sogleich in Frage gestellt oder als taktisches Manöver denunziert«[229].

Die begriffliche Klärung des Unterschieds zwischen Deismus und Theismus hatte erstmals Immanuel Kants 1781 unmissverständlich in der *Kritik der reinen Vernunft* zur Sprache gebracht. Aus der Sicht Kants bewegt sich der Deismus innerhalb der Grenzen der »bloßen« Vernunft und tritt dort als »transzendentale« Konstruktion auf. Ganz im Sinne der transzendentalen Forderung der Großloge von England – »Freemasons … must belief in a supreme being«[230] –, erlaubt es die von Kants Transzendentalphilosophie eingeführte Unterscheidung zu sagen: »… der Deist glaube einen Gott, der Theist aber einen lebendigen Gott (*summam intelligentiam*)«[231] Ersterer ist eine Denknotwendigkeit, letzterer eine existierende Seinsart.

---

228 Vgl. *Predigten von Protestantischen Gottesgelehrten der Aufklärungszeit,* hrsg. von H. von Meding, (Reprografischer Nachdruck der Originalausgabe Berlin 1799), Wissenschaftliche Buchgesellschaft, Darmstadt 1989.

229 Martin Bollacher, *Lessings Verhältnis zum Deismus,* a.a.O., S. 46.

230 *Basic Principles,* United Grandlodge of England, 1989.

231 Immanuel Kant, *Kritik der reinen Vernunft,* 2. Auflage, Kapitel 121, *Des dritten Hauptstücks, Siebenter Abschnitt, Kritik aller Theologie aus spekulativen Prinzipien der Vernunft.*

Bollacher sieht Kants Argumentation im Zusammenhang mit David Humes *Dialogues Concerning Natural Religion* (1779) »und dessen Einwürfen gegen den Anthropomorphismus der theistischen Gottesvorstellung«[232]. Hierdurch zeichnet sich die Nähe des Deismus zur *natürlichen Religion* aus. Obgleich dieser Begriff erst in der Mitte des 17. Jahrhunderts auftritt, wendet ihn Alfred Schmidt bereits auf die Religionskritik Herbert of Cherbury's an. In der Sache scheint Schmidt jedoch nicht falsch zu liegen. Denn schon in den 1660er Jahren erhielt Cherbury in Deutschland den Ruf, Hauptvertreter der *Naturalistae* gewesen zu sein. Denn der Begriff *Naturalismus* war identisch mit dem Begriff *Deismus.*[233] Darauf verweist die kleine, kaum bekannte Schrift von Leibniz aus dem Jahr 1701 – *Annotatiunculae subitaneae ad Tolandi Librum De Christianismo Mysteriis carente.* Sie greift den explosiven Gedanken des Deismus auf und versucht ihn abzuschwächen.[234]

In größerer Nähe zur Freimaurerei steht jedoch John Toland. Er hatte 1696 in seiner Schrift *Christianity not Mysterious: Or, a Treatise shewing, That there is Nothing in the Gospel contrary to Reason. Nor above it: And that no Christian Doctrine can be Properly call'd a Mystery* dafür plädiert, alle übernatürlichen Erklärungen aus der christlichen Religion zu verbannen. Keineswegs verneint Toland einen Gott. Dies muss wieder in Erinnerung gerufen werden, wenn er als Atheist in die Geistesgeschichte eingegangen ist. Aber sein

232 Martin Bollacher, *Lessings Verhältnis zum Deismus*, a.a.O., S. 46.

233 Vgl. hierzu Winfried Schröder, *Der Deismus in der Philosophie der Neuzeit*, a.a.O., S. 24.

234 Vgl. Maria Rosa Antognazza, *Natural and Supernatural Mysteries*, in: *Gestalten des Deismus in Europa*, S. 29-40.

berühmtes Tafellogenritual *Pantheisticon* kümmert sich nicht um Offenbarung oder um heilsgeschichtliche Dogmen, sondern stellt die von Newton und Desagulier inspirierte sich selbst organisierende Natur ins Zentrum seiner rituellen Feier der Allmacht der Natur.

John Toland vertrat die naturalistische Vernunftposition, mit der er alle christliche Metaphysik zurückwies. Seine Naturverehrung beinhaltet eine einheitliche materialistische Lesart der Wissenschaft, die sich ebenso aus dem Newtonianismus wie aus Giordano Brunos Pantheismus bildete.[235] Konsequent wies Toland jede Autorität sowohl der christlichen Kirchen als auch der Dissenter-Parteien zurück. Schon deswegen gilt Tolands Naturalismus vielen frommen Freimaurern als unvereinbar mit den Zielen der Großloge von England.[236] Bernhard Beyer zieht daraus das Fazit: »Alles gegen die Freimaurerei Vorgebrachte baut sich auf der Behauptung auf: ›Die Grundlage des Freimaurerwesens ist der Deismus, die Antipathie gegen das spezifisch Christliche.‹«[237] Mit dem Kampf gegen den Deismus haben die Gegner der Freimaurerei auch diese treffen wollen, und Freimaurer waren ihnen dabei behilflich, so das Urteil Beyers. Und zu den Gegnern der Freimaurerei gehörten schon zur Zeit Bernhard Beyers die Funktionäre der Großen Landesloge, des Freimaurerordens.

235 Vgl. hierzu Margaret C. Jacob, *The Radical Enlightenment. Pantheists, Freemasons and Republicans*, George Allen & Unwin, London 1981, S. 153.

236 Ludwig Fensch (Hrsg. und Übers.), *Das Pantheistikon Des John Toland* (1897), Kessinger Legacy Reprints 2010, S. 75 f.

237 Bernhard Beyer, *Geschichte der Großloge Zur Sonne von 1741-1811*, 3 Bde., Bauhütten-Verlag, Frankfurt 1954-55, Bd. 2, S. 102.

Denn die Sprengkraft des Deismus drohte das Fundament des Christentums zu zerstören. »Wo der Deismus sich das Autonomiepostulat des modernen Subjekts und die Forderung nach religiöser Aufklärung zu eigen machte, wurde der Gegensatz von Glauben und Wissen, Vernunft und Offenbarung, Wahrheit und Geschichte auf die Spitze getrieben«, diagnostiziert Bollacher. Bollacher ist versucht zu sagen, Gott sei hierdurch »aus dem menschlichen Erfahrungsbereich entsorgt«. Es versteht sich von selbst, dass die deistische »Fernrückung Gottes ... auf erbitterten Widerstand der Amtskirche und ihrer orthodoxen wie neologischen Vertreter und auf rigorose staatliche Zensurmaßnahmen gestoßen«[238] ist.

Das Großartige am Deismus ist sein Übel – aus der Sicht frommer Gottesverehrung –, nämlich das vollständige Bekenntnis zum Diesseits. »Die Grundidee des Deismus liegt darin, dass der Mensch alles, was er zur rechten Erkenntnis Gottes und seines Willens braucht, in seiner eigenen Vernunft finden kann.«[239]

Dies nämlich ist der Todesstoß für die christliche und jede andere Offenbarung. Offenbarung wird überflüssig, sie ist bloßes Ornament, Symbol. In ihr ist nichts enthalten, was die allgemeinen Erkenntnisse der Natur nicht auch belegen könnten.

Vom Standpunkt dieser »deistischen Fernrückung Gottes« wird es plausibel, warum der naturalistische Flügel der Aufklärung stets größtem Widerstand ausgesetzt war. Der Widerstand innerhalb der Freimaurerei, und zwar von der

---

238 Martin Bollacher, *Lessings Verhältnis zum Deismus*, a.a.O., S. 48 f.

239 Klaus Kottmann, *Die Freimaurerei und die Katholische Kirche*, a.a.O., S. 138.

Seite fundamentalistischen Christentums ausgehend, äußerte sich keineswegs schwächer.

Während die reaktionäre Geisteshaltung Joseph de Maistres[240] mit Hilfe katholischer Ideologie den Geist der Französischen Revolution ersticken wollte, gibt es auch von der anderen christlichen Kirche kommend beispielsweise Gotthilf Schenkel, der in seiner zur Verteidigung des protestantischen Erbes in der Freimaurerei gegen den Katholizismus verfassten Studie *Die Freimaurerei im Lichte der Religions- und Kirchengeschichte* John Tolands Nähe zur Freimaurerei kritisiert. »Den Zusammenhang mit dem Deismus erkennen die englischen Maurer nicht an«, erklärt Schenkel und setzt dem hinzu: »Von den bekannten Vorkämpfern des englischen Deismus hat keiner eine Rolle in der Loge gespielt. Wahrscheinlich ist keiner von ihnen auch nur Mitglied gewesen. Von Toland ist es zeitweise behauptet worden, doch ist dies längst widerlegt.« Die Vorwürfe, dass »Freimaurerei ein deistisches Gebilde« sei, seien entschieden abzulehnen, denn sie stützten sich auf die Vorstellung vom Deismus als einem »verkappten Materialismus«, den die Freimaurerei »von ihrem bewußt theistischen Standpunkt aus rückhaltlos ablehnt«[241]. Natürlich ist Schenkels Furcht vor dem Materialismus schlimmer als der Materialismus selbst.[242] Schenkel folgt hier dem bloßen Gerücht, Materialismus sei Atheismus, und Atheismus sei zu vermeiden, während er überschwäng-

240 Joseph de Maistre, *Die Freimaurerei*, a.a.O., S. 32.

241 Gotthilf Schenkel, *Die Freimaurerei im Lichte der Religions- und Kirchengeschichte*, a.a.O., S. 21-23.

242 Vgl. hierzu Alfred Schmidt, *Geschichte des Materialismus*, hrsg. von Sven Oliver Hein und Klaus-Jürgen Grün, Salier Verlag, Leipzig 2017.

DAS IST NICHT GOTT
DAS IST NICHT GOTT
DAS IST AUCH NICHT GOTT
DAS IST AUCH NICHT GOTT
DAS IST SCHON GAR NICHT GOTT
DAS IST AUCH NICHT GOTT
DAS IST AUCH NICHT GOTT
DAS IST NICHT GOTT
HMMMMM....
DAS AUCH NICHT
DAS IST NICHT GOTT
DAS IST AUCH NICHT GOTT
DAS IST NICHT GOTT
DAS IST AUCH NICHT GOTT
DAS IST NICHT GOTT

lich Freimaurerei mit dem protestantisch-pietistischen Neuhumanismus der deutschen Klassiker von Lessing über Herder zu Goethe zu identifizieren versucht.[243]

Die Rede vom Allmächtigen oder Großen Baumeister aller Welten ist grundverschieden vom Schlachtruf: »Allahu Akbar«. Wenngleich fromme religiöse Eiferer in ihrer Rede vom »Höchsten Wesen«, vom »l'Être suprême« oder vom »Supreme Being« – seien sie christlicher oder muslimischer Herkunft – sich zu Komplizen der modernen Religionskriege machen, so bleibt Freimaurerei davon unberührt. Über die mögliche Existenz Gottes, seine Größe oder Bedürftigkeit, seine Personalität oder Geistförmigkeit wird in der Freimaurerei keine Aussage getroffen. Im Gegenteil. Es herrscht ausdrückliche Enthaltung gegenüber einem angemaßten Wissen über diese Dinge. Allmächtiger Baumeister aller Welten ist ein reines Symbol, von dem nicht gesprochen oder gehandelt wird wie von einem real existierenden Wesen. Schon gar nicht ist er noch einmal eine Gottheit über all den anderen Gottheiten, wie das manch ein größenwahnsinniger Verstand sich einbildet. Vielmehr gilt, dass die Übung im Umgang mit dem Symbol, als ob es sich um eine höhere

243 Schenkel, dem Goethes Naturalismus sicher völlig fremd gewesen ist, stellt den Dichter auf einen maßlos hohen Sockel, von dem es kaum mehr einen gefahrlosen Abstieg geben kann: »Unzweifelhaft der größte deutsche Freimaurer aller Zeiten ist Goethe.« (Gotthilf Schenkel, *Die Freimaurerei im Lichte der Religions- und Kirchengeschichte*, a.a.O., S. 114.) In seinem Eifer, den Protestantismus in der Freimaurerei gegen die Angriffe der katholischen Kirche zu verteidigen, teilt Schenkel allerdings bemerkenswerte Einsichten über die Intention katholischen Denkens mit. (Diese Überlegungen habe ich zum Teil wörtlich aus meinem Buch *Philosophie der Freimaurerei: Eine interkulturelle Perspektive*, (Interkulturelle Bibliothek), Bautz, Nordhausen 2006, übernommen.)

Macht handele, den Mitwirkenden an einem Ritual der Abschied vom Dogmatismus der eigenen Religion erleichtern soll.

Diese Funktion des Symbols des ABAW haben die Feinde der Freimaurerei zumeist korrekt erkannt. Und diese Erkenntnis ist der Grund ihrer Feindschaft.

Freimaurer und Nicht-Freimaurer

Es wird die Geschichte von einem Geisteskranken berichtet, den der Arzt nach dem Grunde seines jahrelangen Schweigens fragte. »Weil ich die deutsche Sprache schonen wollte«, lautete die Antwort.[244] Das war bestimmt aufrichtig rücksichtsvoll. Außerhalb der Psychiatrie vermissen wir manchmal so viel Aufrichtigkeit bei der Schonung der Sprache in der Aktivität von Verlautbarungen. Denn es wird der Sprache viel zugemutet, vor allem beim Äußern von Dingen, die nicht zutreffen. Und wer die Worte der Sprache mit Dingen der Welt verwechselt, treibt diese Zumutungen zum Äußersten. Schonung der Sprache könnte auch schon im Verzicht ihrer wörtlichen Bedeutung liegen.

Was einen Freimaurer zum Freimaurer macht, ist vor allem die Fähigkeit, religiöse Formen als Symbole aufzufassen. Hierzu nimmt er an den freimaurerischen Tempelarbeiten teil, die auf vielfache Weise liturgische Elemente in symbolische Handlungen, Bilder und Metaphern verwandeln. Historisch und geistesgeschichtlich betrachtet leitet er diese

---

244 Carl Gustav Jung, *Der Inhalt der Psychose*, Vortrag aus dem Jahre 1908, in: *Schriften zur angewandten Seelenkunde*, hrsg. von Sigmund Freud, drittes Heft, Deuticke, Wien 1908, S. 18.

Verwandlung expliziter Ausdrucksweisen in das Als-Ob einer szenischen Darstellung aus verschiedenen Entwicklungsstufen der europäischen Aufklärung hinein. Dabei spielen sowohl die historische Bibelkritik, die kopernikanische Wende, die Zurückweisung von Offenbarung, Wunderglauben und die bürgerlichen Ansprüche bei der Gestaltung der politischen Wirklichkeit als auch die Religionsphilosophie der Aufklärung – der Deismus – eine Hauptrolle.

Ein dogmatisch zu verkündendes Wissen oder gar ein geheimes Wissen gibt es in der Freimaurerei nicht. Freimaurerei ist weder eine Religion noch ein Heilsversprechen. Sie ist keine Esoterik und kein Service-Club. Vielmehr liegt ihr Sinn im Symbolischen. Das beinhaltet Einübung in den Umgang mit Kritik. Denn symbolische Betrachtung lässt keine absolute und alleingültige Meinung zu, die jemand dogmatisch als Wahrheit verstehen könnte. Wer eigene Meinung und eigenen Glauben für unkritisierbar hält, hat besonders viel Übung nötig.

Wie wichtig diese Einübung ist, erfahren wir seit Jahren an den Reaktionen islamistischer Gotteskrieger, die nicht in der Lage sind, Mohammed-Karikaturen als Symbole zu verstehen, und noch weniger ihre eigene Meinung über die Wahrheit des Gottes als eine Metapher aufzufassen. Vielleicht hat Allah mit allen anderen Göttern das eine gemeinsam, dass er eine reine Metapher, ein reines Symbol bedeutet. Schon die Annäherung an diesen Gedanken weckt bei Gotteskriegern Mordlust. Die Heftigkeit der Mordlust ist allerdings ein Indiz dafür, dass auch bei diesem Gotteskrieger die Erinnerungsspur zum Unbewussten freigelegt wurde, die ihm sagt, dass seine eigene Vorstellung von Gott nicht viel mehr als eine schwache Konstruktion seiner Angst vor der

Bedeutungslosigkeit des eigenen Lebens sein könnte. Denn nicht derjenige, der im Wald am lauteten pfeift, hat die wenigste Angst.

Eine der wichtigsten Errungenschaften aufklärerischen Denkens ist die Bereitschaft, die eigene, letzte Wahrheit zur kritischen Prüfung anderen mitzuteilen und es gegebenenfalls zu ertragen, dass diese letzte Wahrheit für ungültig erklärt werden muss.

Diese Denkweise ist beispielsweise der Dogmatik der Terrormiliz IS vollkommen entgegengesetzt. Während der selbsternannte Kalif Awad Ibrahim al-Badr, der Chef der Terrormiliz, seit 2014 alle Islam-Gläubigen in der Welt aufruft, sich mit ihm zu verbünden und mit mörderischen Mitteln jede Kritik an ihm auszuschalten, beseitigt er Kritik am eigenen Glauben. Es sollen seine Ergebenen so viele »Ungläubige« wie nur möglich töten. Dann bleiben nur die Vasallen übrig. Wir stellen dagegen unsere Ansprüche, dass kein System und keine Wahrheit nicht durch Kritik verändert werden kann. Wir lassen es nicht zu, dass jeder, der eine verkündigte Wahrheit nicht teilt, liquidiert wird. Wer von beiden Seiten am Ende die richtige Strategie – diejenige, die sich also durchsetzen wird – verfolgt haben wird, das wissen wir heute noch nicht.

Im weltpolitischen Klima haben in der vergangenen Dekade auch auf dem Boden westlicher Lebensformen diejenigen starken Zulauf erhalten, die uns ein Heil versprechen, wenn Kritik und offene Meinungsäußerung zumindest behindert wird.

Freimaurerische Arbeit jedoch steht auf der Seite der Verteidiger der Kritik und der Offenheit. Sie ist eine Einübung in die Toleranz, die wir aufbringen müssen, wenn andere eine vollkommen andere Vorstellung von Politik, Religion und Göttern haben. Diese Toleranz ist nicht durch Lippenbekenntnisse zu erlangen – etwa in der Art, zu behaupten, man sei tolerant, um gleichzeitig durch die Tat zu bekunden, dass damit tolerant gegenüber allen Christen gemeint ist. Wir symbolisieren mit der freimaurerischen Arbeit den Anspruch, jemanden nicht töten und nicht behindern zu müssen, nur weil er in religiösen und politischen Fragen anders denkt und empfindet. Weil alle Lebewesen durch das gemeinsame Interesse verbunden sind, kein unnötiges Leid zu erfahren und wenigstens ein Mindestmaß von Glück zu erleben, bildet sich aus dem freimaurerischen Menschenbild der Anspruch, nicht tatenlos zuzuschauen, wenn anderen Leid zugefügt wird und ihnen das Erlebnis von Glück verweigert wird. Dieser Anspruch steht auch im Einklang mit der Mitleidsethik Arthur Schopenhauers, der sie zusammenfasst in der Maxime: *Neminem laede; imo omnes, quantum potes, juva* – schade niemandem, vielmehr hilf allen so gut du kannst.

Auch religiöser Fundamentalismus löst sich nur dann auf, wenn die Betroffenen es lernen, mit der Kränkung ihres religiösen Bewusstsein so umzugehen, dass sie den Schmerz ertragen, ohne die Quelle des Zweifels auszulöschen. Der gekränkte Fundamentalist reagiert wie der von der Angst vor der eigenen Lust Beherrschte. Schließlich wissen wir zumindest von der verdrängten homoerotischen Lust, dass sie sich als Homophobie mit barbarischen Auswirkungen ausbreiten kann. »Ein Mann hat in einer Schwulen-Disco in Florida mindestens 50 Menschen erschossen«[245], lautete eine der

245 www.rp-online.de/panorama/amoklauf-in-orlando-mann-erschiesst-in-schwulen-disko-50-menschen-aid-1.6042607.amp

Terror-Schlagzeilen des Jahres 2016. Das Delikate an diesem Blutbad war nur, dass der Täter selbst schwule Neigungen bei sich empfand, und es nicht ertrug, das Glück der Anderen, die ihre Lust genießen, sich selbst zu erlauben.[246]

Verdrängte Lust an der eigenen Leiblichkeit, nicht anders als verdrängter Zweifel am eigenen Glauben, entwickelt sich oftmals zu inkarnierten Bomben. Sie gehen einher mit der Unfähigkeit, Kritik zu ertragen. Die Ausbildung zur Kritikfähigkeit ist kein intellektueller Lernprozess. So wenig bei einem Spinnenphobiker die Empfehlung: »Du brauchst keine Angst vor Spinnen zu haben«, eine Wirkung zeigen wird, so wenig nützt es einem Islamisten, wenn wir ihm erklären, dass Mohammed-Karikaturen doch nur Symbole und Metaphern sind, die keinen Anspruch auf Wirklichkeit erheben. Alles was hilft, ist der Lernprozess, dass nichts Schlimmes passiert, wenn sich Spinnen in der Nähe des Spinnenphobikers aufhalten, und dass ebenfalls alles in Ordnung ist, wenn bei rituellen Handlungen der eigene Gott nicht dabei ist.

Diese kritische Haltung und das Fehlen eines Dogmas dokumentieren bereits die vorsichtigen Ausführungen des Konstitutionenbuches von James Anderson aus dem Jahr 1723. Man kann es auch die *Verfassung* der Freimaurer nennen.

---

246 mobil.stern.de/panorama/weltgeschehen/orlando--attentaeter-war-laut-ex-frau-und--mitschueler-selbst-schwul-6899140.html

Eine paradoxe Konstruktion, die genau diese Ansprüche wieder auflösen will, bildet allerdings der so genannte *Freimaurerorden der Großen Landesloge von Deutschland.* Er ist keine Freimaurerei und wendet sich von Anfang an gegen die Anerkennung der Grundprinzipien der Freimaurerei. »Ich muß jedoch hier feststellen«, erklärt der bekannteste Ideologe des Freimaurerordens, »daß die Große Landesloge der Freimaurer von Deutschland, die ihre Akten aus Schweden erhielt, niemals die alten Pflichten anerkannt hat. Für uns Mitglieder dieses Ordens ist das Andersonsche Konstitutionenbuch lediglich eine historische Erscheinung, die keinerlei bindende Kraft für unser freimaurerisches Leben und Handeln hat.«[247]

Die *Große Landesloge der Freimaurer von Deutschland* wurde 1770 gegründet. Sie lehnt sich an das schwedische Vorbild an, unterscheidet sich aber insofern von ihm, »als das Oberhaupt des ganzen Ordens der Ordens-Meister ist, dem ein Ordensrat zur Seite steht. Dieser ist in allen Ritual- und Systemfragen die höchste Instanz. Die Johannis- und Andreaslogen werden dagegen von einem Landesgroßmeister und dessen Großbeamten betreut.«[248]

Die 300-jährige Geschichte der Freimaurerei hat im Wesentlichen drei Richtungen ausgebildet: »… die Vereinigte Großloge von England, die konsequent am Konstitutionenbuch von 1723 festhält und freundschaftliche Beziehungen nur zu jenen Großlogen unterhält, die unverrückbar dieses

247 Ferdinand Runkel, *Geschichte der Freimaurerei in Deutschland*, a.a.O., Bd. 1, S. 11. (Kindle Ausgabe)

248 Helmut Reinalter, *Die Freimaurer*, a.a.O., S. 65.

erwähnte Grundgesetz anerkennen«[249], den Grand Orient de France, der sich am konsequentesten von Religion unterscheidet und das Schwedische System in den skandinavischen Ländern und die *Große Landesloge der Freimaurer*, als eine kleine sektiererische Gruppe der schwedischen Lehrart in Deutschland, die die Anerkennung sämtlicher Prinzipien der Freimaurerei ablehnt. Letztere beansprucht, »in der ›reinen Lehre Jesu‹ verankert« zu sein, »wie sie in den Evangelien dargeboten wird, eine Art Christus-Mystik, die sich in den höheren Erkenntnisstufen immer deutlicher enthüllt. Für Nicht-Christen ist diese Lehrart eigentlich unannehmbar.«[250]

---

249 Helmut Reinalter, *Freimaurer und Geheimbünde im 19. und 20. Jahrhundert in Mitteleuropa*, StudienVerlag, Innsbruck 2016, S. 63.

250 Ebd. – Durch diese Unannehmbarkeit schließt es der Freimaurerorden aus, Freimaurerei zu sein. Er macht sich ununterscheidbar von einer rein christlichen Sekte.
Ich danke Bastian Salier, dass er mich in diesem Zusammenhang aufmerksam macht auf die Studie von Richard Mathieu, *Freimaurerei und katholische Kirche* (Salier Verlag, Leipzig 2015). Der Autor gelangt zu dem Schluss, dass die Deutsche Bischofskonferenz in ihrer Auseinandersetzung mit der Freimaurerei nicht genügend oder überhaupt nicht zwischen den unterschiedlichen Formen der Freimaurerei unterscheidet. »Dabei ist unbestreitbar, dass einzelne Erscheinungsformen der Freimaurerei möglicherweise häresieanfällig sind. Hinsichtlich sich als christlich verstehender Großlogen beispielsweise ist stets zu fragen, ob denn nicht doch eine Form der Christologie vertreten wird, die als häretisch eingeordnet werden könnte und den katholischen Freimaurer einem inneren Konflikt aussetzt.« (S. 236 f.) »So wäre denkbar, dass gerade die sich selbst auf das Bekenntnis zur ›Lehre Jesu Christi, wie sie in der Heiligen Schrift enthalten ist‹, berufene Große Landesloge von Deutschland in ihrer Auffassung den Tatbestand der Häresie erfüllt, allein schon deswegen, weil sie eine eigene, wenn auch rudimentäre und nicht detailliert ausbuchstabierte Christologie hat, die nicht deckungsgleich mit der Lehre der Kirche ist.« (S. 238)

Perfide ist allerdings, dass der Suchende und der neu Aufgenommene jahrzehntelang nichts von der spezifischen Art des zuletzt genannten Jesus-Kults erfährt.[251]

Das hat damit zu tun, dass dort die vollkommen hinreichende Grundlage der Freimaurerei – die drei Grade Lehrling, Geselle und Meister – nur als die unterste Stufe des Aufstiegs, wie eine Art Vorstufe zur Verschmelzung mit Jesus Christus betrachtet wird. Zu den drei Graden, die den Freimaurer zum Freimaurer machen, kommen dann diejenigen zwei weiteren Gradgruppen hinzu, die den Eindruck des Freimaurerischen zuletzt wieder zurückbilden und den Bruder zu einem frommen und kritiklosen Mitläufer des

251 Vielfach schon haben mir Mitglieder des Freimaurerordens mitgeteilt, dass sich ihre Auffassung von Freimaurerei nicht unterscheide von meinen Ausführungen. Sie konnten nicht verstehen, warum sich ihre Große Landesloge vehement gegen meine Schriften zur Wehr gesetzt hatte. Das Problem war nur, dass sie längst nicht eingeweiht waren in den 10. Grad, wo ihnen überhaupt erst mitgeteilt werden kann, welches System sie seit Jahren unterstützen und wo sie auf eine neue Satzung vereidigt werden sollen. In einem fast 30-seitigen Gutachten hat die GLL durch den Berliner Rechtsanwalt Prof. Dr. Klaus Finkelnburg im Jahr 2007 die Verfassungsmäßigkeit prüfen lassen, ob es rechtlich zumutbar sei, dass den Mitgliedern der Großen Landesloge in der Stunde der Wahrheit eine neue Vereinssatzung vorgelegt werde. Mit dem Argument, dass ja jeder dann in einen neuen Verein eintrete und dies auch lassen könne, sah der frühere Präsident des Verfassungsgerichtshofes des Landes Berlin, Finkelnburg, keine Einwände. (*Rechtsgutachten betreffend die rechtliche Verfassung = insbesondere die Zusammensetzung der Hauptversammlung der Großen Landesloge der Freimaurer von Deutschland* von Prof. Dr. Klaus Finkelnburg, Präsident des Verfassungsgerichtshofs des Landes Berlin a.D. Rechtsanwalt, Dokument 181479_1) – Die Existenz dieses Dokuments beweist zumindest, dass die Mitglieder der niederen Grade nicht wissen können, was sie später erwartet. Wir befassen uns weiter unten ausführlich mit diesem Dokument.

Jesus-Bundes umformen. Es existieren nämlich über der ersten Gradgruppe der so genannten Johannisloge (Lehrling, Geselle, Meister) noch die Grade 4 bis 6 der Andreasloge (Andreaslehrling, -geselle, -meister) und 7 bis 10 des Kapitels (Ritter vom Osten, Ritter vom Westen, Vertrauter Johannis, Auserwählter).[252]

»Diese Einteilung gilt seit 1978«, teilt der Historiker Reinalter weiterhin mit, »als aus den zwei Andreasgraden drei wurden. Über diesen Graden besteht als Ehrenstufe die der Brüder mit dem roten Kreuz, auch Magistri Templi genannt. Nur aus ihrem Kreis kann der Ordensmeister gewählt werden.

… Trotz der Trennung in die Gradgruppen mit eigenen Logen und der Leitung der Johannislogen durch einen Landesgroßmeister sieht sie den Gradaufbau als ein Ganzes an, dessen Leitung der Ordensmeister hat, der auch Vicarius Salomonis genannt wird.«

Reinalter stellt die wichtigsten Stationen der Entwicklung des Freimaurerordens zusammen. Im Einzelnen lauten sie: »Der Ursprung der Grade ist teilweise legendär. Angeblich kamen sie aus Florenz – nach anderen Quellen aus Frankreich – über Genf nach Schweden, wohin Carl Friedrich Eckleff (1723–1784) sie brachte. Eine Andreasloge gründete Eckleff 1756 in Stockholm, ein Kapitel 1759. Er soll in zwölf Büchern, den sogenannten Eckleffschen Akten, spätestens ab 1777 sämtliche Grade dieses Systems besessen haben. Die Akten waren undatiert, in Chiffreschrift und französischer Sprache.

Eckleffs System scheint auf einem älteren mit sieben

252 Helmut Reinalter, *Freimaurer und Geheimbünde im 19. und 20. Jahrhundert in Mitteleuropa*, a.a.O., S. 63 f.

Graden zu beruhen, in das dann die Templertradition eingearbeitet wurde. Die Rituale sind später von Karl von Södermanland, nachmals König Karl XIII. (1748–1818), verändert worden, da sie z. T. noch bruchstückhaft waren. Bei dieser Bearbeitung trat eine mystische Deutung des Christentums gegenüber der ritterlichen Templertradition in den Vordergrund, gemischt mit alchemistischen Vorstellungen.

Mittlerweile bemühte sich in Berlin Johann v. Zinnendorf (1753–1782), das eigentliche Geheimnis der Freimaurerei zu entdecken. Zwar stand er mittlerweile an der Spitze der Drei Weltkugeln und kannte deren Grade wie die der Strikten Observanz, war aber von den Inhalten unbefriedigt. Ab 1764 korrespondierte er mit Eckleff und schickte schließlich Hans Baumann nach Stockholm, der dort Abschriften fertigte und 1766 nach Berlin brachte. Im Glauben, nun die wahre Freimaurerei gefunden zu haben, verließ er die Drei Weltkugeln und die Strikte Observanz, gründete 1768 in Potsdam die erste Loge des Schwedischen Systems, 1769 eine Andreasloge und 1770 die Große Landesloge. Trotz aller Anfeindungen durch die Strikte Observanz gelang es ihm, die neue Großloge selbstständig zu erhalten und auszubauen.

1776 wurde in Berlin auf der Grundlage von Mitteilungen Karls von Södermanland ein vollkommenes Ordenskapitel gegründet. Die Akten der höchsten Grade blieben aber weiterhin unvollständig. Die Zurückhaltung Karls gegenüber v. Zinnendorf mag damit zusammengehangen haben, dass er eine Annäherung an die Strikte Observanz suchte, Zinnendorf dagegen auf der Eigenständigkeit beharrte. So gab es von 1777 bis 1819 kaum Verbindungen zu Schweden. Erst danach erhielt man von dort die inzwischen geschaffenen Grade.

Trotzdem war Zinnendorf sehr erfolgreich, da er sowohl in St. Petersburg wie in Wien zeitweilig sein System etablieren konnte. Die jeweiligen Verbote der Freimaurerei (Österreich 1801, Russland 1822) setzten dem ein Ende. In Deutschland aber entwickelte sich die Große Landesloge zur zweitstärksten Organisation, zeitweise fast genauso groß wie die Drei Weltkugeln.

Auf der Grundlage der neuen freundschaftlichen Beziehungen zu Schweden wurden die Kapitelgrade zwischen 1826 und 1830 von C. v. Nettelbladt (1779–1843) redigiert, die anderen Grade bis 1842. Nettelbladt näherte sich dabei der schwedischen Entwicklung wieder an. Um 1869 erhielt man in Berlin weitere schwedische Grad-Unterlagen. Ihr Einfluss ist in den Arbeiten von Adolf Widmann (1818–1878), insbesondere in seiner Konkordanz, deutlich zu spüren.

Es war denn auch die Frage der Echtheit der schwedischen Traditionen, die eine innere Krise im Orden hervorrief. Durch die Forschungen und Veröffentlichungen von G. A. Schiffmann und Schottmüller war der unhistorische Charakter der Templerlegende offenbar. Auch Teile der Eckleffschen Akten wurden in Zweifel gezogen. Das führte 1876 zum Ausschluss von Schiffmann aus der Großen Landesloge. Schon 1874 hatte wegen dieser Querelen der Ordensmeister Kronprinz Friedrich Wilhelm von Preußen, nachmals Kaiser Friedrich III., sein Amt niedergelegt. Erst nach Widmanns Tod kam Bewegung in die Reformbemühungen.

Schiffmanns Ausschluss wurde 1881 förmlich aufgehoben, obgleich der längst Mitglied bei der Großen Loge von Preußen, genannt Royal York, geworden war.

Ab 1883 wurden Teile des älteren Brauchtums nicht mehr ausgeübt, und 1888 wurde die Templerlegende als echte Ordensüberlieferung fallengelassen. Als legendenhafte Erzählung ist sie jedoch – wie in fast allen Hochgradsystemen – erhalten geblieben. Bei der Neuformulierung der Rituale und Instruktionen zwischen 1883 und 1908 spielte Otto Hieber (1840–1930) eine zentrale Rolle. Seine Interpretationen sind auch heute noch die Leitfäden zum Verständnis der Ordenslehre.

Auch die Große Landesloge blieb von Anpassungsbestrebungen an den Nationalsozialismus nicht verschont. Schon 1930 nahm sie den Zusatz ›Deutsch-Christlicher Orden‹ an, wandelte sich im April in einen Tempelritter-Orden um und änderte im Verlauf des Jahres alle ihre Grade. Trotzdem musste auch sie sich im Juli 1935 freiwillig selbst auflösen. Im Dezember 1945 konstituierte sie sich in Berlin neu und erhielt im Mai 1945 die Genehmigung der amerikanischen Besatzungsbehörden. 1947 nahm auch das Große Ordenskapitel seine Arbeit wieder auf. Der christliche Charakter und die alte Ordensstruktur wurden damit zur Basis für einen Neuanfang, mit dem die Selbstständigkeit gewahrt wurde. 1988 hatte die GLL rund 3.400 Mitglieder und stellte damit die zweitstärkste Säule im Verband der Vereinigten Großlogen von Deutschland.«[253]

Seit der Gründung der *Vereinigten Großlogen von Deutschland* im Jahr 1958 fügten sich insgesamt fünf Großlogen unter deren Dachverband. Auf diese Weise wird bis heute künstlich zusammengehalten, was durch die freimaurerfeindliche Verfassung der *Großen Landesloge von Deutschland* zum Teil miteinander unvereinbar ist.[254]

253 Ebd., S. 65 f.

254 Ihren freimaurerfeindlichen Charakter offenbarte der Freimaurerorden im Gleichschritt mit den Nationalsozialisten und der Wei-

Ob die Anerkennung der *Großen Landesloge* durch die englische Großloge überhaupt noch einmal erfolgt wäre, wenn sie nicht im Schatten der *Vereinigten Großlogen von Deutschland* ihren Anspruch auf einen Sonderweg hätte verdunkeln können, muss heute bezweifelt werden. Denn zur expliziten Ablehnung der Verbindlichkeit der Andersonschen Konstitutionen, dem Widerspruch zur Forderung der englischen Großloge, dass Freimaurerei keine Religion ist und die Existenz einer eigenen Vereinssatzung mit eigenen Konten, die nur den Auserwählten für den 10. Grad und den dorthin berufenen Mitgliedern des Kapitels überhaupt bekannt gemacht wird, gesellen sich weitere grundsätzliche antifreimaurerische Bestandteile des Freimaurerordens. Sie haben dazu geführt, dass unter anderen auch der angesehene Begründer der deutschen Freimaurerforschung, Bernhard Beyer, von Anfang an nicht einverstanden war mit dem Konzept der *Vereinigten Großlogen von Deutschland.* Den Versuch, die Freimaurerei in Deutschland unter ein einheitliches Dach zu bringen, hat die *Große Landesloge* stets massiv behindert. Ihre Funktionäre haben die Verwirklichung der Einheit bereits »nach dem ersten wirklich großartigen Einigungsversuch sofort dadurch sabotiert, daß die Große

---

gerung, die Geschehnisse nach dem Krieg aufzuarbeiten. Als Großmeister der Großloge *Zur Sonne* forderte nämlich Bernhard Beyer unmittelbar nach dem letzten Krieg, allen Kontakt zu den früheren altpreußischen Großlogen abzulehnen, bis sie von sich aus eine Aufarbeitung ihrer Taten begonnen hätten. Stattdessen aber folgten 1950 verharmlosende Erklärungen wie etwa: »Man sollte endlich einmal die Akten über jene in jeder Hinsicht traurige und verfolgungsreiche Zeit schließen.« (*Zirkelkorrespondenz* Nr. 4/1950, S. 1. – Vgl. auch Thomas Forwe und Klaus-Jürgen Grün, *Bernhard Beyer*, a.a.O., S. 25-40. Ausführlicher zu diesem Thema noch einmal weiter unten.)

Landesloge der Freimaurer von Deutschland die Grundsätze vollständig und die Große National-Mutterloge zu den 3 Weltkugeln sie teilweise ablehnte. Man geht wohl kaum fehl«, vermutet Beyer korrekt, »wenn man annimmt, daß der Grund für die Ablehnung in folgenden Sätzen zu suchen ist: ›Stand, Nationalität oder Farbe, Religionsbekenntnis und politische Meinung dürfen kein Hindernis der Aufnahme sein. Zweck und Wesen der Freimaurerei sind in den drei Johannisgraden vollständig enthalten. In denjenigen maurerischen Systemen, welche höhere Grade bearbeiten, berechtigt deren Besitz an sich zu keinem besonderen Vorzug in der Leitung der Johannisloge.‹«[255]

Als der schlechte Kompromiss am 19. Juni 1949 bei der teilweisen Einigung der deutschen Freimaurerei in der Frankfurter Paulskirche zustande kam, war Bernhard Beyer ebenso zugegen wie beim Abschluss der Bildung der *Vereinigten Großlogen von Deutschland* mit der Unterzeichnung der Magna Charta am 15. Mai 1958 in Wiesbaden. Diese Vereinigung entsprach nicht seinen Vorstellungen einer autonomen Großloge.[256] »Diejenige Organisation, die sich ›Die Vereinigten Grosslogen von Deutschland – Bruderschaft der Deutschen Freimaurer‹ nennt, ist *noch* nicht autonom, denn sonst könnte sie nicht zwei Organisationen haben, die sich beide Grossloge nennen.«[257]

---

255 Bernhard Beyer, *Geschichte der Großloge Zur Sonne,* a.a.O., Bd. II. *Die Große Provinzialloge zur Sonne die Großloge zur Sonne 1811–1900*, S. 248.

256 Heinrich Wilhelm Lorenz, *Bernhard Beyer, Der Mensch und sein Werk,* Bayreuth o. J., 6 Blätter (Deutsches Freimaurermuseum, Signatur 9846), S. 2.

257 Ebd., S. 2 f. – Vgl. auch Thomas Forwe und Klaus-Jürgen Grün, *Bernhard Beyer,* a.a.O., S. 25-40.

Wer Beyers Bemühungen kennt, dem humanitären Inhalt der Freimaurerei klare Konturen zu verleihen, hört auch aus dieser Warnung dessen Verachtung gegenüber dem Freimaurerorden heraus. Seine Mitglieder haben bis hin zu den Führungsetagen des Naziregimes, das Freimaurer verfolgte und verleumdete, keine Möglichkeit ausgelassen – so die Vermutung Beyers – die humanitäre Verfassung der Freimaurerei zum Anlass zu nehmen, diese als Feinde des Katholizismus anzuschwärzen und den Katholizismus wie auch das Nazitum gegen die Freimaurerei aufzuhetzen.

Besonders aufschlussreich sind die in den 20er Jahren schon aufgetretenen Anstrengungen des Freimaurerordens der *Großen Landesloge* unter Verwendung der Metapher *Zur Aufklärung* in ihrer *Zirkelkorrespondenz* vor den humanitären Zielen der Freimaurerei zu warnen. »Die Große Landesloge der Freimaurer von Deutschland hat dringende durch bedauerliche Angriffe von humanitärer Seite sowie durch Aufdeckung von Irrtümern und Verleumdungen hervorgerufene Veranlassung, die Brüder Lehrlinge und Gesellen vor der Lektüre und Benutzung folgender freimaurerischer Bücher zu warnen …« Darunter befindet sich unter zahlreichen anderen eine Warnung vor dem Buch von Albert Buddecke, *Das Freimaurer-Ideal.* Die Christen werden gewarnt vor diesem Buch, weil es »durch und durch pazifistisch gehalten«[258] ist. Für Beyers Verständnis der Freimaurerei und ihrer humanitären Grundlage sind diese Offenbarungen unaushaltbar. »Wer wird nicht … unwillkürlich an den Ruf erinnert, der aus der Zentrumspartei jedesmal heraustönte, wenn ihr schlechtes Gewissen sie schlechte Wahlergebnisse befürchten

---

258 Heinrich Wilhelm Lorenz, *Bernhard Beyer, Der Mensch und sein Werk*, a.a.O., S. 5.

ließ: ›Der katholische Glaube ist in Gefahr!‹? Man ist also in den führenden Kreisen der großen Landesloge seit neuerer Zeit von der grotesken und geradezu krankhaft anmutenden Idee beherrscht, daß durch die bösen humanitären Maurer die christliche Freimaurerei vernichtet werden solle …«[259]

Nicht die fromme Freimaurerei sei anzugreifen, sondern die der internationalen Humanität, fasst Beyer die Geisteshaltung der Funktionäre des Freimaurerordens zusammen. Sein Groll gegenüber der Unredlichkeit des Ordens lässt sich leicht nachvollziehen, wenn wir uns nur erinnern an die Verlautbarung, die der Freimaurerorden angesichts einer pauschalen Ablehnung des Evangelischen Bundes damals verlauten ließ: »Auch einzelne nicht hinreichend informierte Kreise des Evang. Bundes hatten … es für nötig erachtet, gegen die Freimaurerei Stellung zu nehmen. Sie wußten offenbar nicht, daß sie zwar in der internationalen, jüdisch beeinflußten, politisch orientierten romanischen und angelsächsischen, wie in der pazifistisch-internationalen ›humanitären Freimaurerei Deutschlands allein ihr Kampfobjekt zu suchen hätten, daß aber ein Streit gegen die Große Landesloge einen Kampf gegen ihre eigenen Interessen bedeute.‹«[260] Spätestens hier wird deutlich, wie der Freimaurerorden die Metapher *Aufklärung* versteht: Erinnerung daran, dass nur die humanitäre Freimaurerei freimaurerische Ziele verfolge, der Freimaurerorden jedoch ausschließlich Anerkennung als Religion sucht.

Durch die dokumentatorischen Arbeiten Bernhard Beyers sind uns die Quellen der antifreimaurerischen Gesinnung des Freimaurerordens in der Zeit der beiden Weltkriege

---

259 Bernhard Beyer, *Der Kampf der ›Großen Landesloge‹*, a.a.O., S. 4.
260 Ebd.

und der Phase der Gründung der *Vereinigten Großlogen von Deutschland* in großem Umfang überliefert. »Entgegen der Forderung nach historisch gründlicher Forschung haben sie allerdings lediglich zur Abwehr des Anspruchs auf Aufarbeitung geführt. Bernhard Beyer forderte nach dem Zweiten Weltkrieg als Großmeister der Großloge *Zur Sonne*, allen Kontakt zu den früheren altpreußischen Großlogen abzulehnen. Sie sollten erst einmal von sich aus eine Aufarbeitung ihrer Taten vornehmen. Aber es erfolgten 1950 verharmlosende Erklärungen: ›Man sollte endlich einmal die Akten über jene in jeder Hinsicht traurige und verfolgungsreiche Zeit schließen.‹«[261] Statt einer genauen Untersuchung der Vorfälle und Feststellung der Tatsachen, beantragten sie die Schließung der Akten vor jeder Klärung und Feststellung der Tatsachen.

Die Strategien der Verwischung von Spuren und die Geheimnistuerei um die Weisheit des Ordens-Meisters geben starken Anlass, dass die übelsten Anschuldigungen gegenüber dem Freimaurerorden den Tatsachen entsprechen.

---

261 Klaus-Jürgen Grün, *Freimaurerische Geschichtsforschung als Ideologie – Aspekte eines falschen Bewusstseins*, in: Helmut Reinalter (Hrsg.), *Neue Perspektiven der Ideengeschichte*, Interdisziplinäre Forschungen 27, innsbruck university press, 2015. S. 119-138, (ebenfalls in: Quatuor Coronati Jahrbuch Nr. 53 / 2016, *Rituale, Gärten und Musik. Geschichte, Gegenwart und Zukunftsperspektiven*, S. 85-106.) *Zirkelkorrespondenz* Nr. 4/1950, S. 1. – Vgl. auch die maßgeblichen Schriften Bernhard Beyers, *Der Kampf der Großen Landesloge* und *Der Übertritt der Altpreußischen Großlogen ins Völkisch-nationalsozialistische Lager*, Bayreuth o. J., Manuskript 3, 6 Bde. – Beyers Manuskript aus den 50er Jahren fasst den Briefwechsel zwischen den Funktionären der GLL und den nationalsozialistischen Beamten, die mit der Auflösung der Freimaurerlogen beauftragt waren, unter dem Titel *Ich klage an! Der Abmarsch der drei altpreußischen Großlogen (Sitz Berlin) ins nationalsozialistische Lager, 1921–1946* ausführlich zusammen.

Es gibt ehemalige Mitglieder des Freimaurerordens, die vollkommen eingeschüchtert und mit vorgehaltener Hand von dortigen Machenschaften berichten. Was ich von ihnen erfahren habe, darf ich nur unter Verschweigen der Quellen hier verwenden. Ihnen zufolge besteht der Sinn des Freimaurerordens in der geheim gehaltenen *Unio Mystica*, der mystischen Vereinigung mit Jesus Christus, deren Sinn nur dann erfüllt sei, wenn sie – wie das wohl bis vor wenigen Jahrzehnten noch selbstverständlich geschah – in den letzten Graden nicht nur symbolisch vollzogen wurde.[262] Darüber wird im Orden große Verwirrung verbreitet. Sie wird offenbar vielfach historisch falsch ausgelegt. Aus einer Mitteilung in der Freimaurerzeitung *Die Bauhütte* wird erkennbar, was es mit der geheimnisvollen Blutmischung auf sich hat. Der Artikel *Der Bluttrank und die Gebete des heil. Bernhard in der Grossen Landesloge der Frmr v. Deutschland*, den offenbar der Herausgeber Findel selbst verfasst hat, beginnt mit der folgenden Mitteilung: »Zu den kenntnissreichsten – und gelehrtesten Brn aller Frmrsysteme gehörte unstreitig Br Dr. Merzdorf in Oldenburg. Dafür sprechen die Arbeiten desselben, die in verschiedenen maur. Zeitschriften, als Latomia, Bauhütte und Frmzeitung in grosser Anzahl erschienen sind. Leider ging derselbe in den ewigen Osten ein, ohne sein

262 Es handelt sich dabei um die wichtigste Stelle im Ritualbestand des Freimaurerordens, die im ersten Grad noch Symbolcharakter hat: »Hierauf nimmt der Zeremonienmeister die Vereinigungs-Schale, die von Silber oder Kristall, mit einem Deckel versehen, eine ansprechende Form haben und mit einer dem Blute ähnlichen Flüssigkeit angefüllt sein muss, geht damit an die nördliche Seite des Altars, lässt den Logenmeister den Deckel abheben und hält sie unter des Leidenden linke Hand. Wenn einige Augenblicke vergangen sind, redet der Logenmeister den Leidenden also an …«

Vorhaben ausgeführt zu haben, die Stellung der Gr. L.-L. zu den anderen Logen von ihrem ersten Auftreten an bis in die neueste Zeit hinein zu schildern. Dass Br Merzdorf die Gr. L.-L. gründlich kannte, beweisen seine letzten beiden Abhandlungen, welche in der Frmzeitung vom Jahre 1876 enthalten sind. Es sei uns vergönnt, zwei Punkte aus diesen vortrefflichen Auseinandersetzungen des Wesens der Gr. L.-L. einer näheren Betrachtung zu unterziehen.

In Nr. 42 der genannten Zeitung sagt Br. Merzdorf, ihn habe es mit einer gewissen Genugthuung erfüllt, dass endlich die Mitglieder der Gr. L.-L. zur Vernunft kämmen und anfangen, sich ihres Ritterspiels, ihrer Ceremonien im Refectorium mit dem blasphemischen Abendmahl und ihres kannibalischen Bluttranks zu schämen und fügt in einer Anmerkung hinzu: ›Dieser Bluttrank, kein Weintrank, existirt wirklich. Das dem geritzten Daumen entströmende Blut wird in einen Becher mit Wein getröpfelt und dann von allen umstehenden Brn getrunken. Der etwa bleibende Rest des Tranks wird in einer Phiole aufbewahrt zum nächsten Gebrauch, so dass auf diese Weise das Blut aller früheren Templer sich mischt.‹

Wir wollen auf diesen Bluttrank hier näher eingehen und sogleich bemerken, dass derselbe im 9. Grade – also dem der St. Andreas-Vertrauten – zur Ausführung gebracht wird, unbekümmert um den Ekel, den manche ›Ritter und Herren‹ dabei empfinden. Schon im erstes Grade wird auf die Blutvermischung hingewiesen. Sobald nämlich dem Suchenden das Licht ertheilt ist, kann seine Aufnahme nur vollzogen werden, wenn er sein abgelegtes Gelübde ›mit dem freien und männlichen Entschluss versiegelt, sein Blut mit dem Blute der Brr zu vermischen.‹ Bei der ›Schwierigkeit der letzten Probe‹ soll der Suchende ›festen Muth‹ zeigen, andernfalls ist er des Vortheils beraubt, mit dem Brudernamen begrüsst zu werden.

Es lässt sich nicht in Abrede stellen, dass die Gr. L.-L. in ihrem Verfahren eine gewisse Consequenz zeigt. Die Aufnahme in den Orden wird durch den symbolischen Act der Blutvermischung, die Kenntniss des ganzen Ordens, also der Abschluss durch die wirkliche Vermischung des Blutes ausgedrückt. Das Fragebuch des ersten Grades – 5. Abth., Fr. 37 – spricht sich über den an dem Aufzunehmenden vollzogenen Act wie folgt aus: ›Was begegnete Ihnen, nachdem Sie den Gebrauch Ihrer Augen wieder erhalten hatten?‹ ›Man führte mich abermals zum Altar, um mein Versprechen mit meinem Blute zu besiegeln.‹

…

Kurz gefasst ist damit ausgesprochen, dass der Neuaufgenommene niemals aus der Ordensverbindung wieder ausscheiden, – vielmehr für dieselbe und für die vom Orden verkündeten Wahrheiten selbst mit Hintansetzung seines Lebens thätig sein soll. Etwas Anderes lässt sich aus den angeführten Worten kaum erklären.«[263]

---

263 J. G. Findel, *Der Bluttrank und die Gebete des heil. Bernhard in der Grossen Landesloge der Frmr v. Deutschland* in: *Die Bauhütte. Zeitung für Freimaurer, begründet herausgegeben von Br. J. G. Findel, Organ für die Gesamt-Interessen der Freimaurerei*, Leipzig, 11. Januar 1879, S. 13. (https://archive.org/stream/bub_gb_DAA_AQAAMAAJ#page/n22/mode/1up/search/blutmischung)
Nach allem, was sich beobachten lässt und auch bekannt geworden ist, wissen die meisten Mitglieder des Freimaurerordens gar nicht, womit sie es zu tun haben. Wenn die Rede auf die *Blutmischung* kommt, ein heidnisch-barbarisches Ritual, das mit Freimaurerei nichts zu tun hat, wird deutlich, dass keiner, der sich aus dem Freimaurerorden zu Wort meldet, sein eigenes System durchschaut. Da

Zuverlässige Quellen haben mir mehrfach versichert, dass auch in Deutschland zumindest bis vor wenigen Jahrzehnten offiziell diese Blutmischung explizit praktiziert wurde. Es wird immer wieder versucht, solcherlei Quellen für erlogen zu erklären. Genaueres ist nur von Augenzeugen zu erfahren, die sich allerdings fast immer vom Freimaurerorden so sehr unter Druck gesetzt fühlen, dass sie weder etwas dazu schreiben, noch namentlich genannt werden wollen. Eine meiner zuverlässigen Gewährsmänner von früheren Mitgliedern des Freimaurerordens berichtete mir vor einigen Jahren, dass die explizite Blutmischung im 10. oder 11. Grad in den 80er Jahren im Rahmen der AIDS-Angst auch in den deutschen Logen abgeschafft wurde. Seither hat sie fast überall nur noch symbolische Bedeutung. Manche Deutsche seien aber in den Jahren danach noch nach Schweden gereist, um das Echte zu erleben.[264]

---

der Freimaurerorden auch niemals bekannt gemacht hat, wann sich das von Merzdorf geschilderte Ritual geändert haben soll, decken sich die Schilderungen von ehemaligen Mitgliedern des Freimaurerrodens mit der Schilderung Merzdorfs.

264 Der frühere Bruder des Freimaurerordens (FO) schrieb mir anschließend vertraulich das Folgende:
»… das Vertrackte an einem Hochgradsystem, wie es der FO anbietet (ein sog. ›geschlossenes Erkennnissystem‹ aus 10 Graden) ist folgendes: Indem man immer wieder sagt, daß ›das Ganze‹ einzig und allein (!) rückblickend, also von der Höhe des 10. Grades aus begreifbar sei (in seiner Schönheit und Weisheit), nötigt man die Brüder, das Erklimmen des 10. Grades auch dringend anzustreben. Und man setzt sie einer Bangigkeit aus …
Bis zum 6. Grad kann man ja ›aus eigener Kraft‹ gelangen, aber ins Kapitel kommt man nicht, es sei denn, man wird ›berufen‹ … Was aber, wenn diese Berufung nicht erfolgt? Dann ist man den gesamten bisherigen Ordensweg umsonst gegangen, alles war für die Katz: Man wird den 10. Grad nicht erreichen; die (einzig erstrebenswerte) Gesamtschau ist einem damit unmöglich gemacht …

Derart ausgebremst zu werden, fürchten (!) Ordensbrüder (sobald sie im 6. Grad angekommen sind und nunmehr der Berufung harren). Ich kenne welche, denen wurde diese Berufung (ohne Begründung selbstverständlich) verweigert; sie haben folgerichtig (in Wut und Verzweiflung) gedeckt. Verlockt nun durch die Erkenntnisse, die erst der 10. Grad (angeblich oder tatsächlich) offenbart, empfiehlt es sich, still und gehorsam mitzutun, um den Aufstieg ja nicht zu gefährden … man wird somit alles, was einem ab 7. Grad begegnet, unwidersprochen ›schlucken‹; schließlich will man nicht, daß einem noch ›kurz vor dem Ziel‹ eine Tür vor der Nase zugeschlagen wird … Das Allergrößte, der Sechser im Lotto, ist dann natürlich die Berufung zum Tempelritter, also in den 11. Grad. Darüber aber entscheidet einzig und allein der Ordensmeister selbst in totaler Machtvollkommenheit. Und es heißt, die Ritter werden auf ihn persönlich verpflichtet, als eine Art Prätorianergarde … doch weiß ich das nicht genau. Jedenfalls bilden sie den eigentlichen Orden – der dann nicht mehr im Tempel arbeitet, sondern folgerichtig in der ›Ordenskapelle‹. (Der Orden hat übrigens auch, obwohl oft geleugnet, ein eigenes GLAUBENSBEKENNTNIS; …).
Fakt ist jedenfalls, daß das Höchste Ordenskapitel ein eigenständiger Verein innerhalb (!) des Vereins GLL ist, mit eigenem Vorstand und vor allem: mit eigenen Konten, über die niemals Rechenschaft abgelegt wird, in die keinerlei Einblick möglich ist …
Von all dem ahnt ein Bruder Lehrling selbstverständlich nichts. Ganz langsam wird er ins System hineingezogen, sein Ehrgeiz, ›weiterzukommen‹, also: hinauf (!) zu kommen, wird behutsam und unbemerkt geweckt und gefördert … das ist eine Art Sog, dem man sich schwer entziehen kann.
Freilich gibt es auch Brüder, sogar im 10. Grad, die (als einzelne Renegaten) das Kapitel wieder verlassen haben und zurückgegangen sind in den 6. Grad, also in die Andreasmeister-Position, weil sie die explizite Christus-Blut-Mystik im Kapitel nicht ertrugen …
Wenn nun ein FO-Bruder spricht (etwa auf QC-Tagungen), dann ist immer zu fragen: In welchem Grad ist er? Ist er im Kapitel, dann hat sich seine Perspektive grundlegend gewandelt (etwa gegenüber einem Bruder im 3. Grad). Er wird dann gegenüber Brüdern, die nicht (!) im Kapitel sind, eine bestimmte Redeweise an den Tag legen: Aus seiner Sicht sind alle Nicht-Kapitelbrüder gewissermaßen Profane … unmöglich, ihnen gegenüber Klartext zu reden. Die Redeweise

Von zwei weiteren Quellen ist diese Auskunft bestätigt worden.

Leider decken sich diese Ausführungen mit Berichten anderer Quellen. Wenn nur ein Teil davon wahr ist, dann unterstützen die Brüder des Freimaurerordens ein fundamentalistisches Sektensystem, mit dem sich die meisten, wenn sie mehr darüber wüssten, niemals identifizieren wollten. Es ist also wichtig, dass der Freimaurerorden alle Strukturen (vor allem Konten und Satzungen, für die ja jedes Vereinsmitglied auch zur Verantwortung gezogen werden kann) offenlegt, damit jeder beim Eintritt in die Freimaurerei weiß, womit er es wirklich zu tun hat, wenn er an den Freimaurerorden gerät.

In den Ritualtexten der drei Johannisgrade wird korrekt darauf hingewiesen, dass es sich bei der Blutmischung nur um einen symbolischen Akt handelt. Daran hat sich auch im 20. Jahrhundert nichts geändert. Wer den 10. Grad nicht erreicht, wird niemals etwas Anderes erfahren. Zumindest bis in die 70er Jahre hinein herrschten wohl reale Praktiken. (Was heute der 10. Grad ist, war früher der 9. Grad; 1978 fand eine Umstellung der Grade statt, was die Verwirrung für Außenstehende nur vergrößert.)

Im 1. Grad wird den Lehrlingen gesagt, dass bereits alles darin enthalten sei, was sie erwarten dürfen. Aber da ist, wie wir es aus der symbolischen Freimaurerei gewöhnt sind, bis auf Bibel- und Jesuskult ohnehin alles symbolisch gehandhabt. Im 10. Grad wird dann das zuvor symbolisch Gepflegte wirklich. Das wurde im 1. Grad in Aussicht gestellt. Wenn zuvor aufgrund der vorherrschenden Symbolik vielleicht noch von Freimaurerei gesprochen werden könnte, erweisen

(Metaphorik) eines Hochgradmaurers (und das ist man im 10. Grad!) zu decodieren (!) ist sehr schwer …«

sich die dort angekündigten Ziele als reiner Ausdruck von Religion. Im 10. Grad wird dem Tempelmeister dann eine neue Satzung des Vereins vorgelegt. Auch muss er erfahren, dass es eigene Zuständigkeiten für neue Konten gibt, zu deren Verwendung er jetzt nur noch ja sagen kann oder eben das Ziel des »Lehrgebäudes« nicht erreichen wird. Weil die Männer dann aber schon um die 70 sind, ist kaum mit Widerstand zu rechnen.[265]

Was dort vor sich geht, bleibt das Geheimnis der Tempelmeister, die sich besonders wichtig vorkommen, wenn ihnen das lang Ersehnte präsentiert wird. Sie haben aber befürchtet, dass jemand ihnen Ungesetzliches vorwerfen könnte, und sie haben im Jahr 2007 ein umfangreiches und aufschlussreiches Rechtsgutachten von dem Präsidenten des Verfassungsgerichtshofs Berlin a. D. Prof. Dr. Klaus Finkelnburg erstellen lassen. Aus ihm geht die nicht mit freimaurerischen Werten vereinbare Gesinnung des Freimaurerordens unverkennbar

---

265 Eine interessante Textstelle lässt durch die Verschleierung hindurchblicken. Vgl. Christian Adolf Friedrich Widmann, *Concordanz der gesammten Acten der Landesloge – I bis IX Gr. 1867*. Transkription einer Fotokopie der 1975 in Berlin aufgefundenen Originalhandschrift. Orthographie und Interpunktion folgen dem Original. Dort lautet es unter dem Stichwort »Blut«: »Das Blut mit dem Blute der Brüder mischen (wie es symbolisch bei der ersten Aufnahme geschieht) ist eine uralte Sitte der Tempelbrüder (und Anderer) … Man besiegelt ein Bündniß mit Blut. … Was darunter zu verstehen sei, wird erst später (im 9. Grad [heute der 10. Grad–KJG]) entwickelt. Man will den Suchenden dadurch noch mehr zur Liebe gegen seinen Mitmenschen verbinden, weil das Blut das unsichtbare geheime Zeichen ist, welches in materieller Hinsicht alle auf der Erde Lebenden als Brüder verbindet, welche ihr Geschlecht von demselben Stammvater herleiten, dessen erster Blutstropfen (noch) in ihren Adern rinnt und täglich Sprößlinge desselben Namens ans Licht bringt.«

hervor. Betrachten wir die Struktur dieser christlichen Sekte zunächst genauer, auf die sich auch das Gutachten Finkelnburgs bezieht.

Die Religion- und Weltanschauungsgemeinschaft »Freimaurerorden«

Der Freimaurerorden ist aufgrund seiner Ordensregeln aus der Sicht der Rechtsprechung des Bundesverfassungsgerichts eine »Religions- oder Weltanschauungsgemeinschaft«. Dabei sind die in der derzeit geltenden Satzung der Großen Landesloge der Freimaurer von Deutschland, beschlossen auf der Hauptversammlung vom 30. Mai 1987 und genehmigt von dem Senator für Justiz und Bundesangelegenheiten durch Bescheid vom 23. September 1987, dargelegten Ordensregeln zugrunde gelegt. Im Einzelnen lauten diese Ordensregeln, aus denen der Charakter der Religion deutlich hervorgeht:

»1. Die ›Große Landesloge der Freimaurer von Deutschland‹ ist eine durch ein feierliches Gelübde geschlossene Bruderschaft.
2. Der Freimaurer-Orden setzt den Glauben an Gott, den er unter dem Bilde des ›Dreifach Großen Baumeisters der ganzen Welt‹ verehrt, und an die göttliche Weltordnung voraus. Ohne diese Voraussetzung kann die Lehr- und Übungsweise des Ordens nicht wirksam werden.
3. Die Lehrart der Großen Landesloge ist auf das Christentum gegründet. Unter Christentum ist aber nicht die Zusammenfassung bestimmter Glaubensartikel zu verstehen,

sondern die alleinige Lehre Jesu Christi, wie sie in der Heiligen Schrift enthalten ist.
Die Bibel bleibt daher die unerschütterliche Grundlage unserer Ordenslehre: sie ist die Hauptquelle unseres Bekenntnisses, unser höchstes auf dem Altar liegendes maurerisches Licht.

4. Im Bewusstsein ihrer Gotteskindschaft nennen sich die Ordensmitglieder untereinander BRÜDER und fühlen sich in diesem Brudersinn mit allen Freimaurern der Welt verbunden.
   Die Ordensmitglieder achten die religiöse Überzeugung eines jeden anderen Menschen.
5. Der Freimaurer-Orden verlangt von jedem Mitglied ständige Arbeit an der Ausbildung seiner Persönlichkeit. Vernunft und Gewissen, innere Freiheit und Selbsterkenntnis sowie das Bewusstsein der Verantwortung sind wesentliche Mittel, sich der Erkenntnis des Ursprungs, des Wesens und der Bestimmung des Menschen und allen Seins zu nähern.
6. Die Mitglieder des Freimaurer-Ordens sind verpflichtet, sich nach Kräften zu bemühen um Verwirklichung der Menschenrechte und der Menschenwürde sowie des Friedens und der Eintracht in der Welt.
   Mit ihrem Vaterlande fühlen sie sich treu verbunden.
   Andersdenkenden gegenüber sollen sie duldsam sein.
   Sie sollen die Schwachen, Unterdrückten und Leidenden schützen. Demut im Glück, Geduld im Leiden, Mäßigkeit und Standhaftigkeit sowie die Erfüllung übernommener Pflichten sind Eigenschaften, die von einem Freimaurer erwartet werden.

7. Um diese Ziele zu erreichen, ermöglicht der Freimaurerorden seinen Mitgliedern, sich durch eine stufenweise fortschreitende Lehr- und Übungsart weiterzubilden und zur Entfaltung zu bringen. Sie wird Königliche Kunst genannt und soll in ihrer Eigenart und ihrem Wesen unverändert bleiben.
8. Der Freimaurer-Orden ist in seiner Lehre und seinem Aufbau ein Ganzes. Seine Brüder sollen ihm mit Hingabe und Treue angehören. Jeder soll eingedenk sein, dass er durch sein Verhalten für das Ansehen des ganzen Ordens mitverantwortlich ist.
9. Der Freimaurer-Orden verpflichtet seine Mitglieder zur gewissenhaften Einhaltung seiner Gesetze und Ordnungen. In Ordensangelegenheiten sind alle Brüder dem Ehrenrecht des Ordens unterstellt.«[266]

Durch seinen Religions- und Weltanschauungscharakter ergeben sich Abweichungen in der inneren Organisation von den üblichen Bestimmungen im Vereinsrecht. Sie stammen noch aus der Weimarer Reichsverfassung und sind durch Art. 140 GG zum Bestandteil des Grundgesetzes geworden. Hierdurch »erklärt, ordnet und verwaltet jede Religionsgesellschaft ihre Angelegenheit selbständig innerhalb der Schranken des für alle geltenden Gesetzes«.[267]

266 Klaus Finkelnburg, *Rechtsgutachten – betreffend die rechtliche Verfassung, insbesondere die Zusammensetzung der Hauptversammlung der Großen Landesloge der Freimaurer von Deutschland* (Prof. Dr. Klaus Finkelnburg, Präsident des Verfassungsgerichtshofs des Landes Berlin a. D., Rechtsanwalt, Dokument: 181479_1 [BERLIN]), S. 15 f.

267 Ebd., S. 13.

Das Gutachten von Klaus Finkelnburg führt darauf gestützt Folgendes aus:

»Mit diesen Ordensregeln, die Niederschlag in § 1 der Satzung gefunden haben, stellt die Große Landesloge eine Weltanschauungsgemeinschaft im Sinne der vorstehend dargelegten Rechtsprechung zu Art 4 Abs. 1 GG dar, gleichgültig, wie im Kreis der Mitglieder der Großen Landesloge der Begriff ›Weltanschauung‹ im einzelnen verstanden wird. Entscheidend ist allein, ob die Große Landesloge die Kriterien des verfassungsrechtlichen Begriffs der Weltanschauung erfüllt und deshalb den grundrechtlichen Schutz des Art. 4 Abs. 1 GG in Anspruch nehmen kann. Den Ordensregeln oder, vereinsrechtlich formuliert, den in § 1 der Satzung niedergelegten Zwecken der Großen Landesloge liegt ein Gedankensystem zugrunde, das sich mit einer Gesamtsicht der Welt, insbesondere mit einer Gesamthaltung zur Welt bzw. zur Stellung in der Welt befasst. Es ist ein Gedankensystem, das sich mit Fragen nach dem Sinnganzen der Welt und des Lebens des Menschen in dieser Welt befasst (so die Kriterien von BVerwGE 89, 368 [370]). Betrachtet man vergleichend die Gemeinschaften, die in der Rechtsprechung als Weltanschauungsgemeinschaften genannt oder anerkannt worden sind, so kann es bei aller Unterschiedlichkeit und inhaltlichen Wesensverschiedenheit dieser Gemeinschaften zu dem Orden der Freimaurer keinem Zweifel unterliegen, dass die Große Landesloge (erst recht) auch vom Ergebnis her als eine Weltanschauungsgemeinschaft im Sinne von Art 4 Abs. 1 GG zu qualifizieren ist.«[268]

268 Ebd., S. 17.

Unter Anderem stellt Finkelnburg den Freimaurerorden der Osho-Bewegung (Bhagwan) als einem »Religions- oder Weltanschauungsverein« gleich. Rechtlich ist der Freimaurerorden damit auch gleichgestellt mit dem »Bund für Gotteserkenntnis (L) e.V.« als Weltanschauungsvereinigung, »da er die Pflege des ›weltanschaulichen Gedankenguts der Frau Dr. Mathilde Ludendorff‹ in Wort und Schrift betreibe«.[269]

Den Religions- und Weltanschauungsgemeinschaften werden Sonderrechte eingeräumt, die selbst der religiös-völkischen Weltanschauungsgemeinschaft »Bund für Gotteserkenntnis« nicht abgesprochen werden, damit diese sich als Vereinigung von Menschen zur Verwirklichung des gemeinsamen religiösen oder weltanschaulichen Zweckes organisieren können. Religionen und Weltanschauungsgemeinschaften sind einander rechtlich gleichgestellt. Deswegen verstoße es nach Auffassung des Gutachters nicht gegen Grundrechte, dass aufgrund des Paragraphen 8 der Satzung der Großen Landesloge der Großteil der Mitglieder aus der Beschlussfassung der Hauptversammlung ausgeschlossen ist. Daran ist nichts Problematisches, sondern es ist einzig eine Absicherung gegenüber dem Finanzamt und gegenüber Vorwürfen der Diskriminierung. Das Problematische spricht das Gutachten im weiteren Verlauf an:

»Nach § 8 der Satzung der Großen Landesloge werden die Mitgliedschaftsrechte der Brüder der Großen Landessloge von der Hauptversammlung wahrgenommen. Die Hauptversammlung besteht nach dieser Vorschrift aus
dem Ordensmeister,
dem Landesgroßmeister,

269 Ebd.

den Mitgliedern des Ordensrates,
den beiden Landesgroßaufsehern,
den Wortführenden Kapitelmeistern,
den Provinzialmeistern,
den Wortführenden Meistern der Andreaslogen
und den Vorsitzenden Meistern der Johannistagen oder ihren Stellvertretern.«[270]

»Es gehören jedoch nicht alle Logenbrüder der Großen Landesloge, vereinsrechtlich gesprochen: nicht alle Mitglieder, der Hauptversammlung an. Dies ist der eigentliche Streitpunkt.«[271] Denn vor allem gilt, dass Ordensabteilungen selbstständige Körperschaften sind. In diesen Ordensabteilungen sind alle Johannislogen »entweder altrechtliche Vereine (die es außerhalb des Landes Berlin noch gibt) oder als Vereine in das örtliche Vereinsregister eingetragen; die Andreaslogen und die Ordenskapitel sind hingegen Personenvereinigungen, die nicht den Status eines eingetragenen Vereins haben.«[272] Personenvereinigungen genießen zum Beispiel steuerrechtliche Vergünstigungen.

»Die der Großen Landesloge angehörigen Brüder erlangen ihre Mitgliedschaft durch Aufnahme – sofern sie bereits einer Loge angehören, durch Annahme – in einer Johannisloge. Über die Aufnahme entscheidet die Mitgliederversammlung der Johannisloge. Durch die Aufnahme in die Johannisloge wird zugleich die Mitgliedschaft in der Großen Landesloge erworben (§ 5 der Satzung und § 4 der Verfassung). Jede der drei Ordensabteilungen – die Johannislogen, die Andreaslogen und die Ordenskapitel – umfassen drei,

270 Ebd., S. 20.
271 Ebd., S. 21.
272 Ebd., S. 22.

die Ordenskapitel vier Erkenntnisstufen, in die der einzelne Logenbruder, beginnend bei seiner Aufnahme mit dem I. Grad, je nach der Zeit, der er der Loge angehört (in ihr ›gedient‹) hat, und der erworbenen Kenntnisse aufsteigt. Die Ämter, deren Inhaber nach § 8 der Satzung die Mitgliederversammlung bilden, setzen die Erreichung eines bestimmten Erkenntnisgrades voraus. So kann zum Ordensmeister, zum Landesgroßmeister, zu den Landesgroßaufsehern oder dem Landesgroßschatzmeister nur gewählt werden, wer den X. Grad innehat (so die jeweiligen Wahlordnungen). Provinzialmeister kann nur werden, wer mindestens den VIII. Grad innehat. Ein Andreaslogenmeister muss den VII. Grad erreicht haben und den VIII. Grad anstreben. Ein Johannislogenmeister muss den VI. Grad innehaben und den VIII. Grad anstreben. Hierdurch ist sichergestellt, dass die Mitglieder der Hauptversammlung sämtlich einen bestimmten Erkenntnisgrad erreicht haben. Auch die Wahlberechtigung setzt nach der Wahl-Ordnung bestimmte Erkenntnisgrade voraus. Die Hauptversammlung der Großen Landesloge besteht mithin ausschließlich aus Logenbrüdern, die bereits geraume Zeit der Großen Landesloge angehören und einen bestimmten Erkenntnisgrad, nämlich mindestens den VI. Grad der Erkenntnis, erreicht haben und die in den Johannis- oder Andreaslogen oder den Provinziallogen von Brüdern gewählt worden sind, die ihrerseits einen bestimmten Erkenntnisgrad besitzen.

Die Zusammensetzung der Hauptversammlung der Großen Landesloge weist damit ersichtlich Strukturen auf, die sich an ihren Zwecken oder deren Erreichung orientieren. Nur Brüder, die in der Erreichung der Ziele der Loge bereits fortgeschritten sind und deshalb einen bestimmten Erkenntnisgrad erreicht haben, sollen die Geschicke des Freimaurer-Ordens durch Ausübung des Wahlrechts, durch Innehabung von Funktionen und daraus folgend durch Sitz und Stimme in der Hauptversammlung bestimmen können.«[273]

Welcher klar denkende Mann schließt sich einer Vereinigung an, in der ihm erst dann gestaltende Mitsprache erlaubt wird, wenn er sich durch zahlreiche »Erkenntnisstufen« hindurch »gedient« hat und den Funktionären eindeutig zu erkennen gibt, dass er die letzten »Erkenntnisstufen« unbedingt ebenfalls anstrebt, wobei es ein großes Geheimnis ist, welche Erkenntnis erworben werden soll, die nicht einem normalen Mann ebenfalls zuteil werden kann? Offenbar ist den Funktionären des Freimaurerordens dieser Umstand sehr wohl bewusst. Aus diesem Grund erwecken sie bei Suchenden stets den Eindruck, sie würden sich der Freimaurerei anschließen.

In der Freimaurerei dagegen gilt – zu der aus den genannten Gründen der Freimaurerorden nicht gerechnet werden kann –, dass mit dem Erreichen des 3. Grades, des Meistergrades, alle Rechte und Pflichten vollständig sind. Es gibt keine »Erkenntnisgeheimisse«. Es werden keine theoretischen »Erkenntnisse« erworben, die sich nicht jeder aus Büchern aneignen kann. Das weiß jeder Freimaurer ebenfalls von Anfang an, so wie ihm auch alle Satzungsinhalte bekannt gemacht werden. In seiner Johannisloge ist er von Anfang an ein vollwertiges Vereinsmitglied mit dem Recht Entscheidungen zu gestalten. Weitere Satzungen, die er schlucken soll, werden ihm nicht vorgelegt. Schon gar nicht bilden einzelne Grade neue Körperschaften.

273 Ebd.

Was als »Erkenntnis« bezeichnet wird, könnte ebensogut das Resultat einer Gehirnwäsche sein. Denn es ist unmöglich, Denkfehler auszuschalten, weil Kritik an falschen Erkenntnissen nicht zugelassen ist. Was dort als Erkenntnis bezeichnet wird, ist ein vermeintliches Wissen, das sich seit Jahrhunderten nicht verändert haben soll. Wer glaubt, dass es so etwas gibt, muss freilich dafür sorgen, dass niemand Kritik daran übt, denn dann würde der Glaube an solche Erkenntnisse sofort verschwinden.

Freimaurerei ist weder eine Weltanschauungsgemeinschaft noch eine Religionsgemeinschaft. Sie will ausdrücklich weder sachlich noch juristisch mit Gruppierungen wie sie oben genannt wurden gleichgestellt sein. Dass Frauen nicht reguläre Freimaurer werden können, ist eine unsinnige Forderung der englischen Großloge, deren sachliche Überholtheit wir oben ausführlich begründet haben.

Die Bedenken, dass es sich in der Struktur des Freimaurerordens um eine verfassungsrechtlich höchst bedenkliche Angelegenheit handeln könnte, zerstreut der Gutachter wohlwollend mit dem Hinweis: »Im Falle der Großen Landesloge weiss jeder ›Suchende‹, der Aufnahme in eine Johannisloge begehrt und damit die Mitgliedschaft in der Großen Landesloge erwirbt, dass er einer Vereinigung mit einer über 200 Jahre gewachsenen Struktur beitritt, über die er sich bei seinem Eintritt in die Loge informieren kann und die er durch seinen Beitritt billigt. Sein Mitgliedschaftsrecht als Logenbruder ist von vornherein durch die von ihm vorgefundene föderative Struktur der Hauptversammlung und seine Zuordnung zu den Ordensabteilungen nach dem Grad seiner Erkenntnis beschränkt.«[274]

274 Ebd., S. 25 f.

Die amtlichen Ausführungen des Rechtsgutachters belegen die freimaurerfeindlichen Strukturen des Freimaurerordens. Die abschwächende Formulierung, jeder wisse schließlich bei seiner Aufnahme in eine Johannesloge des Freimaurerordens, dass er nicht wisse, welchem System er sich anvertraue und durch »Erkenntnisse« mehr und mehr über Jahrzehnte hinweg geprüft werde, ob er kritiklos die nächstfolgende Satzung unterschreiben werde, ist nichts anderes als eine demokratische Entscheidung gegen die Demokratie. Gegen die Zumutung von Seiten der *Vereinigten Großlogen von Deutschland*, unter seiner Satzung Freimaurer zur Anerkennung des Freimaurerordens zu zwingen, sollten sich Freimaurer möglich bald zur Wehr setzen.

Abschließende und zusammenfassende Überlegungen

Die in diesem Buch vorgelegten Dokumente und Überlegungen zeichnen ein Bild von Freimaurerei als einem symbolischen Bund. Wenngleich auch immer betont wird, dass es viele Freimaurereien gibt, so gilt doch für alle der spezifische Symbolcharakter, der hier ausführlich an ausgewählten Beispielen dargelegt wurde.

Mit dem Hinweis auf viele Freimaurereien wird allerdings in der Literatur oftmals in die Dunkelheit verdrängt, dass manche Freimaurereien gar keine Freimaurerei sind, sondern Religion und sektiererische Weltanschauung, weil sie beispielsweise aus Symbolen wieder Götter oder Heiligtümer machen. Dort begegnen wir allen Formen eines totalitären Kultes:

- maximales Zugehörigkeitserleben,
- scharfe Innen-Außen-Abgrenzung,
- ein Meister, der auch ein Guru sein könnte,
- hierarchische Organisation, in der alles sternförmig auf den Meister oder den Guru zuläuft.

Der Symbolcharakter der Freimaurerei bildet den diametralen Gegensatz zu diesen Strukturen und stellt zugleich die Kriterien bereit, nach welchen Freimaurerei als eine offene Gesellschaft ausgewiesen ist. Sie öffnet sich Männern und Frauen, denen Humanität, Wahrheit, Kunst, Gesellschaft und Religion keine abstrakten Begriffe sind, die von Gelehrten einmal definiert worden seien, um anschließend für immer jeglicher Art von Veränderung entzogen werden zu müssen. Denn die Zwanghaftigkeit, Dogmen durch Geschlossenheit und strenge Hierarchie aus der Schusslinie der Kritik zu zerren, belegt das Wissen davon, dass die vermeintlich ewige Gültigkeit von »Wahrheiten« eine höchst zerbrechliche Annahme darstellt, die in der offenen Kritik nur Schaden nehmen könnte. Andernfalls wäre die Geheimnistuerei nicht nötig. Funktionäre fundamentalistischer Systeme scheuen die offene Präsentation ihrer Grundlagen gegenüber der kritischen Prüfung durch die Öffentlichkeit. Ihre Abwehrstrategien sind immer schon gewesen: Malverbot, Redeverbot, Schreibverbot, Gefängnis, Verleumdung als »Fake News« und andere Formen der Zensur.

Die größte Zumutung des unredlichen Dogmatismus der Funktionäre des Freimaurerordens haben wir zuletzt anhand des Finkelnburg-Gutachtens offengelegt. Unter dem Vorwand, es handele sich um Freimaurerei, werden junge Männer, die im Initiationsritus gezwungen werden, sich zu einer sektiererischen Form des Christentums zu bekennen, in eine Loge aufgenommen. Dass unter den Ordensregeln behauptet wird: »Die Ordensmitglieder achten die religiöse Überzeugung eines jeden anderen Menschen«, steht als ein nach außen zu wahrender Anschein der Toleranz der inneren Tatsache gegenüber, dass eine dogmatische Auslegung der Bibel kompromisslose Voraussetzung der Mitgliedschaft ist. (»Die Lehrart der Großen Landesloge ist auf das Christentum gegründet. Unter Christentum ist aber nicht die Zusammenfassung bestimmter Glaubensartikel zu verstehen, sondern die alleinige Lehre Jesu Christi, wie sie in der Heiligen Schrift enthalten ist. Die Bibel bleibt daher die unerschütterliche Grundlage unserer Ordenslehre: sie ist die Hauptquelle unseres Bekenntnisses, unser höchstes auf dem Altar liegendes maurerisches Licht.«

Einmal aufgenommen wird den ahnungslosen Männern über Jahrzehnte hinweg eingetrichtert, dass ihr Schritt nur dann sinnvoll sei, wenn sie die höchsten Grade des Ordens anstrebten. Kurz vor dem Ziel wird ihnen eine neue Vereinssatzung vorgelegt, die sie unterschreiben sollen. Andernfalls verfehlen sie das Ziel des Ordens. Was in dieser Satzung steht, wissen nur diejenigen, die sich bis ins hohe Lebensalter hinein keine Kritik am Orden haben zuschulden kommen lassen. Sollten in dieser neuen Satzung menschenwürdige Dinge stehen, dann dürfte es kein Problem sein, jedem Neophyten die Inhalte vor dem Initiationsritus mitzuteilen. Dann kann er selbst kraft seiner eigenen Vernunft eine Entscheidung treffen.

Aber es herrscht offenbar eine große Angst vor, dass die mündige Entscheidung der Männer vor ihrer Aufnahme eindeutig zuungunsten des Ordens ausfallen würde.[275] Mit der

275 Auch hier folgen meine Vermutungen nicht meinem Gutdünken, sondern geradezu beängstigenden Hilferufen von versehentlich in den Freimaurerorden geratenen Männern. Einer von ihnen, dessen Namen ich freilich nicht preisgeben darf, schrieb mir vor wenigen Jahren Folgendes:
»... Einige Male blitzte mein Verstand sorgenvoll auf. Z.B. als ich zu geloben hatte, dass ich der Ordensführung Gehorsam zu leisten habe. Trotz der Zusicherung, man versichere mir feierlich, nichts von mir zu verlangen, was den Gesetzen der Obrigkeit widerspräche, läutete mir eine feine leise Glocke zarte Alarmtöne. Ich beruhigte mich dahingehend, dass ich wohl sehr genau beurteilen könne, was über diese Zusicherung hinausgehen würde.
Dann würde ich wohl wieder das Weite suchen.
Da wurde mir klar, dass ein derartiges Gelöbnis ein sehr umfassender Freibrief für eine möglicherweise nicht integere Instanz sein kann.
Zu meiner weiteren großen Überraschung wurden Gebete an einen biblischen Gott gerichtet. Nicht an den ›Dreifach großen Baumeister aller Welten‹ wie die Freimaurer – wie ich arglos meinte – ihre oberste Instanz bezeichnen. Nein, Gebete, so richtig, wie in der Kirche. Das war es eigentlich nicht was ich wollte. ...
Dem neuen Mitglied, das nunmehr den untersten Grad des Lehrlings der Johannis-Loge inne hat, werden erste Unterlagen ausgehändigt und erklärt.
Ausgesprochen verblüfft war ich, als mir ein mehrere hundert Seiten umfassender Ringordner ausgehändigt wurde. Der mir zustehende Teil der Ordensgesetzgebung in reinstem Paragraphen-Deutsch mit Aberhunderten von Regelungen und Einschränkungen. Was – wer – wann – wo anzuziehen hat. Wer – wie – wo – wann Vor- oder Nachrang hat. Hier wurde erstmalig aus dem zarten leisen Alarmglöckchen eine kleine Alarmglocke. Leichte Panikanflüge überkamen mich. Alles das, was ich meinen Kindern in der Erziehung gepredigt hatte, war nun passiert. Ich bekam erst nach der Unterschrift und Aufnahme die ›Versicherungsbedingungen‹.
Und die hatten und haben es in sich. Außerhalb des Logenhauses dürfen sich Brüder nicht treffen, um über freimaurerische Dinge zu

reden. Brüder dürfen sich keine freimaurerischen Dinge schreiben. Um nur einiges zu nennen. Ich habe nicht vor, hier detaillierter auf die Ordensgesetzgebung einzugehen. Es wurde mir nur sonnenklar. Hätte ich sie vor der Aufnahme eingesehen – ich wäre nie Mitglied im Orden geworden.

Neben den geschilderten Erörterungen gibt es im Durchschnitt eine so genannte ›Arbeit‹ im Monat. Feierlich gekleidet, wird hier nach einem immer gleichen Ritual vorgegangen. Die einzigen individuellen Abweichungen sind kurze Informationen über Organisation, falls erforderlich. Danach wird von einem Redner und beauftragtem Redner ein rund viertelstündiger Vortrag gehalten.

In meiner Loge war es Usance, Inhalte eines Vortrages nicht zu diskutieren. Andere Logen halten es anders. Vorsitzender der ›Arbeit‹ ist der Logenmeister, die höchste Instanz einer Loge im christlichen Orden. Dieser wird in regelmäßigem dreijährigen Turnus von den Logenmitgliedern gewählt. Er muss von der Ordensleitung bestätigt werden und sich mindestens im 7. Grad befinden – und die Bereitschaft erklärt haben, als Ordensritter in den 8. Grad – also in das Ordenskapitel – eintreten zu wollen. ...

Was mir nicht gelang, war mich nur auf die Loge zu konzentrieren, die Ordensführung in Berlin als schmuckvolle Nick-Affen hinzunehmen. Manchen Brüdern gelang oder gelingt das. ...

Meine bis dahin leisen Absichten, mich möglicherweise vom Orden zu trennen, erfuhren ihre Steigerung, als ich im November 2007 im offiziellen Mitteilungsblatt vom Logenmeister – also der höchsten Ordensautorität – lesen musste, dass das Vereinsgesetz des BGB im Ordensinneren keine Wirkung habe, dass vielmehr hier nur das Ordensgesetzbuch Geltung habe. Obwohl jede der Ordensabteilungen ein eigener bürgerlicher Verein ist und als Verein im Vereinsregister eingetragen ist.

Damit hatte der Orden klar gegen die mir in der Aufnahme zum Freimaurer feierlich abgegebenen Erklärung verstoßen, er würde nichts von mir verlangen, was gegen die Gesetze unseres Staates verstieße. Das Vereinsrecht des BGB ist zwingendes Recht im Inneren eines Vereines. Dieses im Ordensinneren für nichtig zu erklären, dafür eine eigene Ordensgesetzgebung als alleinig gültige Gesetzgebung zu erklären, das ist für mich ein klarer Rechts- und Vertrauensbruch. Inakzeptabel und eher faschistoid.

Verschlossenheit der Machenschaften des Ordens geht eine perfide Umdeutung des Toleranz-Gedankens einher. Die mit der Gründung der *Vereinigten Großlogen von Deutschland* vorgelegte Satzung enthält erschlichene Privilegien des Ordens. Keiner dürfe sich nämlich in die innere Struktur des Ordens einmischen oder daran Kritik üben. Sie verkaufen diese Verschlossenheit als Toleranz. Jeder, der den Orden kritisiert, wird als intolerant verleumdet.

Insgesamt war mir sonnenklar geworden, dass der Orden gar keine wie immer geartete Demokratie in seinen Strukturen haben will und nie wollte. Die freimaurerischen Grade 1 – 7 , denn mit dem 7. Grad (dem 1. Kapitelgrad) ist die Freimaurer-Lehrart im Orden abgeschlossen, stehen unter einem dichten Kontroll- und Überwachungsnetz. Ein Protokoll jeder Logenarbeit mit Kopie des Vortrages muss nach Berlin eingereicht werden. Die finanziellen Gegebenheiten müssen per Bilanz einmal im Jahr, mit einer minutiösen Darstellung aller Aktivitäten eingereicht werden …

Wie bereits erwähnt, muss jede Logenmeisterwahl von der Ordensführung akzeptiert und bestätigt werden. Der gewählte Logenmeister unterliegt, als mindestens im 1. Kapitelgrad (= 7. Grad) befindlich, bereits den erweiterten Treueverpflichtungen des Ordenskapitel. Mit seiner zwingend erforderliche Aufnahme in den 8. Grad wird er zum Ordensritter mit Mantel, Schwert und Kapitelring und unterliegt einer weiter verschärften Treuepflicht – auch zur lebenslangen Mitgliedschaft – gegenüber der Ordensleitung. Mit diesen individuellen Verpflichtungen, dem blauen Ordensgesetzbuch der ersten sechs Grade und dem roten Gesetzbuch des Ordenskapitels hat der Orden seine Freimaurer in einem unerbittlich festen Griff.

Zusammenfassend kann ich eigentlich nur sagen, dass der Orden wohl im Rahmen der Gesetze das machen kann, was er will. Vorzuwerfen ist ihm, daß – wie in meinem Falle – eine Aufnahme in den Orden unter Vorspiegelung falscher Tatsachen sowie des Verschweigens von Inhalten und Tatsachen erfolgte. Hätte man mich einigermaßen klar über die Zielsetzung der Ordenslehre und die Wege dahin informiert, wäre ich nicht in den Orden eingetreten. Meine Vermutung ist, dass viele Neulinge bei und vor der Aufnahme ebenso wenig Ahnung bzw. Informationen hatten wie ich. …«

Deshalb sind in diesem Buch die Gründe dargelegt worden, warum gegenüber der Intoleranz keine Toleranz zu üben ist. Nur wenn jeder weiß, was er tolerieren soll, kann Toleranz geübt werden. Dieses Prinzip der Offenheit verkörpert Freimaurerei, nicht aber der Orden. Ein System, das sagt, man müsse seine innere Struktur tolerieren, ohne sie kennen zu dürfen, verhält sich auf übelste Weise intolerant und hat keinen Anspruch, die Prinzipien der Freimaurerei für sich in Anspruch nehmen zu können. Es gibt kein Recht, Toleranz einzufordern, wenn nicht offengelegt ist, worum es sich überhaupt handelt.

Wesentliche Kriterien für die offene Gesellschaft der Freimaurerei sind dagegen die Abwesenheit eines Dogmas, der Verzicht auf Wesensbestimmungen und die vollständige Enthaltung bei der Formulierung von Heilserwartungen oder Vorhersagen über die einzig mögliche Entwicklung der Zukunft. Auch gilt in der Freimaurerei, dass jedes Mitglied einer Loge – der Lehrling, der Geselle, der Meister – die Wahl des Vorsitzenden (seiner eigenen Loge) mitbestimmt. Der Vorsitzende muss Meister sein (3. Grad). Dann stehen ihm alle Ämter in der Freimaurerei – auch das Amt des Großmeisters einer Großloge offen. In der Großloge allerdings haben nur Freimaurer-Meister Ämter inne. Die Inhalte aller Rechtsdokumente sind jedem Mitglied von Beginn seiner Aufnahme bekannt. Sie können selbst von Nicht-Freimaurern eingesehen werden. Es gibt kein Geheimnis, außer dem Menschen selbst.

Was das Dogma einer Religion oder einer Weltanschauung angeht, so haben wir gezeigt, dass es stets in Verbindung mit einer Aussage zusammenhängt, die niemals widerlegt werden dürfe und wörtlich, nicht metaphorisch oder symbolisch zu verstehen sei. Das Beispiel aus der Pseudo-Freimaurerei hierfür war das Dogma, dass ein Mensch an die alleinige Lehre Jesu Christi glauben soll, wie sie in der Heiligen Schrift stehe. Doch es ist weder klar, ob es den Mann Jesus als eine einzige Person gab, noch, ob er eine Lehre vertreten und diese überliefert habe, und warum es eine besondere Auszeichnung sein soll, dieser Lehre zu folgen – falls es sie überhaupt gibt. An dem Dogma darf weder Kritik geübt werden, noch dürfen Kriterien benannt werden, nach denen es als widerlegt zu betrachten ist.

Der Verzicht auf Wesensbestimmungen in der symbolischen Freimaurerei, die als einzige sinnvoll Freimaurerei heißen kann, hängt eng zusammen mit dem Verzicht auf Dogmen. Weil jeder Blick auf die Welt stets nur der Blick eines Menschen von seinem Standpunkt aus auf die Welt ist, erkennen wir niemals die Dinge der Welt, wie sie an sich in ihrem Wesen sind, sondern stets nur, wie sie uns zu einem jeweiligen Zeitpunkt von einem bestimmten Standpunkt aus erscheinen.

Diesen Verzicht auf Wesensbestimmungen legt uns der Umgang mit Symbolen und Metaphern nahe. Das vielfach kritisierte Beispiel: »Die Bibel ist kein bloßes Symbol«, beansprucht im Kontrast hierzu eine Wesenserkenntnis. Da aber der Symbolcharakter der Bibel es nahelegt, dass sie aus von Menschen verfassten Worten besteht, die aus verschiedenen Gründen keinen Anspruch auf wörtliche Bedeutung oder historische Tatsachen erheben kann, ist sie nur nominalistisch, das heißt, nicht essentialistisch oder wesensmäßig zu verstehen.

Schließlich baut der Symbolcharakter der Freimaurerei ein Verständnis dafür auf, dass unsere Vorstellungen von der

Zukunft Erwartungen sind, die unerfüllt bleiben können und ein Risiko bedeuten. Die Offenheit dafür, dass Erwartungen verändert werden können, erzeugt Toleranz. Alles könnte sich nämlich auch anders entwickeln, als man selbst es sich vorstellte, und diese andere Entwicklung muss nicht bedeuten, dass sie das Schlechtere ist.

Wir haben auch dargelegt, dass die Unschärfe im Begriff der Toleranz als Schleier verwendet wird, um Freimaurer zur Anerkennung freimaurerfeindlicher Gesinnungen zu überreden. Oft ist dies schon unter dem Deckmantel »Vielheit der Freimaurereien« zu beobachten. Zu dieser Vielheit zählen sich nämlich nicht diejenigen Weltanschauungen, die unter Abwehr der in diesem Buch erläuterten symbolischen Bedeutung hinter den Symbolen eine transzendente Macht im wörtlichen Sinn als wahre Erkenntnis zu besitzen beanspruchen. Weder ist die Bibel noch der Allmächtige Baumeister aller Welten mehr als ein Symbol. Ebenso wenig herrschen geheime Satzungen, die den Mitgliedern eines öffentlich-rechtlichen Vereins erst nach jahrzehntelanger Domestizierung in einem Lehrsystem vorgelegt werden, in dem das Maß der Anpassung an Dogmen als Stufen der Erkenntnis etikettiert ist.

In erster Linie gilt in der Freimaurerei, dass der Name »Allmächtiger Baumeister aller Welten« (ABAW) ein bloßes Symbol ist. Das heißt, wie mit den Ausführungen in diesem Buch schnell klar wird, dass mit diesem Symbol nicht noch einmal ein neuer Gott neben oder über all den anderen Göttern, die die Menschheit in ihrer Geschichte erfunden hat, existiert. (Man braucht ihn sich jetzt nur einmal mit Schurz und Bijou vorzustellen, wodurch seine vermeintlich reale Existenz ohnehin ins Lächerliche gezogen würde.) Die

Leistungsfähigkeit dieses Symbols kann an Beispielen leicht demonstriert werden.

Es mag sein, dass sich ein Freimaurer heimlich denkt: »Dieser Allmächtige Baumeister aller Welten ist der einzig wahre Gott, und er existiert, er ist nicht nur ein Symbol.« Dann wird dieser Freimaurer nicht auf einen Diskurs stoßen, der ihn eines Besseren belehren könnte. Er hat es sich ja zunächst heimlich gedacht. Es heißt aber auch nicht, dass die Brüder nicht mit ihm diskutierten. Aber diese Diskussionen fänden nur am Rande und außerhalb der Freimaurerei statt; denn schließlich sollen die Brüder nicht streiten in Religionsdingen. Es ist kein Bestandteil der Freimaurerei, sich Visionen vor der Existenz eines ABAW zu bilden und zu verkündigen. Zwar steht es jedem frei, dies zu tun, aber er hätte dann nichts mit Freimaurerei, sondern viel mit Religion und Weltanschauung zu tun.

Es kann den *Vereinigten Großlogen von Deutschland* nur geraten werden, sich so schnell wie möglich aufzulösen. Denn durch ihren Zusammenschluss werden alle Freimaurer, die auf Regularität Wert legen, zur Toleranz gegenüber den unbekannten Machenschaften des Freimaurerordens, der als gleichwertiges Mitglied in den Vereinigten Großlogen behandelt werden soll, gezwungen. Falls eine Neubildung der *Vereinigten Großlogen von Deutschland 2.0* dann noch nötig wäre, könnte das anschließend geschehen. Aber dieser Bedarf beruht auf der Vorrangrolle, die sich die Großloge von London selbst zugeschrieben hat. Ob diese angemaßte Vorrangrolle durch die in den *Basic Principles* ausgesprochenen Regularitätsvoraussetzungen überhaupt in Zukunft Bestand haben wird, ist heute bereits mehr als fraglich.

Mit den Feierlichkeiten zum 300-jährigen Bestehen der

Freimaurerei im Jahr 2017 haben viele Festakte ein Versäumnis gezeigt: Das Jahr 1717 ist nicht unbedingt ein ewig andauernder Glücksfall. Denn wie sich nicht erst heute zeigt, haben Freimaurer sich Freimaurerei gewünscht, aber was sie vor 300 Jahren bekommen haben, war die Großloge von England. Weder das Dogma, dass es dem Wesen der Freimaurerei widerspreche, Frau zu sein, noch der Kult um ein Höchstes Wesen (Supreme Being) kann heute einer vernünftigen Prüfung standhalten. Da Freimaurerei keine Dogmen und schon gar nicht willkürlich von Männern verkündigte enthält, wird die Großloge von England notwendige Bedingungen formulieren müssen, unter denen ihre *Basic Principles* sich für ungültig erweisen, wenn sie erfüllt sind, oder die Englische Großloge wird in die Nullität absinken. Ohne diese Bedingungen sind die *Basic Principles* Ausdruck des Gutdünkens gedankenloser Männer.

Die Zukunft der Freimaurerei wird dadurch mitbestimmt, wie sich die Ablösung von der durch London bestimmte Regularität gestalten mag. Auch die Anerkennung der Freimaurerei als einem symbolischen Bund wird künftig kaum in der bekannten Weise durch Obskurantismus und religiöses Sektierertum behindert werden, wenn sich die hier vorgestellten Überlegungen zum symbolischen Bund als plausibel erweisen.

Die Zukunft wird zeigen, wie Lessings Ringparabel symbolisch erahnen ließ, welche Denkhaltung stärker als wahr empfunden wird: Die Dunkelkammer der Geheimnisse oder die im hellen Licht zur Kritik freigegebenen Darstellungen des symbolischen Bundes.

Literatur

Adorno, Theodor W., *Jargon der Eigentlichkeit. Zur deutschen Ideologie*, Suhrkamp, Frankfurt am Main 1997.

Ders., *Was bedeutet: Aufarbeitung der Vergangenheit?* In: Gerd Kadelbach (Hrsg.), *Erziehung zur Mündigkeit*, Suhrkamp, Frankfurt am Main 1970.

Alberich von Montecassino (1973). *The flowers of rhetoric*, in: Joseph M. Miller, Michael H. Prosser und Thomas W. Benson (Hrsg.), *Readings in Medieval Rhetoric*, Bloomington, Indiana University Press. S. 146-147, zitiert nach Douglas Hofstadter, Emmanuel Sanderdie, *Analogie. Das Herz des Denkens*, aus dem Amerikanischen von Susanne Held, J. G. Cotta‹sche Buchhandlung Nachfolger 2014.

al-Ghazali, Abu Hamid, *The Revival of the Religious Sciences* (www.ghazali.org/site/ihya.htm (Zugriff März 2017).

Anonymus, *Traktat über die drei Betrüger Traité des trois imposteurs (L‹esprit de Mr. Benoit de Spinosa)*, kritisch herausgegeben, übersetzt, kommentiert und mit einer Einleitung versehen von Winfried Schröder, Französisch-Deutsch, Felix Meiner, Hamburg 1992. Kindle Ausgabe.

Antognazza, Maria Rosa, *Natural and Supernatural Mysteries*, in: *Gestalten des Deismus in Europa*, S. 29-40.

Assman, Aleida, Dietrich Harth, (Hrsg.), *Kultur als Lebenswelt und Monument*, S. Fischer, Frankfurt am Main 1991.

Augustinus, Aurelius, *contra mendacium ad consentium*, (https://la.wikisource.org/wiki/Contra_mendacium).

Back-Vega, Peter (Hrsg.), *Das Märchen von der Weltherrschaft*. Österreichisches Freimaurer-Museum Schloss Rosenau, Museumsverein Rosenau Metroverlag 2013.

Basic Principles, United Grandlodge of England, 1989.

Bateson, Gregory, Don D. Jackson, Jay Haley und John H. Weakland, *Auf dem Wege zu einer Schizophrenie-Theorie*, (*Towards a Theory of Schizophrenia*), in: Behavioral Science, vol. I, 251-264, 1956. (Zitiert nach der Übersetzung auf: https://alex-sk.jimdo.com/gregory-bateson-auf-dem-wege-zu-einer-schizophrenie-theorie/#1). Zugriff September 2017).

Benecke, Mac, *Mumien in Palermo – Als Kriminalbiologe an den dunkelsten Orten der Welt*, Lübbe, Köln 2016, Kindle-Ausgabe.

Bernado, Giuliano di, *Die neue Utopie der Freimaurer*, Wien 1997.

Bertau, Marie-Cecile, *Sprachspiel Metapher. Denkweisen und kommunikative Funktion einer rhetorischen Figur*, Springer Fachmedien Wiesbaden 1996.

Beyer, Bernhard, *Das Fundament der Freimaurerei*, Krefeld 1947

Ders., *Der Kampf der Großen Landesloge der Freimaurer von Deutschland gegen die humanitäre Freimaurerei*, Mühl, Bayreuth 1927.

Ders., *Geschichte der Großloge Zur Sonne von 1741-1811*, 3 Bde., Bauhütten-Verlag, Frankfurt 1954-55.

Ders., *Ich klage an! Der Abmarsch der drei altpreußischen Großlogen (Sitz Berlin) ins nationalsozialistische Lager, 1921-1946.* Typoskript im Archiv der Loge Zur Einigkeit in Frankfurt am Main.

Binder, Dieter A., *Die Freimaurer. Geschichte, Mythos und Symbole*, Marix Verlag, Wiesbaden 2009.

Bingener, Reinhard, *Anders Breivik und die Religion. Fanatische Fantasy*, in: FAZ.NET, 26.07.2011, http://www.faz.net/anders-breivik-und-die-religion-fanatische-fantasy-11107568.html?GEPC=s53.

Bloch, Ernst, *Antike Philosophie. Leipziger Vorlesungen zur Geschichte der Philosophie*, Bd. I, Suhrkamp, Frankfurt am Main 1985.

Blumenberg, Hans, *Ästhetische und metaphorologische Schriften*, Auswahl und Nachwort von Anselm Haverkamp, Suhrkamp Verlag, Frankfurt am Main 2001.

Bollacher, Martin, *Lessings Verhältnis zum Deismus*, in: Winfried Schröder (Hrsg.), *Gestalten des Deismus in Europa, Günter Gawlick zum 80. Geburtstag*, Harrassowitz Verlag, Wiesbaden 2013.

Bunge, Mario, Martin Mahner, *Philosophische Grundlagen der Biologie*, Berlin 2000.

Burke, Edmund, *Reflections on the Revolution in France*, Dent, London 1967.

Cornaille, Pierre, *Horace,* Oeuvres compl. 31, Paris 1880.

Damasio, Antonio, *Selbst ist der Mensch. Körper, Geist und die Entstehung des menschlichen Bewusstseins.* Aus dem amerikanischen Englisch von Sebastian Vogel, Siedler, München 2011.

Davidson, Donald, *The Essential Davidson*, Clarendon Press, Oxford 2006.

Ders., *Was Metaphern bedeuten*, in: Anselm Haverkamp (Hrsg.), *Die paradoxe Metapher*, Suhrkamp, Frankfurt am Main 1988, S. 49-75.

Dawkins, Richard, *Der Gotteswahn*, aus dem Englischen von Sebastian Vogel, Ullstein Buchverlage, Berlin 2007.

Detlefsen, Grischa, *Grenzen der Freiheit – Bedingungen des Handelns – Perspektiven des Schuldprinzips. Konsequenzen neurowissenschaftlicher Forschung für das Strafrecht*, Duncker und Humblot Verlag, Berlin 2007.

Diderot, Dennis, *Le rêve de d‹Alembert*, Bibl. de la Pléiade, Paris 1951, S. 928.
Dobelli, Rolf, *Die Kunst des klaren Denkens. 52 Denkfehler, die Sie besser anderen überlassen*, mit Illustrationen von Birgit Lang, Hanser, München 2011.
Eick, Martin H., *Eine sprachanalytische Theorie der Metapher*, Institut für deutsche Sprache und Literatur der Universität zu Köln, (http://sammelpunkt.philo.at:8080/77/1/metapher.html (Zugriff März 2017).
Epikur, *Brief an Menoikeus*, übers. und hrsg. von Gerhard Krüger, Aschendorf Verlag Münster 2004.
Fayard, Jean-François, *Les 100 jours de Robespierre. Les complots de la fin*, Éditions Jacques Grancher, Paris 2005.
Fensch, Ludwig (Hrsg. und Übers.), *Das Pantheistikon Des John Toland* (1897), Kessinger Legacy Reprints 2010.
Fick, Monika, *Lessing-Handbuch. Leben — Werk — Wirkung*, Dritte, neu bearbeitete und erweiterte Auflage, J.B.Metzler, Stuttgart 2010.
Findel, Josef Gabriel, *Die Aftermaurerei und das Winkel-Logentum der Großen Landesloge von Deutschland in Berlin*, Findel, Leipzig 1912.
Findel, Josef Gabriel, *Der Bluttrank und die Gebete des heil. Bernhard in der Grossen Landesloge der Frmr v. Deutschland* in: *Die Bauhütte. Zeitung für Freimaurer*, begründet und herausgegeben von Br. J. G. Findel, Organ für die Gesamt-Interessen der Freimaurerei, Leipzig, 11. Januar 1879, S. 13. (https://archive.org/stream/bub_gb_DAA_AQAAMAAJ#page/n22/mode/1up/search/blutmischung, Zugriff August 2017)
Finkelnburg, Klaus, *Rechtsgutachten – betreffend die rechtliche Verfassung, insbesondere die Zusammensetzung der Hauptversammlung der Großen Landesloge der Freimaurer von Deutschland* (Prof. Dr. Klaus Finkelnburg, Präsident des Verfassungsgerichtshofs des Landes Berlin a.D., Rechtsanwalt, Dokument: 181479_1 [BERLIN])
Focus online, 24.04.2014, *40 Jahre nach Teufelsaustreibung. Forscherin wagt sich an tödlichen Franken-Exorzismus*, m.focus.de/panorama/welt/toedliche-teufelsaustreibung-historikerin-untersucht-fraenkischen-exorzismus-fall_id_3795839.html. (Zugriff März 2017).
Fragen und Antworten rund um das Sakrament der Weihe, Bonn – 01.01.2015. (http://www.katholisch.de/glaube/unser-glaube/weihe (Zugriff März 2017))
Frazer, James George, *The Golden Bough: a study of magic and religion*, Macmillan, New York 1922; Bartleby.com, 2000.
Freud, Sigmund, *Das Unbewußte*, in: Studienausgabe, S. Fischer, Frankfurt am Main 1982, Band III, *Psychologie des Unbewußten*,

Fromm, Erich, *Die Furcht vor der Freiheit*, aus dem Englischen von Lieselotte und Ernst Mickel, Deutscher Taschenbuch Verlag, München 1990.

Galilei, Galileo, *Il Saggiatore* (*Die Goldwaage*) (1623); in: Opere, Ed. nazionale. Firenze, 1890 –1909, Bd. VI.

Gardiner, Herbert G., *Grand Lodge Recognition. How, What and Why?* (https://skirret.com/papers/gl_recognition.html).

Gesetzbuch. Große Landesloge der Freimaurer von Deutschland, fünfte und berichtigte Ausgabe 1984, Verlag Herrmann Dettmer, Uetersen

Giese, Alexander, *Die Freimaurer. Eine Einführung*, Wien 2005.

Gigerenzer, Gerd, *Bauchentscheidungen. Die Intelligenz des Unbewussten und die Macht der Intuition*, aus dem Englischen übertragen von Hainer Kober, Bertelsmann München 2007.

Gleede, Benjamin, *Platon und Aristoteles in der Kosmologie des Proklos: ein Kommentar zu den 18 Argumenten für die Ewigkeit der Welt bei Johannes Philoponos*, Mohr Siebeck, Tübingen 2009.

Goeringer, Albert, *Der Goldene Schnitt (göttliche Proportion) und seine Beziehungen zum menschlichen Körper*, J. Lindenauer, München 1893.

Goethe Johann Wolfgang von, *Goethes Gespräche*, Gesamtausgabe hrsg. von Biedermann, 2. Band Leipzig 1909.

Goethe, Johann Wolfgang von, *Briefe*, Hamburger Ausgabe Bd. 4, München 1976.

Gotthold Ephraim Lessing, *Nathan der Weise*, Text und Kontext, reclam, Stuttgart 2015.

Grün, Klaus-Jürgen, *»Paläophron und Neoterpe« – Der ewige Augenblick zwischen Vergangenheit und Zukunft*, in: Quatuor Coronati – Jahrbuch für Freimaurerforschung, 49/2012, S. 19-30.

Ders., *Alfred Schmidt*, gemeinsam mit Thomas Forwe, in: Helmut Reinalter (Hrsg.), *Deutsche und österreichische Freimaurerforscher*, Interdisziplinäre Forschungen 28. innsbruck university press 2016, s. S.195-210.

Ders., *Alfred Schmidts Bekenntnis zur humanitären Freimaurerei*, in: Quatuor Coronati – Jahrbuch für Freimaurerforschung, 50/2013.

Ders., *Anmut statt Rigorismus – Schillers Empfehlungen gegen Kant*, in: Humanität. Das deutsche Freimaurer Magazin 6, 2005, S. 13.

Ders., *Bernhard Beyer*, gemeinsam mit Thomas Forwe, in: Helmut Reinalter (Hrsg.), *Deutsche und österreichische Freimaurerforscher*, Interdisziplinäre Forschungen 28. innsbruck university press 2016, S. 25-40.

Ders., *Die Freimaurerei und die Menschenrechte,* in: Hamid Reza Yousefi, Klaus Fischer, Ina Braun, Peter Gerdsen (Hrsg.), Wege zu Menschenrechten. Geschichte und Gehalte eines umstrittenen Begriffs, Verlag Traugott Bautz, Nordhausen 2008.

Ders., *Die Loge-Baustelle der Brüderlichkeit*, in: Humanität. Das deutsche Freimaurer Magazin Spezial 1, 2003.

Ders., *Die metaphorische Bedeutung von Religion in der Freimaurerei*, in: Zeitschrift für Internationale Freimaurerforschung, Heft 37/2017, S. 52-73.

Ders., *Die wahre Ontologie der Freimaurer*, in: Humanität. Das deutsche Freimaurer Magazin 1, 2004 S. 30-31.

Ders., *Ethik – Nichts für Moralapostel*, in: Quatuor Coronati – Jahrbuch für Freimaurerforschung, 46/2009, S. 59-70.

Ders., *Freigeister, Monisten und Freimaurer. Versuche zur Reformloge am Beispiel des Freimaurerbundes. Zur aufgehenden Sonne*, in: Joachim Berger und Grün, Klaus-Jürgen (Hrsg.), *Geheime Gesellschaft. Weimar und die Deutsche Freimaurerei*, Hanser, München 2002. S. 231-237.

Ders., *Freiheit und ihr Bündnis mit der Natur*, in: Humanität. 1, 2002.

Ders., *Freimaurerei und Bürgertum. Zur Entwicklung der Freimaurerei im 19. Jahrhundert*, in: Heimat Dortmund. Stadtgeschichte in Bildern und Berichten 2 (2005) S. 3-4.

Ders., *Freimaurerei und die religiösen Gefühle des Menschen*, in: Humanität. Das deutsche Freimaurer Magazin 1/2007, S. 20-21.

Ders., *Freimaurerische Geschichtsforschung als Ideologie – Aspekte eines falschen Bewusstseins unter Freimaurern*, in: Helmut Reinalter (Hrsg.), Neue Perspektiven der Ideengeschichte – Interdisziplinäre Forschungen 27, innsbruck university press, 2015. S. 119-138.

Ders., *Freimaurerische Geschichtsforschung als Ideologie – Aspekte eines falschen Bewusstseins*, in: Helmut Reinalter (Hrsg.), *Neue Perspektiven der Ideengeschichte*, – Interdisziplinäre Forschungen 27, innsbruck university press, 2015. S. 119-138, (ebenfalls in: Quatuor Coronati – Jahrbuch für Freimaurerforschung, 53/2016, *Rituale, Gärten und Musik. Geschichte, Gegenwart und Zukunftsperspektiven*, S. 85-106.)

Ders., *Freimaurerisch-philosophischer Vernunftanspruch im Hader mit jenseitsorientiertem Christentum*, in: Zeitschrift für internationale Freimaurer-Forschung, Sonderdruck 2003, S. 49-58.

Ders., *Geheime Gesellschaft. Weimar und die Deutsche Freimaurerei*, Rezension in: Humanität. Das deutsche Freimaurer Magazin 5/2002.

Ders., *Genius huius loci – Der aufgeklärte Geist diesseitig-natürlicher Sinnlichkeit*, in: Quatuor Coronati – Jahrbuch für Freimaurerforschung, 46/2009, S. 139-152.

Ders., *Hoffnung oder Illusion – Wird die Welt durch Freimaurerei gebessert*, in: TAU Zeitschrift der Forschungsloge Quatuor Coronati, Bayreuth I/2007, S. 57-60.

Ders., *Humanität, die veredelnde menschliche Praxis*, in: Zeitschrift für Internationale Freimaurerforschung 2/1999, S. 9-21.

Ders., *Initiation und Initiationsriten*, in: Eleusis 3/00, S. 17-20.

Ders., *Joseph Gabriel Findel*, gemeinsam mit Thomas Forwe, in: Helmut Reinalter (Hrsg.), *Deutsche und österreichische Freimaurerforscher*, Interdisziplinäre Forschungen 28. innsbruck university press 2016, S. 59-66.

Ders., und Joachim Berger, Katalog zur Ausstellung der Stiftung Weimarer Klassik: *Geheime Gesellschaft Weimar und die deutsche Freimaurerei*, Hanser, München 2002.

Ders., *Kritische Distanz zum herrschenden Weltbild durch Kunst und Ritualistik*, in: TAU Zeitschrift der Forschungsloge Quatuor Coronati, Nr. 11/2000, S. 25-27.

Ders., *Menschenähnlichkeit. Zum Unterschied zwischen humanitärer Freimaurerei und Religion*, Edition Temmen, Bremen 2012.

Ders., *Menschenrechte im Kontext der Freimaurerei*, in: Menschenrechte im Weltkontext. Geschichten – Erscheinungsformen – Neuere Entwicklungen, hrsg. v. Hamid Reza Yousefi, Wiesbaden 2012.

Ders., *Menschenrechte in der Freimaurerei*, in: Hamid Reza Yousefi (Hrsg.), *Menschenrechte im Weltkontext. Geschichten, Erscheinungsformen, Neuere Entwicklungen*, Springer VS, Wiesbaden 2013, S. 117-128.

Ders., *Mitleid als ethisches Urphänomen – Zur Moralphilosophie von Arthur Schopenhauer*, in: Eleusis, 1/1998.

Ders., *Mythos, Religion und rationale Welterklärung – Max Webers Frage nach der sinnstiftenden Funktion von Wissenschaft*, in: Eleusis – Beiträge zur Kultur aus freimaurerischer Geisteshaltung, 5/2007.

Ders., *Natur im romantischen Denken – Goethe und Schelling*, in: Eleusis, 1/00, S. 34-42.

Ders., *Philosophie der Freimaurerei. Ein interkulturelle Perspektive*, Nordhausen 2006.

Ders., *Schönheit des sinnlichen Denkens*, in: Quatuor Coronati – Jahrbuch für Freimaurerforschung, 43/2006, S. 127-136.

Ders., *Stoiker – Die Freimaurer des Altertums*, in: Eleusis 4/1998.

Ders., *Theorien der Gerechtigkeit*, in: Eleusis 4/2006, S. 17-21.

Ders., *Transzendentalphilosophie und Gottesargument*, in: Humanität. Das deutsche Freimaurer Magazin 6, 2004.

Ders., *Two Concepts of Morality and the Masonic Code of Humanity*, in: Transactions of the Manchester Association for Masonic Research, Vol. CIV, 2013, S. 30-37.

Ders., *Über das unglückliche Verhältnis zwischen Freimaurerei und Religion*, in: Quatuor Coronati – Jahrbuch für Freimaurerforschung, 49/2012, S. 30-46.

Ders., *Umgang mit dem Widerspruch. Überlegungen in der Loge »Archimedes zu den drei Reißbretern«*, in: Humanität. Das deutsche Freimaurer Magazin 4, 2005, S. 26-27.

Ders., *Vom »Unbewegten Beweger« zur bewegenden Kraft. Der pantheistische Charakter der Impetustheorie im Mittelalter*, mentis, Paderborn 1999.

Ders., *Was bedeutet die Forderung: »Ein Freimaurer muss an ein höchstes Wesen glauben«?*, in: Quatuor Coronati – Jahrbuch für Freimaurerforschung, 46/2009, S. 117-128.

Ders., *Was ist Ethik?*, in: Humanität. Das deutsche Freimaurer Magazin 4, 2003.

Ders., *Zur Entstehung unseres Wertebewusstseins*, Quatuor Coronati – Jahrbuch für Freimaurerforschung, Nr. 45/2008 S. 17-24.

Habermas, Jürgen, *Um uns als Selbsttäuscher zu entlarven, bedarf es mehr – Das Ich ist zwar sozial konstruiert, aber deshalb noch keine Illusion: Warum die Hirnforschung einen Kategorienfehler macht, wenn sie uns die Freiheit abspricht*, Frankfurter Allgemeine Zeitung, 15.11.2004.

Hassemer, Winfried, *Haltet den geborenen Dieb!*, in: FAZ, 15.6.2010. (m.faz.net/aktuell/feuilleton/debatten/strafrecht-haltet-den-geborenen-dieb-1993719.html).

Hegel, Georg Wilhelm Friedrich, *Vorlesungen über die Philosophie der Religion I*, in: Werke in 20 Bänden, Band 16, Suhrkamp 1995.

Ders., *Vorlesungen über die Philosophie der Geschichte*, in: Werke in 20 Bänden, Band 12, Suhrkamp 1995.

Ders., *Wissenschaft der Logik I*, in: Werke in 20 Bänden, Band 5, Suhrkamp 1995.

Heine, Heinrich, *Zur Geschichte der Religion und Philosophie in Deutschland*, Werke und Briefe in zehn Bänden, hg. von Hans Kaufmann, Berlin 1961/64, Band 5.

Hochhuth, Martin, *Die Bedeutung der Willensfreiheitsdebatte für das Recht*, in: Juristenzeitung, 2005, 745-753.

Hoffmann, Stefan-Ludwig, *Die Politik der Geselligkeit: Freimaurerlogen in der deutschen Bürgergesellschaft, 1840-1918*, Vandenhoeck & Ruprecht, Göttingen 2000.

Hofstadter, Douglas, Emmanuel Sanderdie, *Analogie. Das Herz des Denkens*, aus dem Amerikanischen von Susanne Held, J. G. Cotta‹sche, Stuttgart 2014.

Holtorf, Jürgen, *Die verschwiegene Bruderschaft. Freimaurerlogen: Legende und Wirklichkeit*, München 1988.

Hörisch, Jochen, *Brot und Wein. Die Poesie des Abendmahls*, Frankfurt am Main 1992.
Horneffer, Ernst, *Das Freimaurertum und die Religion der Arbeit*, Düsseldorf. O.J. (etwa 1950).
http://blog.drosteeffekt.de/dunning-kruger-effekt-so-lasst-sich-inkompetenz-bandigen/.
https://www.dunkelgraefinhbn.de/Schildburghausen-Teil-121-_-180.htm.
http://www.t-online.de/nachrichten/ausland/usa/id_80150946/donald-trump-arbeitet-18-punkte-plan-am-ersten-arbeitstag-ab.html (Zugriff März 2017).
https://www.tagesschau.de/ausland/last-night-in-sweden-103.html (Zugriff März 2017).
http://zum-oelzweig.de/werte.htm
Huizinga, Johan, *Homo ludens. Vom Ursprung der Kultur im Spiel*, rororo, Reinbek bei Hamburg 2011.
Humanität. Das deutsche Freimaurer Magazin 4, 2017 u.a. Ausgaben.
Jacob, Margaret C., *The Radical Enlightenment. Pantheists, Freemasons and Republicans*, George Allen & Unwin, London 1981.
Johnson, Mark, *Introduction, Metaphor in the Philosophical Tradition*, in: Mark Johnson, editor, *Philosophical Perspectives on Metaphor*, University of Minnesota Press, Minneapolis 1981.
Jung, Carl Gustav, *Der Inhalt der Psychose*, Vortrag aus dem Jahre 1908, in: Schriften zur angewandten Seelenkunde, hrsg. von Sigmund Freud, drittes Heft, Deuticke, Wien 1908.
Käckenhoff, Günther, *Warum wird ein Mann Freimaurer? Ein Versuch zu Fragen und Antworten der Großen Landesloge der Freimaurer von Deutschland – Freimaurerorden, http://zum-oelzweig.de/wer%20kann%20freimaurer%20werden%201.htm* (Zugriff Dezember 2016).
Kadelbach, Gerd (Hrsg.), *Erziehung zur Mündigkeit*, Suhrkamp, Frankfurt am Main 1970,
Kant, Immanuel, *Die Religion innerhalb der Grenzen der bloßen Vernunft*, in: Werke in sechs Bänden, hrsg. von Wilhelm Weischedel, Wissenschaftliche Buchgesellschaft, Darmstadt 1983.
Kircher, Tilo, Siegfried Gauggel, *Neuropsychologie der Schizophrenie. Symptome, Kognition, Gehirn,* Springer Medizin Verlag, Heidelberg 2008.
Knigge, Adolph Freiherr von, *Über Freimaurer, Illuminaten und echte Freunde der Wahrheit*, hrsg. und eingeleitet von Wolfgang Fenner, matrixverlag, Wiesbaden 2008.
Köck, Julian, *»Die Geschichte hat immer Recht«. Die Völkische Bewegung im Spiegel ihrer Geschichtsbilder*, Campus Frankfurt/New York 2015.

Koselleck, Reinhart, *Historia Magistra Vitae. Über die Auflösung des Topos im Horizont neuzeitlich bewegter Geschichte.* in: Ders., *Vergangne Zukunft. Zur Semantik geschichtlicher Zeiten*, Frankfurt/Main 1989. S. 38-66.

Kottmann, Klaus, *Die Freimaurer und die katholische Kirche,* Peter Lang Verlag, Frankfurt am Main 2009.

Krist, Alois, *Spannung statt Spaltung: Dimensionen eines förderlichen Umgangs mit Aggression in der Kirche*, LIT Verlag, Münster 2010.

Lakoff, George, Mark Johnson, *Leben in Metaphern. Konstruktion und Gebrauch von Sprachbildern*, aus dem Amerikanischen übersetzt von Astrid Hildenbrand, Carl-Auer Verlag, Heidelberg 2014.

Ders., Mark Johnson, *Philosophy in the flesh. The embodied mind and its challenge to western thought*, New York, NY 1999.

Lennhoff, Eugen, Oskar Posner, Dieter A. Binder, *Internationales Freimaurer Lexikon*, Herbig, München 2000.

Lessing, Gotthold Ephraim, *Ueber den Beweis des Geistes und der Kraft: an den Herrn Director Schumann, zu Hannover*, Buchhandlung des Waisenhauses, Braunschweig 1777.

Lessing, Gotthold Ephraim, *Nathan der Weise*, Text und Kontext, reclam, Stuttgart 2015.

Lessing, Gotthold Ephraim, *Eine Duplik*, in: Gotthold Ephraim Lessings Sämtliche Schriften, hrsg. von Karl Lachman, 3. Aufl. überarbeitet von Franz Muncker, 23 Bände, Stuttgart 1886, Band 13, S. 23-24.

Lichtenberg, Georg Christoph, *Aphoristisches zwischen Physik und Dichtung.* Ausgewählt und herausgegeben von Jürgen Teichmann, Friedr. Vieweg & Sohn, Braunschweig/Wiesbaden 1983.

Ders., *Sudelbücher*, hrsg. von Franz H. Mautner, insel Frankfurt am Main1984.

Linke, Detlef B., *Religion als Risiko. Geist, Glaube und Gehirn*, Rowohlt, Reinbek bei Hamburg 2003.

Locke, John, *Versuch über den menschlichen Verstand*, in vier Büchern, Band 2, Berlin 1872.

Lüdemann, Gerd, *Das Unheilige in der Heiligen Schrift. Die dunkle Seite der Bibel*, zu Klampen, Lüneburg 2001.

Maas, Utz, *Schriftlichkeit und das ganz Andere: Mündlichkeit als verkehrte Welt der Intellektuellen – Schriftlichkeit als Zuflucht der Nichtintellektuellen*, in: Aleida Assman, Dietrich Harth, (Hrsg.), *Kultur als Lebenswelt und Monument*, 211-231, Fischer, Frankfurt am Main 1991.

Maistre, Joseph de, *Die Freimaurerei*, Wien 1988.

Mannix, Daniel P., *The History of Torture*, 1964, mobi digital edition 2014, S. 82; zitiert nach Steven Pinker, *Gewalt. Eine neue Geschichte der Menschheit*, aus dem Amerikanischen von Sebastian Vogel, Fischer e-book, 2016.

Marx, Karl, *Zur Kritik der Politischen Ökonomie*, Vorwort, 1859, MEW Bd. 13.

Mathieu, Richard, *Freimaurerei und katholische Kirche*, Salier Verlag, Leipzig 2015.

Minois, Georges, *Geschichte des Atheismus von den Anfängen bis zur Gegenwart*, Weimar 2000.

mobil.stern.de/panorama/weltgeschehen/orlando--attentaeter-war-laut-ex-frau-und--mitschueler-selbst-schwul-6899140.html.

Münkler, Herfried, *Thomas Hobbes*, Campus Verlag GmbH, Frankfurt/Main 2001.

Nietzsche, Friedrich, Kritische Studienausgabe, hrsg. von Giorgio Colli und Mazzino Montinari, Walter de Gruyter, München, Berlin, New York 1988.

Oberhauser, Claus, *Ferdinand Runkel*, in: Helmut Reinalter (Hrsg.), *Deutsche und österreichische Freimaurerforscher*, Interdisziplinäre Forschungen 28, innsbruck university press 2016.

Papst Johannes Paul II, *Enzyklika Ecclesia de Eucharistia*, Books on Demand, 2013.

Pinker, Steven, *Der Stoff aus dem das Denken ist. Was die Sprache über unsere Natur verrät.* Aus dem Amerikanischen von Martina Wiese, S. Fischer Verlag GmbH, Frankfurt am Main 2014.

Ders., *Gewalt. Eine neue Geschichte der Menschheit*, aus dem Amerikanischen von Sebastian Vogel, Fischer e-book, 2016.

Platon, *Nomoi*, hrsg. von Karlheinz Hülser, Frankfurt am Main und Leipzig 1991, in: Sämtliche Werke in zehn Bänden Griechisch und Deutsch, nach der Übersetzung Friedrich Schleiermachers, ergänzt durch Übersetzungen von Franz Susemihl und anderen.

Podiumsgespräch bei der Leipziger Loge Minerva zu den drei Palmen am 2. April 2017 mit den Brüdern Helmut Reinalter, Klaus-Jürgen Grün, Jens Rusch und Ivan Wojnikow – moderiert von Br. Hanno Neustadt, in: Humanität–Das deutsche Freimaurer-Magazin, 3/2017.

Popper, Karl R., *Die offene Gesellschaft und ihre Feinde*. Band I: *Der Zauber Platons,* Tübingen 2003, Mohr Siebeck.

Ders., *Gegen die großen Worte, in: Auf der Suche nach einer besseren Welt. Vorträge und Aufsätze, aus dreißig Jahren (1984)*, München 1997.

Posener, Alan, *Benedikts Kreuzzug. Der Angriff des Vatikans auf die moderne Gesellschaft*, Ullstein, Berlin 2009.

Predigten von Protestantischen Gottesgelehrten der Aufklärungszeit, hrsg von H. von Meding, (Reprografischer Nachdruck der Originalausgabe Berlin 1799), Wissenschaftliche Buchgesellschaft, Darmstadt 1989.

Redondi, Pietro, *Galilei – der Ketzer*, München 1989, übersetzt von Ulrich Hausmann.

Reinalter, Helmut (Hrsg.), *Neue Perspektiven der Ideengeschichte* – Interdisziplinäre Forschungen 27, innsbruck university press, 2015.

Ders., *Die Freimaurer*, C.H. Beck, München 2000.

Ders., *Freimaurer und Geheimbünde im 19. und 20. Jahrhundert in Mitteleuropa*, StudienVerlag, Innsbruck 2016.

Riddoch, George, *Phantom limbs and body shapes*, in: Brain 64, Dezember 1941, S. 197-222.

Rolf, Eckard, *Metaphertheorien: Typologie – Darstellung – Bibliographie*, Walter de Gruyter Berlin, New York 2005.

Roth, Gerhard / Grischa Merkel, *Haltet den Richter!*, in: Frankfurter Rundschau, 25.7.2010. (http://www.fr-online.de/in_und_ausland/kultur_und_medien/themen/?em_cnt=2788472&).

Runkel, Ferdinand, *Geschichte der Freimaurerei in Deutschland*, 3 Bände, Kindle-Ausgabe, 2013. (Erstauflage 1931).

Ryles, Gilbert, *The concept of mind*, (1949), Routledge, New York 2009.

Sansom, G. B., *The Western World and Japan, A Study in the Interaction of European and Asiatic Cultures*, Alfred E. Knopf, New York 1950.

Schäfer, Peter, *Das Böse in der mittelalterlichen jüdischen Mystik*, in: Carsten Colpe / Wilhelm Schmidt-Biggemann (Hrsg.), *Das Böse. Eine historische Phänomenologie des Unerklärlichen*, Frankfurt am Main 1993, S. 89-110.

Schenkel, Gotthilf, *Die Freimaurerei im Lichte der Religions- und Kirchengeschichte*, Gotha 1926.

Schmidt, Alfred, *Entstehungsgeschichte der humanitären Freimaurerei*, hrsg. von Thomas Forwe und Klaus-Jürgen Grün, Salier Verlag, Leipzig 2014.

Ders., *Geschichte des Materialismus*, hrsg. von Klaus-Jürgen Grün und Sven Oliver Hein, Salier Verlag, Leipzig 2017.

Scholz, Heinrich, *Einleitung*, in: *Die Hauptschriften zum Pantheismusstreit zwischen Jacobi und Mendelssohn*, Verlag von Reuther & Reichard, Berlin 1916.

Schopenhauer, Arthur, *Parerga und Paralipomena*, in: Zürcher Ausgabe, Werke in zehn Bänden, Diogenes Verlag, Zürich 1977.

Schröder, Winfried (Hrsg.), *Gestalten des Deismus in Europa, Günter Gawlick zum 80. Geburtstag*, Harrassowitz Verlag, Wiesbaden 2013.

Schurz, Gerhard, *Das Problem der Induktion (I. Kap., Abschn. 1)*, in: Karl R. Popper, *Logik der Forschung – Klassiker auslegen*, hrsg. von Herbert Keuth, Berlin 2004.

Seneca, *Epistulae morales ad Lucilium Liber VI – Briefe an Lucilius über Ethik 6. Buch*, Lateinisch/Deutsch, übers. und hrsg. von Rainer Rauthe, reclam, Stuttgart 1993.

Spiegel Online, 20.3.2008, http://www.spiegel.de/politik/deutschland/0,1518,542556,00.html (Zugriff, Januar 2011).

Spilgies, Gunnar, *Die Bedeutung des Determinismus-Indeterminismus-Streits für das Strafrecht. Über die Nichtbeachtung der Implikationen eines auf Willensfreiheit gegründeten Schuldstrafrechts*, Hamburg 2004.

Starke, Udo, Artikel der Wolfenbütteler Zeitung vom 16.05.2017. (www.wolfenbuetteler-zeitung.de/wolfenbuettel/schladen-oderwald/article210593387/Die-Mitarbeiter-sind-das-eigentliche-Kapital-der-Bank.html (Zugriff Mai 2017))

Tavris, Carol, Elliot Aronson, *Mistakes were made (but not by me) – Why we justify foolish beliefs, bad decisions and hurtful acts*, von Pinter & Martin, London 2007/2013.

Tetens, Holm, *Gott denken: Versuch über rationale Theologie [Was bedeutet das alles?]*, Reclam, Stuttgart 2015.

The Autobiography of Charles Darwin. From The Life and Letters of Charles Darwin, edited by his Son Francis Darwin, Free Public Domain Book from the Classic Literature Library, (www.charles-darwin.classic-literature.co.uk/the-life-and-letters-of-charles-darwin-volume-i/ebook-page-26.asp).

Timm, Hermann, *Gott und die Freiheit: Studien zur Religionsphilosophie der Goethezeit*, Band 1, Vittorio Klostermann, Frankfurt am Main 1974.

Timothy C. Brock and Joseph L. Balloun, *Behavioral Receptivity to Dissonant Information*, in: *Journal of Personality and Social Psychology* 6 (1967), S. 413-428.

Turbayne, Colin Murray, *The Myth of Metaphor*, Yale University, Massachusetts 1962.

Türcke, Christoph, *Jesu Traum. Psychoanalyse des Neuen Testaments*, zu Klampen, Springe 2009.

Ulfig, Alexander, *Geschwafel der Geisteswissenschaftler. Wie man Menschen imponieren und davon leben kann,* http://ef-magazin.de/2010/08/02/2404-hochstapelei-das-geschwafel-der-geisteswissenschaftler.

Vaihinger, Hans, *Die Philosophie des Als Ob*, Meiner Verlag, Hamburg 1922, (digitale Version).

Versöhnungsbrief von Bischof Mixa, Mittwoch, 23. Juni 2010, in: http://www.kreuz.net/article.11396.html (Zugriff Oktober 2010)

Voltaire, *Dialogues entre Lucrèce et Posidonius*, in: Mélanges. Bibl. de la Pléiade, Paris 1961.

Voltz, Tom, *Scientology und (k)ein Ende*, Walter-Verlag, Mannheim 1992.

Watzlawick, Paul, *Anleitung zum Unglücklichsein*, dtv, München 1994.

Ders., Janeth H. Beavin, Don D. Jackson, *Menschliche Kommunikation, Störungen, Paradoxien*, Mental Research Institute Palo Alto, Kalifornien, 3. unveränderte Aufl., Verlag Hans Huber, Bern1972.

Ders., Janeth H. Beavin, Don D. Jackson, *Menschliche Kommunikationsformen, Störungen, Paradoxien*, Mental Research Institute Palo Alto, Kalifornien, 3. unveränderte Aufl., 1972 1969 Verlag Hans Huber, Bern. (Kindle Eition).

Ders., *Münchhausens Zopf oder: Psychotherapie und «Wirklichkeit» Aufsätze und Vorträge über menschliche Probleme in systemisch-konstruktivistischer Sicht*, 2., unveränderte Auflage, Verlag Hans Huber, Bern 2011 (Kindle Ausgabe).

Ders., *Wie wirklich ist die Wirklichkeit. Wahn – Täuschung – Verstehen*, Piper Verlag GmbH, München 1976, Sonderausgabe 2003, e-book.

Wehling, Elisabeth, *Politisches Framing. Wie eine Nation sich ihr Denken einredet – und daraus Politik macht*, edition medien praxis, Köln 2016.

Widmann, Christian Adolf Friedrich, *Concordanz der gesammten Acten der Landesloge – I bis IX Gr.* 1867. Transkription einer Fotokopie der 1975 in Berlin aufgefundenen Originalhandschrift. Orthographie und Interpunktion folgen dem Original.

Wolfgang Drews, *Gotthold Ephraim Lessing in Selbstzeugnissen und Bilddokumenten*, Rowohlt Reinbek bei Hamburg, August 1962.

www.deutschland-im-mittelalter.de/Rechtssystem/Foltermethoden.

www.erzbistum-muenchen.de/media/media26107420.PDF (Zugriff März 2017).

www.freimaurerorden.de.

www.grossloge.at/node/37.

www.heinz-erhardt.de/html/dichtkunst.html.

http://www.katholisch.de/aktuelles/aktuelle-artikel/loge-wegen-diskriminierung-nicht-gemeinnutzig.

www.loge-dresden.de/index.php?option=com_content&view=article&id=46:startseite.

www.rp-online.de/panorama/amoklauf-in-orlando-mann-erschiesst-in-schwulen-disko-50-menschen-aid-1.6042607.amp.

www.scientology.de/scientology-today/church-openings/flag-coachman-grand-opening.html. (Zugriff Januar 2017).
www.sueddeutsche.de/politik/tuerkei-erdoanstreicht-evolutionslehre-aus-tuerkischen-lehrplaenen-1.3558899. (Zugriff Juni 2017).
Yates, Frances A., *Die okkulte Philosophie im elisabethanischen Zeitalter*, aus dem Englischen von Adelheid Falbe, Weber, Amsterdam 1991 (Original 1979).
Zirkelkorrespondenz des Freimaurerordens (ZK4/1950).
Zirkelkorrespondenz des Freimaurerordens (ZK9/2005).

Dank

Das Buch verdankt sich eingehender Studien über die Funktion der Metapher und des Symbols, des Konstruktivismus und der Tradition des Atheismusvorwurfs gegenüber denjenigen, die stets den anderen Gott anbeten.

Ich danke besonders meinem Freund Thomas Forwe, dem Karikaturisten Niklas Fiedler, dem Verleger Bastian Salier und zahlreichen Mitgliedern der freimaurerischen Forschungsgesellschaft Quatuor Coronati für wertvolle Diskussionen und Anregungen sowie Korrekturen, die das Buch bereichert haben.

Klaus-Jürgen Grün
Großkrotzenburg, November 2017

SALIER
VERLAG

Klaus-Jürgen Grün

Das verlorene Wort

Humanitäre Freimaurerei und die sanfte Revolte des autonomen Menschen

ISBN 978-3-943539-35-6
Softcover
184 Seiten, 12 × 19 cm
1. Auflage 2014
Salier Verlag, Leipzig
EUR 12,00

Freimaurerei wird von außen oft als etwas Altmodisches, Überlebtes betrachtet. Vielfach flüchten sich Autoren in die Geschichte, um akribisch aufzuzählen, welche großartigen Köpfe früher einmal Freimaurer waren. Zu wenig haben sie sich bislang mit den philosophischen und religionsphilosophischen Grundlagen der Freimaurerei und ihrer Bedeutung für ein modernes aufgeklärtes Bewusstsein befasst.

Klaus-Jürgen Grün beschreibt in diesem Buch, wie sich Freimaurerei zum Träger einer offenen Gesellschaft wandelt und warum die Gegner einer modernen Freimaurerei den Boden der Glaubhaftigkeit eingebüßt haben. Er macht deutlich, warum es großen Mutes und beharrlicher Arbeit an sich selbst bedarf, um nicht eigene Verantwortung für Taten und Versprechen an die Religionen und ihre Götter zu delegieren. Das Buch zeigt, wie in der Freimaurerei die neuzeitlichen Probleme der Bestimmung des Menschen und seine Stellung in Natur und Kosmos sich in einer Philosophie der Praxis auflösen.

SALIER
VERLAG

Alfred Schmidt
Geschichte des Materialismus

**Herausgegeben
von Klaus-Jürgen Grün
und Oliver Hein**

ISBN 978-3-943539-73-8
Softcover
208 Seiten, 12 × 19 cm
1. Auflage 2017
Salier Verlag, Leipzig
EUR 12,00

Alfred Schmidt (1931–2012) hat sich als Schüler Max Horkheimers und Theodor W. Adornos ein akademisches Leben lang mit der Frage befasst, was wir unter »Materialismus« sinnvollerweise verstehen dürfen. Seine Studien derjenigen europäischen Denker, die als Materialisten bezichtigt wurden oder sich selbst dafür erkannten, bildeten für Schmidt die Quellen zu einem vorläufigen Begriff des »Materialismus«.

Die Herausgeber stellen diese unvollendet gebliebene Geschichte des Materialismus auch denjenigen zur Verfügung, die bereit sind, eine bessere Welt nicht aus der Überschätzung der Vernunft und den philosophischen Dogmen eines intelligenten Weltlaufs abzuleiten.